# 现象、实体与识

## 《成唯识论》的哲学论证

章启群 著

图书在版编目（CIP）数据

现象、实体与识：《成唯识论》的哲学论证 / 章启群著. —北京：商务印书馆，2023（2024.6重印）
ISBN 978-7-100-21867-2

Ⅰ.①现⋯　Ⅱ.①章⋯　Ⅲ.①《成唯识论》—研究　Ⅳ.①B946.3

中国版本图书馆CIP数据核字（2022）第223202号

权利保留，侵权必究。

### 现象、实体与识
—— 《成唯识论》的哲学论证

章启群　著

商务印书馆出版
（北京王府井大街36号　邮政编码100710）
商务印书馆发行
北京通州皇家印刷厂印刷
ISBN 978-7-100-21867-2

2023年4月第1版　　　开本 880×1230  1/32
2024年6月北京第3次印刷　印张 16
定价：95.00元

顶礼圣者玄奘

# 目　录

绪论 ················································································ 1
 一　佛教研究诸门类 ························································ 1
 二　佛教哲学研究略述 ···················································· 4
 三　中国哲学史与佛教哲学问题 ········································ 7
 四　《成唯识论》是中印佛教哲学的代表性文本 ·················· 16
 五　本书意旨及方法 ······················································ 25
引论　唯识学之"识"哲学义考辨 ········································· 27

## 上部　阿赖耶识的形上学论证

第一章　实在问题："二空"与"识有" ································· 43
 第一节　阿赖耶识之性、相 ············································· 44
 第二节　阿赖耶识与"空" ············································· 54
 第三节　阿赖耶识与"心" ············································· 75

第二章　种子论：意念与万事万物之直接生成 ························ 97
 第一节　种子的性质及其来源 ·········································· 98
 第二节　种子与熏习和因缘 ············································ 113
 第三节　种子论的形上学品格 ········································· 126

第三章　阿赖耶识：最高实体与永恒 ····································· 142
 第一节　佛学中的"实相"与实在概念 ····························· 143

## 目录

  第二节 阿赖耶识与最高实体·················152
  第三节 阿赖耶识与轮回、涅槃··············160
  第四节 三性与永恒·······················176

## 中部 末那识的存在论论证
### ——以海德格尔存在哲学为参照

第四章 末那识:"我"的幻相·····················193
  第一节 前唯识学关于"我"的思想·············194
  第二节 从肉身到心灵:唯识学对于"我"之生成的表述·····204
  第三节 思与意之分:我思故我在···············213

第五章 末那识与自我意识·······················222
  第一节 "我之我"·······················223
  第二节 "我相随"·······················230
  第三节 末那识与"我"之心理···············238

第六章 生存烦恼:末那识与"此在"···············252
  第一节 烦恼的原点:"妄执自我"与"发问的自我"·····253
  第二节 烦恼的内涵:内在空间向度与外在时间向度······267
  第三节 烦恼的展开结构:习气熏染与"在—世界—之中"···285
  第四节 烦恼的解脱:清净寂灭与领悟真理···········299

## 下部 了别境识的认识论论证

第七章 "识变":从本体论到认识论的转换···········317
  第一节 《成唯识论》的宇宙发生论·············317
  第二节 "识变"与生成····················328

第三节　语言与世界 ································· 339

第八章　感知运动：六识与境 ························· 355
　　第一节　"六识"功能及特点 ····················· 355
　　第二节　"六识"与心所法 ······················· 369
　　第三节　境：作为识的表象 ······················· 379

第九章　唯识学与现象学的六个理论分野 ················· 391
　　第一节　"识"与"意识" ······················· 391
　　第二节　"二空"与"悬置" ····················· 396
　　第三节　"二分"与"显现" ····················· 405
　　第四节　"自证分"与"意向性结构" ············· 417
　　第五节　"现量"与"本质直观" ················· 435
　　第六节　"真如"与"事物本身" ················· 457
　　小　结 ········································· 467

结语　关于唯识学研究的几个难点和古今学术文化转型的
　　　一点思考 ····································· 470

参考文献 ············································· 487
后记 ················································· 495

# 绪　论

本书是关于佛教的哲学研究,进而言之是关于佛教唯识宗的哲学研究,再进而言之是关于《成唯识论》的哲学研究。要对本书的研究范围、对象和性质作一界定,就必须厘清和交代哲学与佛教及《成唯识论》相关的几个问题。

## 一　佛教研究诸门类

由古代印度先知释迦牟尼创立的佛教,不仅深刻影响了过去两千五百多年的历史,特别是东方的历史,而且还是深刻影响当今世界的屈指可数的最重要思想之一。由一种宗教教义衍生出来的佛教文化,已经成为遍及今日环球五大洲的一种社会思想和生活形态。与此相应,关于佛教的学术研究也是蔚然大观,相关研究成果以"汗牛充栋"言之绝不为过。

以汉、藏、巴利文等《大藏经》为代表的传统佛教著述,在内容上分为经、律、论三部分即"三藏",除了宣讲、论证佛教基本教义、戒律、仪轨,理论上都是阐发佛教原理,同时批判古代印度其他宗教和哲学思想,而更多的是佛教内部各部派宗门的立论与驳论。因此,传统佛教著述几乎全部都是以佛教思想辩护为核心内容的记述，属于佛教本身内部发展的历史和理论。因此，这些著述的总特征是没有立足于佛教之外，把佛教当作独立的对象来进行科学研究。

19世纪以来的现代学术体系，将佛教作为科学研究的对象纳入相关学科，并展示了一个极为广阔的领域。以现代学术范式来划分，佛学研究主要涉及以下几个学科：

——宗教学(the study of religion)。这种研究秉承宗教学的宗旨，运用宗教学的范畴体系，通过对佛教起源、演化、性质和影响作用等等方面的研究，揭示佛教作为一种人类社会文化发展的内在规律。这种研究与对于基督教、伊斯兰教、道教以及现代新兴宗教的宗教学研究，本质大致相同，相关问题涉及佛教的宗教性质、组织结构、信仰特征、传播形式以及修炼方式等。

——东方学(oriental studies)。近代以来特别是19世纪以后，西方所建立的东方学，以文献为基础，对古代印度、波斯、埃及、亚述、阿拉伯等东方的历史和文化进行研究，涉及领域有语言学、文学、哲学、历史学、艺术、考古学等。梵文和佛教研究自然也罗列其中。在某种意义上，所谓东方学可谓东方古典学。当然，这仅是从研究方法来说的。按照赛义德的观点，东方学是一种殖民主义的思维方式和话语体系。这与古典学(classical philology)对于古典希腊、罗马文化的推崇具有重大区别。而在汉语学术体系的领域内，对于佛教的研究必然涉及梵文、巴利文佛典，并关联到古代印度以及南亚次大陆的历史、地理、文化和思想。从学科的意义上说，这也应该属于东方学的范畴。

——汉语古典文献学。这种研究综合运用版本、校勘、目录等方法,对传世汉语佛教文献的价值、真伪、正误进行考辨,为学术研究提供可靠可信的文本依据,包括校勘、注释、考辨具体文献文本,整理、编纂各种类型佛教类书。当然,对于传世佛教文献学的训释、辨伪,也离不开古代历史和思想史等相关视野,因此,佛教的古典文献学研究自然与东方学交叉。

把佛教当做一个整体的对象进行研究,主要是以上三种。其他研究基本上是从某一学科的角度切入,对于佛教与各科现代学术相关的部分进行专门研究,学科上例如佛教哲学、佛教文学、佛教语言学、佛教历史学、佛教艺术甚至佛教科学(天文学、地理学、医学等)等等。很显然,这些研究与上述三种研究也有交叉的地方。因为,所有的研究都必须以文本即文献资料为基础,必然涉及多种文字的识读、正义,也必然涉及版本、目录、校勘,并延伸到相关的历史和思想理论背景。还应该说明的是,上述这个分类只是以西方的学科体系为基础,并与汉语学界现行的学科体系略有交叉。

佛教哲学是佛教思想、理论的哲学呈现形态。因此,佛教哲学研究就是运用哲学的范式,对于佛教所有的文本资料和思想资料进行的学术研究。从这个梳理可以看出,本书则属于最后一类,即关于佛教哲学的专题研究。虽然佛教哲学研究与宗教学、东方学、汉语古典文献学有着复杂的纠缠,但是,佛教哲学与这些学科之间具有清晰的界限。

## 二 佛教哲学研究略述

佛教哲学研究很早就成为一门世界性的学术研究。其代表人物有20世纪英德学派的瓦勒泽尔和彼得堡学派的罗森堡、舍尔巴茨基等。瓦勒泽尔不仅有《早期的佛教哲学基础》(1904)，以后又发表了多卷本的《佛教哲学及其历史发展》，是德国学者研究佛教哲学的基础性著作。罗森堡的《佛教哲学问题》(1919)，尤其是舍尔巴茨基的《佛教逻辑》(1930)，是影响至今的佛教哲学经典著作。[①]但是，正如金克木先生所言："用现代哲学框架及术语及思路

---

① 金克木先生说："他从梵文及藏译本详细译注法称《正理一滴》并加长篇导论，成为上下两册《佛教逻辑》，以英文写成，由苏联科学院出版，是力图打通欧洲及印度哲学而使之现代(20世纪前半)化的一位学者。"(金克木：《梵竺庐集·梵佛探》，江西教育出版社，1999年，第424页)"他企图将相对论、量子论的物理学和讲物理及数学的马赫、罗素等人的哲学以及佛教徒陈那、法称的思想贯穿起来解说。他取得了很大的成功，但是在这样现代化的解说里他有意无意忽略了极重要的一条，即，佛教毕竟是宗教。陈那、法称的著作和龙树、圣天、无著、世亲的一样，仍然不离求解脱。他们不是为认识而认识世界和人。史彻巴茨基(舍尔巴茨基——引者)把这部分略去了，结果是他自己建立了一套哲学体系。这不能算是佛教哲学的本来体系。他用变动不停的时空点说明'量'和'识'，但不能说明'空'，以致对这三者的说明还不够充分。他讲的不是《心经》，只是'论'。他说了哲学，没说宗教。"(同上，第465—466页)笔者恰恰认为，舍尔巴茨基所做的是佛教哲学研究，而不是佛学研究。这正是哲学研究与宗教研究的分界线。舍尔巴茨基对于西方哲学从古希腊的柏拉图到现代的马赫哲学都有深湛学养，是后来研究佛学者绝大多数不具备的，汉语学界更是不能望其项背。当然，《佛教逻辑》最有力的地方是陈那和法称的因明理论，因而偏重逻辑学。

的是现代语佛学,不论用什么语,来源都是近代欧洲语言。"①因为,迄今为止,严格的哲学从学科范式、理论体系到术语概念都是西方的,而主要语言也是近代的欧洲语言,例如英语、德语、法语、俄语等。东方和其他地区的哲学研究语言在本质上都是近代欧洲语言的语义延伸。

佛教与哲学的关联有其内在原因。宗教的根本标志是信仰。各种不同的宗教都具有自己确定的信仰对象,或者是一种至高无上的人格神(例如上帝、佛祖、太上老君、真主),或者是某种非人格的精神实体(例如拜火教等),原始宗教和民间宗教则有各种神灵崇拜。其次,各种宗教必须具有相关的组织、制度和仪轨。第三,各种宗教必须具有与教义相关的思想资源,即理论的表述。因此,在所有与教义相关的宗教理论资源中,都自然有关于宇宙观、世界观和人生观的系统表述。各种宗教与此三观相关的思想资源,其理论表述必然与哲学交叉。这是宗教哲学学科成立的内在理由。

佛教同样如此。佛教的诞生主要依赖创教者释迦牟尼的超人智慧和人格力量,其中必然包含宣讲教义的思想力量。宗教要获得信众,除了让信众亲证一些神奇的事迹,还必须用教义的思想和逻辑征服他们的心灵。因此,教义必须言之成理,形成强大的理论武器。佛教就是在与外道和内部派别斗争中发展的,这个斗争首先是思想理论的斗争。佛教在初期的传播过程中,面对当时势力强大的婆罗门教、耆那教、数论、胜论等宗教和思想流派,正是依靠独树一帜的鲜明观念和强大的理论力量,得以在众多宗教和思

---

① 金克木:《梵竺庐集·梵佛探》,第432页。

想流派中胜出。可见,为宣扬自己的教义和文化,佛教的理论建设必须是首要的。①而且,即使在佛教内部,宗派林立,各派对于基本教义的理解差异很大。由此而出现的关于教义的激烈论辩,在客观上造成了佛教理论的繁荣。可见佛教教义的理论建设贯穿于佛教传播始终。而佛教鼎盛时期的各派论师的鸿篇巨制,是佛教文献中最具有理论性的著述,是佛教哲学直接的理论资源。

以苦、集、灭、道四谛为核心的佛教思想,也是一种哲学人生观、世界观。以因果报应、积善除恶作为佛教对于现实生活导向的思想,其实也是一种伦理学。这些一般人们熟知的佛教思想,在几千年来的人类历史特别是东方的历史上,已经产生巨大而深远的影响。除此之外,在一般人们较少关注的哲学认识论等方面,佛教理论也作了极为深刻而非常有价值的探讨。佛教的"空"、"有"之论,例如"性空幻有"、"三界唯心"、"万法唯识"等等思想,是关于宇宙和自然法则以及终极实在的论述,则属于形上学的范畴。这些主题自然成为佛教哲学研究的领域。当然,佛教哲学在根本上与佛教教义无法分割,自始至终与佛教基本思想理论混为一体。但是,作为佛教哲学研究,必须要与佛教的宗教性质的教义进行一定程度的切割。否则,失去边界的研究可能既不是哲学研究,也不是纯粹宗教研究。基督教神学研究与基督教哲学研究是值得参考的一种重要范式。虽然这种切割是十分困难的,有时几乎是不可

---

① 当然,文化传播的重要手段首先是文学艺术。对于非佛教徒来说,佛教文化的最大影响莫过于艺术。佛教艺术的领域极为广泛,涵盖了诗歌、散文、戏剧、绘画、雕刻、音乐、建筑等等,也从古代印度语言例如梵文、巴利文等延伸至汉语、藏语等亚欧大陆多种语言。

能的。但是，能够指出这种不可能，也表明一种对于佛教哲学界限的清醒认识。

大致说来，在佛教"三藏"中，"经"与文学关系比较密切；"律"主要是戒律，有法律含义，与法学相关；"论"主要是理论，与哲学相关。①当然，这主要是就整体而言的。具体来说，作为佛教基本观念"性空幻有"，"性空"主要与哲学形上学相关。而佛教哲学认识论，较之于佛教之"性空"之说，更在于"幻有"之论。这里涉及有情众生与欲界、色界的认识关系。佛教哲学伦理学，则主要是关于有情世界的伦理与佛教救世思想的交叉，与因果报应思想相关。佛教哲学存在论（本体论）与有情众生的个体生存、存在问题相关。

除此之外，佛教中关于佛、菩萨、阿罗汉的神通思想，佛教中关于修炼坐禅境界的描述，佛教三界中关于无色界的描述，以及佛教中地狱、饿鬼、天、阿修罗等描述，皆与哲学问题无关。不过，在关于认识论的问题上，佛教修炼中的感官认识能力与智慧问题，略有涉及。其他佛教哲学问题，与具体的研究者的角度和选择相关，这里不作展开。

## 三 中国哲学史与佛教哲学问题

虽然佛教传入中国的历史有两千年之久，但汉语佛教学术研究的历史却很短暂。这个现象与现代中国学术体系建立的进程相

---

① 此为金克木先生与我的谈话中所述观点。可参见拙文《散记金克木》，载《粤海风》，2007年第6期。

关,在根本上说也与现代中国的历史进程相关。

从东汉后期开始,佛教在中国的传播、发展一直没有中断。佛教典籍的汉语翻译史,几乎与佛教在中国传播的历史等同。比较独立客观的对于佛教的记载,始于早期的经录(传说源于三国时期,现存最早的是《道安录》,后来著名的有《出三藏记集》《历代三宝记》等)和人物传记(例如《高僧传》等)。早期的佛教书目虽然单列一类(例如在《晋中经簿》中与神仙类等并列单独分类),但在四部分类形成之后,至《宋史·艺文志》还列入四部中的子部道家类(附释氏神仙类)。从北宋太平兴国年间出现"大藏经""开宝藏"开始,佛教典籍和书目作为独立门类于四部之外形成自己的知识系统,为中国也为世界的佛教史留下了极为珍贵的文献资料。而且,历史上的中国僧人对于印度原始佛教教义有着自己的阐发,因而导致佛教在中国呈现出一种独特的发展,形成了自己的宗派和理论,例如影响很大的净土宗、华严宗、天台宗、禅宗、律宗等,即使是印度佛教色彩浓厚的三论宗、唯识宗等,也具有中国本土特色。然而,所有这些相关于佛教的知识创构和文字著述,皆属于佛教内部的理论建设。直到近代杨文会、欧阳竟无先生建立的支那内学院,应该还是属于旨在促进佛教内部发展的具有教学、研究性质的机构。这些机构与当下的佛学院以及类似学会、机构大致相同。

中国佛教真正的学术研究,开始于19世纪之后。早先杨文会、欧阳竟无、韩清净、太虚等人的复兴佛学活动,与现代中国思想启蒙相呼应。而梁启超、章太炎等人的佛学研究,则更加侧重传统学术的推进。以吕澂、汤用彤、周叔迦、季羡林、金克木、任继愈等人为代表的佛学研究,兴起了中国现代佛学研究的主潮。但是,现代中国佛学研究的领域极为广阔,学科界限不是十分清晰,应该是涵盖宗教学、东方学、汉语古典文献学和现代学术研究的很多门类,例如文学、历史学、语言学等等,而纯粹的佛教哲学研究仍然阙如。

然而,一个不可回避的问题是,没有佛教哲学就没有完整的中国哲学史。几千年的中国古代学术发展历史,基本上可以概括为先秦诸子、两汉经学、魏晋玄学、隋唐佛学、宋明理学心学、清代朴学,佛学是其中不可或缺的一环。不仅如此,自南朝至隋唐,佛学成为思想界主流,并深刻影响了宋明以降的中国学术思想。这个影响也表现在印度佛教和中国本土思想的交互融合的两个方面。一是从佛教角度说,鸠摩罗什之后的高僧大德开宗立派,创立自己的佛教理论,但这些佛教宗派的思想理论,也或多或少融合了传统儒、道两家思想。另一方面,从唐代韩愈开始,士人奋起维护儒家和本土思想,排斥佛教。宋明理学、心学则从佛教思想方法入手反对佛教,道学家们借用坐禅修炼,提炼出格物致知的为学方法。胡适说:"理学挂着儒家的招牌,其实是禅家、道家、道教、儒教的混合产品。"① 周叔迦先生说:"程朱陆王之学,皆出于禅宗,只因我执不除,遂致所论似是而非。以此正心,未尝不可以为则;以之明理,实南辕北辙。"② 而章太炎对宋儒所论则更加一针见血:"里面也取

---

① 胡适:《几个反理学思想家》。引自陈植锷:《北宋文化史述论》,中华书局,2019年,第385页。

② 周叔迦:《唯识研究》,崇文书局,2018年,第92页。明代儒生黄绾就说过:"宋儒之学,其入门皆由于禅。濂溪、明道、横渠、象山则由于上乘;伊川、晦庵则由于下乘。"(黄绾:《明道篇》一。引自陈植锷:《北宋文化史述论》,第385页。)

佛法,外面却攻佛法"。①可见本土的哲学思想,例如理学和心学,也融合了佛教的思想理论。包括唯识学在内的佛学对宋明理学产生了深刻的影响,季羡林先生曾举朱熹为例进行说明。②宋明理学心学与佛学有难分难解的关系,可以说是学界的共识。

此外,从哲学思想的构成来说,佛学中纯粹的形上学和认识论讨论,对于中国哲学是一个重要的弥补。古代中国人思想入世,讲究实用,善于接受新知。表现在学术上是以人为中心,由家庭到社会治理为轴心,由道德而政治、法律等路径建构理论。科学例如农学、医学及工艺技术,基本处于实用层面。这个特点在从先秦到魏晋的哲学明显展示出来。儒家侧重伦理学和政治哲学;老子的道家虽然有形上学,但是其中的君王南面之术不仅是其理论内核之一,还是其现实的维度;《庄子》具有宏大深邃的哲学体系,内容驳杂,而全身保命依然是问题核心;③墨家的伦理学、政治学影响比其逻辑学更大;法家主要是政治哲学和法哲学。两汉形成的阴阳五行—占星学为骨干的哲学,将天文学和日常生活的度量衡知识浑然视为一体,并以日常经验知识和观测、算学为实证基础,构成以音乐为中心的无所不包天人体系。④汉代之后,这个体系崩溃。从东汉时期佛教进入中土,逐渐填补了中国形上学的不足。魏晋玄学试图调和儒、道思想,为现实社会的政治、道德状况进行重新论

---

① 引自陈植锷:《北宋文化史述论》,第385页。
② 参见季羡林:"佛教与儒家和道家的关系",《佛教十五讲》,北京大学出版社,2007年。
③ 可参阅拙著《渊默而雷声——〈庄子〉的哲学论证》,商务印书馆,2019年。
④ 可参阅拙著《星空与帝国——秦汉思想与占星学》,商务印书馆,2013年。

证。同时,在佛学的影响下,作为对于两汉天人体系的反叛,魏晋玄学在学术指向上回归形上学。①不过,佛教对于中国学术也产生了一定的消极影响。例如,理学心学家提倡的"格物致知"以及所谓的"功夫论",其理论和实践即可证明与佛教禅定类似,目的是人格修炼,与治国经邦济世没有直接关系。所谓"无事袖手谈心性,临危一死报君王"(颜习斋),理学和心学的末流,导致中国学术脱离经邦济世实用知识和智慧,在明末即受到西方天主教士文化的冲击,并最终在新文化运动中受到西方学术思想的毁灭性打击。西学大潮终于进入国门,从此开启了中国学术的现代化进程。

显而易见,佛学进入中土以后,形成了中华传统思想儒、释、道三足鼎立之势,佛教思想对于魏晋南朝直到今日中国思想界的影响,是难以估量的。上述历史同时也证明,汉语佛教哲学研究实质上分为两种。一是普遍意义上的哲学研究,即像欧美或印度、日本等地学者那样,研究佛教哲学特别是印度佛教的哲学。另一种则是中国哲学史领域之内的佛教哲学研究,属于中国哲学范畴。然而,一个世纪以来,中国哲学界对于儒、道哲学作了广泛而深入的探究,建构了目前中国哲学史的基本范式。但是,从百年来的中国佛学研究历程可以看出,虽然这个研究与中国哲学有所交集,其重点基本延续佛学研究的传统道路,至今在整体上仍然徘徊于哲学之外。

---

① 可参阅拙著《论魏晋自然观——"中国艺术自觉"的哲学考察》,安徽教育出版社,2013年。汤用彤先生认为南北朝时期的佛学受到玄学的影响,吕澂先生的观点与此相反,认为魏晋玄学受到佛学的影响。笔者认为二者交互影响可能性最大。

专门的中国佛教哲学研究意识,大致始于中国哲学史著。① 作为中国哲学史开山之作的胡适《中国哲学史大纲》(上卷),由于作者对于中国佛教知识不足,而戛然中断于汉代。胡适虽然后来对于佛教特别是禅宗研究用力颇深,发表了很多禅宗论著,但是没有专门的佛教哲学著述面世。作为后起之秀,冯友兰的中国哲学史著,对魏晋南北朝、隋唐的中国佛教,作了极为简单的哲学概括。这可能是从中国哲学视角研究佛教哲学之滥觞。20世纪80年代之后冯契、萧萐父等人的中国哲学史著,在佛教哲学方面仍然没有重大建树。而任继愈等人的中国佛教哲学研究,虽然不乏奠基之功,但终究没有形成扛鼎之作。老一辈学者中,应该提到的是金克木先生和他的佛教哲学研究。金先生曾在抗战时期负笈印度,在佛教圣地鹿野苑从梵文大师哈佛大学教授乔赏弥(Dharmananda Kosambi)老人研读印度梵文原典,具有深厚的佛学和梵文、巴利文学养。同时,他对于西方哲学和历史也有精深而广博的阅历和思考。由于他的研究基于梵文、巴利文原典,其中思想自然贯通古代印度文学、哲学、佛教,许多著述难以某一学科进行分类,佛教哲学思想散见各处。他的论文《试论梵语中的"有—存在"》,从梵文概念入手,虽然不是特指佛教一家,但是,其论述的概念也是佛教中的核心术语,因此可以说是真正的佛教哲学。而且,这种研究还具有中国哲学之外的一般佛教哲学的意义。金先生晚年在《读书》

---

① 现代中国哲学的展开也与佛学复兴的影响有关。楼宇烈先生说:"研究中国近代哲学如果只注意到西学的影响,而忽视佛学的影响,那是不能深入了解近代中国哲学的全貌和特征的。"(楼宇烈:《中国佛教与人文精神》,宗教文化出版社,2003年,第2页)

杂志发表的文字风靡学界,可惜他的佛教哲学研究没有在学界引起关注。① 相反,一些著名的佛学研究著述,例如汤用彤先生的《汉魏两晋南北朝佛教史》,实际上是关于中国佛教发展史的学术研究,属于宗教学的研究范畴,不属于佛教哲学著作。作为鲜明对比的也是汤用彤先生的《魏晋玄学论稿》,则是中国哲学研究的典范。只要将《汉魏两晋南北朝佛教史》与《魏晋玄学论稿》进行比较,就能清楚看出它们分属不同学科。而有些即使是名为佛教哲学的著述,仍然模糊了传统佛学和哲学之间的界限。例如熊十力的《新唯识论》,运用佛教的思想资源进行哲学理论的创造,也不属于佛教哲学研究。这与宋明理学、心学汲取了佛教思想不能算是佛学研究一样。② 至于梁漱溟的《东西文化及其哲学》,从书名即可知道是属于思想史性质的著作。

对于中国佛教哲学而言,出现在20世纪初佛教界的一些现象却十分难能可贵。1921年欧阳竟无应邀在南京高师哲学会作了题为"佛法非宗教非哲学而为今时所必需"的演讲。作为佛教大德,欧阳竟无认为佛法不是哲学和宗教,但高于哲学和宗教。这一观点值得哲学界商榷,但是,他的全部视野却是现代学术,包括哲

---

① 金克木先生晚年说:"我大约在五十年前读到欧阳大师文章后所受的启发。这可以概括为知道了要依论解经。此后我逐渐又明白了要由律判教。我读了史彻巴斯基的书发现了从欧通印的哲学之路。于是以佛教哲学发展为中心而寻印度哲学思想历史轨迹,以印度为枢纽而寻中国和欧美日本思想途径的相通和相异。更获乔赏弥居士的言传身教而得略窥印度古今人思想行为的实际。我几十年来空见路途而未能迈出半步,知见极浅,一无所成,所学久忘,实深内疚。"(金克木:《梵竺庐集·梵佛探》,第426页)可见金先生青年时代曾有一个庞大的哲学研究计划。

② 这与基督教哲学例如20世纪思想家舍斯托夫等情况类似。

学。此外,一代高僧太虚大师立足唯识学所作的哲学批判则更加精彩:

> 康德(Kant)之不可知的自存物,可为存疑之唯物论。亦可为存疑的唯心论。至于最近之爱安斯坦(Einstein, Albert, 1879—x)的相对论,客观宇宙的存否,存疑而不速断,而一切运动之现象,与其距离之时间,皆由观点之不同而不同,成为相对之现象,已有唯心论之倾向,从唯心论上说,亦可成为存疑之唯心论也。至罗素(Bertrand Russell, 1872—x)的新实在论(New Realism),虽极力扩充客观实在之范围,将经验派之感观的事与理性派之超验的理,皆与以不倚心而存在,不由心而变动之客观存在的实在意义,建立中立一元论,谓心及物乃中立一元所构成,然彼非心非物之中立一元,即为感觉之经验,惟一探其所谓中立一元的一元之谓何,彼尚存疑而未速断,余前到英国曾以此问题询之,彼谓犹在研究而未能判断,彼虽存疑而亦得谓之唯心论也……①

此段文字对康德、爱因斯坦、罗素等人的评论,因为时代和其他因素,缺陷很明显。但是,这里从语言概念到论辩方式完全超越一般的佛学内部辩论,是纯粹的哲学论争。从作者了然于当时最前沿的哲学甚至科学问题,可知他广博的视野。尤其是这里展示了太虚大师扫荡外教、天下独尊的雄辩气概,具有佛教高僧与天下

---

① 太虚:《法相唯识学》,商务印书馆,2011年,第43页。

高手过招的传统风范。无论从哲学还是佛教的角度，今日来看都令人赞叹，肃然起敬。虽然太虚大师旨在宣扬佛教教义，但其所述无疑是佛教与哲学融通的一个前奏或铺垫。

在佛学研究领域，唯识学研究显然是一个大宗。汉语佛学界同样如此，仅仅从中国知网搜索，近年来的相关论文就有二百多篇。同时，我们还看到一些通史性的巨制。①在唯识哲学研究方面，近年来受西方学界的影响，出现了唯识学与现象学的比较研究，这应该是一种积极的讯息。但是唯识哲学研究总体上仍然冷清，尤其是关于唯识学以及《成唯识论》完整系统的哲学研究著作，至今仍没有发现。

大略说来，继胡适之后的中国哲学史著，虽然从年代上具有历史的完整性，但严格地说，关于中国佛教哲学部分却依然处于"格义"的阶段。可以说，胡适先生留下的历史的空白，在经历一个世纪之久后的今天，仍然没有得到真正的填补。不仅中国哲学史著如此，实质上，在隋唐之后的中国哲学史专题研究中，哲学与佛学依然互不搭界，泾渭二分。尤其是宋明理学、心学的研究，由于佛教哲学的缺席，很多问题没有得到真正的触碰。近些年的中国佛教研究有着长足的进展，然而，专门的汉语佛教哲学著述仍然极为少见。甚至可以说中国佛教哲学研究一直没有真正展开。目下中

---

① 例如韩廷杰先生《唯识宗简史简论》（上海佛学书局，1999年），杨维中先生的《中国唯识宗通史》上下册（凤凰出版社，2008年），以及周贵华教授的《唯识通论——瑜伽行学义诠》上下册（中国社会科学出版社，2009年）等等。出版界还有"唯识学研究丛书"，包括译介西洋和东洋的研究菁华。相关情况可参阅沈庭：《从"非本体"到"心性本体"——唯识学种子说在中国佛学中的转向》（武汉大学出版社，2016年），"引言"部分第三节"学界研究现状"。

国哲学史与中国佛学研究在学科上的深深鸿沟,绝不仅仅意味着中国哲学三足之一的缺失,对于从南朝之后的中国哲学,更造成了具有整体性垮塌的危险。

特别一提的是,佛教哲学是世界性的学问。与佛教哲学相比,虽然中国哲学研究已有百年历史,但是,中国哲学的研究者和影响力基本限于中国大陆和港台地区,海外罕有严格的中国哲学研究,其影响远远不及佛教哲学甚至古印度哲学。东西方汉学家们采取的基本上都是古典文献学或思想史的研究范式,他们处理的中国古代学术问题偶尔可能与哲学交叉,例如研究魏晋时期的典籍和思想或许与玄学相关因而涉及一些哲学问题,但迄今没有见到他们纯粹的中国哲学研究。

## 四 《成唯识论》是中印佛教哲学的代表性文本

唯识宗是形成于公元5世纪左右的印度佛教思潮,是佛教历史发展中形成的一个极为重要的宗派。《成唯识论》是唯识学集大成之作。《成唯识论》的编撰者玄奘在印度系统学习了唯识学理论,参加了戒日王为他举办的唯识学辩论大法会,成为最后胜利者。佛教在印度的诞生和发展的历程,清楚地展示了《成唯识论》的地位和价值。

佛教之前的古代印度思想和学术,主要是婆罗门教文化,文献以《吠陀》为代表。公元前6世纪中叶,印度处于吠陀时代末期。此时印度流行的婆罗门教开始出现新的变革,产生了奥义书哲学思想，同时还有瑜伽、数论、耆那教、顺世论等各种宗教思想。佛教正是在这个背景下诞生的。①

按照吕澂先生的划分，佛教在印度的发展大约分六个阶段：原始佛学、部派佛学、初期大乘佛学、小乘佛学、中期大乘佛学、晚期大乘佛学。②约公元前530年，释迦牟尼在波罗奈斯的鹿野苑对五个弟子宣讲他的教义和思想，是为佛教诞生。接着释迦牟尼在摩羯陀、侨萨罗、拔沙等处宣道，基本教义就是后来被概括的四圣谛、十二行相、八正道、十二缘起、十四无记等，要义是缘起说和无我说，内容是诸行无常，诸法无我，一切皆苦，其目的是解除人的苦难和烦恼，达到涅槃寂灭。③由此至释迦牟尼圆寂以后一段时期，称为原始佛教。

部派佛学(或称小乘佛教)阶段大约在公元前370年至公元150

---

① 金克木先生说："奥义书时代是古代印度思想自由探索的开始。雅利安文化势力由西部印度河流域扩张到东部恒河流域，婆罗门的统治力在新地域内比较弱，因此其他阶层，尤其是王族与战士的刹帝利阶级，得到了思想自由发展的机会，而不限于吠陀的传授与祭祀。这样一开始之后，又由于当地土著文化的退入森林中的修行者的刺激，竟出来了根本反对婆罗门思想统治，反对祭祀，不信吠陀的异端。异端之中最有势力的佛教与耆那教的创始人都是刹帝利姓，而且都是在东印的恒河流域。"(金克木：《梵竺庐集·梵佛探》，第316页)

② 此为吕澂《印度佛学源流略讲》中六讲题目。下面叙述印度佛教发展阶段主要从该书中撷取提要。舍尔巴茨基说："大致地说，从公元前500年开始的佛教在其诞生地生存的1500年可以平均分为三阶段，每一阶段持续500年。"(舍尔巴茨基：《佛教逻辑》，宋立道、舒晓炜译，商务印书馆，1997年，第7页)平川彰《印度佛教史》分五章：原始佛教、部派佛教、初期大乘佛教、后期大乘佛教、密教。印顺《印度佛教思想史》(中华书局，2010年)分为十章，渥德尔《印度佛教史》共十二章。三书虽然章节划分与吕著不同，但内容与吕澂先生所述大体一致。

③ 相关的经典有《佛本行集经》《佛所行赞》《毗奈耶最胜经》等。

年。大约在公元前370年,佛教徒们进行了第一次传说有七百人众的大集结。此次集结主要是统一佛教教义,并形成神圣不可篡改的经典。但是,围绕"大天五事"的争论,①佛教内部出现第一次分裂,即上座部和大众部。上座部主分别说,大众部主一切说。焦点问题是身与命的关系、补特伽罗(我)有无等。这个时期出现了马鸣、众护、世友等大德,其中属于大众部下的说一切有部,主张一切法皆有其自性,是实有而非假有,五蕴过去、现在、未来皆有,故三世实有。因此,一切有部是佛学中"空"、"有"二论中著名的"有"论持护者。

大约从公元50年至公元400年是初期大乘佛学阶段。公元1世纪般若类经典流行,仅仅后来玄奘搜集整理的《大般若经》就有十六种(十六会),第一会近四百万字,可见卷帙浩繁。其中最著名的《金刚经》(第九会)在中国可谓家喻户晓。般若思想主要提出法无自性,不可执着,"性空幻有"是思想主流。与此同期出现的《宝积经》《华严经》《法华经》《维摩经》等,对于中国佛学产生了深远的影响。到了公元3~4世纪,印度出现了龙树的中观佛学,他的代表作《中论》提出"八不"缘起之说,即"不生亦不灭,不常亦不断,不一亦不异,不来亦不去",强调"众因缘生法,我说即是空。亦为是假名,亦是中道义",主张不二法门、法我二空的"中道"。后来中国高僧吉藏以龙树《中论》《十二门论》和提婆《百论》为本,创立了三论宗。

---

① 大天认为佛家修行最高果位阿罗汉仍有五个局限,即"五事":1.仍有正常人的生理机能和情欲,例如梦见魔女引诱会遗精等;2.仍有无知之处,如对于达到的修行果位并非知道;3.对四谛等教理认识仍有不足;4.对自己修行果位不能证知,而必须由别人指点;5.也有痛苦,甚至发出"苦哉"呼唤,但这种声音有助于认识佛教真理。

这期间，大约在公元150年至500年期间，又出现了小乘佛学本宗学说。此时小乘佛学上接部派佛学，代表为有部、新有部、经部、正量部等。有部新理论提出"心不缘无法"，认为心必有境，一切实有。新有部提出，除实在是有，假有也是有。实有是真谛，假有是俗谛。还提出色法的极微理论。此时出现的《大乘阿毗达磨经》有"无始时来界，为诸法等依"之说，认为宇宙现象总根据是"界"，"界"亦称"阿赖耶"，也有种子之意，种子遇到条件生起各种现行。种子和现行相互熏习，循环不已。这对于经量部产生了很大影响。后来正量部把表色看作是业的一类。表色是受到意的发动表现于外的语言行动，是固定的、实在的。他们所提的业不失法，与大乘"果报识"即异熟识、阿赖耶识有关系。这些思想为后来唯识学之滥觞。

到了公元5、6世纪二百年间，出现了中期大乘佛学，也是大乘佛学甚至是全部佛教理论的鼎盛时期。代表是瑜伽行派唯识宗，出现《涅槃经》《胜鬘经》《菩萨藏经》《解深密经》等，《大乘阿毗达磨经》更加流行，尤其出现了弥勒、无著、世亲为代表的唯识宗师，他们的著述创造了唯识学空前绝后的辉煌。[①]此后，佛教在印度本土衰微，至12世纪末伊斯兰入侵，佛教在印度完全湮灭。但是，佛教北传东北亚和南传东南亚，尤其在中国中原和西藏地区得到另一种发展。

从佛教在印度产生发展1500年的历程来看其思想理论发展理

---

① 金克木先生说："大乘兴起，婆罗门出身的马鸣、龙树（一世纪，后汉）等人系统地创立了新的文学与思想。再演变到最后，无著、世亲（三四世纪，三国、晋）成立唯识，以有继空，达到大乘教义的极致。"（金克木：《梵佛探》，第316—317页）

路,核心问题还是"空"与"有"的论争。从佛祖所宣扬的四圣谛、八正道等观点来看,虽然万法为空,但是"我"仍是"有"。因为,佛祖的目的是帮助众生(即每一个"我")解脱烦恼痛苦,达到涅槃。如果"我"为空则所有理论思想没有所指和依托。故小乘说一切有部即提出诸法实有的思想,作为其极致延伸。后来大乘般若学说兴起,用"性空幻有"解释世界,还是站在"法空"的立场,但是这种思想却容易引导出恶意空的观点。于是,龙树的中观思想出现,提出非有非无,不落二边,入不二法门。而唯识宗主张"万法唯识",则又回到"有"的立场。[1]在某种意义上也可以说,唯识宗是印度佛学巅峰状态的终极之作,为印度佛教在理论发展上画了一个句号。

唯识宗的创立者传为弥勒,后来有无著、世亲兄弟传其学说,卓然成就大宗。唯识宗代表著述是六经十一论。[2]其中最重要的是传为弥勒所造《瑜伽师地论》(有玄奘译本,一百卷),阐明瑜伽行基本概念,及行和果。无著的著述有三十多种,世亲的著述近五十余种。无著、世亲著述中与瑜伽学派相关的有八种。[3]无著传述弥勒学,作

---

[1] 印顺长老对此归纳说:"论到印度的大乘佛学,不外乎空、有二论——中观与瑜伽。""这所以中观与瑜伽,在印度大乘佛教界,被公认而处于主流地位。"(印顺:《英译成唯识论序》,见玄奘译,韩廷杰校释:《成唯识论校释》,中华书局,1998年,第743页)

[2] 即:《大方广佛华严经》《解深密经》《如来出现功德庄严经》《阿毗达磨经》《楞伽经》《厚严经》;《瑜伽师地论》《显扬圣教论》《大乘庄严经论》《集量论》《摄大乘论》《十地经论》《分别瑜伽论》《辨中边论》《唯识二十论》《观所缘缘论》《阿毗达磨集论》。参见《成唯识论校释·序》。

[3] 即《唯识二十论》《唯识三十论》《摄大乘论》《大乘阿毗达磨集论》《辨中边论》《缘起论》《大庄严经论》《成业论》。参见吕澂:《印度佛学源流略讲》,上海人民出版社,2005年,第172页。

精简的《显扬圣教论》，是对弥勒《瑜伽师地论》重新从学说上作纲要性的组织整理。由于弥勒《瑜伽师地论》太烦琐，世亲造《唯识三十颂》，提纲挈领论述了其中思想，说明识的相、性、位。相即识的相状，性即识之本质，位是怎样转识成智、获得解脱的阶段和途径。关于无著和世亲对于弥勒思想的传承，学界有说认为无著和世亲亦有不同。① 此后的唯识学，主要是依照世亲《唯识三十论》展开，注书有二十八家之多。陈那的弟子护法著有《二十唯识论释》，护法的弟子戒贤，被尊为"正法藏"。

《成唯识论》是对于世亲《唯识三十颂》的解释。"成唯识论"意即成立唯识理论。具体说，玄奘采用护法一家理论的基本结构，组织杂糅十家《唯识三十颂》注释和解释，集成为书。可见，《成唯

---

① 印顺认为："无著论发展了唯识学，受时代的影响，略有一心论（一能变说，一意识师，心所即心似现说）的倾向。世亲论立'三类识变'说，而复归于《瑜伽论》的体系。""在无著论的唯识学中，重在赖耶与末那，这是需要论证的要点。《三十唯识论》，继承了《瑜伽论》以自性、所依、所缘、助伴、作业——五门来分别五识与意地的传统；结合无著论的精义，而以十门等来分别阿赖耶识、末那识与六识。瑜伽大乘的唯识学，到达了更完整的体系。""无著论的成立唯识，以阿赖耶种子识为本，现起相识与见识，似乎从一心而现在的一切，极可能踏上一因论的歧途。所以世亲晚年所作的《三十唯识论》，依"三类识变"立说，重视摄持种子的阿赖耶识现行。这是《解深密经》的传统，弥勒学的本义。"而玄奘则是传世亲一脉的："无著的论书，在时代佛教影响下，重大乘，重唯识。在所依的契经中，特重《阿毗达磨大乘经》。……玄奘传唯识学，而所重的是《瑜伽师地论》，是以弥勒《瑜伽》的根本大义，作为大乘唯识正理的准绳。""无著传述弥勒学，当时风行的如来藏说，在他的《庄严大乘经论》中亦有所引用。……《成唯识论》不说如来藏，以'心之空性'说心性本净，是世亲《唯识三十论》的立场，符顺于弥勒《瑜伽师地论》的本义。"（印顺：《英译成唯识论序》，见《成唯识论校释》，第744—748页）

识论》即是唯识学集大成之作。①在内容上说,从世亲到戒贤、玄奘的时代,有二百多年。这期间论师们提出了种种不同的问题和解说。经典方面,关于如来藏与阿赖耶识相结合的论著如《入楞伽经》《大乘密严经》等,亦非常流行。(这些思想反映在中国佛教界,就是地论宗、摄论宗的思想理论。)这些观念与玄奘所传的唯识宗立说不同。玄奘所重的《瑜伽师地论》是弥勒瑜伽思想的根本大义。因此,《成唯识论》证明阿赖耶识存在,由此解释万法,通过三性讲清诸法无性。欧阳竟无说:"一切法空宗为般若,一切法无我宗为唯识。智慧与识属法相事,空及无我属法性事。空是其体,无我是用,唯识诠用义是一大要旨。唯识学《本论》而外滥觞于《摄论》而昌极于《成唯识》。"②吕澂说:《成唯识论》杂取诸多论书,"组赖耶多依《大论》《集论》,组赖耶种子熏习多依《摄论》,组赖耶五教十理多依《摄论》《大论》。组末那多依《大论》《集论》,组末那六义多依《摄论》。组了别多依《大论》……"故此,"今乃有此《成唯识论》,百炼千锤成为利器,固法门最后之作品,亦学者神魂之依归。""则《成唯识论》者,唯识学至精至密之论也。"③印顺说:"《成唯识论》的内容,极其广大,辨析是极其精密。虽摄取了众师的异说,种种论义,而对弥勒的《瑜伽》唯识来说,是极其纯正的,这部代表西元七世纪初,唯识大乘正义的圣典,贯通《阿含》《般若》,

---

① 关于《成唯识论》的内部思想结构,吕澂认为有十个部分:"一本颂,二广论,是二为所成法;三经,四论,五因明,六毗昙,是四为如是成;七所对外道,八所对小乘,九西土十家,十玄门诸贤,是四为能成人。以是读论观厥成焉。"(见《成唯识论校释》,第730页)

② 欧阳竟无:《欧阳竟无内外学》,商务印书馆,2015年,第377页。

③ 吕澂:《成唯识论·序》,见《成唯识论校释》,第732、730页。

而没有转化为本体论的圣典，留下了永久的不朽的价值！""玄奘所传的唯识学，属于这一学系。以护法说为宗，而撷取诸大论师的精义，糅合为一部《成唯识论》。这是代表那一时代，集唯识大成的论书。"① 可见，《成唯识论》是佛教唯识宗的代表性经典，是佛教最有理论性和哲学色彩的著作。

另一方面，《成唯识论》也是中国高僧创造的印度佛学，是中国僧人的佛教理论创构的杰出代表。

从中国佛教来说，佛教从印度传入中国之后，一开始就发生了变化。起初这些变化是传教者有意为之。例如在汉末和三国即释道安时期，佛经翻译采取"格义"之法，就是用《老子》《庄子》的术语翻译佛教的概念，例如用"道"来翻译"真如"，用"无"来翻译"空"。后来鸠摩罗什开始了严谨的佛经翻译，到玄奘更是精益求精。但是，另一方面，中国僧人在佛教的传播中，不断进行教义和义理的探索，形成了与印度佛教不同特点的中国佛教宗派，代表有净土宗、华严宗、天台宗和禅宗。在汉传佛教中，保留印度佛教特征最多的是唯识宗。正如印顺长老所言："中国所发展的唯心大乘，是本体论的。如华严宗说'性起'，禅宗说'性生'（六祖说'何期自性生万法'），还有天台宗说'性具'。与缘起论为宗本的，玄奘所传的唯识学，并不相同。中国的大乘佛教，有他自己独创的特色。然从承受于印度的大乘来说，那就不是台、贤、禅、净，而是中观（三论宗）与瑜伽（唯识宗）了。"② 当然，即使是唯识学，对于中国佛学的影响也是极为重大而深远的。吕澂则认为："总的说

---

① 印顺：《成唯识论·序》，见《成唯识论校释》，第747页。
② 印顺：《成唯识论·序》，见上书，第748页。

来,中国佛学始终不出台(天台)、贤(华严)、慈恩(唯识)的范围。慈恩的传承,在智周(668—723年)之后虽已不可详考,但其学说却始终为中国佛学的理论基础,凡是解释名相,分析事相,都不能不取材于慈恩。例如,因明,六离合释等方法,也要运用慈恩已有之学。"① 近代中国唯识学的复兴,又开启了思想界的启蒙和现代学术的先河。②

综上所述,可以小结如下:

1.《成唯识论》是印度佛教巅峰时期产物,代表了佛学理论的最高形态。因此,《成唯识论》的哲学思想亦为佛教哲学之最好范本。

---

① 吕澂:《中国佛学源流略讲》,中华书局,1979年,第271页。例如。禅宗法眼宗创始人文益得法于桂琛。据传文益约两个同伴去桂琛处参学,第二天辞行,桂琛觉得文益还可以深造,就指门前一块石头对他说,你是懂得唯识的(《华严》其中就有"三界唯心"),试问这块石头是在你心外还是心内?他当然回答在心内。桂琛说,你行脚人应该轻装,如何装块石头在心内去到处走动呢?文益无词可对,便又留住月余,仍不得其解,桂琛这才告诉他说:"若论佛法,一切现成。"这就是说,一切都是自然而然地存在,心里有块石头也是自然存在,并不加重你的负担。文益门下德韶后来有一偈:"通玄峰顶,不是人间,心外无法,满目青山。"也是"一切现成"之意。学禅达到峰顶当然不是人间,心外无法,随处可以见到禅境(青山)。(吕澂:《中国佛学源流略讲》,第245—246页)

② 楼宇烈先生说:"从某种意义上甚至也可以说近代中国佛学是唯识学的复兴。"(楼宇烈:《中国佛教与人文精神》,第20页)杨维中先生认为:"如果从印度大乘佛学的角度看问题,隋唐时期的宗派除三论宗、净土宗之外,都与唯识学有深刻的。内在的关联,天台、华严、禅宗、律宗甚至密宗的教义只有在纳入唯识学的大视野之中,才能获得真切的理解。换言之,隋唐佛教的大师们在进行创宗活动之时,几乎没有例外地或多或少、或直接或间接地受到唯识学的影响。从这个意义上说,唯识学在近代以来的复兴确实其来有自,意义十分重大。"(杨维中:《中国唯识宗通史》上,第13页)

2.《成唯识论》是汉语写作的印度佛学，具有两种文明交汇的特征。因此，《成唯识论》哲学研究，既属于一般的佛教哲学研究，也属于中国哲学史研究，是中国哲学史研究的必答题。

3.此外，唯识学在论证尘俗世界万事万物展现在人们面前的样态和方式中，进行了极为精致和邃密的讨论。这个理论与现象学讨论作为对象世界的"事物本身"，在某种程度上相似，但是实质差距甚远。因此，关于《成唯识论》的哲学研究，与当代西方哲学亦可以对谈。

## 五　本书意旨及方法

本书以《成唯识论》的全部文本作为一个系统的理论表述进行哲学考察。笔者认为，《成唯识论》作为哲学论证义域的大致范围，应该只限于：一、作为对象客体的义涵是其中关于欲界、色界的描述；二、作为对象主体的义涵是其中关于有情众生主体描述的一切思想资源。笔者试图通过《成唯识论》自身的内在思想结构和逻辑，以及其系统的理论表述，展示其内含的哲学体系，重构《成唯识论》的哲学论证。就如同一块玉石其中自然包藏璞玉一样，笔者的工作理想就是像玉工那样，打开外在的石料，显示其中的生辉璞玉。阐述中使用较多篇幅的引文，也是力图证明这就是至少我理解的《成唯识论》本身的哲学思想和理论。

必须交代的是，笔者受惠于学界前贤关于唯识学特别是《成唯识论》研究，虽然大多学者是从佛学角度进行阐述，其中蕴含的哲学思想亦很丰富，尤其是韩廷杰先生巨著《成唯识论校释》和慈航大德《成唯识论讲话》，则为我首先倚重的文献，本书所有关于《成唯识论》文本解释均参考此二书。特此申述，行文中不另单独出注。我从这些前贤著述中受益匪浅，掠美之处绝非仅见，感念之外，对于他们的学养功力更是敬佩。但是，一方面由于佛学的名相概念体系繁富复杂，所有汉语阅读的经验基本不能帮助佛典的阅读，普通读者阅读进入佛学的门槛很高。而笔者囿于学养对于佛学的哲学表述还是捉襟见肘，无法举重若轻使用流畅通俗的语言。另一方面，作为学术著述，过于通俗化的表述也会遗失特定的思想内涵。这种困境自然导致一些学术表达的尴尬，使得笔者常常只能游走在佛学和哲学的概念之间。大量引文不仅仅是笔者对于各位先贤硕学不敢掠美，也展示出本人出于学养不足的窘迫。这些遗憾无法避免，好在学术本身即为探索和学习，不足和缺憾期待缁素两界大德硕学高人指正。

受感召于玄奘大师和历代高僧历尽艰险、九死一生西土取经精神的激励，我期望摸索出一条汉语佛教哲学研究道路，哪怕只有一点难以辨认的轨迹，以供缁素两界大德硕学作为参照和教训，为中国哲学史和汉语佛教哲学的未来研究尽一点绵薄之力。我以此为无愧于这个伟大的时代而自慰，并期盼中国佛教哲学研究高潮的兴起。

# 引论　唯识学之"识"哲学义考辨

唯识学中最核心的名相概念是"识"。因此,唯识哲学的起点和核心也是由"识"的概念展开。

"唯识"二字首见《解深密经·分别瑜伽品》:"我说识所缘,唯识所现故。"①"识"的梵文为vijñāna。vijñāna词根jñā的动词词义是"知道",前缀vi具有"分别"的含义。可见就vijñā的本义而言,对接现代汉语应该是"识别"、"明辨"的意思,与英文intellect义相近。因此,"唯识"之"识"也时常与另一个梵文vijñāpti互用。vijñāpti则更多翻译成"了别"。在现存《唯识三十颂》的梵文文本中,"唯识"二字联用的梵文就是这两个词:vijñāna-mātra和vijñāpti-mātra。梵文mātra是"唯有"、"唯独"之意。故《成唯识论》亦云:"'识'谓了别。""故识行相即是了别,了别即是识之见分。"②从某种意义上说,"唯识"可以说"唯了别"。③

---

①　参见杨维中:《中国唯识宗通史》下,第450页。
②　《成唯识论校释》,第2、135页。
③　关于梵文vijñāna和vijñāpti两个词的具体词义异同辨析,近期唯识学界围绕这两个词义和用法,以及vijñāpti-mātra能否译为"唯识"一词,展开了一场重要论争。有些学者认为,vijñāna是由动词vijñā的直陈式抽象而来的名词,vijñāpti也是源自动词vijñā的致使形式抽象而来的名词。汉译佛经中经常将vijñāna理解为识本身,而常常将vijñāpti译为"分别"、"了别",其中当然也含有"识"的意思。因此,玄奘(转下页)

# 引论 唯识学之"识"哲学义考辨

　　基于"识"原指分别、明了之意，唯识学中，心、意、识三个概念经常互用。唯识宗经典世亲的《唯识二十颂释》就明确指出："心、意、识和了别是同义词"。①但是，梵文中通常与汉语"心"对译的词是citta。citta原意"集起"、"积聚"，引申义与汉语中"精

---

（接上页）将vijñāpti-mātra直接翻译为"唯识"。但是，vijñāpti不仅具有"识"义，而且含有"识所表现出来的"意义。同时，作为由vijñā致使形式而来的名词，这个词也有给人以"分别""了别"的施动意义。因此，玄奘将vijñāpti-mātra翻译为"唯识"是错误的，只能译为"唯了别"。由于vijñāpti-mātra和vijñāna-mātra之间有巨大的差异，他们甚至认为要将"唯识学"改称为"唯了别学"。但另有学者指出，这两个词义之间确有差别，但不存在如此巨大的意义分割。在现存《唯识三十颂》的颂文之中，vijñāpti-mātra和vijñāna-mātra都同时出现过。前者出现在第17、25、26、27颂中，后者出现在第28颂中。因此，玄奘将vijñāpti-mātra译为"唯识"没有错误。而且，现在人们所见到的《唯识三十颂》的梵文文本是1922年法国学者列维（Slyvain Lévi）在尼泊尔发现的，为安慧一系所传。而玄奘传承的唯识学则是护法一系，但玄奘所据的《唯识三十颂》梵文文本至今没有发现。或许这也是他们对"唯识"一词采用不同梵文的原因。（参见成建华：《关于"唯识"一词翻译问题的再思考》，载《法音》2014年第3期；周贵华：《再论"唯识"与"唯了别"》，载《上海大学学报》2007年第4期；黄宝生译注：《梵汉对勘唯识论三种》，中国社会科学出版社，2017年，第9页；吕澂：《印度佛学源流略讲》，第103页；《成唯识论校释》，第98页。）另，根据笔者所见，早年日本学者稻津纪三就作了深入细致的研究。他认为，"'vijñāna'是一个将意识作用之意义包含在自身之内的意识概念，与之相对，'vijñāpti'本身则表示拥有意识之作用而引起的事件或状态，即指每个拥有特殊内容的具体生起的意识。譬如，色的知觉和音的知觉分别表示以色、音为内容的具体生起的意识，这就是'vijñāpti'。"因此，"在我们烦恼相应的心上所呈现的一切对象的显都是'vijñāpti'，与之相对，指心本身的概念就是'vijñāna'。"（稻津纪三：《世亲唯识学的根本性研究》，杨金萍、肖平译，宗教文化出版社，2013年，第7、11页）

① "同义词"梵文prayāya，通常译为"假名""假设""施设"。瞿昙般若流支将这句话译为"心、意与识及了别等义一名异"，玄奘译为"心、意、识、了，名之差异"。参见黄宝生：《梵汉对勘唯识论三种》，第10页。

神"、"心灵"对应,因此与英文mind意指相近。①但是,citta不是指身体器官心脏。梵文中指心脏的词是hṛdaya,可译为肉团心、心脏、心要、肝要,因此也有核心、枢要的意义。②《心经》的梵文名用的就是这个词(Prajñāpāramitā-hṛdaya-sūtram)。

梵文与"意"对译的是manas。manas原意"思量",即思维、筹划、计量之意,与现代汉语"意识"和英文consciousness一词义近,因此通常译为"意"。由此可见,唯识学中将"识"与"心""意"概念互用,并非这几个词之间意义全等,也只是在这几个词意指认识能力(intellect)这个特定含义的交叉之处。③

与"心"相关联的一个佛学概念是"心所"(cittasaṃprayukta-saṃskāra),亦称心数、心所法、心所有法,是相应于心而起的心理活动和精神现象。④《成唯识论》云:"恒依心起,与心相应,系属于心,故名心所,如属我物立我所名。心于所缘唯取总相,心所于

---

① 韩廷杰先生说:"'心',梵文citta的意译,音译质多、质多耶、质帝等,一切精神现象的总称。唯识宗用以作为第八识阿赖耶识的别名。"(《成唯识论校释》,第113页)常见的例如《心经》:"acitta varannah"译为"心无挂碍"。(见林光明:《梵藏心经自学》,(台湾)嘉丰出版社,2001年,第40页)

② 参见任继愈主编:《宗教词典》,上海辞书出版社,1981年,第211页。

③ 周贵华教授认为:"在阿含佛教与部派佛教中,心意识三者被认为是体一名异,换言之,只是从不同功能侧面而安立之不同名称。而且认为当三者中任一代称其体时,皆具有余二者之义,比如称心时,不仅具心之'积集'义,而且还具意之'思量'义、识之'了别'义。瑜伽行派亦在此意义上平等使用三者,比如《瑜伽师地论》有云:'复次,此中诸皆名心、意、识',又如《显扬圣教论》说:'心者,谓心、意、识,差别名也。'"(周贵华:《唯识通论——瑜伽行学义诠》上册,中国社会科学出版社,2009年,第200页)

④ 佛教唯识宗心所法共六类五十一种:遍行五种,别境五种,善十一种,烦恼六种,随烦恼二十种,不定四种。(参见《成唯识论校释》,第5页)

彼亦取别相,助成心事得心所名,如画师、资作模填彩。"① 说明各种意识和精神活动以心为所依而生起,与心相应,故称心所。但心与心所各有自体,依同一识根即感官认识俱时而起,所缘相似,互为补充。心与心所的关系,犹如画师先勾勒轮廓线条,然后由弟子按图填彩一样。心理活动离不开心,心也不可能离开心理活动存在于真空之中,可见心与心所是一个硬币的两面。

此外,唯识宗还将"心"用来专指阿赖耶识。例如《唯识二十颂释》云:"安立大乘三界唯识。以契经说三界唯心。"此处"心"即指阿赖耶识。② 窥基《成唯识论述记》曰:"集起义是心义,以能集生多种子故,或能熏种于此识中,既积集已,后起诸法,故说此识名为心义,'心意识'中'心'之心也。"③《成唯识论》对此也专有说明:"谓薄伽梵处处经中说,心、意、识三种别义。集起名心,思量名意,了别名识,是三别义。如是三义虽通八识,而随胜显,第八名心,集诸法种起诸法故。第七名意,缘藏识等恒审思量为我等故。余六名识,于六别境粗动间断了别转故。如《入楞伽》伽他中说:'藏识说名心,思量性名意,能了诸境相,是说名为识。'"④ 但是,《成

---

① 《成唯识论校释》,第341页。
② 参见黄宝生:《梵汉对勘唯识论三种》,第210页。
③ 参见任继愈主编:《宗教词典》,第211页。
④ 《成唯识论校释》,第317—318页。将阿赖耶识与心等同,历史上也有很多说法。代表性说法有《大乘起信论》曰:"心生灭者,依如来藏故有生灭心。所谓不生不灭与生灭和合,非一非异,名为阿梨(赖)耶识。此识有二种义,能摄一切法,生一切法。云何为二? 一者觉义,二者不觉义。"(真谛译,高振农校释:《大乘起信论校释》,中华书局,1996年)早先中国学者很多将"识"解释为"心",现代学者包括西方学者在论及唯识学时,也将"心"与"识"混用。例如:太虚大师说:"今以法相唯识连称,(转下页)

唯识论》把这三个概念对应不同的识,即阿赖耶识对应"心",末那识对应"意",其余六识对应"了别"。①

由于唯识学博大精深,"唯识"之"识"(vijñāna)除了上述具有"了别""识别"意涵之外,在特定语境中还有其他专门义指。从汉语角度说,"识"在古汉语中有识别、知道、知识、见识、意识、记住、标识、款识等意涵。②vijñāna词义与"识"的这些意涵也不能全部等同。历代佛学大德和现代学者专家对于"识"的解释可谓数不胜数,不胜其烦,这里仅以任继愈主编的《宗教词典》解释为例:

---

(接上页)则示一切法(五法三相等)皆唯识所现,唯,不离识。识,即百法中之八识及五十一心所。其余四十一法亦皆不能离识而存在,以一切法多分受识之影响而变化故。"(太虚:《法相唯识学》,第29—30页)韩清净大德说:"唯识二字,是什么意义呢?识即是心。然从了别的意义而言,又名为识。因为心所知的境界,有种种不同的现象,说名为别。其能知的心,也便随此不同的现象,说名了别。了别二字,原本说心,然是从境假立的名。例如所见的色,所闻的声,所嗅的香,所尝的味,所触知的寒暖等等,以及心中构画而起的种种对象,都说为境,以是心所游历的境界。"(韩清净:《韩清净唯识论著集》,崇文书局,2019年,第140页)外国学者也有类似说法:"佛教各派全都认为,作为诸法的五蕴之一,心或识(vijñāna)将在最终寂灭的无余涅槃(nirupadhi-śesa-nirvāna)中断灭。唯识论相信心继续存在,而且,只要尚未证得无余涅槃的境界,轮回(saṃsāra)至少作为一种精神现象仍继续实有。小乘和唯识论在这一点上的差别在于,和小乘佛教不同,唯识论者主张轮回(saṃsāra)纯粹是观念或精神的。"(托马斯·伍德:《万法唯识——唯识论的哲学与教理分析》,晏可佳、罗铮、黄海波译,上海古籍出版社,2015年,第17页)

① 周贵华教授认为:"瑜伽行派区分出来的八心,一般常称为八识……从八识各自特点看,阿赖耶识'积聚'义最胜,可名'心';末那识的'思量'义特出,可称'意';而眼识等前六识的'了别'义最显著,可称'识'。"(周贵华:《唯识通论——瑜伽行学义诠》上册,第200页)

② 见何九盈、王宁、董琨主编:《辞源》(第三版)下册,第3841—3842页。又徐中舒主编《汉语大字典》释"识"字有十五义,见缩印本第1673页,湖北辞书出版社、四川辞书出版社,1995年。

## 引论　唯识学之"识"哲学义考辨

"识"：梵文 vijñāna 的意译。佛教名词。有多种含义：(1)指一切精神现象，如"唯识无境"。与"心""意"的含义相同。《俱舍论》卷四，"心、意、识体一"，唯"随义建立种种名相"。其中"集起故名心，思量故名意，了别故名识"。小乘有部主张按照"六根"分为六识，"义虽有别，而体是一"。大乘瑜伽行派等扩大为八识，不只义有别，"体"亦有八。(2)作为心识的特殊功能，又不完全同于"心""意"。《成唯识论》卷五：前六识"于六别境粗动、间断、了别转故"，说名为识，即唯以前六识名识。(3)作为五蕴之一，名为"识蕴"，指小乘所讲"六识"和大乘所讲"八识"的心王。(4)作为十二因缘之一，名为"识支"。……①

此处涉及唯识学的主要是前三条。就是说，即使是在唯识学中，"识"在不同情况下至少有以上三种意义。但是，不仅一般读者对于"唯识"之"识"这些多种具体含义不甚了解，常常望文生义，简单地将"识"解读为现代汉语中的"意识"一词，甚至英文世界包括权威的梵英词典，通常也将 vijñāna 翻译为 conciousness，即基本对应于现代汉语的"意识"一词。②由此可见这样的误读流传

---

① 任继愈主编：《宗教词典》，第556页。
② 词典原文：vijñāna. (P. viññāṇa; T. rnam par shes pa; C. shi; J, shiki; K. sik 識). In Sanskrit, "consciousness"; a term that technically refers to the six types of sensory consciousness (VIJÑĀNA): eye, or visual, consciousness (CAKṢURVIJÑĀNA); ear, or auditory, consciousness (ŚROTRAVIJÑĀNA); nose, or olfactory, consciousness (GHRĀṆAVIJÑĀNA); tongue, or gustatory, consciousness (JIHVĀVIJÑĀNA); body, or tactile, consciousness (KĀYAVIJÑĀNA); and mental consciousness (MANOVIJÑĀNA). These are the six major sources of awareness of the phenomena (DHARMA)（转下页）

## 引论　唯识学之"识"哲学义考辨

之广。这种对于"识"的普遍误读,自然割裂和损伤了唯识学的极为重要的思想,对于唯识学的理解产生了巨大的片面性。

世亲所作《唯识三十颂》第一颂和第二颂上半部云:

> 由假说我法,有种种相转,彼依识所变。此能变唯三:谓异熟、思量,及了别境识。①

关于这一个半颂,《成唯识论》用了近一卷半的文字进行解释。以下只节选相关论述:

---

(接上页)of our observable universe. Each of these forms of consciousness is produced in dependence upon three conditions (PRATYAYA): the "objective-support condition" (ĀLAMBANAPRATYAYA), the "predominant condition" (ADHIPATIPRATYAYA), and the "immediately preceding condition" (SAMANANTARAPRATYAYA). When used with reference to the six forms of consciousness, the term vijñāna refers only to CITTA, or general mentality, and not to the mental concomitants (CAITTA) that accompany mentality. It is also in this sense that vijñāna constitutes the fifth of the five SKANDHAs, while the mental concomitants are instead placed in the fourth aggregate of conditioning factors (SAṂSKĀRA). The six forms of consciousness figure in two important lists in Buddhist epistemology, the twelve sense fields (ĀYATANA) and the eighteen elements (DHĀTU). With the exception of some strands of the YOGĀCĀRA school, six and only six forms of vijñāna are accepted. The Yogācāra school of ASAṄGA posits instead eight forms of vijñāna, adding to the six sensory consciousnesses a seventh afflicted mentality (KLIṢṬAMANAS), which creates the mistaken conception of a self, and an eighth foundational or storehouse consciousness (ĀLAYAVIJÑĀNA). 见 Robert E.Buswell Jr. and Donald S.Lopez Jr., *The Princeton Dictionary of Buddhism*, Princeton University Press, 2014. 这个词条对于唯识学的误解很大也很多,可以写专文论证。这里只能暂略。

① 《成唯识论校释》,第1页。

世间、圣教说有我、法，但由假立，非实有性。① 我谓主宰，法谓轨持。② 彼二俱有种种相转。我种种相，谓有情、命者等，预流、一来等。③ 法种种相谓实、德、业等，蕴、处、界等。④ "转"谓随缘施设有异。……彼相皆依识所转变而假施设。"识"谓了别，此中识言亦摄心所，定相应故。"变"谓识体，转似二分，相、见具依自证起故，依斯二分施设我、法，彼二离此无所依故。⑤

首先要说的是，世亲《唯识三十颂》主要内容为说明唯识之识

---

① 我：梵文 ātman 的意译，音译阿特曼。佛教各宗派关于"我"的解释不同，此处不作界定。法：梵文 dharma 的意译，音译达磨或达摩，在佛教中用义主要有：第一指佛的教法即佛法；第二泛指一切事物，包括物质的和精神的、存在的和不存在的；第三特指某一类事物和现象，例如"色法""心法"等。这里是第二义，即我之外的万事万物。唯识学认为我、法皆非实有，只是识的幻影。

② 《成唯识论述记》卷一称："法谓轨持。轨谓轨范，可生物解。持谓任持，不舍自相。"（见《成唯识论校释》，第4页）意指外界事物都有一定的规范和法则，可以认知。这也是一种假说。

③ 谓有情、命者，预流、一来：指关于"我"的行相在世间的不同说法，如意生、育养者、知者、见者、摩纳缚迦（mānavaka）、数取趣（pudgala）等。这些是小乘的观点。预流、一来为小乘的二种果位。

④ 实、德、业等，蕴、处、界等：为"法"所转之种种相状。"实"意指静止状态的实体。"德"意指事物属性。"业"意指事物的作用和运动等。"蕴"指五蕴（色、受、想、行、识）。"处"指十二处（六根：眼、耳、鼻、舌、身、意，加上六尘：色、声、香、味、触、法）。"界"指十八界（六根、六尘、六识）等。这些是古印度哲学流派胜论派的观点。

⑤ 《成唯识论校释》，第1—2页。二分：见分、相分。见分指由识生起的对外界事物看法，相分指外界事物为识呈现出来的形相。或者，相分指内识转出的客观境相，这些境相似外而实内。自证：即自证分。相分和见分所依赖的自体是自证分。识体自身就是自证分。这里只是安慧关于"变"的观点。文中还有难陀和护法的观点。

的相、性、位。"相"即识之相状,"性"即识之自性,亦即本质,"位"指转识成智获得解脱的不同阶段。上面所引《成唯识论》文字几乎逐字逐句解释颂的含义。大致内容是,世俗和佛教中一些教义所指说的"我"和外界事物,都是假设的说法。"我"和世间一切事物都是假象,并非实有。"转相"意即"我"和万物暂时呈现的假象和名目,实质上它们都是"识"所转变而来的。"我"和万物只是心识所变的相貌,假为施设。颂里所谓"彼依识所变",即是说宇宙间、世界上一切事物,包括物质的、精神的,都是识所变之物,所变识相。唯识学此说目的,就是破除众生把一切法视为实有的观念。这里重点还在于,一切所变的我相和法相都离不开三能变识相,即一切诸法都是来自头脑的所思和所见闻而成,不是另外实体。一切所变识相都表现为能变的见分和相分,即万物都能够展示自身而被人们感知,然而皆为识所变。而"识"意指"了别"。同时此识亦"摄心所,定相应",即含摄心与心所的相应功能,亦即意识与意识对象的相应功能。各种识的生成转变,看似是我和万事万物在显现,被佛教某些教义说成为见分、相分,其实都是假象。因为这些见分、相分必须由内识自证。①因此,离开识不能有二分。只有识是我和万事万物生成的根本原因。因为有此功能,故称识是能变。

颂言"此能变唯三",意指识能转变有三种:即异熟识、思量识和了别境识,称"三能变"。《成唯识论》进一步解释说:

---

① 关于这种自证分,安慧认为只有一分,即自证分。陈那认为有见分、相分和自证分。护法认为除见分、相分、自证分外,还有证自证分。这些内容本书第九章详论。

识所变相虽无量种,而能变识类则唯三:一谓异熟,即第八识,多异熟性故;二谓思量,即第七识,恒审思量故;三谓了境,即前六识,了境相粗故。"及"言显六合为一种。此三皆名能变识者,能变有二种:一因能变,谓第八识中等流、异熟二因习气。① 等流习气由七识中善、恶、无记熏令生长。② 异熟习气由六识中有漏善、恶熏令生长。③ 二果能变,谓前二种习气力故,有八识生现种种相。等流习气为因缘故,八识体相差别而生,名等流果,果似因故。异熟习气为增上缘,感第八识酬引业力,恒相续故,立异熟名。④

大意是,识相有能变和所变两种。识所变的相即万事万物为无量数种,然而能变的识(vijñāna)只有三类。第一类是第八识异熟识(vipāka-vijñāna),也叫阿赖耶识(ālaya-vijñāna),是初能变;第二类是第七识思量识(mcetanā-vijñāna 或 cint-vijñāna),亦名末那识(manas-vijñāna),为二能变;第三类是了别境识(vijñāpti-vijñāna),为三能变,包括眼识、耳识、鼻识、舌识、身识、意识前六识。其中

---

① 等流、异熟二因习气:等流因、异熟因是产生等流果、异熟果的种子。习气:梵文 vāsanā,指烦恼不断在心中形成的余习,也是前七识的熏染在阿赖耶识中形成的种子。

② 熏:熏习。指前七识的现行对第八识的影响和作用。由于这种影响和作用,第八识中种子得以形成。无记:梵文 avyākṛta,指一事物无善、恶的性质,又称非善非恶的无记性。

③ 漏:梵文 anāsrava,烦恼之意。有漏:烦恼(kleśa)的异名。

④ 增上缘:四缘(因缘、等无间缘、所缘缘、增上缘)之一。见《成唯识论校释》,第96页。

阿赖耶识是本识，即根本，其余七识皆由第八识转而生成，故称转识。①关于八识转变各种行相的具体原因和根据，即"因能变"和"果能变"，以及习气、熏染、有记、无记、有漏等术语概念，此处暂略不论，本书在以后章节展开论述。这里只是说明"有八识生现种种相"，即由八识生成万事万物，包括"我"。而且，"八识体相差别而生"，是说明八识所指摄是各不相同的。此说重点在于，一切我相和法相都离不开三能变识相，一切所变识相都表现为能变的见分和相分，而不是另外实体，意即一切诸法都是头脑所思和所得而成。

综上所述，根据唯识学思想大致概括一下"识"的义域，至少有以下几点不同：

1. 识(vijñāna)原义为了别、识别、明辨，意思接近英文intellect。不过，识可以转换八识，英文intellect则不具这个功能。

2. 识所转变的"了别境识"之"前五识"，意指眼、耳、鼻、舌、身感官知觉，可相当于英文sensation或sense词义。

3. 识所转变的"了别境识"之第六识是意识(mano-vijñāna)，意

---

① 简言之，能变识相分为异熟、思量、分别三种。异熟即阿赖耶识；思量即末那识；分别(了别)即前六识。这其中阿赖耶识存在是根本。所变识相，即三种识所变现的万事万物。此说重点在于说明，一切我相和法相都离不开三能变识相，一切所变识相都表现为能变的见分和相分，而不是另外实体，意即一切诸法都是头脑所思和所得而成。周贵华教授认为："此中的'所变'、'能变'梵文皆是pariṇāma，即转变之义。意为，一切法皆依识转变安立，而能转变之识可分为三类，即阿赖耶识(异熟识)、末那识(思量识)、前六识(了别境识)。此即世亲的识转变之唯识说。由此识转变说，将识之转变相区分为见分、相分，并进一步在见分中区别出自证分、证自证分，而成识转变之四分说。唯识学据此解释识之生起机制，以及认识之发生机制，解释记忆等心识功能，等等，建构了识境论之最终表达形式。"(周贵华：《唯识通论——瑜伽行义诠》上册，第49页)

指就是现代汉语"意识"一词,与英文consciouseness含义重合度极高。但第六识意识亦有想象、推理、判断的认识功能。①

4. 识所转变的第七识"思量识"亦称"末那识"(manas-vijñāna),意指自我意识,也是"我"的本体,可大致与英文ego对应。

5. 第八识"异熟识"亦即阿赖耶识,则比较接近中国哲学"道""无"这类概念,或可用西文logos一词来对应。当然,阿赖耶识与道、无、logos之间亦有本质的巨大差异。因为,阿赖耶识不仅具体转为前六识和第七识,可以转为遍计可执性、依他起性等缘起法,可以进入转世、轮回,最终还可以化为圆成实性,进入寂灭,断灭轮回,成为菩萨、佛。这些功能则是道、无、logos等概念所不具备的。②

由此可以大致概括唯识之"识"的诸多意指:第一,具有智力功能,即具有判断、明辨的思维认识功能;第二,具有构造功能,即可以转成"八识",前五识是感觉功能,第六识是意识,第七识末那识是自我意识,即"我"的本体,而第八识阿赖耶识则是宇宙万有的总摄,并且具有永恒性;因此第三,唯识之"识"即阿赖耶识具有形上性。阿赖耶识的这种形而上性质,近似于西方哲学的logos和中国哲学的"道"、"无"。就"识"此义而言,任何其他文字是无法翻译的。

---

① 参见任继愈主编:《宗教词典》,第1089页。

② 黄宝生认为:"隋达摩笈多译《佛说药师如来本愿经》、唐玄奘译《药师琉璃光如来本愿功德经》和唐义净译《药师琉璃光七佛本愿功德经》中都将这个vijñāna('识')译为'神识'。这里可以顺便提及,在昙无谶译《佛所行赞》中,也将婆罗门教确认的轮回转生主体ātman('自我')一词译为'神识'。在一定程度上说明这两者之间暗含的相通之处。"(黄宝生:《梵汉对勘唯识论三种》,第3页注②)

从这些分别看出，唯识学中的八个识意涵差异极大。从构词法来说，虽然"阿赖耶识"、"末那识"、"了别境识"等作为偏正结构词组的主词都是"识"，而仅仅拘泥于汉字"识"具有的判断、分别的含义来理解vijñāna，很容易陷入误读。尤其是作为与"道"、"无"、logos相近的含义的阿赖耶识，如果将其中的vijñāna理解为"识"，不仅在语境体系中极为不准确，而且涉及对于佛教唯识学的根本误解。而将全部八识中的vijñāna尤其是阿赖耶识之"识"翻译成英文consciousness，则更是一个可怕的错误。①

概而言之，唯识宗之"识"，至少呈现出三个层面的哲学意义：

第一，前六识构造的"境"，即前六识关于现象世界的内在建构，成为哲学认识论的义域，与20世纪现象学哲学在很多理论层面有交叉和对话；

第二，第七识末那识作为"我"的本体和自我意识，成为哲学存在论的义域，尤其与海德格尔存在哲学具有深度的内在贯通；

第三，作为本识的第八识阿赖耶识，本身具有"道"、"无"、logos等形上性质，自然成为哲学形上学的义域。不过，哲学形上学只能讨论与心灵、精神相关的哲学问题，对属于涅槃成佛的宗教内容则只能悬置。

---

① 周叔迦："这唯识宗的名词，简略地可以使我们了解他对于宇宙同人生的解释。'唯'是单独的意思，'识'是分别的意思。这个名词的解释就是说：宇宙同人生，全是分别的现相。他说宇宙之间，空无所有，只是有一种能力存在。由这种能力运动的结果，便幻生出无尽的时分、方位，种种宇宙人生来了。这种能力便叫作'识'。"（周叔迦：《唯识研究》，第1页）

本书将由此三个部分,即《成唯识论》的形上学、存在论和认识论展开。

最后,除了八识之外,还有一个作为八识之源的"识"本身。八识皆由这个"识"本身转变而成。然而,在转变成八识之后,这个最本源的"识"却自然隐身消失。所有万事万物的根源,聚焦到由它转变的阿赖耶识,阿赖耶识也上升成为"本识"。唯识学的这个理论表述令人感觉,这个作为阿赖耶识来源的"识",似乎只是一个逻辑前置,近似于"无"。当然,"无"的字面意思是"空白",但"识"却有了别、分别等明确的字面意思。但"识"本身这些字义对于作为逻辑前设的"识"本身,似乎没有任何意义。①关于这个问题,本书就存而不论了。

---

① 这种思维方式反而颇类似中国哲学家王弼对于"大衍之数"的解释。《易·大传》云:"大衍之数五十,其用四十有九。"大衍之数何以有一不用?王弼认为:"演天地之数,所赖者五十也。其用四十有九,则其一不用也。不用而用以之通,非数而数以之成,斯易之太极也。四十有九,数之极也。夫无不可以无明,故常于有物之极,而必明其所由之宗也。"(见楼宇烈:《王弼集校释》,中华书局,1987年,第547—548页)王弼把"一"解释为太极。它是存在于万物之中,而非独立于万物之外的宇宙之源。它的本质特性是"不用之用,非数而数"。除了太极之外,任何事物都不具备这一特性。其实这个"一"也是"无",是宇宙之最高本体。"太极无体",意即这个最高的本体,乃"非于万物之后之外而别有实体",而是即体即用之"无"。唯识学变现为八识的最终的"识",就是这个"一"和"无"。可参阅拙著《论魏晋自然观——"中国艺术自觉"的哲学考察》,第53页。此外,佛学还有一识说、六识说、七识说、九识说等。与瑜伽行派相关除八识说外,还有九识说,第九识乃为心性真如、法性心、根本心识等。参见周贵华:《唯识通论——瑜伽行学义诠》上册,第203—204页。

# 上　部
# 阿赖耶识的形上学论证

　　阿赖耶识是《成唯识论》的核心概念，是佛教唯识宗第一关键词。论证阿赖耶识的哲学形上学意义，因此也是本书之首要和核心。

　　阿赖耶识的形上学性质，不仅在于阿赖耶识是宇宙万物之源，是宇宙第一实体，还在于阿赖耶识"恒转如流"的性状，是人超越肉身的灵魂之所，也是实在的永恒之状。

　　相关于阿赖耶识的种子说，与中、西方形上学相比，是一种有独特价值和形态的形上学。

# 第一章　实在问题："二空"与"识有"

哲学讨论事物的本质，或者说本体，康德称之为"物自身"。这个问题也可以说是实在问题。① 就是说，什么是事物的真实存在？什么是真实的世界？大、小乘佛教中的大多数派别对于经验世界的实在性是否认的。所谓"四大皆空"、"性空幻有"等等，是代表佛教对于经验世界的大致看法，缘起说是佛教各派的共识。但是，即使是"幻有"也是一种"有"。构成或支撑这个虚幻的现象世界

---

① 在西方哲学家看来，世间一切东西，实在的和概念的，现实的和潜在的，个别的和一般的，还包括实体和属性等等，都可称之为存在。存在不仅是指山水树木、花鸟鱼虫等可见的具体事物，也指权利、民主、国家、民族、政治等抽象的名词概念。古希腊巴门尼德（Parmenides）谈到存在的时候，使用的是系动词的第三人称单数直陈式。柏拉图开始以分词作成的名词ὄv（英语译为being）来表示存在。ὄv既可以表示存在这个理念本身，也可以表示一切分存在，与"是"结合的其他理念。一切概念、事物都是"是某某"，即"是者"。因为存在总是一个"是什么"的东西。亚里士多德对存在问题作了更系统的研究，认为存在主要有四个方面的意义：第一是属性方面。例如"苏格拉底是人"，这里的存在即是文中"是"的意思，表示人是苏格拉底的属性；第二是各种范畴意义。亚里士多德提出过本体、质、量、关系、方位、时间等十个范畴，基本上是谓语的十个种类。存在即"是"也应该符合这些范畴所表明的意义。例如"一个世纪是100年"，这里的"是"表明一种数量范畴；第三是判断和真、假意义。例如"苏格拉底是文明的"表明是真，"一个正方形的对角线不是可以用它的边来计量的"则为假；第四是事物现实性和潜在意义，表示事物现实的或潜在的存在。例如"稻子是秧苗未来的果实"。但是，亚里士多德认为，真正的哲学问题不是存在有几种意义，而是"存在之所以为存在"的问题。这即是所谓"第一哲学"的研究课题，也是哲学本体论所研究的问题。

的本体是什么？佛教由此分为"空"、"有"二宗。空宗认为这个本体不存在，而有宗则承认本体是"有"。作为有宗，唯识论对于这个问题的回答是独特的："万法唯识"，即唯有"识"是现象世界的本体，唯"识"实在。

《成唯识论》对于阿赖耶识作为最终的实在进行了繁复而琐细的论证。

## 第一节　阿赖耶识之性、相

《唯识三十颂》第二颂下半部曰：

> 初阿赖耶识，异熟、一切种。①

前文说过，世亲《唯识三十颂》的内容主要就是说明识的相、性、位。②此处是承接颂的上半部关于识之"三能变"所说：初变识为阿赖耶识，又叫异熟识或一切种识。"初识"也称"本识"，是"一

---

① 《成唯识论校释》，第101页。
② 吕澂按照窥基的说法，解释《唯识三十颂》是遵循佛教境、行、果三相结构模式构成：二十五颂明境，四颂明行，一颂明果。明境有相有性。明行有四位，即求住唯识曰资粮，将住唯识曰加行，实住唯识曰通达，修证转依曰修习。明果有一位，即四德法身曰究竟。"是之谓三分以成唯识"。（见《成唯识论校释》，第730页）又说：玄奘所传护法一派"对世亲《唯识三十颂》作了改动，中间修改了唯识性的一个颂。他（护法）将三十颂分为三大段，开始二十四颂是一段，讲唯识相；中间一颂是一段，讲唯识性；最后五颂是一段，讲唯识位。"（吕澂：《印度佛学源流略讲》，第188页）

## 第一章 实在问题:"二空"与"识有"

切种",这是阿赖耶识的首要特性,也是根本特性。①《成唯识论》对此作了展开解释:

> 初能变识,大、小乘教名阿赖耶,此识具有能藏、所藏、执藏义故,谓与杂染互为缘故,有情执为自内我故。此即显示初能变识所有自相,摄持因果为自相故。此识自相分位虽多,藏识过重,是故遍说。此是能引诸界、趣、生、善、不善业异熟果故,说名异熟。离此,命根、众同分等,恒时相续,胜异熟果不可得故。此即显示初能变识所有果相,此识果相虽多位多种,异熟宽不共,故遍说之。此能执持诸法种子令不失故,名一切种。离此余法能遍执持诸法种子不可得故。此即显示初能变识所有因相。此识因相虽有多种,持种不共,是故遍说。②

此处《成唯识论》对于"颂"的解释文字有多层意思,也涉及唯

---

① 围绕阿赖耶识的含义,古今中西方佛界和学界的解释和阐发文字不可胜数。欧阳竟无先生有"唯识十理",并认为:"本识与转识更互为因性,亦尝为缘性,故自性中有因有果,因果所从生又有其缘,因果缘三,递相幻化,法界差别,遂尔赜然。赖耶以受熏及持种之受持为自性,……末那以恒及审思量为自性,……六识以了别为自性。"(欧阳竟无:《欧阳竟无内外学》,第410、378页)周贵华认为:"前七识称转识(pravrtti-vijnana),而阿赖耶识可称为相续识(samtana-vijnana),后为前之所依。如《瑜伽师地论》云:'谓略有二识:一者阿赖耶识,二者转识。阿赖耶识是所依,转识是能依。此复七种,所谓眼识乃至意识,譬如水浪依止暴流,或如影像依止明镜。'"(周贵华:《唯识通论——瑜伽行学义诠》上册,第206页)杨维中先生认为:"真谛所传与玄奘所传唯识学的最大区别是对于第八识以及转依所成之果的不同解释。"(杨维中:《中国唯识宗通史》上,第341页)本书不能一一引述,只能回到《成唯识论》文本本身,直面其中思想。

② 《成唯识论校释》,第101页。

识学很多知识。如果展开则需要很多篇幅，故此不作逐字翻译、识读，只根据这段文字略加讨论与阿赖耶识相关的重要思想。

首先说阿赖耶识之"性"，即识之自性、本质。识最初的能变，即为阿赖耶识。阿赖耶识梵文是ālayavijñāna。梵文ālaya意译为"藏"，vijñāna义即"识"。藏即仓库和储藏之意。就唯识宗原理来说，阿赖耶识首先是藏识，像仓库一样。并且阿赖耶识这个仓库里面不是空的，已然且必有所藏之物。按唯识宗说法，阿赖耶识里面储藏着各种各样的种子(梵文bija)。种子是阿赖耶识所藏之物，也是万事万物的因。就像植物种子可以生长各种植物，但是，唯识宗认为，植物种子只是色界的种子。阿赖耶识储藏的还有欲界的种子例如贪、嗔、痴之类，以及无色界的种子即成为菩萨和佛的因。概括说，阿赖耶识中藏有各种有漏种子和无漏种子。[①]因此，阿赖耶识也称为一切种识。此外，阿赖耶识被第七识末那识妄执为"我"。[②]"执"意为执持、持有。有情众生皆储此我执，因此，阿赖耶识也有执持藏有的功能，被称为执藏。简言之，作为藏识的阿赖耶识，具有能藏、所藏、执藏三种性质和功能。[③]

---

① 漏：梵文anāsrava，烦恼之意。

② 我：梵文ātman，又称有情、意生、摩纳缚迦(mānavaka)、养育者、数取趣(pudgla，补特伽罗)、命者、知者、见者。佛教关于"我"的问题有复杂的讨论。一般的佛教宗派主张无我，甚至认为主张有我就不是佛教，被称作是外道。(参见《成唯识论校释》，第5页注二二)

③ 太虚说："初能变'阿赖耶识'，……奘师译为藏识，以其具能藏、所藏、我爱执藏三义。能藏者，谓藏有世出世间有漏无漏一切法之种子，有如大地藏有发生万物之种子也。所藏者，谓此识受转识所熏成种，随业受报也。我爱执藏者，谓有情之第七识执之为内自我体，念念不忘也。'阿赖耶'三藏之义，以我爱执藏为尤重要。"(太虚：《法相唯识学》，第108页)

次说阿赖耶识之"相"。相有呈现之状和原因之意。阿赖耶识的识相有能变和所变两种功能。就相状来说,阿赖耶识有三种相:自相、果相、因相。自相指阿赖耶识自体之相。异熟识是阿赖耶识果相。种子是阿赖耶识因相。阿赖耶识的自相,即能藏、所藏、执藏。就果相而言,由于阿赖耶识藏有种子,有缘熏染,生一切果。[①]并且有情众生生死轮回围绕阿赖耶识,可以从前生转到下一生,生生世世相续不断,直至涅槃解脱。故阿赖耶识能够决定转生的三界、六趣和四生、善或不善业异熟果报。[②]世界上一切事物都是阿赖耶识所变之物,都是阿赖耶识所藏种子之果。因此,阿赖耶识又被称异熟识(vipākavijñāna)。"熟"是成熟之意,意指所种之果成熟。"异"表示此种结果产生于某因,又不同于某因。[③]自然,阿赖耶识的因相就是一切种识。因为阿赖耶识中含有各种种子,可以熏染生成各种现实行为,成为一切心法、心所法、色法和心不相应行法生起的原因。在这三相之中,自相是第一位的,果相是第二位的,因相是第三位的。而自相又是因相和果相的总和。而且,阿

---

① 具有除离系果之外的四果:异熟果、等流果、士用果、增上果。离系果亦称解脱果,"系"为烦恼系缚,离系即解除烦恼,解脱涅槃。

② 三界:欲界、色界和无色界。欲界是普通世俗凡众生存的世界。色界是一定果位存在世界。无色界是菩萨和佛的世界。六趣:即六道。有天、人、阿修罗、畜生、恶鬼。佛家认为个体生命在此六道轮回。只有佛涅槃才能跳出轮回。四生:梵文caturyoni,佛教所谓万物诞生四种形态,卵生(鸡鸭等鸟禽类)、胎生(哺乳动物类)、湿生(蚊虫昆虫类)、化生(天神、饿鬼及地狱中受苦者)。

③ 太虚说:"'异熟'之义有三:一、异类而熟,类,约性言。(性即善恶无记三性)成熟义,谓因从善恶,果惟无记。二、异时而熟,谓因与果不同时,如春种秋收,今生作业,他生受报。三、变异而熟,谓虽有业因,亦待缘起,由种成现,形量便异。异熟之义,以异类而熟,异时而熟,为尤重要。"(太虚:《法相唯识学》,第108页)

赖耶识是本识,即根本之识,其余七识皆由第八识转而生成,故称转识。

关于阿赖耶识的位,即修行所达到的阶段(段位),可分三位:一、我爱执藏现行位,包括七地以前的菩萨、二乘有学和一切异生,从无始以来至无人执位,称为阿赖耶识;二、善恶业果位,从无始乃至菩萨金刚心或解脱道时,乃至二乘无余依位,称为异熟识,音译昆播迦;三、相续执持位,谓从无始乃至如来尽未来际利乐有情位,称为阿陀那识,意译执持。《成唯识论》说"此识果相虽多位多种,异熟宽不共,故遍说之",意思是此处不说第一位,因为相关义域太窄;不说第三位,因为相关义域太宽。只说异熟识,义域宽窄皆宜。①

至于阿赖耶识的行相即功能(亦含相状),《唯识三十颂》第三、四颂作了如此描述:

> 不可知执受、处、了,常与触、作意、受、想、思相应。唯舍受,是无覆无记。触等亦如是。恒转如暴流,阿罗汉位舍。②

关于这两个半颂,《成唯识论》用了大约三卷的篇幅进行解释。

---

① 阿赖耶识又可分为五位:一、异生位;二、二乘有学位;三、二乘无学位;四、十地菩萨位;五、如来位。异熟一名通前四位,故称"多异熟性"。参见《成唯识论校释》,第103页注一五。因为诸多功能,阿赖耶识也可以称为心、阿陀那识、所知依、种子识等等。(见《成唯识论校释》,第188页)周叔迦认为阿赖耶识有十四个异名:阿赖耶识、心、阿陀那识、种子识、现识、本识、宅识、根本识、第一识、第八识、所知依、穷生死阴、异熟识、无垢识。(周叔迦:《唯识研究》,第20—21页)

② 《成唯识论校释》,第101页。

由于受到佛经翻译五字一句形式的影响，以及唯识学全部理论知识的局限，普通读者对于这段文字阅读和理解有一定的困难。这里不做全部展开，只能节选相关论述。首先是关于阿赖耶识的"执受、处、了"的含义，《成唯识论》云：

> 此识行相所缘云何？谓不可知执受、处、了。了谓了别，即是行相，识以了别为行相故。处谓处所，即器世间，是诸有情所依处故。执受有二，谓诸种子及有根身。诸种子者，谓诸相名分别习气。有根身者，谓诸色根，及根依处。此二皆是识所执受，摄为自体，同安危故。执受及处，俱是所缘。阿赖耶识因缘力故，自体生时，内变为种，及有根身。外变为器，即以所变为自所缘，行相仗之而得起故。①

意思是，阿赖耶识所执持的"受、处、了"通常不能为人所知。②"处"（梵文sthāna）即"器世间"，就是有情众生的所生活和依赖的社会境况，这一切都是阿赖耶识所变现外化的。"受"（梵文vedanā），意即感受。阿赖耶识执持的"受"有两种，即有漏种子和有根身。一切有漏种子其显现相状为分别习气（有关种子的话题下章专论）。有根身即眼、耳、鼻、舌、身五种感官，是把握世间有形

---

① 《成唯识论校释》，第132页。
② 《成唯识论》曰："不可知者，谓此行相极微细故，难可了知。或此所缘内执受境亦微细故，外器世间量难测故，名不可知。"（《成唯识论校释》，第148页）大意是，阿赖耶识行相极微细，难以了知。而且，就是阿赖耶识所缘执持的根身和有漏种子，也很微细难知。而阿赖耶识所缘的外器世间（整个宇宙），又太广大，难以测量，故不可知。

49

事物的依据。①阿赖耶识据此两种"受",所处皆为缘起,即外化为现实生活的一切形态。②关于阿赖耶识执持的"了",虽已界定为"了别"之意,但含义和层次很多,比较复杂。《成唯识论》说:

> 此中了者,谓异熟识于自所缘有了别用,此了别用见分所摄。然有漏识自体生时,皆似所缘、能缘相见,彼相应法应知亦尔,似所缘相说名相分,似能缘相说名见分。③

就是说,这里的"了"是指异熟识即阿赖耶识,在自己的所缘(即变现为精神或物质对象)上有了别作用。这种了别作用由见分(指主体对事物的主观看法)所统摄。然而,在凡夫俗子有漏识(了别认识)产生的时候,都好像有所缘的相(对象事物)和能缘的见(见识看法)显现出来,同时,与阿赖耶识相应的(五个心所)也一样显现出来。类似所缘的相被称为相分(指外在事物呈现给主体的形相),类似能缘的相被称为见分(主观认识)。可见这里强调的还是

---

① 根:梵文indriya,原意是能生,是促进增生的根本。
② "受"有三种类型,即苦、乐、舍(施舍、舍与)。阿赖耶识在苦、乐、舍三种"受"中,只与"舍受"相应。因为"此识(阿赖耶识——引者)行相极不明了,不能分别违、顺境相,微细,一类,相续而转,是故唯与舍受相应。又此相应受唯是异熟,随先引业转,不待现缘,任善、恶业势力转故,唯是舍受。苦、乐二受是异熟生,非真异熟,待现缘故,非此相应。又由此识常无转变,有情恒执为自内我,若与苦、乐二受相应,便有转变,宁执为我?故此但与舍受相应。"(见《成唯识论校释》,第160页)大意为,第八识行相很不明了,不能分别逆境和顺境之相。此识行相微细,始终一类,相续而转,所以只能与舍受相应。而且这种舍受不是任凭恶业势力而转。第八识永无变化,常被有情众生的末那识妄执为自我。如果苦、乐二受相应,就会有转变,不能执为自我。
③ 《成唯识论校释》,第134页。

阿赖耶识具有明辨、识别外在呈现的事物的能力,即"了"的功能,只是把这种认识结果分为两个因素(相分、见分或者所缘、能缘)的合成。

接下来,《颂》文还说到阿赖耶识与心所法关系,即"常与触、作意、受、想、思相应",意思就是阿赖耶识与感觉、意识和心理活动相连接。《成唯识论》说:

> 此识与几心所相应?常与触、作意、受、想、思相应。阿赖耶识无始时来乃至未转,于一切位恒与此五心所相应,以是遍行心所摄故。
>
> 此五既是遍行所摄,故与藏识决定相应,其遍行相后当广释。此触等五与异熟识行相虽离,而时、依同,所缘、事等,故名相应。①

这里所说"触""作意""受""想""思"是五种遍行心所法,即五种心理活动。"触"就是接触、触碰之意,是身体的功能。"作意"类似心理的动机。"受""想"主要是面对外境安立界限,给各种事物命名指称。"思"主要面对精神的内部心理活动,与善恶取舍相关。阿赖耶识从无开始,到没有转识成智即成佛前,所经过的一切果位(修行的阶段性标志),都与这五种心理活动相伴随。因为阿赖耶识被这五种遍行心所法所统摄。这五种遍行心所法与阿赖耶识虽然不同,但时间和所依的根相同,所缘的境和做的事相等,

---

① 《成唯识论校释》,第150、159页。

所以相应。这表明,阿赖耶识不仅与世界万物、人类生死相关,也与具体的人类个体心理活动相关。关于阿赖耶识与这五种遍行心所法的具体关系,《成唯识论》作了进一步阐述,此处暂略。应该一提的是,在与这五种遍行心所法关系中,阿赖耶识与它们相应之状相通,其性质是无覆无记。何谓"无覆无记"?

> 法有四种,谓善、不善、有覆无记、无覆无记。阿赖耶识何法摄耶?此识唯是无覆无记,异熟性故。异熟若是善、染污者,流、转、还、灭应不得成。又此识是善、染依故,若善、染者,互相违故,应不与二俱作所依。又此识是所熏性故,若善染者,如极香、臭应不受熏。无熏习故,染、净因果俱不成立,故此唯是无覆无记。①

"覆"意谓被恶所染,"记"是善、恶之性。很显然,因为阿赖耶识本身不是染,它才能被熏染;因为阿赖耶识本身不是善、恶,它才能被熏染为恶,或被灭净为善。如果本身是善,就不会受到熏染;如果是恶,就不能修行得善果。因此,阿赖耶识本身无善无恶即无记,故是无覆。此为阿赖耶识的性质。②

---

① 《成唯识论校释》,第164页。

② 无记:梵文 avyākṛta,意谓不可判断,即不可判为善或恶,其性质为非善非恶。《成唯识论》又说:"然第八识总有二位:一、有漏位,无记性摄,唯与触等五法相应,但缘前说执受处境;二、无漏位,唯善性摄,与二十一心所相应,谓遍行、别境各五,善十一。与一切心恒相应故,常乐证知所观境故,于所观境恒印持故,于曾受境恒明记故,世尊无有不定心故,于一切法常决择故,极净信等常相应故,无染污故,无散动故。"(见《成唯识论校释》,第191页)关于阿赖耶识无漏位的性状,这里就不讨论了。

最后,关于《颂》文"恒转如暴流,阿罗汉位舍",《成唯识论》云:

> 如是法喻,意显此识无始因果非断、常义。谓此识性无始时来,刹那刹那果生因灭,果生故非断,因灭故非常,非断非常是缘起理,故说此识恒转如流。①

大意表明阿赖耶识自无始以来,刹那刹那生果,刹那刹那因灭。生果因此不断,因灭所以非常。既不是断灭不起,也不是永恒不变,此即缘起之理。故阿赖耶识如同流水瀑布奔流,不息不断,直到阿罗汉果位,才能断除。最后,《成唯识论》概而言之:

> 此识(阿赖耶识——引者)足为界、趣、生体,是遍恒续异熟果故,无劳别执有实命根。然依亲生此识种子,由业所引功能差别,住时决定,假立命根。②

意思是,阿赖耶识足可为三界、六趣、四生所依赖的本体。因为它普遍存在于三界一切果位中,永恒相续不断,又能引生异熟果之因缘,不需要另外真实的根本实在。故阿赖耶识是一切事物的命根,其他万事万物皆为假名而立。由此可见,这里所论的阿赖耶识,是宇宙之源,是万事万物根源,也是认识和思想的根源,也是宇宙万物之永恒的根本实在,即亚里士多德哲学意义上的第一

---

① 《成唯识论校释》,第171页。
② 同上书,第62页。

实体。①

综上所述，阿赖耶识有自相、果相、因相，具有能藏、所藏、执藏功能，可转为其他七识，所藏种子可变现为万事万物，包括人的各种内心的印象或思想和行为。社会万象世间各种称呼名目，只是阿赖耶识所变的相貌，假为施设。但阿赖耶识本身无善无恶，且如流水恒常不断，只有在阿罗汉果位才了断。唯识宗这个观点不仅与佛教之外的所有形上学学说不同，在佛教内部也是独树一帜，是"有"宗的集大成之论。

## 第二节　阿赖耶识与"空"

一般认为，佛教对于宇宙万物终极实相解说的根本教义是

---

① 吕澂先生对于阿赖耶识有一段富有文学色彩的描述："唯识相者，无常而能存，无我而能立者也。无常而能存唯变是适，无我而能立唯依是从。变之事则有力有能，风势五象排山倒海，因缘增上一切转移，力而后变能而后变，刹尘之相是呈，故知变体之剋实字曰力能。变之义则顿起顿灭，刹那不灭即非灭，无间不生即非生，故不顿不足以见生灭，不足以见生灭又乌足以言变。""法尔非一非异名之曰相似，等流而相似，异熟以相续，相续则不断，相似则非常，岂第无过而善巧绝伦。凡诸所变因缘分别，分别计执无有，因缘有实非虚。无常而能存，一变之弥纶而已矣。缘起义是依义。建立末那六识有根依，建立赖耶转识有共依，转依于本本依于转，有若束芦交依不仆，染净依于识藏，相、见依于自证，因亦有其依缘亦有其依，因果以三法展转而相依，心所依于心王，诸法依于二十二根，乃至地依金，金依水，水依风，人物依于大地，造色依于大种，法不孤独而仗托是资，大乘缘无不生心，独影亦依法起。无我而能立，一依之维系而已矣。变非刹刹离依，依非息息离变，本是幻形缘至斯起，是为唯识。知彼相幻，乃见性真。复修而依转，变身土以化万灵。此之谓唯识学。"（吕澂：《成唯识论·序》，见《成唯识论校释》，第729—730页）

"空"(śunyan)。所谓"四大皆空"可谓一般的佛教哲学形上学。事实也是如此,"空"宗一直贯穿佛教发展的始终。而唯识宗认为阿赖耶识是宇宙第一实体,识是万物生成的根本原因。因此,唯识宗"万法唯识"的核心思想,首先必然涉及佛教"空"和"有"的根本问题。那么,唯识宗是如何破拆"空"的观念?如何解释"识"与"空"的关系?

《成唯识论》开篇即由此展开:

> 今造此论,为于二空有迷谬者生正解故,生解为断二重障故。由我、法执,二障具生,若证二空,彼障随断。断障为得二胜果故:由断续生烦恼障,故证真解脱;由断碍解所知障,故得大菩提。又为开示谬执我法迷唯识者,令达二空,于唯识理如实知故。复有迷谬唯识理者,或执外境如识非无,或执内识如境非有,或执诸识用别体同,或执离心无别心所。①

所谓"二空"即是法空、我空。从上述文字可见,玄奘译注编撰《成唯识论》的目的,首要就是破拆人们对于"二空"的迷惑和误解。这些迷谬就是对"二空"的"我执"和"法执"。"我执"就是主张起主宰作用的灵魂即"我"存在。"法执"即主张客观物质事物是实体性存在。人们由于这些迷谬,因此出现"二重障",即烦恼障碍和所知障碍。如果证悟法空、我空,这些障碍就会破除消

---

① 《成唯识论校释》,第1页。玄奘此说糅合了安慧等人的观点。参见该书第3页注四。

失，人生就会获得胜果或大菩提，得大自在。因此，《成唯识论》要对"谬执我法迷唯识者"进行开示。上述文字中列举了几种与识相关的谬误。第一是小乘一切有部的观点，认为"外境如识非无"，意思是外在世界并非不存在，即我无但法有，肯定外界实有。第二是大乘空宗的"内识如境非有"，意思是识和外在世界皆无，即般若诸法皆无，否认了识的实体性存在。第三是《楞伽经》"执诸识用别体同"的观点，意思是八识用途不同，本体是一，把本识阿赖耶识与其他七转识混为一体。第四是小乘经量部的看法，即"执离心无别心所"。意思是除心之外没有心所法，即强调心是实在而否定识的实在。可以看出，《成唯识论》在这里既批评一切"有"的理论，也批评一切"无"的理论；既批评体用之识有别的观点，也批评离开心就没有心所法的看法。

唯识宗与以上所有观点根本不同的是，诸法和我皆空，但识是"有"不是"空"，唯有识为真实命根和根本实在。因此，可以将唯识宗核心思想归结为"二空识有"。要立论"二空识有"的观点，首先不仅必须要论证外境为无即法空，而且我亦为空。于是，唯识宗不仅与外道，而且与佛教内部的"空""有"诸宗纠结缠绕，进行一场理论的遭遇战。

先从"我"空开始论证。

在《成唯识论》看来，立足于物质实体即肉身来执持我法实有的外道有以下几种：一种是数论和胜论观点，他们"执我体常周遍，量同虚空，随处造业，受苦乐"，即认为过去、现在、未来都有我存在，世间生活酸甜苦辣，甘苦自知，永不断绝。在他们看来，"我"有三义，一为"常"，即过去、现在、未来都有我存在，永不断绝；二为"周遍",意即我普遍存在于五趣(即轮回的五道)之中,并非永远居住一趣;三为"量同虚空",意即我普遍存在于十方(东、南、西、北、东北、东南、西北、西南、上、下)。第二种是耆那教观点,他们持"我其体虽常,而量不足随身大小有舒卷",即认为我虽然是永恒的,但大小不定,可以随着身体的大小而有变化,可以卷缩舒展。第三种是兽主、遍出等外道观点,他们"执我体常至细如一极微,潜转身中作事业故",即认为我是永恒的,细小得像一个极微(最小粒子),潜伏于身体中造作各种行为。对于这三种执持我法实有的观念,《成唯识论》作了如下驳论给予破拆:

> 执我常遍,量同虚空,应不随身受苦乐等。又常遍故,应无转动,如何能随身造诸业?……我体常住,不应随身而有舒卷,既有舒卷,如橐籥风应非常在。……我量至小如一极微,如何能令大身遍动?若谓虽小而速巡身,如旋火轮似遍动者,则所执我非一非常,诸有往来非常一故。①

大意为,如果过去、现在、未来都有我存在,实际把我的体量等于虚空,我也不会有世间生活甘苦业报。同时,如果我普遍存在于五趣(道)之中,也就不能居住一趣产生业报。而且,如果我有体积(肉体)占有空间,可以普遍存在于十方之中,因为是固定之物,那就不能像风一样随意收缩舒展。此外,如果我是极微,则不能使得大物移动。如果我是小物飞速变动,那么就不会有常态。《成唯识

---

① 《成唯识论校释》,第9—10页。

论》这种驳论涉及一般与个别的辩证关系,即一般不能代替个别,方法基本是常识加上逻辑,不难理解。

除此之外,《成唯识论》认为还有三种我执:"一者即蕴,二者离蕴,三者与蕴非即非离"。①第一种指一般俗人,一般俗人认为五蕴就是我。《成唯识论》认为,"即蕴我"是不能成立的,因为"我应如蕴,非常一故。又内诸色定非实我,如外诸色有质碍故。心、心所法亦非实我,不恒相续,待众缘故。余行、余色亦非实我,如虚空等非觉性故。"就是说,我与蕴一样并非常住,亦非同一。而且属于"内诸色"的六根和属于根的扶根尘,这些东西就像外在世界具有物质性一样,肯定不是实有之我。心和心所法,即通常的心理活动和认识活动也不是实有之我,因为它们不能永续不断,这些活动的产生需要一些必要的条件。其余心法、心所法之外的"行",即与人相关活动而产生和变动的精神或物质现象,以及"余色"即由持戒、禅定等引起的一种精神活动,就像空虚之类没有知觉的事物一样,也不是实我。

第二种指数论派,数论派认为我与五蕴不是一回事。《成唯识论》认为,"离蕴我"也是不能成立的。因为"离蕴我,……应如虚空无作、受故。"就是说,我也不能离开五蕴。如果离开了五蕴,我就像空虚之类事物那样,既不能作业,即有任何人为的社会活动(包括精神意念),也不能受果,即获得相应的后果。

第三种指部派佛教的犊子部,犊子部认为我与五蕴既不是一回

---

① 参见《成唯识论校释》,第9—10页。蕴:梵文skandhas,又译为"荫",佛教名相概念,聚合之义。有五蕴、十二蕴之说,是佛教关于万事万物构成之理论。苾刍:指僧众。

事,也不是毫无关系。即"蕴非即非离我"之说。《成唯识论》认为,"蕴非即非离我"也不能成立。因为"许依蕴立非即离蕴,应如瓶等非实我故。又既不可说有为、无为,亦应不可说是我非我。故彼所执实我不成。"就是说,如果我与五蕴非即非离,那么,我就像瓶子那样的事物一样是无常的,这当然不是真实的我。因为那样既不能说是有为法,又不能说是无为法。因而也就不能说是我或非我。①

《成唯识论》还问那些执我为实有的人:"我"到底是什么呢?此外,我是否有思虑呢?实我是否有作用?实我是否是我见到实际发生的活动场所(所缘之境)?《成唯识论》进一步论证:如果有思虑就是无常,那么无思虑则如空虚。我既非无常亦非空虚之物,故思虑不能证明实我。肉体的各种功能,如有作用即为无常,如无作用即同兔角之类,故肉体作用非是实我。同样,用我见到实际发生的活动场所(所缘情境)也不能证明实我。因为如果无我见到实际发生活动场所(所缘情境),所谓我则无从谈起。如果说是我见到实际发生活动场所(所缘情境)即是实我,那就不会有颠倒之见。但是,这些执着我见的人信奉的佛教却破除我见,认为无我才能证得涅槃,执着我见则堕生死轮回。我见不是缘于实我,只是像其余的色法那样起于所缘,是幻有。我见缘自内识变现的五蕴,"随自妄情种种计度",而被误执为我。这都是由识变现出的种种缘,皆非实我。②

---

① 此三段引文见《成唯识论校释》,第9—10页。
② 《成唯识论》原文:"又诸所执实有我体为有思虑为无思虑? 若有思虑应是无常,非一切时有思虑故。若无思虑应如虚空,不能作业亦不受果,故所执我理俱不成。又诸所执实有我体为有作用为无作用? 若有作用,如手足等应是无常,若无(转下页)

那么，我有无思虑？我是否只像手和足那样起作用？我是否能见证实际发生活动的场所（所见缘境）？我是否见证涅槃？在《成唯识论》看来，其实所有这里的"我"都是"但缘内识变现诸蕴，随自妄情种种计度"，即都是阿赖耶识变现的诸蕴聚合。然而，人们为什么会有"我执"呢？《成唯识论》认为，这些执持我法实有的观点，从认识上来说其根源，原因有两种：第一种是与生俱有的我执。这种我执由于虚妄熏染而有，分为无间断和有间断两种。无间断我执是把阿赖耶识在末那识心中的相认为是实我，有间断我执是把第六识（意识）中缘于第八识所变现的五取蕴这个相分看作实在，或总缘五蕴为我，或别缘五蕴为我，把在心中所显的影相称为实我。这两种我执细密难断，在修道位反复修习空观才可以灭除。第二种是分别我执。分别我执是由第六意识的虚妄分别产生的观念。具体说，这种我执是由外道的邪说误导在第六识（意识）中产生虚妄分别，也分两种，一为起自外道错误解释五蕴，把心相虚妄分别为实我；二是把外道所说的我相，分别误作心中实我。这两种我执比较粗浅，在见道位观一切法生空时可以断灭。①

（接上页）作用，如兔角等应非实我，故所执我二俱不成。又诸所执实有我体为是我见所缘境不？若非我见所缘境者，汝等云何知实有我？若是我见所缘境者，应有我见非颠倒摄，如实知故。若尔，如何执有我者所信至教皆毁我见称赞无我？言无我见能证涅槃，执着我见沉沦生死，岂有邪见能证涅槃，正见翻令沉沦生死？又诸我见不缘实我，有所缘故，如缘余心。我见所缘定非实我，是所缘故，如所余法。是故我见不缘实我，但缘内识变现诸蕴，随自妄情种种计度。"（《成唯识论校释》，第10页）

① 《成唯识论》原文："俱生我执无始时来虚妄熏习内因力故，恒与身俱，不待邪教及邪分别，任运而转，故名俱生。此复二种：一常相续，在第七识缘第八识起自心相执为实我；二有间断，在第六识缘识所变五取蕴相，或总或别，起自心相，执为实我。此二我执细故难断，后修道中数数修习胜生空观方能除灭。分别我执亦由现在（转下页）

简而言之，《成唯识论》认为：

> 一切我执自心外蕴或有或无，自心内蕴一切皆有，是故我执皆缘无常五取蕴相妄执为我。然诸蕴相从缘生故是如幻有，妄所执我横计度故，决定非有，故契经说，苾刍当知，世间沙门、婆罗门等所有我见，一切皆缘五取蕴起。
>
> 由此故知定无实我，但有诸识无始时来前灭后生，因果相续，由妄熏习似我相现，愚者于中妄执为我。①

这里"心外蕴"指心外五蕴，"心内蕴"指心内五蕴。就是说，妄执我法或来自心外五蕴或心内五蕴。然而"我"实为空，只有阿赖耶识等前面熄灭后面生起，因果相续。这些执持我法实有的观念，皆由五取蕴而起。其实是心法、心所法的作用，皆为幻相，妄执为实我。

其次是法空论证。

关于诸法实有的观点，《成唯识论》总其要，认为佛教之外的一些学说即"外道""所执有法不过四种"，于是展开对这四种理论的批判。第一种是数论等的观点，认为法有之"有"的本性其本与体同一。《成唯识论》认为这显然是错误的。因为，"勿一切法即有性

---

(接上页)外缘力故，非与身俱，要待邪教及邪分别然后方起，故名分别。唯在第六意识中有，此亦二种：一缘邪教所说蕴相，起自心相，分别计度执为实我；二缘邪教所说我相，起自心相，分别计度执为实我。此二我执粗故易断，初见道时观一切法生空真如即能除灭。"（《成唯识论校释》，第16页）

① 《成唯识论校释》，第16、20页。

故,皆如有性体无差别,便违三德我等体异,亦违世间诸法差别。又若色等即色等性,色等应无青、黄等异。"①意思是不能说一切事物都是"有"性,如果是,所有事物则无差别,这样就违背了他们所说的"自性三德(萨埵、剌阇、答摩)",②也与世间一切千差万别的现象违背。例如若颜色就是"色"性,就没有青黄紫绿的差别了。

第二种是胜论等十八部的观点,认为法有之"有"的本性其本与体相异。《成唯识论》认为这也是错误的。因为"勿一切法非有性故,如已灭无体不可得,便违实等自体非无,亦违世间现见有物。又若色等非色等性,应如声等非眼等境。"③意思是不能说一切事物皆非有,即不存在。如果是那样,事物不存在,本体也就没有。这就违反了他们自己所说"实句义"的事物自体实有理论④,也违反了所见世间万事万物的常识。正如若说色为非色之性,那就等于说声音是眼所缘之境了。

第三种是耆那教等的观点,认为法有之"有"本性其本与体既同一又相异。《成唯识论》认为这也是错误的。因为,"一异同前一异过故,二相相违体应别故,一异体同俱不成故,勿一切法皆同一

---

① 《成唯识论校释》,第38页。

② 三德:数论派认为事物二十五中属性中的三种属性。萨埵,梵文sattva,意即勇健,含贪义。剌阇,梵文rajas,意即尘垢,含嗔义。答摩,梵文tamas,意即暗钝,含痴义。参见《成唯识论校释》,第22页注四。

③ 《成唯识论校释》,第38页。

④ 实句义:胜论派创立"六句义"即六种范畴理论。六个范畴即实、德、业、大有、同异、和合。"实句义"主要是描述事物的本体的理论。参见《成唯识论校释》,第27页注一。也有人将"句义"译为"范畴"。

体,或应一异是假非真,而执为实理定不成。"①意思是,同一和相异与前面两种观点有同样错误。此外,同一和相异是矛盾的,不能同时成立。不能说一切事物皆同一体,或者说一切事物同和异都是虚假而非真实,只是人们妄执为实。这个道理也不能成立。

第四种如邪命外道的观点,认为法有之"有"本性其本与体既不同也不相异。《成唯识论》认为这也是错误的。原因是:"非一异执同异一故。非一异言为遮为表?若唯是表,应不双非,若但是遮,应无所执,亦遮亦表应互相违,非表非遮应成戏论。又非一异违世共知有一异物,亦违自宗色等有法决定实有,是故彼言唯矫避过"。②意思是,不同也不异与前面所述相异和相同的错误一样。不同也不异之说,如果是肯定(表)的说法,就不应该二者都否定;如果是否定(遮)的说法,那就应该无所执持。如果既否定又肯定,那就自相冲突。如果既不肯定又不否定就成为戏言。同时,非同非异之说违反了人们对于同一和相异事物的共识,也违反他们自己肯定有法实有的主张,因此是矫诈回避过错之说。

《成唯识论》归纳小乘佛教所执诸法实有,即"离识实有色等诸法"观点总有二种:一种认为实在事物由极微物质即"有对"组成,另一种与此相反,认为实在事物由非物质性事物即"无对"组成。然而,在《成唯识论》看来,所谓"有对"之极微物质为非实有,就像光影之类,是没有广延(体积)的事物。那些"无对"的非物质性事物,即心法、心所法所构成之物,只是概念和名词,例如"军

---

① 《成唯识论校释》,第38—39页。
② 同上书,第39页。

队""树林"之类,也不是实有。他们所谓的所有的"有",皆为识的变现。(《成唯识论》在论辩极微物质是否为实体的讨论中,涉及人们认知活动和实体粒子问题,本书第八章关于知识论问题有专门讨论。)

《成唯识论》以上论证,展示了佛教论辩的风格,其中不免诡辩因素。经过层层论证和破拆,《成唯识论》的最后结论是"色不离识""我、法二空"。一切事物包括无为法和"真如",也是假立之名:

> 然契经说有虚空等诸无为法,略有二种:一依识变,假施设有,谓曾闻说虚空等名,随分别有虚空等相,数习力故,心等生时,似虚空等无为相现,此所现相,前后相似,无有变易,假说为常;二依法性假施设有,谓空、无我所显真如,有、无俱非,心言路绝,与一切法非一、异等,是法真理,故名法性。离诸障碍,故名虚空。由简择力灭诸杂染,究竟证会,故名择灭。不由择力,本性清净,或缘阙所显,故名非择灭。苦、乐受灭,故名不动。想、受不行,名想受灭。此五皆依真如假立,真如亦是假施设名。遮拨为无,故说为有。遮执为有,故说为空。勿谓虚幻,故说为实。理非妄倒,故名真如。不同余宗离色心等有实常法,名曰真如。①

---

① 《成唯识论校释》,第81—82页。真如:梵文tathatā或bhūtatā,意谓绝对不变的永恒真理。无为法:梵文asaṃskṛta,指非因缘和合形成无生灭变化的真实存在。唯识宗认为有六种:1.虚空无为,真如离诸障碍,犹如虚空;2.择灭无为,靠无漏智的简择作用,灭诸烦恼,证得真如;3.非择灭无为,不靠无漏智的简择力,本性清净的真如实体;4.不动无为,进入色界四禅后,不为苦、乐所动;5.想受灭无为,修灭尽定进入无想地,(转下页)

大意为：佛经所说虚空的各种无为法共约两种。一种是依托我们的识所转变，显现为假名等无为相。就是我们曾听佛经说空虚无为等名字，随我们的认识分别为境相，由于熏习的缘故，心法生起时，好像有虚空无为等相显现。这些境相前后相似，没有变易，被假说是常住不变的无为。另一种是依托外在事物即色法、心法虚假而立的无为。法、我二空所显示的真如，非有非无，不能言说，与一切事物非同非异，此即为事物之真理，即法性。这种真理性法性远离障碍烦恼，故名为虚空，证得此法为虚空无为。第二种是由无漏智慧之简择力灭除杂染，证得一种叫择灭无为。第三是不用智慧选择之力，因为本性清净没有烦恼，或者因为缺少生起烦恼之缘，所显现的真如，为非择灭无为。第四种是灭除一切苦、乐感受，所得真如称为不动无为。第五种是想和感受心所皆不运行，此为灭尽定真理，由此证得的真如为受灭无为。以上空虚、择灭、非择灭、不动、不想五种无为法，都是依托真如的虚假设立。总之，真如也是假设的名称。真如非有非无，为否定"无"说而说为有，为否定"有"说而说空。为了否定虚幻之说，而说真如是为实体。可见，唯识宗不认为离开色法、心法之外有实在的真如。

关于我、法"二空"的论证，在佛学中不是唯识宗独有之论。释

---

（接上页）灭六识心想及苦、乐二受；6.真如无为，法性的真实如常之相。参见《成唯识论校释》，第532页。因此，《成唯识论》认为，像小乘佛教成实师的"得"即神圣成就，自然也是空："'得'实无故，'非得'亦无。然依有情可成诸法，分位假立三种成就：一、种子成就，二、自在成就，三、现行成就。翻此假立不成就名，此类虽多，而于三界见所断种未永害位，假立'非得'名异生性，于诸圣法未成就故。"（《成唯识论校释》，第56页）"得"实际上是不存在的，只有三个虚假方面。

迦牟尼传道之初即宣讲"四圣谛""八正道""十二缘起",把宇宙万物的根本实在解释为"空"。①原始佛教就有"三空"之说,即内空、外空、内外空。部派佛教时期,空的概念不断被充实、丰富,提出"六空"之说,在"三空"之外还加上空空、大空、第一义空。小乘佛教又提出"十空"之说,即内空、外空、内外空、有为空、无为空、散坏空、无际空、本性空、胜义空、空空。

到了大乘佛教阶段,概而言之,有三种空的说法:即《放光般若经》中的"十四空"和"十八空"说,以及《光赞般若经》中的"二十一空"之说。②后来的大乘般若学,对于空的理论可谓臻于完善。著名观点如《金刚经》"一切有为法,如梦幻泡影。如露亦如电,应作如是观",以及《心经》"五蕴皆空","色即是空空即是色,色不异空空不异色",等等。从如此多种而且不同的空义可知,佛教各宗派关于空的解释很多,而且具有不同层次意涵。按照吕澂先生的说法,大乘般若学的性空思想,可简单概括为"三假",即法假、受假、名假。"三假"说首先来自鸠摩罗什。鸠摩罗什得性空

---

① 四圣谛:苦谛、集谛、灭谛、道谛。八正道:正见、正思维、正语、正业、正命、正精进、正念、正定。十二缘起:又称十二有支,包括无明、行、识、名、色、六处、触、受、取、有、生、老死。

② "十四空"为:内空、外空、大空、最空、空空、有为空、无为空、至竟空、无限空、所有空、自性空、一切诸法空、无所依空。"十八空"为:内空、外空、内外空、空空、大空、有为空、无为空、至竟空、不可得原空、无作空、性空、诸法空、自相空、无所得空、无空、有空、有无空、余事空。"二十一空"为:内空、外空、内外空、空空、大空、究竟之空、所有空、无有空、有为空、无为空、真空、无祠祀空、无因缘空、因缘空、自然相空、一切法空、不可得空、无所有空、自然空、无形自然空、因缘神威空。参见姚卫群:《佛教般若思想发展源流》,北京大学出版社,1996年,第119—124页。

说之真谛,将《大品般若》中的第七品改名为《三假品》。①在这一品里,须菩提首先提出"三假"的问题。"三假"实质上是在一般人们认识过程概念发展的三个阶段。认识的第一阶段是"法假"。法是构成事物的基本概念,例如五蕴等。五蕴这个概念也是假,因为它的每一蕴(如色),都是和合而成。作为呈现在认识主体面前的对象事物,首先就是一个概念存在,故谓"法假"。认识第二阶段是"受假"。"受"即人们对于认识对象的感知、接受。人们感知接受外界事物时,就是选取法即概念,以概念构成对事物的认识。认识事物要选取概念为因来构成认识,故称"受假"。能够认识和运用概念构成认识,这是发展到以五蕴和合构成为集体形象的"人"的概念阶段。认识的第三阶段是"名假"。这是概念发展的更高的抽象阶段,即认识在形成个别事物(名称)之后再抽象,得到集合的概念,如人的概念集合为"军队""群众"概念等。了解"三假"的阶段,也是认识性空的般若的过程。②

---

① 另,鸠摩罗什将《放光》名为《行品》,《光赞》名为《分别空品》,后来玄奘译《大般若波罗蜜多经·二分》又将它标为《善现(须菩提)品》。参见吕澂:《中国佛学源流略讲》,第91页。

② 参见吕澂:《中国佛学源流略讲》,第92页。舍尔巴茨基说:"关于真实性的定义是大乘与小乘的主要争论点。早期部派都主张'一切事物存在(sarvam asti)'的原则。这一口号解释起来意味着元素(dharma)的存在。它们被分为75种或者12大类范畴,其中包括主观客观的,内在的外在的各项。关于感性、观念、意志的单元(unit),既是实在的元素,又是色、声、香、触等感觉材料,即物质的单位。这里并没有区分物质及精神性(ideality,观念性)。每一事物都是同样真实的,因此就实在程度而言,事物同它的属性并没有区别。'任何被发现存在的都是事物'。一个瓶的真实性是色(这是一事物)、表象(又是一事物)等等的实在性。但是绝对不存在作为它们之于瓶中的统一性的实在事物。瓶只是想象的事物。正如自我(ego)是假想的一样,虽然所有它的元素,(转下页)

然而,《成唯识论》认为,虽然一切事物假有实空,却皆为识变而来。故立万事万物假名,而识为实有:"云何应知实无外境,唯有内识似外境生？实我、实法不可得故。"①因此,破除我、法实有,只是《成唯识论》一个方面的工作。为了论证"万法唯识",《成唯识论》不仅要破拆"一切空"的理论,还要论证从"法我二空"到"万法唯识"的转换。

"空"和"有"之论从部派佛教始,佛教各派的观点就存在巨大分歧,争论异常激烈。公元六世纪部派佛教形成了四大系统,即上座部、正量部、大众部和说一切有部。主张"有"论比较有代表性的就是一切有部。"所谓说一切有,是因为他们认为一切法皆有其自性,是一种实在的有,而不是由一些其他材料混合起来的假有。"②具体说,一切有部从两个方面论证"一切实有"。首先是从因果的角度。一切有部的主要论典,世友的《品类足论》,把所有佛法(即万事万物,包括精神活动和现象)归为"五事",即五大类(色法、心法、心所有法、心不相应行法、无为法)。这五大类基本法又构成其他复合法,分六十七分法,即六十七种具体事物(包括精神)种类

(接上页)即五蕴(skandhas)是实有的东西(elements)。涅槃和空这些恒常的项目也是元素,因此也是事物。元素,真实性,存在,事物是可以互换的用语。到了大乘佛教中,这有了根本的改变。在大乘佛教的第一阶段只有不动的整体才被宣布为绝对真实的。对于佛教逻辑家而言,真实性(reality)与假象性(ideality)是正相对的。不仅是观念、感情、意志,而且理智构造的每一共相,每一持续性,每一广延性都被认为是假想的,非真实的。真实的只是那严格自身中的事物,即不含有丝毫概念所表示的东西。这样的事物就是物自体的实在性,是康德的真实性(reality=Sachheit),它同纯的感觉活动是相对应的。"(舍尔巴茨基:《佛教逻辑》,第590—591页)

① 《成唯识论校释》,第9页。
② 吕澂:《印度佛学源流略讲》,第46页。

(此即唯识学"五位百法"之滥觞)。他认为这五事六十七法皆有自性。这些法相待相依以缘起形式存在,都处在因果联系之中。因此,不仅诸法实在,因也是实在。因此,一切有部又被称为"说因部"。① 其次是从时间(即"三世")的角度。一切有部主张"三世实有"。② 三世是指过去、未来和现在。一切有部认为三世都是实在。但这里有一个问题,就是三世之中的"我"是否实有? 就是说,从过去进入现在,从现在进入未来的"我"是否还是同一个? 一切有部认为,一般人执着这种生灭中的我是恒常,则为颠倒认识。这个我(补特伽罗)是根本没有的,只是实有的五蕴和合。③ 因此,三世实有"这种思想,基本上是由于他们对人我(补特伽罗)的否定而来。因为没有人我,那就只有五蕴了。佛家通常讲的人我,即由五蕴组合而成。每一种蕴都是集合体(蕴即聚意),这里就包含着过去有、现在有、未来有的意思。如以色蕴说,就包含过去色、现在色、未来色。所以从而可以看出五蕴的成分是实在有"。④ 由于五蕴为实有,五蕴过去现在未来皆有。他们由此承认一切法实有,宣称一

---

① 他们提出六因说:1.相应因(心与心所),2.具有因,3.同类因,4.遍行因,5.异熟因,6.能作因。(参见吕澂:《印度佛学源流略讲》,第53页)

② 印顺长老说:"一切有部,是依三世实有而得名的。"他还这样解释"三世实有"说:"这好像甲屋住满了很多人,这些人,一个跟一个地经过一条短短的走廊,到乙屋去。正在经过走廊的时候,好比现在。甲屋没有经过走廊的人,好比是未来。已经通过走廊,进入乙屋去的,当然是过去了。"(印顺:《唯识学探源》,中华书局,2011年,第41、42页)

③ 《那先比丘经》主张无我思想,阐述人的轮回如"薪火相传",即人的轮回从此身过渡到彼身,轮回的火不能说是前火,但也不能说与前火无关。见吕澂:《印度佛学源流略讲》,第49页。

④ 吕澂:《印度佛学源流略讲》,第46页。

切法皆有其自性,是一种实在的有,不是假有。而"有"在广义上包括一切。这些主张概括来说就是"三世实有""法体恒有"。一切有部提出这个观点,主要是反对"恶趣空",即彻底的空虚主义观点。

世友的这些观点,后来在新有部论典众贤的《顺正理论》中,得到进一步发挥。众贤认为,除了实在的有,"假有"也算有。他反对"心亦缘无境"之说,而强调"心必有境",即有此心就必有境。"境"即外境,指现实的境况。在他看来,有的"有"体用兼备,有的"有"则有体而无用。从用的功能说,这些"有"有些有功能,有些无功能。在"假有"中,有些是直接依实有而施设的事物(例如瓶子),有些是依"假"而施设的概念(例如军队、树林),但这些"假有"的概念也是依附于实有的个体(例如树、人)的集合。因此,"有"在广义上包括一切。也可以说实有是真谛,假有是俗谛。他还认为,过去未来虽然没有心存在,但是,过去未来法存在,因此具有心之所缘的性质。一旦心生起了过去和未来,就可以为它所缘。所缘是抽象的潜在的,如同薪在未烧时仍然是燃料。[①]由此可见,一切有部的这些观点与西方中世纪的唯实论类似。

后来狮子铠造《成实论》,反对有部之说,主张法(事物)无实体,只有假名。他提出法空是通往般若的津梁。所谓"实"则是四谛的"谛"。另外,不仅是假名,构成色界的"四大"(地、水、火、风)也是空。小乘认为四大及其构成是实在的,但《成实论》认为,四大实际上是没有的,只归结为坚、软、暖、动四种触尘。就是说,四大没有独立的实体存在,所谓的"地、水、火、风"则是假名,只有

---

① 参见吕澂:《印度佛学源流略讲》,第132—133页。

"四尘(色、香、味、触)"即人们的感官知觉存在。这个说法就渐渐接近大乘佛学了,也有点贝克莱大主教(George Berkeley)"存在就是被感知"的意思。①

到了大乘佛学阶段,"空""有"问题的探讨进入了更高更深的层次。印度的大乘佛学不外中观与瑜伽二宗,这二宗学说是佛学中"空""有"二论的最高理论形态。②龙树造《中论》曰:"众因缘

---

① 参见吕澂:《印度佛学源流略讲》,第137—138页。《成实论》理论后来在中国得到继承发扬,有"成论大乘师"三大家,为光宅寺法云、开善寺智藏、庄严寺僧旻。其中法云认为,统一真俗二谛应该有三种:第一是从俗谛看中道。俗谛之理不出三种假名:A因成假,如"四尘为柱"。一切有体积的物体不外色、香、味、触四种感觉因素的结合。B相续假,一切事物在时间上是相续的,但不实在,因而是假。C相待假,一些事物是在空间中构成,互相比较依赖,也是假象。第二从真谛上看中道。真谛之说仍需要言诠,无相与言诠也是相反相成。第三,合真俗二谛来看中道。俗对真而见其假,真对俗而见其实,二者统一不能相离。这就是中道。(吕澂:《中国佛学源流略讲》,第131—132页)

② 印顺长老说:"论到印度的大乘佛学,不外乎空、有二论——中观与瑜伽。空、有二宗,都从禅慧的修证中来,都是以'正理'来阐明真义,安立现观次第,作为趣入大乘的轨范。在住持正法,适应时代的意义上,二宗有着一致的倾向,那就是尊重初期的佛法,从深一层的解说中,成立时代的佛学,引导当代的大乘佛教,离偏失而归于中道。龙树的时代,是'一切皆空说'盛行的时代。龙树以缘起为宗,发挥缘起无自性空说,也从空义来成立缘起。弹斥了实有自性说,方广道人的一切都无说,……而归于一切法即空的缘起中道论。弥勒的时代,是'境不成实'与'自性清净心'——如来藏思想流行的时代。瑜伽大乘的特色,是以刹那生灭的、恒时相续的'一切种子心识'为依,以种子为缘起,来成立流转还灭的一切法。空,是甚深秘密的。钝根不能依空而立一切法,引起了偏见或诽毁,深刻的损害了佛法。所以'异法是空,异法不空'说,'假必依实'说,宗承《解深密经》的三性、三无性说,而破斥'恶取空者'。……虽然,中观是三世幻有者,自空论者;瑜伽是现在幻有者,他空论者,有着教学上的根本区别。然在适应时机,遮遣'恶空'与'常心',归宗于释尊本教——缘起论的立场,是完全一致的。这所以中观与瑜伽,在印度大乘佛教界,被公认而处于主流地位。"(印顺:《英译成唯识论序》,见《成唯识论校释》,第743—744页)

生法，我说即是空。亦为是假名，亦是中道义。"这是针对有部所说，重点强调空、无自性，以缘起为宗，发挥缘起无自性的空义，也从空义来成立缘起。他批驳实有自性说，也批驳一切都无说，提出归于一切法即空的缘起中道论，而中道本身亦无自性。① 而瑜伽行派尤其是无著和世亲，不满意龙树的缘起说，他们把缘起的领域从人生和社会，拓展到全部宇宙现象。从全部宇宙现象来说，在没有人类社会的境况下，龙树的"受用缘起说"则无力支撑，而唯识学则可以用阿赖耶识来说明缘起。自《大乘阿毗达磨经》提出阿赖耶识之后，《解深密经》对于阿赖耶识作了更加切实的补充阐发。吕澂先生说："唯识说，是无著、世亲整个学说体系必然导致的结论。早在无著所著的《摄大乘论》里已有发端，……到世亲时，唯识学更加细密，并提出了种种论证，可以说唯心论就此完全建立起来了。"② 无著和世亲宗承《解深密经》的三性（遍计所执性、依他起性和圆成实性）、三无性说，以阿赖耶识为依，以种子为缘起，宣称阿赖耶识是一切所知法的总依，能发生一切法。这就是唯识学的核心思想。③

---

① 舍尔巴茨基认为："大乘中观派由是被称作前作为有的最激进的虚无主义者。""中观学说体系……所谓实在，便是那具有某种自身实在性（自性）的事物，是非因所生（无作，无为）的事物，是不依赖任何别他（不待异法成，不与他相待）的事物。"……它不但对外部世界的对象视而不见，而且否定了我们观念的实在性。"（舍尔巴茨基：《大乘佛学——佛教的涅槃概念》，立人译，中国社会科学出版社，1994年，第96、105、97页）

② 吕澂：《印度佛学源流略讲》，第175—176页。

③ 吕澂先生说："'假名'的原意是'假设''施设'，梵文是 prajñāna。后来从这个字又引出 vijñāpti，汉文常译作'了'或'表'（如表业、无表业）。Vijñāpti 这个字由'识'（vijñāna）变化而来……龙树第一次提出'假名'这一范畴，'假'用语言（转下页）

## 第一章 实在问题:"二空"与"识有"

总而言之,唯识宗是对于中观学派的一种对抗和反动。①从"空"和"有"的根本观念来说,唯识宗与一切有部都属于"有"宗。当然,它们之间也有本质的区别。舍尔巴茨基认为:"说一切有部与唯识论的区别主要地在于:前者是多元论者,而后者将所有一切构成元素都转变成了唯一藏识(ālayavijñāna)的诸相。整个元素的结构体系并无太大变化而得以保留下来。"②从有、无、中道到有的形上学——唯识,是佛教内部思想发展的一条根本路线。

归结起来,关于我、法二空和唯识实有,《成唯识论》所述如下:

---

(接上页)谓之'假名',而在思想上的表现则谓之'了',即'识'。后来就说缘起法是空,但另一方面是'唯假'。向后发展,就说缘起法但有思想上的表现,谓之'唯表',也就是'唯了'。由'唯假'到'唯了'(唯识)的思想变化,是很值得注意的,表示两个不同的意思。这就说明:'唯假'、'唯识'这两种思想是有先后的、内在的关系。龙树的思想是指示了向唯识发展的这一方向。"(参见吕澂:《印度佛学源流略讲》,第103、173页)

① 后期瑜伽行派和中观派的争论中,中观学派的清辩与瑜伽师还有联系。晚期的中观学派月称则走向了极端,不仅激烈批评瑜伽行派,连清辩的学说也要肃清。他批评瑜伽行派,说依他起性没有遍计所执性便是空,而不是依他起自性空。这如同视绳为蛇,以为把蛇去掉就是空,并不认为绳也是空。故说瑜伽行所谓的空是他性空,而非自性空。同时,他认为阿赖耶识是一种假立,并无其识。所谓业以种子形式存于阿赖耶识之说不能成立,而且,业由于自身的相续是不会消失的。业的现行消失,那只是状态。业的性质和势力不会消失。只有等受到报应之后才会真正消失。月称还认为前七识之说同样也不成立。他批判心外无境唯识说,唯识学所谓梦中有心无境,认为梦中所见皆为心之构想,醒后所见,也是心之构想,与醒时并无根本区别。只有觉悟之后才会认识到所谓境界不过虚幻。而月称认为,心与境是平等的。如果似梦中无境,同样也无心,不承认梦中有心无境。直到佛教进入西藏,黄教创始人宗喀巴也大加赞扬后期中观学派的代表寂天的学说。(参见吕澂:《印度佛学源流略讲》,第218—220页)

② 舍尔巴茨基:《小乘佛学——佛教的中心概念和法的意义》,立人译,中国社会科学出版社,1994年,第121页。

> 我法非有,空识非无,离有离无,故契中道。……此唯识性岂不亦空?不尔。如何?非所执故,谓依识变妄执实法,理不可得,说为法空。非无离言正智所证唯识性故,说为法空。此识若无便无俗谛,俗谛无故真谛亦无,真、俗相依而建立故。拨无二谛是恶取空,诸佛说为不可治者。应知诸法有空、不空,……故现量境是自相分识所变,故亦说为有。意识所执外实色等妄计有故,说彼为无。又色等境非色似色、非外似外,如梦所缘,不可执为是实、外色。若觉时色皆如梦境不离识者,如从梦境觉知彼唯心,何故觉时于自色境不知唯识?如梦未觉不能自知,要至觉时方能追觉,觉时境色应知亦尔,未真觉位不能自知,至真觉时亦能追觉。未得真觉恒处梦中,故佛说为生死长夜,由斯未了色境唯识。①

大意为,俗众所谓的我是无,只有真如和识是有。按照这样来说离有离无,就能契合中道。为什么唯识性不是空?因为,一方面,依照识变的见分和相分,来妄执万法为实有,当然不能成立,因此说万法为空;另一方面,说有(非无)是离开遍计所执性后,证得正智和唯识性,也是说明万法为空。然而,如果认为识为无,那就便无俗谛,若无俗谛也就无真谛。真谛和俗谛相依,否认真俗二谛就是恶趣空之论。诸佛都说恶趣空之论为不可救药。应该知道,诸法有空(例如遍计所执性为无)和不空(例如依他起性和圆成实性为有)。在现量境(当下),万事万物是识变现为自己的相分,因此可以

---

① 《成唯识论校释》,第492—493页。

说为有。而相反的是,意识执着外界色法以为真实,这是虚妄计度产生的,实际上为无。很显然,其他虚妄计度所执外法,看外在事物,其实犹如梦中之物,似是而非,都不是实在之物。等到觉醒之时方才觉悟。众生在没有觉悟的时候,正如长夜之梦,不知万法唯识的道理。

概而言之,我、法之种种相状自性为空,皆为识之变现。大千世界,皆为假立虚幻之外境,而唯有识为实有。从《成唯识论》这个辨析中就可看出,"空"与"有"的义域被拓展到更深的层面。然而,从外在世界看一切皆空,那么,从主体来看,"我"虽然为空,但是,识为实有,那么心与识是什么关系?心是空还是有?沿此思路,《成唯识论》自然就由"法空"过渡到"心无"的讨论和辨析。

## 第三节 阿赖耶识与"心"

《成唯识论》中常常用"心"来指代阿赖耶识。例如:

> 诸有情类无始时来,缘此执为实我实法,如患、梦者,患、梦力故,心似种种外境相现,缘此执为实有外境。①

《成唯识论》也明确指出这一点:

---

① 《成唯识论校释》,第219页。

> 故应信有能持种心，依之建立染净因果，彼心即是此第八识。
>
> 若无此识，彼异熟心不应有故。……由是恒有真异熟心，彼心即是此第八识。①

虽然阿赖耶识有时也用"心"代指，但是，此"心"与一般所指心、心所的概念是不同的。当然，二者之间也不能截然分开，而是存在复杂的关系。前文说过，梵文citta原义是集起、集聚，引申为精神、心灵之义，与英文mind相近，在佛经中一般翻译成汉字"心"。②同时，与心相关联的一个佛学概念是"心所"（cittasamprayuktasamskara），亦称心数，心所法，心所有法，是指相应于心而起的心理活动和精神现象。③这里所说的心法、心所法，与阿赖耶识具有本质的不同。阿赖耶识与心的关系，基本上涉及唯识学的整个历史。全面厘清这个关系需要大量的论证，至少是一本书的篇幅。这里主要根据吕澂先生的《印度佛学源流略讲》，仅仅大略勾勒一个阿赖耶识与"心"关系的粗浅线条。重点是简述

---

① 《成唯识论校释》，第2、214页。

② 韩廷杰："'心'，梵文Citta的意译，音译质多、质多耶、质帝等，一切精神现象的总称。唯识宗用以作为第八识阿赖耶识的别名。"（《成唯识论校释》，第113页注四）有学者将阿赖耶识简单比作心，并认为："由于受到了无始虚幻或者无明(avidyā)的影响，无论是在清醒还是在睡眠状态，心都自以为能够认识外境，可是，外境其实不过是心本身的投射或表现而已。因此，虽然心实有，但世界(亦即心所感知到的事物)却是非有。"（见托马斯·伍德：《万法唯识——唯识论的哲学与教理分析》，第1页）

③ 唯识的心所法共六类五十一种，即遍行五种，别境五种，善十一种，烦恼六种，随烦恼二十种，不定四种。(参见《成唯识论校释》，第5页注二六)

阿赖耶识与心法、心所法的关系，以及辨析阿赖耶识与"三界唯心"等命题之关系。

在印度佛教中，"唯心实有"的思想有着久远的历史和强大的传统。这个问题也是缘起于部派佛教时期。在"有"宗之中，从部派佛教开始，即有"唯心"之说。上座系的论典《舍利佛毗昙》中就有关于心所法的记载。原始佛学把重点放在人生现象上，以人为中心。人是由五蕴合成的，所以又归结为五蕴的分析。到了部派佛学阶段，佛教的认知范围扩展到一般宇宙现象，分析就扩大为"三科"（五蕴、十二处、十八界）。《舍利佛毗昙》则以"处"作为重点来说明宇宙现象，在外六处（色、声、香、味、触、法）中，他们对"法处"有着特殊的解释。在原来佛教十二处（内六处即六根，外六处即六尘）的基础上，《舍利佛毗昙》提出，"法处"有五十二种。其中一类"法处"是对原始佛教五蕴（色、受、想、行、识）的"行蕴"加以分析解说。有一类"法处"是行与心相应的（同心俱起、同一境、同一缘），叫"相应行"，这个"相应行"也就是心所，实际上是心所法的别名。所谓心所，即日常的心理现象，属于心，但心所不能独立，与心一起才发生作用。"法处"中还有一类事物是与心不相应、不俱生的，叫"不相应行"，如生、死、老等分位概念，是一段一段构成的，也叫做"行"。这个"行"与心一体，不能截然分离，因为没有心也就谈不上生、死、老。但这些"行"与心不是直接相关共起俱生的活动，即不直接相应，即故称"不相应行"。《舍利佛毗昙》指出心有二十八种"相应行"，也可以称为二十八种心所法，八种"不相应行"，也即八种心不相应行法。此外《舍利佛毗昙》还提出"无表色"理论。"表"意即表示、表现。例如，如人的语言、行动等是能使别人感受到的行为，是以形体活动为基础表示出来的色。相反，所谓"无表色"则是一种心理意识活动，是看不到摸不着的东西。但是，但这种心理活动也会留下物质的形迹，能够通过比量，即运用概念的方法能把握它。《舍利佛毗昙》还提出一类"法处"是"无为"。它认为，有些事物不依赖目的和作为而存在，例如，几何学中的公理实质上不是任何人创造出来的，而是一种自然存在，或者说先在。这一类东西就是属于"无为法"。按照《舍利佛毗昙》的五十二"法处"分类，所有的宇宙现象归结起来，不出色、心两类，即物质和精神两大类。

与此同时，在南方上座部论典中，也出现类似思想。例如七论的第一部《法聚论》，即以《心品》《色品》来概括一切法。它们虽然尽管也说到"法处"，但都是在所知层面上说的，例如色是所见的事物，声是所闻的东西，所见所闻必须与心相连，是以心为前提存在的。因此，色总是离不开心。另外，这些论典认为，所谓诸行无常，无常甚至就是刹那灭。但是，刹那灭不是以时间为标准，而是与心相关的。因为心刹那灭，被心所知的对象——外界事物表象才是真正的刹那灭。上座系根据这一点，推论只有现在这一刹那是实在的，过去、未来都不实在。就是说，在佛教的实践方面，即行、果方面，上座系将解脱主体归之于心。有情众生如果达到心解脱，就是真正之解脱了。并认为"心性本净，客尘所染"，就是心的自性是清净的。并且，这种心与我也相关。原始佛学否认生命主体"我"，认为一切都是缘起。《法聚论》对于心的性质、地位、阶段概括出八十九种范畴，归纳为十二心，再把心提炼为九类，即"九心"。"九心"之中，把有情众生从有生命开始的心看成最初的心，把死亡前的心看成最后的心。上座部的这些理论就使佛教中概念的"我"最终与"心"连接起来。① 而上座系的犊子部则不仅主张心的作用，而且强调有我，并公开主张有补特伽罗。他们认为，诸法不完全是刹那灭，有些法是暂住的，而心的一起一灭是刹那的。比如说，心外诸法如灯火、钟声是刹那灭的，但是，大地、河流、山川、草木则是暂住的，不是刹那灭。

可见，在部派佛教时期，上座部就提出"心"的系统理论。这个理论作为遗产后来被佛学各家各宗以各种形式继承，或者是直接的，或者是间接的，有的甚至是以反对的方式发展这一理论。就总体说，在部派佛教中，大众部关于心的观点与上座系和一切有部是对立的。一切有部不主张心性本净。他们认为一切法皆有其自性，是一种实在的有，而不是一些其他材料混合起来的假有。他们把心分为杂染心、离染心，认为心去掉杂染，实现离染就能解脱。并指出心性本净的说法不是指心性原初就净，而是就未来而言的，是心未来可能达到的境界。他们由此强调染心的解脱。实质上，一切有部与上座部在关于"心"的认识上是趋于一致的，例如他们都认为万事万物(色)是以心(名)为出发点的，例如色是心所见，声是心所闻，色与心相待相依，以缘起的方式存在。前文说过，一切有部的世友《品类足论》把所有佛法归为"五事"，即色法、心法、心所有法(相应行)、心不相应行和无为法，这实质上是对《舍利佛毗昙》五十二"法处"的简单概括。而世友"五事六十七法"的归

---

① 参见吕澂：《印度佛学源流略讲》，第41—44页。

纳,后来基本上被佛学界作为共识而固定下来。①

到了小乘佛学本宗(新有部、经部、正量部)阶段,心的问题讨论更加深入,并逐渐与唯识学接轨了。原属于一切有部的《法句譬喻经》的作者譬喻师认为:"心依名色乃成苦体,又由惑业系缚而心垢,止观调心而垢净,所以四谛安立,系之一心"。②他们认识到心是无间断的。眼看耳听是心的功能,这个功能是有间断的。但所有这些功能若混为一体,从生到死,则心无间断。狮子铠的《成实论》在关于灭谛的论说中,提出灭的三个第次,与之相应要灭三类心,即假名心、实法心和空心。这个说法就颇接近龙树的中道理论了。③譬喻师理论后来发展为经部。大致说来,经部认为,第一,心之缘境(当下展现的外在事物)不是直接的。心缘之境非境本身,而是以境为依据,由心变现出来的形象(变相)。而心所知的一切事物,是心自身的变相。换言之,心法缘境都是间接以影像为凭据的。这一观点与因果异时论有关。根据因果异时论,在观照外在对象时,第一刹出现的是根境(感觉器官感知的东西),第二刹那识生的时候,已经没有对象实物存在了。这即是心法缘境的"带相"说。后来陈那将这种"带相"的因果异时说导入瑜伽学说唯识学之内。第二,经部提出了"自证"理论。自证本身有两种意思:第一,心自

---

① 以上叙述请参见吕澂:《印度佛学源流略讲》,第二讲"部派佛学"。
② 见《略述经部学》,转引自吕澂:《印度佛学源流略讲》,第137页。
③ 舍尔巴茨基认为:佛教中这种相关于心的理论称作自性空论(svabhāv-śūnyatā, śūnyatā)。根据自性空论,一切存在物被分析为基本的元素材料,由于其相对性从而便是虚幻的。这种新佛教的第二个特点是:将真实性消融于不动的整体中,从而完全排除了真正的因果性。这种新佛教以两种真实或"二谛"代替了早期佛学的"四正谛"。(见舍尔巴茨基:《佛教逻辑》,第14页)

己了解由心自己变现的外在对象事物(相)。第二,心在了解自己所变现的对象时,同时还对本身有反省作用。譬如,灯既照亮了对象事物,也照明了灯自身。同样,心在眼见青草的同时,也了解心自己"见"到了。证明这种"自证"的方法,就是经过后来的回忆,由回忆知道心"见"了青草。经部所说的"自证"就是这个意思。①自证是唯识学的一个重要思想。

由犊子部分蘖而来的正量部认为,色法、心法是分立的。色法在心法之外,其性质也非刹那灭,而会持续一段时间。正量部有一颂曾被《中论·观业品》所引:"虽空而不断,虽有而不常,诸业不失法,此法佛所说。"②他们把表色(即人表现为外在的语言和行为)看成是业的一类。表色是受到意的发动表现于外的语言行动。表色行动是实在的、固定的,发动业的意是其次的。这样,每个有情众生所作的业也"不失法",即也是逐渐积聚的。这必然就与我相关。因为我是主体,能够生死流转,业力果报均以我为依托。可以看出,经量部的"不失法"与唯识学的"果报识"、"异熟识"阿赖耶识有内在相通之处。③

到了大乘佛学阶段,作为大乘经的《大涅槃经》《胜鬘经》提出众生皆有佛性的思想,这个佛性就是如来藏,即清净心。这些经认为,心的本质就是"清净",即"自性清净心",也就是如来藏。④

---

① 参见吕澂:《印度佛学源流略讲》,第143页。
② 转引自上书,第146页。
③ 参见上书,第147页。
④ 吕澂先生说:"《胜鬘经》《大涅槃经》主题是如来藏,后出的《大乘阿毗达磨经》《解深密经》等等,就未提如来藏,而是提出阿赖耶识和阿陀那识。这些非但名字不同,意思也有出入。如来藏指自性清净心为客尘所染,所以其根本是心本净,(转下页)

到此之时，心与识的关系已经呼之欲出了。同时，《华严经》中的《十地品》曾经以《十地经》为名单独流通，主要讲菩萨见道后于修道位十地修为的内容。八十《华严经》卷十九曰："若人欲了知，三世一切佛，应观法界性，一切唯心造。"同卷三十七曰："三界所有，唯是一心。"此即是著名的"三界唯心"之说。①虽然这里还只是说"心"，但在四十《华严经》就具体讲述了阿赖耶识的形相。如该经卷九曰："有四因缘：一谓眼根摄受色境，二由无始取着习气，三由彼识自性本性，四于色境作意希望。由此四种因缘力故，藏识转变，识波浪生，譬如瀑流相续不断。"②这里所论的世界本体，已经从"心"转换为阿赖耶识了。

然而，围绕"心"问题，唯识学内部也有着长时间的讨论。如来藏思想对于无著的唯识学产生了重大影响。早期无著的唯识观含有如来藏思想，前文说过如来藏即"清净心"。世亲唯识学对此有切割和清理。因此，作为世亲学说的直接传承，《成唯识论》在

---

(接上页)一切理论都围绕净法来讲，而阿赖耶或阿陀那，则以杂染为本，一切理论都围绕染法来说，因此，二者立说各异。接着，出现的《楞伽经》《密严经》，对上述二说，采取了调和的态度，说阿赖耶与如来藏只是名称不同，法体是一，义理也是一，认为阿赖耶不仅有染，而且有净，这是有意把净染二说加以综合的。"（见吕澂：《印度佛学源流略讲》，第169页）

① 周贵华教授认为，《十地经》提出的"三界唯心"之"心"，实际上已经具有阿赖耶识的意涵了："而在大乘经《十地经》中则进一步直接提出'三界唯心'之教量。具体而言，该经将心识感引三界进一步解释为心识造作了三界，即以心识为三界一切法之本体，并在此意义上，说心为工画师能画三界一切法。此方向之展开对瑜伽行派之唯心思想的提出产生了直接影响。"（见周贵华：《唯识通论——瑜伽行学义诠》上册，第13页）

② 所引佛经转引自杨维中：《中国唯识宗通史》下，第451页。

第一章 实在问题："二空"与"识有"

论证我、法二空而唯识实有的时候，对于佛教思想中的"唯心实有"之说也不能回避，自然也要做出理论辨析和清理。① 而就阿赖耶识与心关系的思想，对于世亲唯识学产生直接影响的是《大乘阿毗达磨经》《解深密经》《楞伽经》等。《成唯识论》说：

彼经(指《大乘阿毗达磨经》——引者)中复作是说："由

---

① 吕澂先生说：唯识学发端于《摄大乘论》(《所知相分》)，世亲《二十颂论》梵文本书名为《成唯识》，护法作注书名为《成唯识宝生论》，要点是"识生似(转变)外境现"，即识生起后能把识的一部分转变成心的对象。(见吕澂：《印度佛学源流略讲》，第176页) 印顺长老认为："弥勒的瑜伽大乘，是由无著传述出来的，根本在广明三乘的《十七地论——瑜伽师地论·本地分》。在《意地》中，说明心意识，有漏与无漏种子，确立瑜伽唯识学的根本。在《菩萨地》的《真实义品》中，阐明了性相空有的正义。其次，抉择《本地分》而作《摄抉择分》(可能有无著的见解在内)。对阿赖耶识的理论证明，依阿赖耶识而安立流转与还灭的道理，更明确地表达出来。广引《解深密经》，对于三性、三无性，'诸识所缘，唯识所现'，作了更广的抉择。还有《摄释分》《释异门分》《摄事分》，特别是《摄事分》，为《杂阿含经》与《波罗提木叉经》的抉择。承受初期佛法的精义，进一步的安立大乘瑜伽与唯识学。这一根本的、原始的唯识学的特质，是非常明显的！弥勒还有称为《分别》的三部论——《分别中边论》《分别法性论》《分别瑜伽论》(未译)，都在共三乘的基石上，安立大乘的唯识学。"大致而言，"弥勒是唯识学的原始说。无著论发展了唯识学，受时代的影响，略有一心论(一能变说，一意识师，心所即心似现说)的倾向。世亲论ূ立 '三类识变' 说，而复归于《瑜伽论》的体系。西元五、六世纪，不但唯识的异义众多，阿赖耶识与如来藏相结合的倾向，也越来越显著。玄奘承受了护法、戒贤的学说，融通陶练了契经的有余师，十大论师的异说，精密抉择(玄奘曾从胜军论师学《唯识抉择论》)，而集唯识学的大成，这就是《成唯识论》。《成唯识论》不说如来藏，以 '心之空性' 说心性本净，是世亲《唯识三十论》的立场，符顺于弥勒《瑜伽师地论》的本义。《成唯识论》的内容，极其广大，辨析是极其精密。虽摄取了众师的异说，种种论义，而对弥勒的《瑜伽》唯识来说，是极其纯正的，这部代表西元七世纪初，唯识大乘正义的圣典，贯通《阿含》《般若》，而没有转化为本体论的圣典，留下了永久的不朽的价值！"(印顺：《英译成唯识论序》，见《成唯识论校释》，第744、747、748页)

摄藏诸法，一切种子识，故名阿赖耶，胜者我开示。"由此本识具诸种子，故能摄藏诸杂染法，依斯建立阿赖耶名，……故我世尊正为开示。①

在佛藏中首次提到阿赖耶识就是《大乘阿毗达磨经》。②它以"十殊胜句"（即"十句法"）概括大乘佛学所有佛法。"十殊胜句"第一句就是"所知依"，义即一切法的总依据，认为这个总依据即是阿赖耶识。而阿赖耶识包摄一切法种子。《解深密经》则对于阿赖耶识的意涵作了更为实在的补充。《解深密经》提出"胜义谛"及心、意、识、法相，即理解法相的瑜伽方法和实践层次地、度（共十地）。并在阿赖耶识之外又提出"阿陀那识"，"阿陀那识"实质上与阿赖耶识是一个东西。阿赖耶识原意藏识，而收藏是消极被动的。"阿陀那"是"执持"义，阿陀那的执持则有能动的作用。能动与否指它与根身（根即感觉器官。把五根眼、耳、鼻、舌、身等五根统一在一起，即为"根身"，也即人的形体）的关系。根身之所以有感觉，在于有阿陀那的执持。人死后形体失去感觉，就是因为阿

---

① 《成唯识论校释》，第198页。此外，"大众部《阿笈摩》中密意说此名根本识，是眼识等所依止故，譬如树根是茎等本，非眼等识有如是义。上座部经、分别论者，俱密说此名有分识，'有'谓三有，'分'是因义，唯此恒遍为三有因。化地部说此名穷生死蕴，离第八识无别蕴法穷生死际无间断时，谓无色界诸色间断，无想天等余心等灭，不相应行离色、心等无别自体，已极成故，唯此识名穷生死蕴。说一切有部《增壹经》中亦密意说此名阿赖耶，谓爱阿赖耶、乐阿赖耶、欣阿赖耶、喜阿赖耶。谓阿赖耶识是贪总别三世境故，立此四名。……由是彼说阿赖耶名，定唯显此阿赖耶识。"（《成唯识论校释》，第207、208页）

② 该经已佚，从无著《摄大乘论》所引文中可以略知其大貌。

陀那离开了根身(肉身形体)。阿陀那也有执持种子的作用,种子得到它的执持才会转变、加强成为现行。该经最后一颂曰:"阿陀那识甚深细,一切种子如瀑流。我于凡夫不开演,恐彼分别执为我。"就是说,阿陀那识是活动的总体,一切东西都离不开它,如瀑布冲下泥沙随之,一切跟着识活动也是如此。这与《唯识三十颂》所说阿赖耶识"恒转如暴流"内容如出一辙。①

可见《大乘阿毗达磨经》《解深密经》这些论述,很多成为世亲唯识学的思想资源。当然,唯识学从心开始,扩大到解释宇宙一切现象,开始肯定心而否定境,后来否定心而肯定识。唯识宗最终进入观行,进入圆成实性,也首先从心入定开始:

> 及无心二定者,谓无想、灭尽定。俱无六识,故名无心。无想定者,谓有异生,伏遍净贪,未伏上染。由出离想作意为先,令不恒行心、心所灭,想灭为首,立无想名。令身安和,故亦名定。②

就是说,在修炼无想定、灭尽定两种禅定时,都没有六识活动,所以称为无心。无想定已经压伏了遍净天的贪,但没有压伏四禅以上诸天的感染。继续用功下去,起先是作意离去这些念想,慢慢就使得不是恒常现行的前六识心法、心所法皆灭。首先灭掉了想心所,故称无想。使身心安乐和顺,所以称为定。

---

① 参见吕澂:《印度佛学源流略讲》,第166—167页。
② 《成唯识论校释》,第474页。

不过，在本书"引论"中，我们讨论了唯识学中"识"、"心"、"意"三个词的一种互用、通用关系。但是，"识"与"心"、"意"的互换只是在"了别"的意义上才能进行。在"心"所含有的精神、心灵等意义上，与唯识学的"识"特别是阿赖耶识，是有着实质性区别的。尽管唯识宗的思想理论，经历了由心到识的综合转变，而阿赖耶识与心的概念有着深切的关联，直到无著的唯识学还是受到如来藏思想实质性影响。但世亲的唯识学则摆脱了心与识的纠缠，作出了理论上的切割。那么，作为传承世亲一系唯识新学的玄奘，必须对阿赖耶识与清净心（即如来藏）思想进行理论上的清理。所以，《成唯识论》对相关佛经中提到的"心"一词，基本上都甄别其含义，区别对待，择而用之。《成唯识论》首先是在心法、心所法与阿赖耶识之间作出清晰的辨析，把与心相关的心法、心所法、不相应行法全部与阿赖耶识切割开来。例如：

> 如《入楞伽》伽他中说："由自心执著，心似外境转，彼所见非有，是故说唯心。"如是处处说唯一心，此一心言亦摄心所。故识行相即是了别，了别即是识之见分。①

这里所引《入楞伽经》偈颂意思是，由于内心的执著作用，好像外境在发生、呈现，但这外境是不存在的，因此说唯心。但《成唯识论》强调，这里处处所说的"心"，含摄心所法。"唯"字是为了否定离识之外的真实事物，并不否定不离识的心所法、见分、相

---

① 《成唯识论校释》，第135页。

分、真如等。而阿赖耶识的行相则为"了别",这与《入楞伽经》所说的"心"有很大区别。因为,阿赖耶识是本识,藏有一切种子,含有一切法。心法、心所法则与识不同。除了识为实有,其余色法、我法、心法、心所法皆为假名。

为此,《成唯识论》对于"三界唯心"的说法进行辨正:

> 如契经所说三界唯心,又说所缘唯识所现,又说诸法皆不离心,又说有情随心垢净。又说成就四智,菩萨能随悟入唯识无境。……又伽他说:"心、意、识所缘,皆非离自性。故我说一切,唯有识无余。"此等圣教,诚证非一。……谁说他心非自识境?但不说彼是亲所缘。谓识生时无实作用,非如手等亲执外物,日等舒光亲照外境,但如镜等似外境现名了他心,非亲能了,亲所了者谓自所变,故契经言无有少法能取余法,但识生时似彼相现名取彼物。如缘他心,色等亦尔。……故唯识言有深意趣。"识"言总显一切有情各有八识,六位心所,所变相、见,分位差别,及彼空理所显真如,识自相故,识相应故,二所变故,三分位故,四实性故,如是诸法皆不离识,总立识名。"唯"言但遮愚夫所执定离诸识实有色等。①

"契经"指《华严经·十地经》。"三界唯心"出于《华严经·十地经》。"三界"指欲界、色界、无色界。"唯心"意即只有心为实在。引文中第一个"又说"指《解深密经》所说,意思是:识所缘外境就

---

① 《成唯识论校释》,第491—494页。

是内识的显现。第二个"又说"指《楞伽经》所说,意思是:万事万物都离不开心。第三个"又说"指《无垢称经》(旧《维摩经》)所说,意思是:心净故众生净,心垢故众生垢。第四个"又说"指《阿毗达磨经》所说,意思是:成就四种智慧菩萨,就能随顺领悟万法唯识和离识没有外在实境的道理。"又伽他说"指《厚严经》的偈颂。此颂意思是说:无论阿赖耶识(心)末那识(意)还是前六识(识)所缘的境界,都离不开识的自性。所以佛说一切法唯有识变,而没有真实的外境。以上种种说法都证明了唯识的道理。甚至他人之心也是自识之境,只是不是自己亲所缘。就是说对于我自己来说,他人之识生起时,不像我自己的手、足那样能够直接作用外物,也不像日光那样直接照射到事物上面。但是,他人之心也像镜子映射外物一样映射在我的自识之上。可见他人之心不是亲所缘,亲所缘是自识所变。所以《解深密经》说,没有心外的能取能够缘取心外的所取。只是识生起时,心似他心相显,名义上称为他心。缘取他人之心如此,缘取外界色法也是如此。因此,唯识之说深有含义。说到识,不是指一个人的识,而是总体上显现为一切众生,他们每人各有八识和六位心所法(遍行、别境、善、烦恼、随烦恼、不定),还有此识所变相分、见分、分位差别的不相应行法,以及二空道理所显的真如。八识是识的自相,五十一心所法是识的相应法,色法是心、心所法所变的相分,二十四种不相应行法是心法、心所法和色法的分位,六种无为法是识的实性,即心法、心所法、色法、不相应行法的实性。可见这五位百法皆不离识,因此总名为识。"唯"字就是否定一切愚夫所谓离识之外有心法、色法等。

由此可见,"三界唯心"等等说法之"心",皆为"识"的另一名称或说法，不是在心灵、精神意义上的"心"(mind)，即不是心法、心所法之"心"。①《成唯识论》特别强调，所有心法、心所法都依于阿赖耶识。心法、心所法与阿赖耶识这种关系，也是由阿赖耶识自性决定的。因为阿赖耶识有二位(所处阶段或层次)，第一是有漏位，即是处在有烦恼的有情众生之身，属于无记性(即本无善恶)，与触、作意、受、想、思五个遍行心所法相应。阿赖耶识所缘之境，即为根身、种子和器界。第二是无漏位，即是处在得道圣者的身上，只属于善性，与二十一心所法相应，其中包括遍行五个、别境五个、善十一个。②因此，没有阿赖耶识，心法、心所法不能执有种子，因

---

① 唯识学的这些思想也渗透在中土各宗派佛学思想中。《大乘起信论》可以说是个代表。比如："一切法本来唯心，实无于念。"(见真谛：《大乘起信论校释》，第104页)"一切境界，本来一心，离于想念(虚妄想念)。"(同上，第154页)"一切世间生死染法，皆依如来藏而有，一切诸法不离真如。"(同上，第125页)"所谓真如，以转识说为境界。而此证者无有境界，唯真如智，名为法身。"(同上，第149页)"(妄)念无自相，不离本觉。……若离不觉之心，则无真觉自相可说。"(同上，第44页)"生灭因缘者。所谓众生依心、意、意识转故。此义云何？以阿梨耶识说有无明。不觉而起、能见、能现、能取境界、起念相续，故说为意。此意复有五种名。云何为五？一者名为业识。谓无明力不觉心动故。二者名为转识。依于动心能见相故。三者名为现识。所谓能现一切境界。犹如明镜现于色像。现识亦尔。随其五尘对至即现，无有前后。以一切时任运而起常在前故。四者名为智识。谓分别染净法故。五者名为相续识。以念相应不断故。……是故三界虚伪，唯心所作。离心则无六尘境界。"(同上，第54页)"名为意识，亦名分离识，又复说名分别事识，此识依见、爱烦恼增长义故。"(同上，第59页)后来"三界唯心"成为天台宗的标识性用语。

② 《成唯识论》曰："然第八识总有二位：一、有漏位，无记性摄，唯与触等五法相应，但缘前说执受处境；二、无漏位，唯善性摄，与二十一心所相应，谓遍行、别境各五，善十一。"阿赖耶识在无漏位，还"与一切心恒相应故，常乐证知所观境故，于所观境恒印持故，于曾受境恒明记故，世尊无有不定心故，于一切法常决择故，极净信等常相应故，无染污故，无散动故。"这些都是相关于"欲""胜解""念""定""慧""信"等修道成佛的内容。(见《成唯识论校释》，第191页)

此不能生起：

> 契经说，杂染、清净诸法种子之所集起，故名为心。若无此识，彼持种心不应有故。谓诸转识在灭定等有间断故，根、境、作意、善等类别易脱起故，如电光等不坚住故，非可熏习不能持种，非染、净种所集起心。此识一类，恒无间断，如苣藤等坚住可熏，契当彼经所说心义。……色不相应非心性故，如声、光等，理非染净内法所熏，岂能持种？又彼离识无实自性，宁可执为内种依止？转识相应诸心所法，如识间断易脱起故，不自在故，非心性故，不能持种，亦不受熏，故持种心理应别有。①

如佛经所说，各种杂染和清净的种子集合一起称为心。但如果没有阿赖耶识，这种心就不会有。因为前七识在灭尽定时会有间断，根(六种感觉器官)、境(六种感觉器官感知的对象)、作意(心理活动的意图)、善(善念)等容易脱漏，就像电光雷火一样不能坚持常住，这些都不能熏习持有种子。因此，转识不是染、净诸法种子所集合之心。阿赖耶识前后一类永无间断，如同苣藤之物坚住而且可受熏习，这才契合佛经所说的心。色法和不相应行法，并非心性，如同声音光亮一样，非染净法所熏，因此不能执持种子。这种离开阿赖耶识的色法和不相应行法没有自性，不可能是内种依止。与转识相应的各种心所法，如果转识间断则容易脱漏，因为这些心

---

① 《成唯识论校释》，第212页。

所法无自在性亦无心性，不能执持种子，亦不能受到熏习。

可见，这种心法、心所法，也是阿赖耶识的变现，不是实有。因此，对于心法、心所法实有的观念，《成唯识论》则明确破拆：

> 诸心、心所依他起故，亦如幻事，非真实有。为遣妄执心、心所外实有境故，说唯有识，若执唯识真实有者，如执外境，亦是法执。①

按《成唯识论》说，我、法皆非实有，相应的心法、心所法亦非实有。不仅如此，与心法、心所法不相对应的心不相应行法也非实有。

> （心）不相应行亦非实有，所以者何？得、非得等非如色、心及诸心所体相可得，非异色、心及诸心所作用可得，由此故知定非实有，但依色等分位假立。此定非异色、心、心所有实体用，如色、心等许蕴摄故。或心、心所及色、无为所不摄故，如毕竟无定非实有。或余实法所不摄故，如余假法非实有体。②

"得"（梵文 prāpti）为心不想应法之一，意指获得或成就佛教的某些功德。与此相反为"非得"（梵文 aprāpti）。文中"等"指其他心不应想法，如命根、众同分、异生性等等，共二十四种。③ 此段文

---

① 《成唯识论校释》，第86页。
② 同上书，第54页。
③ 参见上书，第55页注一。

字大意为，心不相应行法也非实有。心不相应行法的得、非得等，不像色法、心法以及各种心所法那样，其体相可得。又不能离开色法、心法和各种心所法，其作用可得。可见心不相应行法定非实有，只是色、心法的分位而假立。这种色法、心法的假立之相，不是真实本体及其作用。色法、心法等可以是五蕴所摄，或者并非由心法、心所法以及色法、无为法所摄取，就如同毕竟无那样肯定不是实有。或者说，心不相应行法并不由其余的实法所摄取。所以，心不相应行法像其他虚假事物一样非实有其体。

《成唯识论》还就此批驳外道和小乘，他们离开识而执持的我、法皆非实有，相应的心法、心所法也非实有。因此，心法、心所法不能用外境色法作事物所发生的具体情境（所缘缘），因为每个事物发生的具体情境（所缘缘）必须依赖一个实有本体。外道和小乘提出心法、心所法发生的缘起情境（所聚集之缘），不是阿赖耶识亲自变现的所缘。故现实的外境亦不能成立。唯有内识变现才似外境。①

心法、心所法不是实我，还因为它们不能始终持续、恒常不断，而是必须有所依托："心、心所法亦非实我，不恒相续，待众缘故。"②具体说，心、心所法必须依托三种缘：

> 诸心、心所皆有所依，然彼所依总有三种：一、因缘依。谓

---

① 《成唯识论》原文："如是外道、余乘执离识我、法皆非实有，故心、心所决定不用外色等法为所缘缘，缘用必依实有体故。现在彼聚心、心所法非此聚识亲所缘缘，如非所缘，他聚摄故。同聚心所亦非亲所缘，自体异故，如余非所取。由此应知实无外境，唯有内识似外境生。是故契经伽他中说：如愚所分别，外境实皆无，习气扰浊心，故似彼而转。"（《成唯识论校释》，第90页）

② 《成唯识论校释》，第10页。

自种子,诸有为法皆托此依,离自因缘必不生故。二、增上缘依。谓内六处,诸心、心所皆托此依,离俱有根必不转故。三、等无间缘依。谓前灭意,诸心、心所皆托此依,离开导根必不起故。①

各种心法和心所法都有所依托,共有三种,第一是因缘依,即自己的种子,各种法都靠这个依托,否则不能产生。第二是增上缘依,即眼、耳、鼻、舌、身、意六根,无此六根各种心法、心所法也不能生起。第三是等无间缘依,即前灭之意念,靠此引导心法、心所法才能生起。

此外,我执也是一种心相。有情众生将第六识意识中缘于第八识所变现的五取蕴这个相分,作为意识的本质,或者总缘五蕴为我,或别缘五蕴为我,把在心中所显得影相称为我。这是执持我法实有的一种幻觉。《成唯识论》认为,这种心不相应行法绝不是实有。心也是五蕴所摄。心不相应行法也如同其他虚假事物一样,非实有其体。一切执持我法实有的观念,皆由五取蕴而起。这其实是心法、心所法的作用。而执持我法实有之论,有些也是出于对于识的混淆。②

同样,执持法有也有心的幻相。执持法有分两类,一类执持法有的观念是与生俱来,这种法执如果是常续不断,那么在未入无漏圣道之前,由末那识缘阿赖耶识生起心中影相,认为这个影相是实

---

① 《成唯识论校释》,第259页。

② 见上书,第16页。

际存在的事物。如果是有间断的法执,那就是在第六识意识缘阿赖耶识所变总缘或别缘五蕴、十二处、十八界时,认为起自心中的影相是实存事物。另一类执持法有的观念不是与生俱来,而是在第六识中出现的,或者受佛教内部其他宗派邪说的影响,由五蕴、十二处、十八界之相,对起自于心的影相识别计度,以为是实存事物;或者是受数论等外道所说实句义等相的影响,对起自于心的影相分别计度,以为是实存事物。这些法执认为心外法执或有或无,自心内法一切皆有,因为都是源自心所显现之影相当做实有。其实,法相皆因缘和合而生,如幻梦假有。故佛说:各种识所缘的对象,都是识之变现,如依他起性,皆如梦幻。①

总而言之,统而言之,万法皆空,唯识实有。《唯识三十颂》第十七颂曰:

是诸识转变,分别、所分别。由此彼皆无,故一切唯识。

---

① 《成唯识论》原文:"然诸法执略有二种:一者俱生;二者分别。俱生法执无始时来,虚妄熏习内因力故,恒与身俱,不待邪教及邪分别,任运而转,故名俱生。此复二种:一常相续,在第七识缘第八识,起自心相,执为实法;二有间断,在第六识缘识所变蕴、处、界相,或总或别,起自心相,执为实法。此二法执细故难断,后十地中,数数修习胜法空观,方能除灭。分别法执亦由现在外缘力故,非与身俱,要待邪教及邪分别然后方起,故名分别。唯在第六意识中有。此亦二种:一缘邪教所说蕴、处、界相,起自心相,分别计度执为实法;二缘邪教所说自性等相,起自心相,分别计度执为实法。此二法执粗故易断,入初地时,观一切法法空真如即能除灭。如是所说一切法执,自心外法或有或无,自心内法一切皆有,是故法执皆缘自心所现似法执为实有。然似法相从缘生故,是如幻有,所执实法妄计度故,决定非有,故世尊说:'慈氏当知,诸所缘,唯识所现,依他起性,如幻事等。'"(《成唯识论校释》,第87页)

《成唯识论》解释云:

> 是诸识者,谓前所说三能变识及彼心所,皆能变似见、相二分,立转变名。所变见分说名分别,能取相故。所变相分名所分别,见所取故。由此正理,彼实我、法,离识所变皆定非有。离能、所取无别物故,非有实物离二相故。是故一切有为、无为,若实若假,皆不离识。"唯"言为遮离识实物,非不离识心所法等。……由此分别变似外境假我法相,彼所分别实我法性决定皆无,前引教理已广破故。是故一切皆唯有识,虚妄分别有极成故。唯既不遮不离识法,故真空等亦是有性。由斯远离增、减二边,唯识义成,契会中道。①

"是诸识",指三能变识及其心所法,都能变现为见分和相分。所变见分(人的主观看法)名为分别,能够获取对象事物的表象(相)。所变相分(对象事物展示出来的表象)名为所分别,这个相(事物表象)能够为见分所获取。依照这个正理,一切我(自我)、法(外界事物)为实在的说法,离开识的所变,是不存在的。离开识变的能取见分和所取相分之外,不存在任何事物。没有实存事物离开

---

① 中道:梵文Madhyamāpratipad,佛教认为的最高真理,与真如、法性、佛性同义。此为护法观点。文中还有难陀的观点:"或转变者,谓诸内识,转似我、法外境相现。此能转变即名分别,虚妄分别为自性故,谓即三界心及心所。此所执境名所分别,即所妄执实我法性。"大意为,"转变"就是我们内心诸识,转变出来相似的我相和万事万物表象,即似我、法外境之相的显现。此能转变之识即名为分别。因为以虚妄分别为其自性,此即为三界(欲界、色界、无色界)的心法和心所法。这种遍计所执的外境称为所分别,即所妄执的实我、实法之性。(《成唯识论校释》,第488—489页)

识的能取、所取二相。因此,一切有为法(识所变之物)、无为法(识之本体),无论是真实或虚假,皆不离识。"唯"字义是为了否定(遮)离识之外的实存之物,并不否定不离识的心法、心所法等。由此分别之心,变为相分假我、假法之境相,以及心外所分别的实我、实法之性,皆不存在。一切唯识实有,虚妄分别为假有,这个看法广为佛教二十个宗派承认。"唯"字义既然不否定不离识之心法,因此心和真如之体皆不离识。由此立场远离增、减二边见,成就唯识大义,契合中道真理。

我、法皆空,唯识实有。一切精神现象、心灵活动以及大千世界境相皆为识的变现。而识的变现的直接手段或者说过程,是因为种子的作用和功能。阿赖耶识原义就是藏识,之所以称为藏识,则因为它储藏了万事万物包括思想理念的种子。由于种子是识变的必须和必然手段,因此,论证阿赖耶识为宇宙万事万物之本源和本体,离不开唯识学的种子论。

# 第二章　种子论：意念与万事万物之直接生成

唯识学认为，阿赖耶识是宇宙万事万物的本和源。但是，在用阿赖耶识解释宇宙万物发生的原理时，因为缺少中间环节和过程，唯识学会遭遇一些理论上的困难。种子说就是解决这个问题的理论。正如周叔迦先生所说："所有过去未来现在的宇宙人生既然全是阿赖耶识的相分，然而过去的宇宙人生已经消灭，未来的宇宙人生还未发生，何以能说也是阿赖耶识的相分呢？因为过去的宇宙人生虽然已经消灭，他却有一种结果积蓄在阿赖耶识相分里。这未来的宇宙人生虽然还未发生，他却有一种应当发生的能力含蓄在阿赖耶识的相分里。这过去的宇宙人生的结果就是发生现在同未来的宇宙人生的能力，所以这二种总叫做一个名词：叫做'种子'。阿赖耶识叫做'种子识'，便是这个缘故。"[①]就是说，只有种子说才能使得阿赖耶识作为宇宙万物本源的理论得以自圆其说，使得"万法唯识"的核心思想获得一种逻辑的力量。

可见，识变现为眼下的物质和精神世界，主要是通过种子的运行实现，这也是种子的性质和功能。因此，关于种子的学说，也是世界万物"有生于无"过程的学说，是唯识宗的世界构成原理。种

---

① 周叔迦：《唯识研究》，第22页。

子变现为世界万事万物的过程,就是宇宙和世界的生成发展过程和实相,也是唯识宗认为的真理。

## 第一节　种子的性质及其来源

如前所说,种子是阿赖耶识之所藏。阿赖耶识名称的意思是藏识,其中藏有种子是阿赖耶识的基本功能,也是它的本质特征。而且,阿赖耶识之所以作为万事万物之因,引生三界、六趣、四生一切果报,引生人类社会生活世界并使其运动,是因为阿赖耶识摄藏一切种子。种子持续不断变现转化,产生了宇宙万物,包括思想。故阿赖耶识是万物本源,是一种终极意义上的说法。从具体的运动过程说,阿赖耶识创化宇宙万物是间接的,种子才是世界万物发生的直接原因。[①]《成唯识论》曰:

---

①　关于种子说的来源,印顺长老说:"各派都有种子思想,但特别发挥而贡献更大的,自然要算经部。经部从说一切有部流出,最初建立一味蕴,作为生起五蕴的所依,可说是种子说的胚胎。譬喻尊者,开始使它超出三世实有论,接受过未无体说。后来受着各派思想的激发,才建立起种子论。最引发种子思想的,要算潜在的烦恼与潜存的业力。心不相应行的随眠、不失法、摄识、无作业,还有无表色,也都是向种子思想前进的。经部师也是从业力潜在的思想,慢慢地走上种子论。"(印顺:《唯识学探源》,第115页)"在《顺正理论》(卷一二、卷三四、卷五一),说到诸师各取种子的某一点,而建立了种子、随界(旧随界)、增长、不失(不失法)、熏习(习气)、功能、意行等种种不同的名字。……《顺正理论》主的目的,虽在说它的种种差别,但界有无始以来数习而成的意义,也是有部共许的。依唯识学的见地来说,这旧随界与'无始以来界'有关。界是各各类别的,又是能生自果的,与矿'藏'有相同的意义。简单说,界是种义;分析起来,就有能生与类别共聚的意义。把它与'旧'、'随'总合起来,确乎能表达种子说各方面的(转下页)

## 第二章 种子论：意念与万事万物之直接生成

> 此识（阿赖耶）足为界、趣、生体，是遍恒续异熟果故，无劳别执有实命根。然依亲生此识种子，由业所引功能差别，住时决定，假立命根。①

阿赖耶识足为三界、五趣、四生所依托的本体，因为它遍及于三界一切位之中，永恒相续不断，并引生异熟果，因此，对于一切法而言，不需要另有依托的实在命根存在。然而，阿赖耶识虽为命

---

（接上页）性质。"（同上，第117—119页）周贵华教授说："对作为潜隐之亲因性的种子，在小乘佛教已有认知。小乘佛教偏重解脱，其思想重心之一是分析烦恼及生起烦恼的直接原因。他们注意到烦恼的微细的潜能与烦恼之因的关系，将随眠视为烦恼之因，进而称其为种子，如云：'分别论者又说随眠是缠种子。'（《阿毗达磨大毗婆沙论》卷第六十结蕴第二中一行纳息第二之五）另外，他们所强调的习气观念，对种子观念的建立亦大有启发。……在譬喻论者、经部师等之发展中，二者被作为亲因之种子概念统一起来。经部并将此种子概念推广到一切法，即以种子为一切色、心法生起之亲因。其中，习气作为一切法所残留之余气势分，在其成熟时即为种子。瑜伽行派以唯识思想重新诠释了种子概念，将其作为一切现行之亲因，亦即发生因、直接因之本义。""部派佛教之经部及其前驱较为系统阐明种子概念。"例如《俱舍论》："咸言二法互为种子，二法者谓心、有根身。"（周贵华：《唯识通论——瑜伽行学义诠》上册，第15页）"而一部分经部师，如《大乘成业论》所述，持细心受熏之观点，以细心受熏持种之体，即现起法熏习细心成种，细心之种又生起现法。这为瑜伽行派所发扬。瑜伽行派以阿赖耶识为受熏持种之体，称种子识，与一切现法互为因缘，完全可以看成是对经部种现思想之深化。"（同上，下册，第443页，上册，第14—16页）杨维中先生认为："《解深密经·心意识相品》的特殊重要性在于首次提出了'一切种子心识'的观念。""'一切种子心识'是一切生命的所依，依持于'一切种子心识'，一方面现起根身器界以及相、名、分别、言说、习气。"（杨维中：《中国唯识宗通史》下，第479、480页）孙晶教授在介绍古印度《梨俱吠陀》哲学时说："'种子'（retas）一词在字典上有男性精子之意。"（孙晶：《印度六派哲学》，中国社会科学出版社，2015年，第45页）

① 《成唯识论校释》，第62页。

根所依之实在，却是以种子为其与宇宙万事万物的因缘。因此，是由于阿赖耶识亲生种子，以种子为因缘变现万事万物，故而称为万物命根。然而，种子是阿赖耶识所藏之物，不是阿赖耶识本身。周叔迦先生说："'摄持种子'是阿赖耶识的'自相'，'一切染法得生'是阿赖耶识的'因相'，'从染法熏习力阿赖耶识相续而生'是阿赖耶识的'果相'。"①而从根本上说，种子也是阿赖耶识的所缘，即阿赖耶识是种子生起的因。

于是，万事万物由种子直接变现而生成。《唯识三十颂》第十八颂曰：

> 由一切种识，如是如是变，以展转力故，彼彼分别生。

"种识"即阿赖耶识。所谓"如是如是变"，而且是"彼彼分别生"，就是概括种子生成万事万物的道理。关于种子在阿赖耶识中的这种功能，《成唯识论》对此颂进行解释，也进一步阐发了种子与阿赖耶识的关系：

> 一切种识谓本识中能生自果功能差别，此生等流、异熟、士用、增上果，故名一切种。除离系者，非种生故，彼虽可证，而非种果，要现起道断结得故，有展转义非此所说，此说能生分别种故。此识为体，故立识名，种离本识无别性故。种、识二言简非种识，有识非种，种非识故。又种识言显识中种，非

---

① 周叔迦：《唯识研究》，第25页。

第二章 种子论：意念与万事万物之直接生成

持种识，后当说故。此识中种余缘助故，即便如是如是转变，谓从生位转至熟时。显变种多种重言"如是"，谓一切种摄三熏习、共、不共等识种尽故。展转力者，谓八现识及彼相应相、见分等，彼皆互有相助力故。即现识等总名分别，虚妄分别为自性故，分别类多，故言彼彼。此颂意说虽无外缘，由本识中有一切种转变差别，及以现行八种识等展转力故，彼彼分别而亦得生，何假外缘方起分别？诸净法起应知亦然，净种现行为缘生故。①

"一切种识"指阿赖耶识。此段文字大意为，阿赖耶识中有能够产生一切有为法的种子，这些种子各有不同的能生自果的功能。因为阿赖耶识种子能生等流、异熟、士用、增上果，所以称为一切种。②但是，离系果不是种子所生，因此除外。离系果亦称解脱果，

---

① 《成唯识论校释》，第504页。
② 果：梵文phala，果报或果位。佛教有五果之说。《成唯识论》云："所说因、缘必应有果，此果有几？依何处得？果有五种：一者异熟。谓有漏善及不善法，所招自相续异熟生无记。二者等流。谓习善等所引同类，或似先业后果随转。三者离系。谓无漏道断障所证善无为法。四者士用。谓诸作者假诸作具所办事业。五者增上。谓除前四余所得果。《瑜伽》等说习气依处得异熟果，随顺依处得等流果，真见依处得离系果，士用依处得士用果，所余依处得增上果。习气处言，显诸依处感异熟果一切功能。随顺处言，显诸依处引等流果一切功能。真见处言，显诸依处证离系果一切功能。士用处言，显诸依处招士用果一切功能。所余处言，显诸依处得增上果一切功能。"（《成唯识论校释》，第530—531页）异熟果表示此种结果产生于某因，又不同于某因；等流果意指与因相等的果；士用果指人们使用工具所造出的成果和事情；离系果是离开了烦恼束缚的果位；增上果是指除异熟、等流、士用、离系果之外的一切果。"增上"是促进之意，是能作为因的所生之果。

"系"为烦恼系缚,离系即解除烦恼,解脱涅槃。离系果虽然可以证得,要现起无漏胜道断灭后才能得到,但并不是种子之果。离系果这样的无为法亦有辗转之意,不是此处所说种子。这里所说的是限于种子所生的有为法,所生包括有漏三界心法、心所法的虚妄分别种子。种子以识作为本体,故立名为识(种识)。种子离本识之外,没有别的体性。种子与识这两个概念是有几种界定的:一为非种非识,二为有识非种,三为有种非识,四为有种有识。有的识并非种子,有的种子并非识。例如,小乘所谓的诸识,无种子之义。外境所显的麦种之类,以及数论主张的自性等,亦非识。这里说的是第四义。另外,"种识"是说明本识中的种子,并非指持有种子的第八识。此问题后面再说。"如是如是"的意思是说,阿赖耶识中的种子,由于其他条件协助,就会产生如此如此的转变。亦为在牵引因位,从未熟生位转至成熟位时,由于种子数多,皆有转变生诸多分别。一切种子包括三种熏习、共相种子、不共相种子等。[①]"展转力"包括八种现行识,以及与八识相应的心所法,此为识等的自证分,以及所变相分、见分,还有不相应行法和无为法,由于那些识等皆有互助力的缘故。"彼彼分别生"意思说,现行识的相分、见分及相应、不相应等,都称为分别,因为它们被虚妄分别为自性。

---

[①] 三种熏习:1.名言熏习。"名"为名字,"言"为言说。名言熏习是由第六识(意识)分别名言所产生的染分之相。2.色识熏习。"色"是眼根所缘的境,色所引生的眼识称为色识。由第六识(意识)分别色境,由末那识和阿赖耶识传送熏习,成就染分之相,称为色识熏习。3.烦恼熏习。由第六识所起的贪、嗔、痴等烦恼,由末那识、阿赖耶识传送熏习所起的染分之相。共相种子:指人人共同变现的种子,例如河流山川之类;不共相种子:指只能由自己阿赖耶识变现的种子,例如眼、耳等根。

第二章 种子论：意念与万事万物之直接生成

因为相分、见分种类众多，故称"彼彼"。此颂大意说，虽然没有外部条件，由于阿赖耶识中有各不相同的一切种子转变，以及现行八识等展转之力，各种各样的分别亦可以产生，不须用外部条件。各种无漏法的产生亦如分别那样，亦以无漏种子及无漏识的相分、见分等现行为条件而产生。关于相分、见分和自证分等问题，本书在第三部分第九章详论。

种子变现的万事万物，包括：

第一，外在世界，即自然世界，这是阿赖耶识所藏种子含藏着产生色法的现行功能。

其次，经验世界和思想精神世界，即人们对于宇宙万象的认识和思考所建构的世界，这是阿赖耶识所藏种子包含心法、心所法的作用。

第三，个体人本身的本体和经验的世界。阿赖耶识藏有的种子有缘熏染，生起各种认识和行为即现行的依据。种子生现行，现行又熏染种子，互相熏习，互为缘起。同时，阿赖耶识种子引生异熟果报并起生死轮回，可以从前生转到下一生，生生世世相续不断，直至涅槃解脱。"异熟"即表示此种子生长、成熟、结果，但产生于某因而又不同于某因。

那么，种子究竟是什么？种子与实物种子例如谷种、麦种、树种等是否相同？同时，阿赖耶识与所藏种子之关系，是否就像木石建筑的仓库与里面所库藏的实物种子关系一样？《成唯识论》认为，所谓种子，不能简单理解为世间的谷种、稻种、麦种等外种，这是假立种子之名，不是真正的种子。"外谷、麦等识所变故，假立种名,非实种子。"[1] 阿赖耶识的种子为内种,是真正的种子。其实,种子是阿赖耶识中的一些功能,形象化说法为种子。因此,种子与阿赖耶识的关系,不能简单看作仓库与其所库藏谷种、麦种等之关系。

看看《成唯识论》对于种子的进一步说法:

> 一切种相应更分别,此中何法名为种子?谓本识中亲生自果功能差别。与此本识及所生果不一不异,体、用、因、果理应尔故。虽非一异,而是实有,假法如无,非因缘故。此与诸法既非一异,应如瓶等是假非实。若尔,真如应是假有,许则便无真胜义谛。然诸种子唯依世俗说为实有,不同真如。种子虽依第八识体,而是此识相分非余,见分恒取此为境故。[2]

由于一切种的因相(即相应法)内容复杂,应作进一步分别。那么这里什么法叫种子呢?种子就是阿赖耶识亲生果报中的各种差别和功能。也就是说,在阿赖耶识中含藏着产生色法、心法等现行功能,这就是种子。种子与阿赖耶识及其所生果报既不相同,也不相异。阿赖耶识是体,种子是用,是为不同。然而体不离用,用不离体,是为不异。种子是因,现行是果,是为不同。然而因不离果,果不离因,是为非异。因此,阿赖耶识与种子之体之用之因之果,既不相同也不相异。它们之间虽然不同不异,但都是实有。虚假

---

[1] 《成唯识论校释》,第124—125页。
[2] 同上书,第105页。

事物若不是实有,那就不是因缘。而种子是产生事物的因缘,因此是实有。有人(月藏等)认为,既然种子与各种事物非同非异,就当如瓶子等物一样是虚假的。这个观点是错误的。因为如果是这样,真如就是假有。按照这个说法就没有真谛了。然而,说种子为实有,也是按照世俗的说法。种子不是真如那样的实有,种子与真如不同。种子虽然依阿赖耶识而有,但种子只是阿赖耶识的相分,而不是见分,就是说种子只是阿赖耶识的对象之物,而不是阿赖耶识自体认知,因为见分永远缘取相分作为外境,即认知永远以外境作为对象之物。

这里需要解释,或要有一个界定,即种子是阿赖耶识中亲生的直接产生果报的各种功能,但种子本身不是阿赖耶识的果报。阿赖耶识的直接果报是七转识。就像父母与亲生儿女,虽是亲生,但儿女具有的一些特有的能力,却不是父母具有的。七转识对于自己所生的种子而言虽是因缘,亦可以是亲生果,但这只是七转识的现行法,而非种子的功能。由此也看出,种子与阿赖耶识及其果报既不是直接的关系,也不是完全没有关系。因此,种子与阿赖耶识在体、用和因果方面,皆非同亦非异。虽然如此,种子也是实有。因为种子产生事物的因缘,因缘如同真如一样是实有。月藏认为种子如瓶等物一样,是假有而非实有,只是自体分上有能生事物的功用。护法反驳这种观点,认为种子是实有而非假有,因为假有无自体,就像兔角之类事物一样,而种子有其自体。反过来说,如果虚假之物有自体,那么,真如亦是假有。不过依照俗谛,种子虽然为实,但不同于真如。

那么,种子的具体规定是什么?关于种子的特性和功能,《成唯识论》有明确表述：

> 种子义略有六种：一、刹那灭，谓体才生，无间必灭，有胜功力，方成种子。……二、果俱有，谓与所生现行果法，俱现和合，方成种子。……三、恒随转，谓要长时一类相续至究竟位，方成种子。……四、性决定，谓随因力，生善、恶等功能决定，方成种子。……五、待众缘，谓此要待自众缘合，功能殊胜，方成种子。……六、引自果，谓于别别色、心等果各各引生，方成种子。此遮外道执唯一因生一切果，或遮余部执色、心等互为因缘。唯本识中功能差别具斯六义成种，非余外谷、麦等识所变故，假立种名，非实种子。此种势力生近正果，名曰生因。引远残果，令不顿绝，即名引因。①

种子的第一个特性是"刹那灭"。所谓"刹那灭"是指种子即生即灭，即灭即生，持续不断，没有间隙。因为种子的生灭变化，故不同于常住不变的无为法。例如数论和外道以永恒自性和神我作为产生万物的原因，还有小乘大众部等以永恒无为法为缘起，这都是唯识宗反对和破拆的。

种子的第二个特性是"果俱有"。就是说种子具有产生现行的功能，种子与现行俱时显现，由现行推知种子。在众生身上，种子与现行和合相应。由此可见这种因果不能分离。种子的这个特性的界定，就破拆了经量部等认为因果前后异时的观点，也破拆了上

---

① 《成唯识论校释》，第124—125页。

座部等认为心法因果肯定相离的观点。现行和种子异类,互相不违背,于一身俱时同在,相互有能生的作用。

种子的第三个特性是"恒随转",即种子生长时其自性持续不断,直到成佛的究竟位才能终了。不过,只有阿赖耶识才能保持"一类相续"的种子。前七识是有间断的转识。

种子的第四个特性是"性决定",意指能够顺遂因力,具有生善、恶等法的功能才是种子。此说破拆一切有部主张善法与恶、无记等法为同类因的观点。

种子的第五个特性是"待众缘",意即种子要成为现行,必需其他条件的配合。此说破拆外道主张自然而有之因,不需要条件配合,顿生现行之果的观点;也破拆一切有部认为条件永远具有的观点。唯识宗认为,事物需要的条件并不是永远具有,故种子并不是永远顿生现行之果。

种子的第六个特性"引自果",意即色法种子只能引生色法之果,心法种子只能引生心法现行之果。此说破拆外道主张大自在天一因生万物之果的说法,也破拆一切有部主张色、心等法互为因缘的观点。

《成唯识论》认为,只有阿赖耶识中具有这六种特性和功能差别,才能成为种子。外种如谷物、麦子等,是识所变现的,是假立种子之名而非实在种子。内、外种子,生近果,产生正果,名为生因;引远果,引残果,使之不立刻断绝,称为引因。[①]具备如此特性的种

---

① 周贵华认为:种子六义来源于《摄大乘论》。(见周贵华:《唯识通论——瑜伽行学义诠》上册,第51页)

子,可以变现为万事万物。

由于种子有自性并且实有,那么自然浮现一个问题:种子是"无始有"还是"后来有"?即种子是从哪里来是如何有的?种子是"本有"还是"始有"问题,自然关联到种子是与阿赖耶识一起本来就有的,还是由于各种因缘在阿赖耶识中后来产生的。这些问题,唯识宗内部也有不同意见。《成唯识论》列举了几种观点。

第一种是护月的观点,他认为种子是本有。因为,按照唯识学理论,种子的性质分为有漏和无漏两种。"漏"是烦恼的异名。有漏种子即潜藏含有烦恼的种子。离开烦恼即为"无漏"。有漏种子由阿赖耶识所摄,称所缘。无漏种子依附于阿赖耶识,非由阿赖耶识所摄,故称非所缘。有漏种子又分名言种子(生起因,生近果)和业种子(牵引因,引远果)。而无漏种子分为生空无漏(即我空无漏,属于见道无漏)、法空无漏(属于修道无漏)、二空无漏(我空、法空,属于无学道无漏)三种。护月认为,本有为种子本性。外力熏习可以使得种子增长,但不会产生种子。无论有漏种子或无漏种子都是如此。他引用《有漏无漏皆本有经》:"一切有情众生,无始以来有种种界,就如恶叉聚一般,自然而有。""界"就是种子的别名。"恶叉"是一种树的果实名称,这种果实落地时聚于一处。种子也是如此本有。他引用《阿毗达磨经》:"无始以来就有的界是一切事物的所依。"说明种子无始来就有。此处"界"就是因的意思。①

---

① 《大乘阿毗达磨经》认为宇宙现象总根据是"界"(蕴、处、界的"界"),"界"在时间上无始,宇宙现象也是无始。"界"首先被《大乘阿毗达磨经》解释为含有种子之义。吕澂说:《大乘阿毗达磨经》认为宇宙现象总的根据是"界",所谓"无始时来界,为诸法等依"。界亦称"阿赖耶"(原意是家宅、收藏)。"界有种子的涵义,(转下页)

他还引用《瑜伽师地论》:"有漏无漏种子都是本来就有的,由于染、净熏习,使本有种子增长。各有情众生从无始以来,其涅槃之法的一切种子都是具足的,如不达涅槃便阙三种菩提种子。"既然有情众生生来本有五种姓之别,所依应当是本来就有的种子,而不是熏习产生的。《瑜伽师地论》还说:"地狱中的受苦者也能成就三无漏根,这只能是种子,并非现行。"而且,还存在着从无始以来展转流传下来的本有种子。由此证明,从有情众生、五种姓人、般若涅槃到地狱人众,本来皆有种子。①

另一种是胜军、难陀等的观点。他们认为:"种子皆熏故生,所熏能熏俱无始有,故诸种子无始成就。"②即认为种子原无,由熏染而生,种子都是熏习产生的。但是,所熏、能熏都是自无始以来皆

---

(接上页)无始来就有种子,并构成界,种子遇到条件生起各种现象,这就是所谓现行。这是一重因果。反过来说,诸法对藏也有因果关系,诸法是不断把新种子放进藏里去的,否则,家当也会变完,这样,诸法为因为藏而产生新的种子。这又是一重因果。这两重因果:种子生现行,现行熏种子,就构成了互为因果,循环不已。"经量部的胜受认为:"界的构成,是心色互为因果:色可以构成界以存于心,心亦可以构成界存于色。而构成界,则是通过'熏习',如华香熏物,色熏习心构成色的种子,心熏习色构成色的种子,这也叫'心色互熏'。"(吕澂:《印度佛学源流略讲》,第140—142页)

① 以上护月观点《成唯识论》原文为:"一切种子皆本性有,不从熏生。由熏习力但可增长。如契经说:'一切有情无始时来有种界,如恶叉聚,法尔而有。''界'即种子差别名故。又契经说:'无始时来界,一切法等依。''界'是因义。《瑜伽》亦说,诸种子体无始时来性虽本有,而由染、净新所熏发,诸有情无始时来若般涅槃法者,一切种子皆悉具足。不般涅槃法者,便阙三种菩提种子。如是等文诚证非一。又诸有情既说本有五种姓别,故应定有法尔种子,不由熏生。又《瑜伽》说:'地狱成就三无漏根,是种非现。'又从无始展转传来法尔所得本性住姓。由此等证无漏种子法尔本有,不从熏生。有漏亦应法尔有种,由熏增长,不别熏生。如是建立因果不乱。"(见《成唯识论校释》,第109页)

② 《成唯识论校释》,第112页。

有，所以种子无始即有。而且，有漏种子必藉熏习，无漏种子亦由熏习而生。但有情众生的种姓差别，由烦恼障和所知障二障熏染，非本有体性。

第三种是护法观点，他认为种子由熏染而成，亦有本有种子：

> 有义种子各有二类：一者本有，谓无始来异熟识中，法尔而有生蕴、处、界功能差别。……此即名为本性住种。二者始起，谓无始来数数现行熏习而有，……诸论亦说染、净种子由染、净法熏习故生，此即名为习所成种。①

在护法看来，有两类种子，一类是自性本有，即"本性住种"；一类是熏习始有，即"习所成种"。由此可见他的观点有折中之意。护法还进一步论证，认为本有种子也是由于熏习而使其成熟，方能得果。所以内种肯定有熏习。种子受熏习并不是只有有漏法，听闻佛教正法也熏习本有无漏种子，使之展转增盛乃至产生出世之心。这种熏习因此称之为闻熏习。在闻熏习当中，种子的有漏性是为修道所断，招感殊胜性的异熟，成为出世法的殊胜增上缘。因此，无漏性不是所断除的对象，而是与出世之法正为因缘。这种正因缘细微隐蔽，难以明了，假借粗显殊胜的增上缘，以方便巧善的方式说为出世的心种子。依据烦恼障和所知障的存在程度建立种姓差别，以此显示无漏种子的有无。从逻辑上说，如果完全没有无漏种子，烦恼障和所知障永远不可除灭，这就立为非涅槃之法。如

---

① 《成唯识论校释》，第115页。

果没有无漏法种子，则佛家圣道永不得生。……因此，有漏法和无漏法的种子各有本有、始有二类。离开熏习，种子不能独立存在。而种子与熏习的这种水乳一体的关系，必然与缘起相关。①

关于无漏种子，护法认为："分别论者虽作是说：'心性本净，客尘烦恼所染污故，名为杂染。离烦恼时转成无漏，故无漏法非无因生。'……然契经说心性净者，说心空理所显真如，真如是心真实性故。或说心体非烦恼故，名性本净，非有漏心性是无漏故名本净。由此应信有诸有情，无始时来有无漏种不由熏习法尔成就，后胜进位熏令增长，无漏法起以此为因，无漏起时复熏成种。"②这里说的是小乘佛教诸部派，他们认为心性本来是清净的，由于受到客尘烦恼的染污，才成为杂染，离开烦恼之后，就可以转成无漏了。所以无漏法并不是无因而生。但是，护法指出，《胜鬘经》说：心性的清净说明心空之理所显示的真如，因为真如是心的真实本性。或者说因为心体并非烦恼，所以称为其性本净，并不是有漏心性是

---

① 《成唯识论》原文："然本有种亦由熏习令其增盛，方能得果，故说内种定有熏习。其闻熏习非唯有漏，闻正法时亦熏本有无漏种子，令渐增盛。展转乃至生出世心，故亦说此名闻熏习。闻熏习中，有漏性者是修所断，感胜异熟为出世法胜增上缘，无漏性者非所断摄，与出世法正为因缘。此正因缘微隐难了，有寄粗显胜增上缘，方便说为出世心种。依障建立种姓别者，意显无漏种子有无。谓若全无无漏种者，彼二障种永不可害，即立彼为非涅槃法。若唯有二乘无漏种者，彼所知障种永不可害，一分立为声闻种姓，一分立为独觉种姓。若亦有佛无漏种者，彼二障种俱可永害，即立彼为如来种姓。故由无漏种子有无，障有可断不可断义。然无漏种微隐难知，故约彼障显姓差别。不尔，彼障有何别因而有可害不可害者？若谓法尔有此障别，无漏法种宁不许然？若本全无无漏法种，则诸圣道永不得生。……由此应知诸法种子各有本有、始起二类。"（《成唯识论校释》，第121—122页）

② 《成唯识论校释》，第118—119页。

无漏,故称本净。因此应当相信,有的有情众生自无始以来有无漏种子,并不是由于熏习而生,而是自然有。后达到解脱分,由于修行熏习而使无漏种子增长,无漏法的生起以此为因,无漏法生起的时候,又经熏习形成种子。

由此可见,关于种子生成问题,《成唯识论》没有自己观点。但是,无论是"无始本有"还是"熏习无始有",三种观点都没有完全否定种子"无始即有"的自性,至少有一类种子是"无始本有"的。由此可以说明,《成唯识论》基本认为种子具有本有的自性。①这个立场也可以从种子无记,即本身无善、恶的立说得到逻辑的证明。《成唯识论》如是说:

> 诸有漏种与异熟识体无别故,无记性摄。因果俱有善等性故,亦名善等。诸无漏种非异熟识性所摄,故因果俱是善性摄,故唯名为善。②

有漏种子与阿赖耶识其体无别,为无记性。由于因、果具有善、恶、无记三性,所以有漏种子与阿赖耶识亦可称为善、恶、无记三性。当然,无漏种子非异熟识性所摄,故因、果俱为善性,只称为善。有善、恶即为有记。种子现行的善、恶皆为熏染之故,如果种

---

① 韩廷杰先生认为:"关于种子的起源问题。净月(疑为护月——引者)主张一切有漏种子和无漏种子都是本来具有的,并不是由于现行所熏而形成。难陀与之相反,认为种子本来是不存在的,是由于现行熏习而形成的。护法综合净月和难陀两家的主张,认为有的种子是本来具有的,有的种子是由于现行熏习而形成的。"(见《成唯识论校释·序言》,《成唯识论校释》,第3—4页)

② 《成唯识论校释》,第108页。

子本有善、恶，就不用有熏染。没有善、恶即为无记。如果种子为习染所成，那就有本身没有善、恶，善、恶皆为熏染的结果。

从以上论述也可以看出，无论种子是本有还是熏习而成，种子变现为万事万物都与熏习相关，熏习和因缘相关。

## 第二节　种子与熏习和因缘

种子与熏习关系是内在的。这种关系归根结底也是由阿赖耶识决定的。因为，种子变现为万事万物，其所缘性质首先是依赖阿赖耶识，归根于阿赖耶识。《成唯识论》说：

> (阿赖耶识)执受有二，谓诸种子及有根身。诸种子者，谓诸相名分别习气。有根身者，谓诸色根，及根依处。此二皆是识所执受，摄为自体，同安危故。执受及处，俱是所缘。①

阿赖耶识的现行之相所缘，执受(感受、感知)有两种，一是有漏种子，二是有根身，即具有五根的肉身。一切有漏种子，其各种性状分别称为习气。有根身指诸净色根及扶根尘(感官及其精神系统)。种子和根皆为阿赖耶识所执受，并摄为自体。阿赖耶识与它们一起共同安处。执受和处所都是因缘。

种子的各种性状为分别习气，也就是熏习。因此，熏习能够使

---

① 《成唯识论校释》，第132页。

种子发生（孵化、生成，reform）现行，即变动中非静态的种子。汉刘向《说苑·杂言》曰："与善人居，如入芝兰之室，久而不闻其香，即与之化矣。与不善人居，如入鲍鱼之肆，久而不闻其臭，亦与之化矣。"描述的就是这种熏习的作用。"化"与熏习词义基本一致。熏习也指前七识的现行对于第八识的影响和刺激。由于这种影响和刺激作用，第八识里的种子得以孕育和增长。因此，从本源的角度说，有种子本有或种子熏习而有的不同观点之争。但从变现来说，无论是自性本有或者熏习而有的种子，都必须经过熏习而成。而有情众生的业力果报等也与熏习相关。《成唯识论》曰：

> 内种必由熏习生长，亲能生果是因缘性。外种熏习或有或无，为增上缘办所生果。必以内种为彼因缘，是共相种所生果故。[1]

内种即阿赖耶识所藏种子，外种指器世间之物，例如麦种、稻种之类。增上缘就是像种地那样作业（下节详解）。那么，种子如何熏习？《成唯识论》如是说：

> 令所熏中，种子生长，如熏苣藤，故名熏习。能熏识等从种生时，即能为因，复熏成种。三法展转，因果同时，如炷生焰，焰生焦炷。亦如芦束更互相依，因果俱时，理不倾动。[2]

---

[1] 《成唯识论校释》，第127页。
[2] 同上书，第128页。

大意为，使所熏种子成长起来，就如花香熏胡麻一样。能熏的识等，从种子产生之时，就能够成为现行之因，又反过来熏习形成新的种子。前念种子可生后念种子，亦可生现行。现行又可以熏习形成种子，储存在阿赖耶识中。这个过程和功能构成了三法二重因果，即旧种子、现行、新种子三法相转相生，因果同时，如同焰火之柱生火焰，火焰生燋柱一样，又如同一束束芦苇相互依赖而立。关于熏习的这种比喻说法，很形象地说明了种子与熏习之间的关系，理解并不困难。

具体说来，熏习分三种：一为名言熏习。"名"为名字，"言"为言说。名言熏习是由第六识（意识）分别名言所产生的熏染和分别之相。实质上，所谓名言熏习，就是指语言和言说的称谓所指给事物带来的区别。二为色识熏习。"色"是眼根所缘的境，色所引生的视觉认识称为色识。由第六识（意识）分别色境，由末那识和阿赖耶识传送熏习，成就熏染和分别的事物之相，称为色识熏习。三为烦恼熏习，这是由第六识所生起的贪、嗔、痴等烦恼，由末那识、阿赖耶识传送熏习所生起的心理和事物熏染和分别之相。由此可见，在唯识宗看来，人生在世，所见，所闻，所说，所想，皆为熏染。

此外，熏习有所熏、能熏两个方面，所熏是被动，能熏是主动。它们各有四个含义。

种子所熏的四个含义，第一义为"坚住性"。"坚住"意即坚实、常住。如果一种东西（法）始终如一持续不断，能够保持习气，这就是所熏。前七转识以及声音、风等事物，有间断，缺乏坚住性，就不能称为所熏，只有阿赖耶识可为所熏。第二义为"无记性"，即自性无善恶，平等接受一切事物，皆不拒绝，可以容纳、接受习气，这就是所熏。有很强盛的善或恶,不能容纳习气,就不能成为所熏。例如如来第八净识即成佛正觉,只能携带原来的种子,不能重新受熏。阿赖耶识的性质是无覆无记,对善、恶皆不违拒,可以成为所熏。第三义为"可熏性"。受熏事物必须是独立自在的,其自身性质必须不是很坚密,而是虚疏,只有这样才能有可乘之机,接受习气成为所熏。心所法依赖心法而起,不能独立自在,故不能成为所熏。无为法其性坚密,也不能成为所熏。第四义为"与能熏共和合性",意思是,所熏与能熏的和合是相应的。如果所熏与能熏事物在同一时间、同一处所,所熏之体非即能熏,又不乖离,即为所熏。这一点是批驳经部师的主张,他们认为刹那生灭间前念识可以熏习后念识。而唯识宗认为,因为前念识和后念识不能和合,不能成为所熏。总而言之,只有阿赖耶识具有此四个含义,能够成为所熏,心所法及其余转识不能成为所熏。

种子能熏的四个含义,第一义是"有生灭",意即有生有灭、能生能灭。能熏的事物必须是变化无常的,有生长习气的作用。无为法常恒不变,没有生长习气的作用,不可成为能熏。真如既不是能熏,也不是所熏。第二义为"有胜用",意思是用处很强。如果一个事物是有生灭变化,势力强盛,能够引生习气,就可以成为能熏。第三义为"有增减",即可以增加或减少。如果一个事物具备了第二个条件"有胜用",并可增可减,能够培植习气,这就是"能熏"。佛果是圆满善法,无增无减,就不可成为"能熏"。第四义为"与所熏和合而转"。如果一个事物与所熏在同一时间、同一处所,既不合一,也不乖离,就可以成为"能熏"。因此,只有自己本身的前七识可成"能熏",他人的前七识不能成为自己的"能熏"。因为

第二章　种子论：意念与万事万物之直接生成

前念识与后念识生灭相续，不能和合，不可成为"能熏"。①

种子又称习气，意即烦恼现行熏习所成的余气。具备所熏四义和能熏四义，就可以形成熏习，形成习气或种子。我们知道，具备以上四个条件的只有阿赖耶识。心所法和前七识都不具备。因此，周叔迦先生概括说："第八识是'所熏'，前七识是'能熏'，所熏的结果便是'种子'。"② 关于末那识与熏染问题，本书在中部展开。

《成唯识论》还认为，即使无漏种子也可熏习。按照护法的观点。本有的种子也是由于熏习而使其成熟，所依内种肯定有熏习。熏习并不是只有有漏法，听闻佛教正法也熏习本有无漏种子，使之展转增盛产生出世之心，故称之为闻熏习。在闻熏习当中，其有漏性为修道所断除，招感殊胜性的异熟果，成为出世法的殊胜增上

---

① 《成唯识论》原文："……所熏、能熏各具四义，令种生长，故名熏习。何等名为所熏四义？一、坚住性，若法始终一类相续，能持习气，乃是所熏。此遮转识及声、风等。性不坚住，故非所熏。二、无记性，若法平等，无所违逆，能容习气，乃是所熏。此遮善、染势力强盛，无所容纳，故非所熏。由此如来第八净识，唯带旧种，非新受熏。三、可熏性，若法自在，性非坚密，能受习气，乃是所熏。此遮心所及无为法，依他坚密，故非所熏。四、与能熏共和合性，若与能熏同时同处，不即不离，乃是所熏。此遮他身刹那前后，无和合义，故非所熏。唯异熟识具此四义，可是所熏，非心所等。何等名为能熏四义？一、有生灭，若法非常，能有作用生长习气，乃是能熏。此遮无为前后不变，无生长用，故非能熏。二、有胜用，若有生灭，势力增盛，能引习气，乃是能熏。此遮异熟心、心所等，势力羸弱，故非能熏。三、有增减，若有胜用可增可减，摄植习气，乃是能熏。此遮佛果圆满善法，无增无减，故非能熏。彼若能熏，便非圆满，前后佛果应有胜劣。四、与所熏和合而转，若与所熏同时同处，不即不离，乃是能熏。此遮他身刹那前后，无和合义，故非能熏。唯七转识及彼心所，有胜势用而增减者，具此四义，可是能熏。如是能熏与所熏，识俱生俱灭，熏习义成。"（《成唯识论校释》，第127—128页）

② 周叔迦：《唯识研究》，第26页。

缘。其实，无漏性不是修道所断除的对象，而是与出世之法正为因缘。这种正因缘微细隐蔽难以明了，假借粗显殊胜的增上缘，以方便善巧的方式说为出世的心种子。依据烦恼障和所知障的存在程度建立种姓差别，以此显示无漏种子的有无。如果完全没有无漏种子，烦恼障和所知障永远不可灭除，这就立为非涅槃之法。如果只有声闻、缘觉二乘无漏种子，其所知障种子则永远不能灭除，一部分立为声闻种姓，一部分立为独觉种姓。如果又有佛的无漏种子，烦恼障和所知障种子都可以永远灭除，这就立为如来种姓。所以由于无漏种子的有无，烦恼障和所知障有可断和不可断两种意思。然而，无漏种子微细隐蔽难以知了，故以其具有的烦恼障和所知障显现种姓差别。非此即没有其障破除与不破除之区别。如果认为这种区别自然存有，那么，为什么不承认无漏法的种子？如果无漏法种子本来没有，那么各圣道永生就不能得生。[①]这里也展示出对"有"与"无"的一个根本辨析。

由于熏习，种子变现万事万物。反过来，万事万物皆由种子变现而来。《成唯识论》说：

> 能熏生种，种起现行，如俱有因得士用果。种子前后自类相生，如同类因引等流果。此二于果是因缘性，除此余法皆非因缘，设名因缘应知假说。[②]

---

[①] 参见本书第111页注①。
[②] 《成唯识论校释》，第128页。

## 第二章　种子论：意念与万事万物之直接生成

俱有因意即相互依存的条件，士用果是人们利用工具造出来的成果。能熏生种，种子生现行，如同人们劳作生产成果一样。等流果意指果的性质与因的性质相同。种子前后自己相生，如同同类因引生等流果一样。俱有因和同类因对于结果来说就是因缘性。除此之外的事物都不是因缘，或者只是假设的因缘。如果以阿赖耶识所摄藏的种子为因，所生的眼等七转识则为果。如果以七转识的现行法为因，所生阿赖耶识中的种子就为果。所以，七转识与阿赖耶识互为因果。宇宙万物就是在七转识与阿赖耶识的辗转相熏中产生出来的。不像经部师那样因果异时，而是因果俱时，这从理论上来讲能成立而推不倒。能熏产生种子，种子又生起现行，就如俱有因得士用果一样。种子前后，自类相生，就如同类因引等流果一样。修道即是达到转依涅槃。俱有因和同类因对于结果来说是因缘性，除此之外的事物都不是因缘。假设为因缘就只能是假说。

种子可以变现为世界万类，但是，这种变现是否需要条件？具体说，种子是否必须由因缘而生？或者说种子与外缘关系如何？《成唯识论》说："若唯有识，都无外缘，由何而生种种分别？"[①] 可见种子由熏习生长而有现行，但必有外在因缘。这样，种子与缘起自然不可分离，缘起自然也与熏习不可分离，这二者是一个相辅相成不可分离的关系。阿赖耶识与种子的关系也是因缘之力：

阿赖耶识因缘力故，自体生时，内变为种，及有根身。外

---

① 《成唯识论校释》，第503页。

变为器,即以所变为自所缘,行相仗之而得起故。①

由于阿赖耶识的因缘之力,它自体生起时,内变为种子和根身(感觉器官和肉体),以其行相赖之而起的自身的自所缘,外变为客观大千世界。这里的"变"有二重意义。一是能产生事物发生之因,故称能变,如习气为因而生能变。二是变现,变现为现实的事物或人的思想行为,即果能变。就像阿赖耶识变为种子、眼识转变为色等那样。但是,眼识变为色只能是识的相分,即心识的影像。而种子应该是一种能够造成现实事物以及事件的思维和心理内容。由此可见种子的精微之处及其与阿赖耶识的复杂关系。

除了阿赖耶识之外,尤其指作为因缘的阿赖耶识所摄藏的种子,与其他识是什么关系?《成唯识论》对此的回答是:这些种子需要外缘,并且是四种外缘,即因缘、等无间缘、所缘缘和增上缘。这四种外缘展示了其他识与种子的复杂、烦琐的关系。

关于因缘,《成唯识论》认为,因缘就是有为法,能够直接产生自己的结果。周叔迦先生曾对此进行通俗易懂的描述:"这因缘是说'两法相生成缘'。如由种子生成树,这树又生种子。"②这是从两种方面说。一方面是种子自身。种子就在阿赖耶识中,具有善、染、无记三性,在三界九地的功能有各种差别,引发果报。种子又能够引生次后的自类功能,以及生起同时自类现行的果报。这种对于自己所生的种子和现行来说,也属于种子的因缘。另一方面是现

---

① 《成唯识论校释》,第132页。
② 周叔迦:《唯识研究》,第31—32页。

行。现行指七转识及其心所,还有识所变相应的相分、见分、三性、三界、九地、有漏、无漏等。其中除佛果一切善法,以及极为恶劣的无记法(四无记中的异熟无记),其余的都可以熏习第八识,而生起各种种子。这种现行对那些种子来说也都是因缘。阿赖耶识及其心所、相分、见分等不另有所熏,因为它们已经是所熏了。其余七识都是能熏,是具足义而不是简化义。因第八识及六识中极劣无记(异熟无记)极微,不能为能熏。佛果上第八因缘极圆满,所以也不能受熏成种。同类现行前后展转相望,皆不是因缘。因为不是以本识中各自种子而生。一切异类展转相望,亦不是因缘。因为异类不能亲生现果,表明不是同时或异时直接产生异类之果。①

关于等无间缘,"无间"意即没有间隙。周叔迦先生说:"这等无间缘是'两法相让成缘'。如两人相随行走,必定要前人向前走一步,那后边才能向前补上他的位置"。②《成唯识论》认为,等无间缘指八现行识及其同八识相应的心所,前者形成后者,前后自类而无间断。很多同类种子同时发挥作用。如果不相应则不属于等无间缘。可见八个识不能互为等同无间缘。心所与心王虽然同时发生作用,但二者相应,和合似一,同一所缘之境以及同所依之根,同一刹那时转,同一性摄,因此不可让它们离别并使之各不相同,

---

① 《成唯识论》原文:"一因缘。谓有为法亲办自果。此体有二:一种子,二现行。种子者,谓本识中善、染、无记诸界、地等功能差别,能引次后自类功能,及起同时自类现果,此唯望彼是因缘性。现行者,谓七转识及彼相应所变相、见、性、界、地等,除佛果善、极劣无记,余熏本识,生自类种,此唯望彼是因缘性。第八心品无所熏故,非简所依独能熏故,极微圆故,不熏成种。现行同类展转相望皆非因缘,自种故。一切异类展转相望亦非因缘,不亲生故。"(见《成唯识论校释》,第508页)

② 周叔迦:《唯识研究》,第32页。

所以可以互作等无间缘。入无余涅槃时，心势最弱劣，没有开导的作用，又没有因开导而生起的等无间法，所以不是等无间缘。①

第三所缘缘。因缘、等无间缘都是从外在境况发生的，而所缘缘则与主体之心相关。周叔迦先生说："这所缘缘是'两法相待成缘'。譬如人有夫的名称，是因为他有妻"。②"所缘缘"中"所缘"是指相关的外在境况，后一个"缘"则指心理条件。《成唯识论》认为，心和心所法的生起必有所缘的境况，这种所缘的境况引起的缘因，就是所缘缘。用唯识宗的语言表述，所缘缘即为，如果一个人不带有遍计所执之法（意即人们普遍的先入为主之见，本书第三章详述此法），依靠能缘之心及其心所的挟带，能缘之心有似所缘之境相，此即所缘缘。所缘缘之体有两种：一为直接（亲），二为间接（疏）。所缘的对象与能缘之识体不相脱离，成为见分等内在所虑托（识所变），那就是直接的所缘缘。所缘对象与能缘之识体虽然彼此相隔，但是他识所变现，或自身中别识所变现的内所虑托之相分（指心理内容中的影像相分，这种相分也是带本质之相，名所缘），以为原型可以作为本质能够缘起，那就是间接所缘缘。直接所缘缘，只要是能缘之心，则必然具有。因为每一个能缘心离开内所虑托之相分，肯定不能生起。间接所缘缘，其能缘之心或有或无，离开外所虑托亦可以产生。就像一个人回忆过去的事情，虽说没有实情实景，但

---

① 《成唯识论》原文："二等无间缘。谓八现识及彼心所前聚于后，自类无间，等而开导，令彼定生。多同类种俱时转故，如不相应非此缘摄，由斯八识非互为缘。心所与心虽恒俱转，而相应故，和合似一，不可施设离别殊异，故得互作等无间缘。入无余心最极微劣，无开导用，又无当起等无间法，故非此缘。"（《成唯识论校释》，第508页）

② 周叔迦：《唯识研究》，第32页。

是也能如同身临其境加以描述。①

增上缘是除以上三缘之外还能起作用的缘。周叔迦先生说："这增上缘便是'两法相助成缘'。譬如由种生芽是因缘，但是单独的种子不能生芽，必须埋在土里，用水灌溉"。②以上三缘对于某些殊胜势力事物作用可以作缘，起随顺促进或违逆作用，也有增上之义。但增上缘是除三缘之外所起的作用。此外，增上缘还可以显示前三缘之间的差别之相，因为诸法在生（三界的产生）、住（一切有情众生和草木万物皆依地而住）、成（通过技巧和劳动成就某些事业，或运用因明的宗、因、喻在辩论中成立自己的观点）、得（获得涅槃或世间修慧）四处有四种区别。不过，增上缘只能在二十二根起明显作用。③二十二根中，五色根以阿赖耶识变现净色根为其特性。男女二根属于身根。命根依阿赖耶识虚假成立。意根以八识为其特性。五受（苦、乐、忧、喜、舍）根相当于遍行心所法中的"受"，各以五种感受与之匹配。五善（信、精进、念、定、慧）根为自己的特性。未知当知根为三无漏根之一，体性具位有三种，即根本位、加行位和资粮位（这些名相都是佛家修炼的果位，类似围棋界的段位

---

① 《成唯识论》原文："三所缘缘。谓若有法是带己相，心或相应所虑所托。此体有二：一亲，二疏。若与能缘体不相离，是见分等内所虑托，应知彼是亲所缘缘。若与能缘体虽相离，为质能起内所虑托，应知彼是疏所缘缘。亲所缘缘能缘皆有，离内所虑托必不生故。疏所缘缘能缘或有，离外所虑托亦得生故。"（《成唯识论校释》，第509页）

② 周叔迦：《唯识研究》，第33页。

③ 二十二根：眼、耳、鼻、舌、身、意、女、男、命、苦、乐、忧、喜、舍、信、精进、念、定、慧、未知当知、已知、具知根。

之类)。① 在这些方面,增上缘能起明显作用。

佛学名相概念真可谓数不胜数。对于以上所述四缘,周叔迦先生认为,"一切色法的生起只须两缘,便是因缘和增上缘。因为色法的生起是杂乱的,所以不须等无间缘和所缘缘。"而"一切心法的生起是要具足四缘,便是前眼识灭,后眼识才能生,前眼识是后眼识的等无间缘……这眼识了别色,耳识了别声,都是所缘缘。"② 例如早上一觉醒来,看到的一切是睡前闭眼的接力,就是等

---

① 《成唯识论》原文:"四增上缘。谓若有法有胜势用,能于余法或顺或违。虽前三缘亦是增上,而今第四除彼取余,为显诸缘差别相故。此顺违用于四处转,生、住、成、得四事别故。然增上用随事虽多,而胜显者唯二十二,应知即是二十二根。前五色根以本识等所变眼等净色为性,男、女二根身根所摄故,即以彼少分为性。命根但依本识亲种分位假立,非别有性。意根总以八识为性,五受根如应各自受为性,信等五根即以信等及善念等而为自性。未知当知根体位有三种:一根本位。谓在见道,除后刹那无所未知可当知故。二加行位。谓暖、顶、忍、世第一法。近能引发根本位故。三资粮位。谓从为得谛观故,发起决定胜善法欲,乃至未起顺决择分所有善根,名资粮位,能远资生根本位故。于此三位信等五根意喜、乐、舍为此根性,加行等位于后胜法求证慼慨亦有忧根,非正善根故多不说。前三无色有此根者,有胜见道旁修得故。或二乘位迴趣大者,为证法空,地前亦起九地所摄生空无漏,彼皆菩萨此根摄故。"(《成唯识论校释》,第510—511页)根本位意谓在见道除最后一刹那外,没有未知而当知。加行位意谓暖、顶、忍、世第一法邻近并能引发根本位。资粮位意谓因为认识四谛之理,发心欲求肯定的殊胜善法——涅槃,乃至未起顺决择分善前,于一切道中都称资粮位。能够从远的方面资生根本见道位。于此三位九根为信,在加行位、资粮位于后涅槃胜法求证,亦有忧戚和忧根,但不是真正的善根。在空无边处、识无边处、无所有处的前三无色有未知当知根,因为殊胜的见道有这种禅定。或者声闻、缘觉二乘第三果已经去迴趣大乘者,为证初地法空,地前亦起九地(六色界、三无色界)所摄生空无漏智。这些皆于先生空智为菩萨观起,顺菩萨观,皆此根摄。这里是关于修炼成菩萨、佛的内容。本书第九章具体展开详述。

② 周叔迦:《唯识研究》,第33页。舍尔巴茨基解释四缘:1.对象之缘(所缘缘):它包含一切存在物。一切法都可以成认识对象,所以都属于所缘缘。2.仅处于(转下页)

## 第二章 种子论：意念与万事万物之直接生成

无间缘。眼看见的，耳所闻的，就是所缘缘。

《成唯识论》将此四缘依十五处义的差别，立为十因，且生五种果，即异熟果、等流果、离系果、士用果和增上果。① 可见，这四个缘起涉及人类生活的全部，总揽了一切精神和心理现象的根源，全部世界由此生成，真可谓《老子》所谓的"三生万物"。很显然，以四缘作为范式来描述全部世界现象，包括物质现象和精神现象，不仅分类有点杂乱，也停留在日常经验的比照层面。

在论证种子与缘起关系时，唯识宗还整合了三性之说。三性指有情众生即普通人自身所具备三种本性，即遍计所执性、依他起性、圆成实性。关于三性问题，本书第三章再作详论。

---

(接上页)前的类别相同的缘(等无间缘)：它代表思想之流(指心相续)中的在前的刹那并因而被用来代替胜论的神我及内在因。起初等无间缘只指心理的因果联系，以后归于偶然因(causa repens)。便代替了物质因或一般的内在因。3.有效的、决定作用的或"制约"因缘。顾名思义，结果的性质取决于它，如视感官之于视觉活动。4.协作条件，增上缘，如光之对眼的帮助。连同因缘，它们包括了一切存在物，因为一切法都或多或少是相依的。……由此，果也分为四种，或是"自动的"(等流果)，或是"拟人的"(士用果)，或是"赋特征的"(增上果)和"最终解脱的"(离系果)。前两种前已说明，第三种符合我们通常的果之观念，如视觉之于眼睛。最后一种即涅槃，一切生命的最终结果。(舍尔巴茨基：《佛教逻辑》，第162、164页)周贵华教授把唯识学的缘起论概括为七个特点：第一，缘起与空之相应性；第二，缘起之有为性与显现性；第三，缘起之因果平等性；第四，缘起之唯心性；第五，缘起之心因性(心种子性)；第六，缘起之俱时性；第七，缘起之整体性。(见周贵华：《唯识通论——瑜伽行学义诠》，第三编第四章第二节)

① 十五处：语依处、领受处、习气依处、有润种子依处、无间灭依处、境界依处、根依处、作用依处、士用依处、真实见依处、随顺依处、差别功能依处、和合依处、障碍依处、不障碍依处。十因：随说因、观待因、牵引因、生起因、摄受因、引发因、定异因、同事因、相违因、不相违因。这些都是人类活动和思想的具体境况和条件。(参见《成唯识论校释》卷八)

## 第三节　种子论的形上学品格

《中阿含·箭喻经》中,释迦牟尼譬喻说,人被毒箭射中,最紧急的事是救治伤者,而不是追问毒箭来自何方、何人。这表明早期佛学对于涉及哲学形上学的问题持回避态度。原始佛学讲"十二缘起"的理论,论述每个人由此产生身、口、意三业,受到相应果报。这些说法主要解释现实人生的生老病死以及福祸因果,以此宣扬佛家的出世和解脱思想,都与人们当下的生活有关。关于宇宙生成和万物本源的问题,不仅原始佛学避而不谈,部派佛学乃至大乘般若学对此的解答也不明确,到了《华严经》才有"三界唯心"之说。中观学派代表龙树的"受用缘起"理论,意指所向是人们如何认识世界。与中观学派相向而立的瑜伽行派经典作者无著、世亲,主张"分别自性缘起",以阿赖耶识藏有种子缘起,种子的现行产生万象世界来解释世界和人生。世亲的《唯识二十颂》重在破拆离心的外境实有说,而他的《唯识三十颂》,依"三类识变"立论,强调摄持种子的阿赖耶识现行。根据他的学说,阿赖耶识了别器世间与根身,末那识了别"我",六识了别六境。从三类识来说变现(即创化万事万物,包括思想精神和心理活动),说了别(即认识活动和成果)。而依阿赖耶识变现一切,具体说其实都是各自从种子"彼彼分别生"。可见唯识学的种子论具有形上学的品格。

按照《成唯识论》的定义,种子"谓本识中亲生自果功能差别"。

## 第二章 种子论：意念与万事万物之直接生成

本识即阿赖耶识。可见，种子是阿赖耶识的一种直接功能，并能造成现行的果报。这个功能不同于阿赖耶识向七转识的转识功能，而是直接产生现实的生活世界。可见，不能把种子类比麦种、稻种等实物种子，种子是宇宙万物创化生成的元素并含有动力。由此看出，唯识学的种子论首先是一种具体的宇宙发生论。种子论作为宇宙发生论，既不同于自然科学的宇宙发生学说，例如康德的星云假说、霍金的宇宙大爆炸说等等，也不同于基督宗教、伊斯兰教、道教等等宗教的创世学说，反而更接近哲学。可以说，种子论就是一种哲学宇宙论。而从世界演化生成的过程的反向来看，种子也是宇宙万物的来源和基质，因此，唯识学的种子论也是关于事物的本质、运动和根源的形上学。作为一种哲学宇宙论和内容丰富的哲学形上学的种子论，佛教唯识学向纯粹的思想者展示出一种特别魅力，这种形上学的特质甚至也可能是唯识宗最终在佛教内部衰亡的重要原因。因为，哲学最终是理性的学说，而宗教主要依靠信仰的力量。这二者之间在宗教内部失去平衡的时候，作为一种宗教学说一定会产生裂变。而在中国、西方和印度思想的比较视野中，则更加显示出唯识学种子论形上学的突出特征和价值。

一、结合中国哲学史来看。如果把阿赖耶识类比为中国哲学中的道、无，那么种子具有构成宇宙基质的性质，则与中国哲学中的气、元气概念近似。尤其是在老子和庄子哲学中，道被认为是本原，而气则被认为是宇宙创化生成的最初元素或基质。老子说："万物负阴而抱阳，冲气以为和。"（四十二章）庄子说："通天下一气耳。"(《知北遊》)可见,与"惟恍惟惚"、"无为无形"的道不同,气被老子、庄子作为构成万物的物理性的元素。老庄思想中这种创化生成宇宙万物的气的思想,颇近似于西方学说中由基本粒子构成世界的形上学。关于宇宙生成的过程,《老子》有一个著名的表述:"道生一,一生二,二生三,三生万物。"(四十二章)如果说,阿赖耶识近似于《老子》所说的道,阿赖耶识所藏种子则包藏、孕含在《老子》所谓的"一、二、三"之中。种子变现世界万物的过程,近似于《老子》所谓"三生万物"。因为种子变现,可以具体变为现行,变现为世界万物和人类实际生活,也生成了"万物"。但是,唯识学与老、庄思想还是存在巨大差异。

就哲学宇宙论来说,唯识学与《老子》之间的第一个根本的区别是,《老子》的道独立于万物之外("先天地生"),而阿赖耶识则是体用一如,难以独立于万物之外。其次,《老子》的宇宙生成论是混沌的,极度抽象,"三生万物"之前还有"道生一,一生二,二生三",有无限的解释空间。关于这里的"一、二、三"是什么,至今人们也无法确切解释。而种子说的宇宙生成论则非常具体,甚至是可以个别描述的,具有高度经验论的特征。第三,《老子》宇宙观虽然很玄虚,但是没有否认外在世界和经验的真实性。而唯识学种子说的宇宙论虽然有经验的特征,但在根本上则把宇宙和世界的一切看作种子变现的幻相。第四,《老子》宇宙生成论的道以及"三生万物"是单向的,即由道"生"出"一、二、三"和万物,如同鸡生蛋一样,突出的是一种自然性。而唯识学认为,种子变现为宇宙世界万物,首先要有因缘,因此,其次也是互为因果:种子为因变现为果,果亦熏习种子成为新的因。因果生生不息。种子与

## 第二章 种子论：意念与万事万物之直接生成

现行的互动，展示出宇宙和世界现象的复杂性和人为性。①

二、结合西方哲学形上学来看。大致来说，西方形上学有两类思想理论：一类是唯物论(materialism)的，基本上是一种基本粒子思想，例如气说、原子说、单子说等；另一类是的观念论(idealism)的，例如理念说、意志说等。当然，严格说来，像莱布尼茨的单子说，甚至德谟克利特的原子论，则既不能完全归类于唯物论，也不能完全归类于观念论，而是横跨两界之间。略备西方哲学史常识者即可知道，种子概念与上述气、原子、单子、理念、意志等概念所指既有相似之处，也具有巨大差异。由此推论亦可知，唯识学的种子论，与所有西方哲学形上学的唯物论、观念论，既有相似之处，也存在巨大差异。下面我们分开进行讨论。

1. 唯物论方面。按照《成唯识论》的说法，种子变现的事物，分为共相种子和不共相种子两类。共相种子例如山川河流，人人共同变现。不共相种子例如眼、耳等根，只能由自己的阿赖耶识的种子变现。② 从西方哲学史来看，阿赖耶识近似于logos，而阿赖耶识所藏的共相和不共相种子，则具有构成宇宙万物基本粒子的某些特征。但logos是宇宙万物之源，没有"生"万物的具体过程，

---

① 舍尔巴茨基说："佛教的这种因果观念很近似于数学中的函数概念。"（舍尔巴茨基：《大乘佛学》，第103页注3）

② 共相种子又分两类：共中共和共中不共。共中共，如山、河等，人人共用；共中不共，如自己田宅财产等物，只有自己能用。不共相种子也分为两类：不共中不共和不共中共。不共中不共，例如自己的眼睛等净色根(感觉神经)，只能由自己的种子变现；不共中共，例如自己的扶根尘(感觉器官)，只属于个人所有，从这个意义上说是"不共"，又由他人和自己的种子共同变现，故称"共"。（参见《成唯识论校释》卷二）

也没有经验论的特征。就这一点来说，logos与阿赖耶识不同。唯识学种子变现万物的思想，接近唯物论的哲学形上学，与古希腊的原子论等含有的基本粒子思想接近。基本粒子思想在古代希腊根深蒂固，从泰勒斯(Thales)提出"万物的本原是水"之后，哲学家们对于宇宙万物的本原问题作出了种种探索性的思考。古代希腊也有一种"种子"说，即阿拉克萨哥拉(Anaxagoras)的"种子"(ὁμοιομερῆ)学说。① 具有基本粒子思想的理论还有阿拉克西曼德(Anaximander)的"无定"说、阿拉克西美尼(Anaximenes)的"气"说、以及赫拉克利特(Heraclitus)提出的"永恒的活火"说等，而德谟克利特(Democritus)的"原子论"是这个终极追问的古希腊阶段的总结性思想。

在德谟克利特看来，原子是构成宇宙万物的基本粒子。宇宙和世界上一切事物是由原子和虚空构成的。原子不是数学上的点，也不是数学上不可分的东西，相反，它有广延。原子的根本属性是就是这种绝对的"充实性"，每个原子都毫无空隙。因此原子是

---

① 阿拉克萨哥拉认为，构成万物的细小微粒是种子。种子的性质与可感事物的性质相同，例如毛的种子构成动物的毛发。"它们混杂在一起而成为乱作一团的质料，充塞于全宇宙，而没有空虚的空间把它们彼此隔开。"那么，散乱的种子如何结合起来构成宇宙的秩序？他认为，从天体运行看出，"一种迅速有力的旋转运动产生于质料中的某一点，使胚芽分开。这种运动越来越往远处伸展，把同质的种子集合在一起，并且不断伸展，直到原始混沌的混合物完全解体为止。最初的旋转运动使浓厚和稀薄分离，温暖和寒冷分离，光明和黑暗分离，干燥和潮湿分离。……这种分离的过程还构成天地间的各种物体。太阳热逐渐使潮湿的大地干燥起来，充满于空气中，为落雨埋藏于泥土里的种子乃成长为有机体。"而"为了说明初始的运动，阿拉克萨哥拉求助于一个有智慧的本原、一个心灵或奴斯(νοῦς, Nous)、一个使世界有秩序的精神。"(梯利：《西方哲学史》，伍德增补，葛力译，商务印书馆，1999年，第33页)

第二章　种子论：意念与万事万物之直接生成

物理学上不可分的东西，是最后不可分的物质微粒。这样，原子既不能毁坏也不能改变，不生不灭，性质上无差别，数量上无限。原子在宇宙中处于涡旋运动之中，形成各种复合物：火、水、气、土，又构成万物。这"一切都遵照必然性而产生；涡旋运动既然是一切事物形成的原因，也就是他所说的必然性"。① 虚空是空洞的空间，是原子运动的场所。虚空是无限的，原子在虚空中的运动是永恒的，所以宇宙也是无限的。宇宙万物的差别是由原子的形状、大小、排列次序、位置不同所造成。此外，灵魂也是由这种原子构成的。② 当原子分散时，灵魂消亡。③ 原子群不断流射出一种极细的东西——"影像"，这种"影像"作用于感官和心灵，产生感觉和思想。"我们能够看见的东西，是由于影像投进了眼睛的缘故"。④ 思想是更精细的影像通过感官孔道、直接作用于灵魂的原子。与同一时期的哲学家一样，德谟克利特也强调理性的至关重要性，认为只有理性才能认识到原子和虚空——事物的本体。虽然德谟克利特在这里论述到一种能够进入人的灵魂的原子，但是，原子论的菁

---

①　北京大学哲学系外国哲学史教研室编译：《西方哲学原著选读》上卷，商务印书馆，1981年，第47页。

②　德谟克利特认为："原子的形状同原子本身一样是无限的多，他就把那些球形的原子称为火和灵魂，并且把它们比作空气中的尘埃，在窗口射进的阳光中可以看见它们浮动着"。(北京大学哲学系外国哲学史教研室编译：《西方哲学原著选读》上卷，第51页)

③　罗素说："德谟克利特是一个彻底的唯物主义者；我们已经知道，在他看来灵魂是由原子组成的，思想也是物理的过程。宇宙之中并没有目的；只有被机械的法则所统驭着的原子。"(罗素：《西方哲学史》上卷，何兆武、李约瑟译，商务印书馆，1963年，第106页)

④　北京大学哲学系外国哲学史教研室编译：《西方哲学原著选读》上卷，第47页。

华和本质是物质基本粒子的思想。

与德谟克利特原子论思想相近的是后来莱布尼茨(G. W. Leibniz)提出的单子论。莱布尼茨的构想是：宇宙是一个由数学和逻辑原则所统率的和谐整体，因而数学和形而上学是基本的科学。逻辑规律是世界的根本规律，也是事实的因果关系的规律。他认为，事物运动的连续性原则是不能违反的。当事物的运动停止时，一定有继续存在的某种东西，即运动的根源。莱布尼茨认为这就是"力"，或"努力"。每一单位的力都是灵魂和物质、主动和被动的结合。莱布尼茨称这种单纯的力，就是形而上学的点、根本的原子、本质的形式、实体的形式或单子。"单子不是别的，只是组成复合物的单纯实体，单纯，就是没有部分的意思。"[1]因此，单子没有部分，不占有空间，无生无灭。单子不是物理的，也不是数学的，它可以称之为一种"灵魂"，是精神的实体。[2]因而单子也具有心灵的功能。因此，一切物质，甚至最细微的部分，都是活动而有生命的。单子从最低级到最高级形成一逐渐前进的系列，并不断演化。上帝是最高和最完善的单子，也是初始的单子。单子的质的程度差别就是表象清晰程度的差别。在最低级单子那里，只有细微的知觉，一切都是模糊和混乱的。这种低级的单子只存在于无生物、植物之中。最高级的单子具有理性灵魂，只存在于人的自我意识之中。心灵单子是一个独立的东西，外在原因不能施与影响。所

---

[1] 见北京大学哲学系外国哲学史教研室编译：《西方哲学原著选读》上卷，第476页。

[2] 莱布尼茨认为，物理学的事实证明，自然在本质上是非物质的。(见梯利：《西方哲学史》，第407页)

## 第二章 种子论：意念与万事万物之直接生成

以，知识不能来自外界，一定在内部产生于心灵自身。真正的知识是普遍和必然的，经验不能创造知识，只能把知识引出，并使之明显起来。由于宇宙是一个数学—逻辑体系，只有理性能够阐明。所以真正的知识，只有通过确实的推理所根据的先验的原则才能成立。由此可见，莱布尼茨的单子不同于原子。原子侧重物质性，单子是精神的。

通过简单对比可以发现，唯识学的种子论与原子论、单子论的思想之间，也是有同有异。"种子"一词就具有基本粒子的意涵，种子不仅变现为可感知的物质世界，并且还可以作为心理、思想等精神活动的现行，种子的这一特点与原子、单子的功能基本相似。但是，种子也不同于原子和单子。不同首先在于，种子是阿赖耶识所藏，而原子、单子是独立存在于宇宙之中的。种子与外缘（外在条件）具有一种复杂而且并不清晰的关系，而原子、单子只是按照自己逻辑运动。其次，种子变现的外在对象世界或作为心理、精神活动现行，被唯识学认为是假相，是虚幻的，本性空，而原子论和单子论则认为，由原子和单子构成的世界是实存的。第三，原子论和单子论都希望解决的问题是存在的连续性问题，而种子论则不具有这种意图和指向，只是解释经验世界的合理性。第四，最根本的是，原子论的思想几乎支配了近代科学尤其是物理学的思维和创造，牛顿、爱因斯坦和霍金等大科学家，都受到这个思想的深刻影响。（《成唯识论》中讨论佛教中的"极微"概念，应该属于真正的物理学粒子概念。这个问题在本书第八章详论。）而单子论是哲学和科学思想的融汇，对德国古典哲学和现代科学都产生深刻的影响。唯识学的种子论描述只是停留在经验层面，没有近代科学意识和知识。从具有唯物论倾向的西方哲学形上学角度来比照唯识学种子论,可知它们之间至少存在以上几点异同。

2. 观念论方面。按照《成唯识论》的说法,种子变现的性质分为两类:有漏种子和无漏种子。有漏种子由阿赖耶识所摄,称所缘(相关对象);无漏种子依附于阿赖耶识,非由阿赖耶识所摄,故称非所缘(非相关对象)。[①]有漏善种子是能够招感善报的业种子,各种不善种子是能够招感恶报的业种子。同时,种子又称习气(vāsanā),即烦恼现行熏习所成的余气。《成唯识论》卷八把习气分为三种:第一是名言习气,是亲生有为法的种子,由名相概念熏习而成。这类种子储存于阿赖耶识之中,是变现宇宙万物的直接的因。第二是我执习气,即虚妄执着有"我"和为"我"所有的种子。此为我执熏习形成的种子,使有情众生感到自己与他人有区别。第三是有支习气。这是招感欲、色、五色三界果报的业种子。[②]这里的第一类种子涉及概念,名言就是概念;第二类种子涉及自我意识;第三类种子涉及意念、思维和心理内容。可见,唯识学种子论的这些思想,则属于观念论的哲学形上学。唯识学这种种子论的思想,与

---

① 有漏种子又分两类:名言种子和业种子。名言种子生起因;业种子为牵引因。生近果为生起因,引远果使因力不绝为牵引因。无漏种子又分为三类:生空无漏、法空无漏和二空(我空、法空)无漏。生空无漏即我空无漏,属于见道无漏;法空无漏属于修道无漏;二空无漏属于无学道无漏。(参见《成唯识论校释》卷二)

② 名言习气又分两种:一是表义名言习气,即诠释事物意义的名相概念,用文字或声音表达出来;二是显境名言习气,即了别外境的心法和心所法。我执习气又分两种:一是俱生我执,即末那识妄执阿赖耶识为"我",这种我执修道可断;二是分别我执,是由第六识(意识)的分别作用所起的我执,这种我执见道可断。有支习气又分为两种:一是有漏善,即是能招可爱果业;二是诸不善,即是能招非爱果业。(见《成唯识论校释》,第543页)

第二章　种子论：意念与万事万物之直接生成

观念论的哲学形上学例如柏拉图的理念论(idealism)，以及叔本华、尼采的唯意志论(willism)等，尤其是与黑格尔的理念论很接近，当然也存在巨大差异。

柏拉图认为，永恒的世界是"相"(idea)的世界。① 现实的世界是对"相"的世界的模仿或"分有"(particiate)。"分有"就是"具有一部分"之义。② 因此，存在的事物分为四个层次：最高级的存在是"相"，拥有绝对的静止性、纯粹性、永恒性，因而最真实；次于"相"的存在是数学对象，即数字和几何图形等；再次的存在是个体事物，即个体的"活物"，也就是自然流变中的动物、植物、人工制品等；最不真实的存在是肖像。肖像，"指的首先是影子，其次是水面和光滑体表面上的映像，以及其他类似的东西"。③ "相"是一切事物的蓝本。具体事物"分有"了"相"。个体事物是同名的

---

① 相：希腊文idea或eidos，英文为idea，国内学术界通常译为"理念"，也有译为"理式"、"意式"等。朱光潜认为柏拉图的idea与黑格尔的idea不同，含有形象的意味，相当于"model"，因此不能译为"理念"，而要译为"理式"。然而，将柏拉图的"idea"译为"理式"，只是强调了它是理性的对象，是纯粹的、不带任何感性材料的东西，但却遮蔽了它同时具有"形"的意义。陈康先生"相"的译法比较恰当、传神。"相"的世界也是神的世界。柏拉图说："神，不管是出于自己的意志，还是因为他所承受的某种需要，不能制作一张以上的睡床，……所以，他只做了一张，一张真正的、本体意义上的睡床；神不会制做两张或更多这样的东西，这些也不会成为现实。"(见陈中梅：《柏拉图诗学和艺术思想研究》，商务印书馆，1999年，第102页注①)

② 柏拉图说："一个东西之所以能够存在，只是由于'分有'了它所'分有'的那个实体(即'相')别无其他办法；因此你认为两个事物之所以存在，并没有什么别的原因，只是由于分有了'二'，事物要成为两个，就必须分有'二'，要成为一个，就必须分有'一'。"(见北京大学哲学系外国哲学史教研室编译：《西方哲学原著选读》上卷，第74页)

③ 北京大学哲学系外国哲学史教研室编译：《西方哲学原著选读》上卷，第91页。

"相"的摹本或影子。肖像又是个体事物的摹本或影子。因此，真正的知识就是关于"相"的知识。

同属于观念论哲学家的黑格尔认为，理念(idea)是宇宙生成和世界发展的根源。从自然宇宙到人类社会的一切，都是理念的对象化运动。理念当然也是思维的内容。这种宇宙实体实质上也是绝对精神(absolute spirit，也叫绝对理念absolute idea或理念)。绝对精神自身的原则和规定就是要发展和演化，在自我异化和自我展开的过程中实现它的使命，并在其对象中思维自己，因此认识到它自身的本质。绝对精神的自身发展、演化，构成整个世界自然史、人类历史和精神文化史。所谓真知或真理，就是从理念到实在、从精神到物质这样的全体或整体。[①]同时，绝对精神的演化和展开是按照辩证法的法则实现的。绝对精神是辩证运动的主体，它自己设定自己，并在辩证运动中克服矛盾的对立面，实现自身，完善自身。[②]绝对精神发展的第一个阶段，是一种绝对抽象的纯粹思想

---

[①] 黑格尔说："只有全体哲学才是对宇宙作为一个有机整体的知识，这整体是从它自己的概念中自生发出来的，并且由于它自对自的必然性，又还原到它自己而成为一个整体，这样就把自己和自己结在一起，成为一个真实世界。"又说："最高的真实，本然的真实，就是最高的对立与矛盾的解决。在最高的真实里，自由与必然，心灵与自然，知识与对象，规律与动机等的对立都不存在了，总之，一切对立与矛盾，不管他们采取什么形式，都失其为对立与矛盾了。"(黑格尔：《美学》第一卷，朱光潜译，商务印书馆，1997年，第31、127页)

[②] 哲学史家梯利在解释黑格尔的理念时说："理念在它本身中潜在地、隐含地和观念式地包含那展开于世界上的全部逻辑—辩证的过程；理念包容有那以客观存在的形式而表现自己的一切演化规律的梗概。理念是有创造力的逻各斯或理性；活动的形式或范畴不是空洞的外壳或无生命的观念，而是构成事物本质的客观思想、精神力量。"(梯利：《西方哲学史》，第513页)

的演进，表现为从一个纯粹概念、范畴，到另一个纯粹概念、范畴的转化和过渡。所以这个过程属于逻辑学研究的对象。绝对精神实现了自身所有的纯范畴之后，必须在范畴之外才能发展。因此，绝对精神进入第二阶段，即否定自身，异化为自然界的阶段。这个阶段分为"机械论"、"物理论"、"有机论"三个过程。在"机械论"部分，黑格尔讨论了空间、时间、物质、运动等概念，涉及惯性、自由落体、万有引力等知识。在"物理论"部分，黑格尔广泛讨论了现代物理、化学等自然科学讨论的内容。在"有机论"部分，黑格尔讨论了生命的发展过程，从地质有机体、植物有机体到动物有机体，最后到达人类。整个这个过程属于自然哲学（实际上就是自然科学）研究的对象。绝对精神实现了在自然界发展的所有过程之后，又回到精神世界，进入最后阶段，即精神阶段。精神阶段也分成三个小阶段：第一是主观精神，即人的意识的活动，属于人类学、心理学研究的内容；第二是客观精神，即人把自己的思想和意识给以外化，体现为社会的道德、法律、政治等意识，属于法哲学的内容；第三，也是绝对精神发展的最后阶段，是绝对精神回归自身。在这个阶段，绝对精神先是表现为艺术，其次表现为宗教，最后表现为哲学。这样，绝对精神终于实现了自身的回归，成为绝对的、终极的真理。这个阶段的整个过程也是精神哲学研究的对象。

可以看出，在黑格尔哲学中，绝对精神是主体，这就意味着，绝对精神既是生命演化的历史，也是人的意识活动和认识过程。作为哲学对象的实在是一个运动、动态和逻辑演化的过程，也是一个精神的过程。按照黑格尔的说法，只要理解一个概念（理念），就可以在概念自身中体验到一个现实的历史运动过程。辩证法是绝对精神自我构成的原理和规定,历史运动是绝对精神自我应用的过程,所以,自然界、人类社会以及意识和精神的历史,都是按照一种理念展开的。绝对精神本身的自在自为的运动,也是具体的、个别事物的运动。两者是一个连续的过程,最后达到最高阶段的绝对精神。[①]但是,从根本上说,黑格尔哲学所展现的是一个逻辑的体系,理念的展开过程只是一种逻辑的演绎,不是自然和人类的世界物质生成史。因此,并非由一个像上帝那样的绝对精神或理念,在创造着宇宙世界自然万物。因为,黑格尔是哲学家,不是神学家。黑格尔哲学的意指,是揭示人类思维的本质,揭示人类与世界之间在思维上的本质关联。因为,一切运动、活动和生命似乎是无意识的,但它们符合思维的规律。黑格尔哲学中所揭示的思想,正如梯利所说的那样:"历史中有逻辑,自然中也有,归根到底,宇宙是一个逻辑体系。"[②]他的哲学的真正价值和魅力,正在于达到一种逻辑和历史的统一。

唯识学种子论提出有漏种子和无漏种子,以及名言、我执、有支三种习气也即三种种子,可以说直接指向了概念、思维和心理意念的能动性、目的性、现实性。因为,种子作为一个概念或意念可以成为现行,就是说一种思维和心理内容,可以变现外化为人类生

---

[①] 梯利对于黑格尔评述道:"思想家能够意识到这种过程,他可以描述它,重新思考概念。如果他已经把握世界的理念,认识它的意义,能够重新追溯普遍的动态的理性活动及其范畴和概念,他就达到了认识的最高阶段。他头脑中的概念和普遍的概念具有同样的性质,哲学家头脑中概念的辩证法的演化和世界客观的演化是相符的;主管思想的范畴同样是宇宙的范畴,思维和存在是同一的。"(梯利:《西方哲学史》,第509页)

[②] 梯利:《西方哲学史》,第506页。

第二章　种子论：意念与万事万物之直接生成

活情境。从哲学认识论角度看,种子的构成是前七识所见、闻、觉、知,留下印象(熏习)在阿赖耶识中,熏习所成即为种子。因此,更应该反过来说,人类千变万化的现实生活情境,根源即是这种思维和心理的内容的展示。这里所谓的种子,实质上也是理念、概念。正如吕澂先生所说:"所谓种子,实质上也就是名言的、概念的东西,人的认识就以它们为根据,因而诸现象之间的区别,也都是由于认识上的不同","名言种子的自性不同,一切法因之就有区别。"[1]因此,万象世界由种子构成,其实也是由概念和认识构成的。唯识学内涵的本义即是:世界万物除认识辨识之外没有他物存在。[2]大千世界万千气象纷纭复杂斑斓杂陈之诸现象区别,本质上是认识的区别,也无非是心、意、识的分别作用,此即"唯识"之真义。[3]在这个含义的层面上,种子与柏拉图、黑格尔的理念极为相似。而且,种子具有对象化的功能,直接缘生现行,生成大千世界。这一点与黑格尔哲学的理念的对象化功能更为相似。此外,

---

[1]　吕澂:《印度佛学源流略讲》,第173页。

[2]　印顺长老说:"不离识的唯识学,明确的不同于一因论。在无著论的唯识学中,重在赖耶与末那,这是需要论证的要点。《三十唯识论》,继承了《瑜伽论》以自性、所依、所缘、助伴、作业——五门来分别五识与意地的传统;结合无著论的精义,而以十门等来分别阿赖耶识、末那识与六识。瑜伽大乘的唯识学,到达了更完整的体系。"(印顺:《英译成唯识论序》,见《成唯识论校释》,第746页)

[3]　废名认为:"阿赖耶识就是心。"而这个心与物是一体的,即"合相":"就转识与藏识说是一合相,就心与物说亦是一合相。就诸识说,藏识与转识各有自体;就一识说,心与物各有自体。换一句话说,心是诸多心合起的,诸多心是诸多种子合起的,藏识有藏识种子,转识有转识种子,心与物又有心种子与物种子。说种子便是有自体,如树种子。说种子,便是一合相,如数种子如树。……一株树与一颗种子是一个东西,不是本无今有。"(废名:《阿赖耶识论》,辽宁教育出版社,2000年,第46、50页)

种子变现行即对象化运动,也具有分类和分层的设计,与黑格尔对于理念对象化的各个阶段的描述,也有相似之处。可见,就理论的相似性来说,种子论与黑格尔的理念论更接近。

但是,唯识学的种子论与黑格尔的理念论的不同在于,种子是阿赖耶识所藏,也就是说在种子创化生成宇宙万物之前,还有一个逻辑前置:阿赖耶识。而黑格尔的理念则没有这种逻辑前设。其次,它们的不同在于,理念的自身运动是遵循辩证法的规律,而种子变现的运动似乎只是日常经验的规则:因缘和熏习。第三,它们之间最根本的区别是,黑格尔理念论涵盖了全部现代学术体系:相关概念的逻辑学,相关自然的现代科学,相关精神的社会学、法学、历史学、艺术、宗教、哲学等。而唯识学种子论停留在日常世界的经验描绘上。① 当然,黑格尔的理念是最后实体,唯识学的终极实体是阿赖耶识,不是种子。

属于观念论的哲学还有唯意志论。叔本华认为,世界只是意志的表象,世界的本质是一种生命意志(the will to live)。尼采把这种意志宣称为"权力意志"(the will to power)。叔本华所谓的意志,亦与唯识学的种子含义有异有同。限于篇幅,就不再详论了。此外,种子论与现代西方胡塞尔现象学哲学亦有交互关系。这个内容我们在第三部分详论。

另外,从西方观念论的形上学来比照唯识学的种子论,其中涉

---

① 托马斯·伍德认为:"首先,唯识论不是唯我论,……其次,唯识论不相信世界包含在一个绝对精神里面。……唯识论所主张的'万法唯心'的教义并不意味着世界是无限的或者是绝对精神的显现或创造。"(托马斯·伍德:《万法唯识——唯识论的哲学与教理分析》,第1页)

## 第二章 种子论：意念与万事万物之直接生成

及的无漏种子论则完全是佛教教义的一种阐发，原子论和单子论以及理念论同样没有这个维度，即使其中亦有宗教的指向，也与唯识学种子论大异其趣。

综上所述，唯识学的种子论不仅具有世界万物生成发展和本质的唯物论倾向，也具有理念、意志作为宇宙万物本原和动力的观念论倾向。因此，种子论既不是纯粹的唯物论也不是纯粹的观念论。可见唯识学的种子论与上述中、西方的哲学形上学既有相似之处，也有根本区别。由此也展示出，至少在人类哲学史上，唯识学种子论是一个独特形态的哲学形上学。

# 第三章　阿赖耶识:最高实体与永恒

实体是亚里士多德《形而上学》中提出的概念。[①]亚里士多德把实体分为三种:第一种是感性的可感觉的实体,即具体的个别物理事物;第二种是有活动性的实体,即理性;第三种是绝对的实体,实质上就是第一推动力,这也是最高实体,具有永恒的性质。实体也具有来源的含义。而最高实体则是宇宙万物的最后根源。[②]同

---

① 《形而上学》中译者吴寿彭注释"实体"一词:"οὐσία 和 ὄν 同出一字根,即动字'是',……十九世纪初泰劳英译本用拉丁语译作 essentia(怎是,所是)。近代英译大都用 substance(本体)或 essence 来译此字。"(见亚里士多德:《形而上学》,吴寿彭译,商务印书馆,1996年,第95页注①)有人解释亚里士多德的实体概念说:"有一种存在,它在最严格和最完整的意义上存在,这就是实体;所有其他事物存在,不过是由于与实体有某种确定的关系,比如实体的性质,实体之间的关系,等等。"(W. D. 罗斯:《亚里士多德》,王路译,张家龙校,商务印书馆,1997年,第172页)

② 黑格尔认为:亚里士多德的实体主要有三种。第一种是"'感性的可感觉的实体',按照那个具有一种质料的形式,这只是有限的实体";第二种"较高的一种实体是包含有活动性在其中的东西,有能力、一般的活动性(actus)、抽象的否定者,……因此就活动性包含着那将生成的东西来说,它就是理性。"第三种是"绝对的实体、真理、自在自为的存在,在亚里士多德那里进一步被规定为'不被推动的'、不动的和'永恒的',而同时都又是'推动者'、纯粹的'活动性'、actus purus。""'这个最高的实体并且是没有质料的'"。(黑格尔:《哲学史讲演录》第二卷,贺麟、王太庆译,商务印书馆,1983年,第292—296页)赵敦华教授认为:"简单地说,'是者'的哲学意义是'实体',而'实体'的每一种意义都可以通过对系词'是'的逻辑功能的分析而得到。"《形而上学》提出了三类实体构成的世界等级。第一类是可朽的运动实体,第二类(转下页)

时，根据亚氏《物理学》原理，一切事物运动都是受到力的作用。最高实体则不受这一定律制约，它推动其他事物，而自身不被其他事物推动。因此，最高实体也是最高因和第一推动力。

实体的概念自然与"实在"的概念相关。"实在"意谓真实的、真正的存在，用哲学语言说是真理性存在，区别于短暂的现象事物的存在。亚里士多德所谓的感觉的实体只是暂时性的短暂的存在物，不能叫做实在。他所谓理性的实体则属于实在，而他的最高实体可谓绝对实在，一般认为是指最高真理性的存在。

《成唯识论》认为，阿赖耶识是宇宙世界万事万物的本原。同时，阿赖耶识也是所有具体事物构成的最后原因。"若无能持染净种识，一切因果皆不得成。"[1]阿赖耶识虽然不是所有事物的直接原因，但在最终的意义上，却是推动事物变化的根据。这就自然涉及一个形而上学问题：阿赖耶识与宇宙万物之源，以及宇宙万物之终极实在，即亚里士多德所谓的最高实体的关联问题。

## 第一节　佛学中的"实相"与实在概念

西方哲学从古希腊开始讨论的实在问题，在古代印度也同样是

---

(接上页)是永恒的运动实体，第三类是永恒的、不动的实体。第一类实体是地界的个体，第二类实体是天体。这两类实体都是可感的、具体的物理实体，都是由形式和质料组成的。第三类实体也是个别的，但却不是感觉对象，也没有质料；它不属于经验世界，而是神学研究的神圣实体，亚里士多德称之为'神'。"（赵敦华：《西方哲学简史》，北京大学出版社，2001年，第107、113页）

[1] 《成唯识论校释》，第213页。

一个重要的话题。金克木先生从古代印度学术入手,展开了对于梵语"存在"一词的历史检索。他认为,在梵语词汇中就有两种意义上的存在,一种是梵语 bhū,"指变动的、具体意义的存在,或动的、相对的存在",另一种是梵语 as,"指单纯的、抽象意义的存在,或静的、绝对的存在"。由 as 而来的梵文 sat "是真实的存在",是指一种抽象的、永恒的存在。"bhū 作为名词是大地和世界。Bhūta 也是存在物,是'出现过的'、物、生物、鬼魂,但又构成 mahābhūta,即汉语佛教术语'四大'之'大',又译'四大种',即地、水、火、风四种'元素'。印度非佛教的一般说法是'五大',加上一个'空'(不是佛教术语的'空'sunya、零,而是空间、空气、akasa)。这些物质元素是可变的,可分析的,可集合的,所以只是√bhū > bhūta。它们出现为具体的存在物,不是抽象的存在概念。"金先生还强调:"在古代印度哲学中,√as > sat > sattā 所指示的意义是最终的真实的绝对的存在,对这一点各派并无异议,只是对这个存在的性质各有解说。但是对于√bhū > bhava 一类的存在,即带有变化和运动意义的相对的存在,就很有不同看法,而且都认为这类词指示的不是最终的真实而是现象。"① 由此可见,古代印度人很清晰地把永恒的存在与短暂的现象存在区别开来。

古代印度的这些思想资源与佛教的思想之间自然产生互动。因为佛教中的"无常"观念,就是来源于现象是短暂的这一思想。②

---

① 金克木:《梵竺庐集·梵佛探》,第101、110、114页。符号"√"表示词根,">"表示由此变为。

② 舍尔巴茨基认为:在佛教观念中,"有两种消灭,通常被称作毁坏的经验的消灭(pradhvaṃśa)及称作易逝(vināśa=vinaśvaratva)或无常(anitya=kṣaṇika)的先验(转下页)

## 第三章　阿赖耶识：最高实体与永恒

佛教本身也自然要思考和回答什么是实在的问题。佛家一般把实在称为"实相"。实相相当于一般大乘学说境、行、果中的"境",是行、果之所依和理论基础。从这个意义上说,关于什么是实相的理论其实就是佛家的存在论和真理观。①

原始佛教的缘起说,可以说是一种自然主义或虚无主义,因为缘起说把实在问题悬置起来了。吕澂先生认为:"释迦学说没有接触到本体论,如他提出的'十四无记'(记是分别,即对十四个问题不加分别),即宇宙是常还是无常,宇宙有边还是无边,生命死后是有还是无,生命与身是一还是异,等等(前三类每一类又分为四个问题,总共是十四个问题),对当时学术界共同讨论的这些问题,一概避而不谈。理由是这些问题与人生实际无关,即使讨论,也得不到解决。所以在因果论中,也就回避了谁是第一因的问题。"②前说《箭喻经》的比喻就是,当人被箭射中的时候,重要的是被射人的状况如何,怎样进行救治,而不必探究箭和射箭人的来历。这个比喻清楚地表明,释迦牟尼只关注现世的世俗社会苦难,不追问实在等终极问题。舍尔巴茨基认为,原始佛教缘起说,实质上否认

---

(接上页)的消灭。前者如罐盆之为榔头击碎,后者则如罐盆因时间而瓦解,一种不可感知的,可无限划分的,持续不断的退化或构成实在之本质的无常。(舍尔巴茨基:《佛教逻辑》,第111—112页)

① 舍尔巴茨基认为:"佛教逻辑中表示这一终极实在的术语是'自相'(svalakṣaṇa,自性= paramārtha-sat,胜义有)。在某种程度上它类似亚里士多德的第一实体,它之表述为Hoc Aliquid(此唯一者)也与释作Kimcid idam(如是少分,如此些微)的'自相'是吻合的。"(舍尔巴茨基:《佛教逻辑》,第230页)但是,笔者认为,佛家所谓的"自相"与亚里士多德第一实体不尽相同。第一实体基本上指事物的形式,即本质,也指具体个别的事物,而"自相"则是事物的本质。

② 吕澂:《印度佛学源流略讲》,第17—18页。

任何永恒原理,包括虚空和断灭。同时,在佛教看来,认识主体从根本上没有实在性(无我)。在哲学意义上的认识论只限于经验,例如十二缘起之说。而且事实之间没有连续性,只是后一刹那紧随前一刹那,就像灯光是火焰连续闪现那样。[①]简言之,在原始佛教阶段,"佛陀哲学主张的独创性主要表现在他否定了一切实体性(substantiality),将世界过程转变为无数分离各别的转瞬即逝的元素和调和现象。"[②]

但是,在释迦牟尼逝世之后,佛教发展到部派佛教时期,实在问题则无法回避。一切有部提出"三世实有"的理论,就是一种对事物实在性的论证。有部认为,不仅一切法实在,因也是实在(故有部又称"说因部")。有所保留的是,有部认为,地、水、火、风"四大"可以分成极微(即不可分的事物构成元素)。不过极微不是实在,只是人的意识(慧)分析而成的,是假设的,是概念。而案达派的观点比有部的物质实在性论证更进一步,认为"四大"分析到极微时,还是可见的。案达派的这个观点实际上承认了极微的物质性,因而可以推断"四大"是可见的有实质的物体。同时,案达派

---

[①] 参见舍尔巴茨基:《小乘佛学》,第107—108页。舍尔巴茨基还认为,"存在对于佛教只是存在着的事物的名称,效能是那起作用的事物本身;离开存在于时空中的事物并无单独的时空。除了表示点刹那之集合,也就根本没有什么事物。因果性是产生着的事物的依赖性的产生(相依缘起),这些事物本身就是原因,除这些事物的存在别无因果性;运动不过是运动着的事物;共相并非'居于'个别之中的实体,不过是事物自身的观念和名称,内在因是第二等的非实在,因为它之被承认是为了联结个别与仅为名言的共相。最后,一事物的非存在或消灭也仅仅是名言,只是那消灭的事物而已。"(舍尔巴茨基:《佛教逻辑》,第109页)

[②] 舍尔巴茨基:《大乘佛教》,第5页。

不认为有绝对的无色界,只不过所谓的无色界的色比色界的色细微一些。①

小乘佛教是实在问题讨论发展的一个新阶段。吕澂先生说:"小乘对佛说很拘泥,认为(特别是有部)凡佛说的都实在。只要佛说有这类法,有这类概念,也就有这类实在。这是一种概念的实在论。"② 从概念实在论的角度,新有部经典《顺正理论》强调"心必有境",反对"心亦缘无境"。意思就是心必有实在的对象事物。他们认为,过去、未来虽然没有心存在,但是,过去未来法存在,具有心之所缘(相关联的对象)性质,一旦心生起了,可以为它所缘。所缘是抽象的潜在的,如同薪在未烧时仍然是燃料。此外,他们认为除了实在的有,假有也算有。在他们看来,有的有体用兼备,有的有则有体而无用。而从用的功能说,有的有功能,有的无功能。而且,在假有中,有些是直接依实有而施设的(例如瓶子),有些虽然是依"假"而施设的(例如军队、树林),但它们依附实在个体(树、人)的集合。因此,"有"在广义上包括一切。新有部还发展了关于色法的极微理论。有部原来认为,从智慧上说,法不能再分析的东西就是"极微",这种极微肉眼见不到,"天眼"也见不到,不属于眼根的境界。但是,《顺正理论》认为,由七个极微构成的单位"阿耨"则是可见的。阿耨是同类和集的极微,总是在固结状态存在。由此证明极微不是假有。他们还认为,可以说实有是真谛,假有是俗谛。而世俗有也是胜义有的一分,因为世俗谛依胜义谛而立,因此

---

① 参见吕澂:《印度佛学源流略讲》,第72页。
② 上书,第73页。

二者是统一的。①

作为新有部的反对派,原出自有部的经部,在关于根、境、识是否同时存在的问题上,与有部看法产生对立。有部主张法刹那灭,即认为一个现象灭了,接着另一个现象发生。同时有部认为,法是刹那灭,法的种子(界)也是刹那灭。经部也主张法刹那灭。分歧在于,经部不认为法刹那灭时,因果同时。如以根、境与识来说,它们是同时产生的。但是,法刹那灭时,因果在时间上是因先果后。因为根、境是一个刹那,等这个刹那过去,识才产生。经部这个看法表面上与有部虽然是微小的分歧,但实质上,经部的这个观点对有部万法实有的观点产生根本冲击。因为,有部根、境、识同时发生表明,有过去的识,就有过去的识的对象。而经部否认因果同时,则表明前面的因刹那灭了,识的对象就不是实有。如此可见,经部从根本上动摇了有部的理论。②

进入大乘佛教阶段,实在问题被尖锐提了出来。《大涅槃经·狮子吼品》认为,一切事物现象都有两种性质:第一是假说自性,指人们对于事物现象认知所借助的概念语言;第二是离言自性,指人们离开概念来认知的事物现象本身。初期大乘佛教否定执着假说自性为实有,但没有否定离言自性。(但该经同时否认这两个自性,被称为"无二":即认为执假说自性为实,是有见;说离言自性为无,是无见;这二见都不应该有,故称"二无"。)该经还讲到理解真理(无二)的方法,这个方法叫"四寻思",就是对假说自性作名、

---

① 参见吕澂:《印度佛学源流略讲》,第130—133页。
② 参见上书,第142页。

义、自性假立、差别假立四个方面的分析。后来的大乘经《法华经》《维摩经》都讲诸法实相，主张三界唯心。中观学派则立足于空的立场，认为"一切有为法，如梦幻泡影"（《金刚经》）。即一切法不是实在，皆为假名。

而立足于"有"的瑜伽行派唯识学，承接了《大乘阿毗达磨经》《解深密经》中的思想，提出了关于实在的系统理论，以及最高实在的思想。《大乘阿毗达磨经》以"十殊胜句"概括了佛学的基本内容。第一句"所知依"，意即一切法总依据，此即是阿赖耶识。第二句"所知相"，指一切法的自相，包括实在和真理等内容。该经认为一切法自相有三个，即三自性（性、相通用）：遍计执性、依他起性和圆成实性。用《菩萨地·真实义品》所讲"假说"、"离言"二性对照，《大乘阿毗达磨经》所说的遍计执性相对应于假说自性，圆成实性相对应于离言自性，这二者之间联系枢纽是依他起性。遍计执性是染性的，圆成实性是净性的，依他起本身既不是染也不是净，同时又可以是染或净，主要看它与谁结合。如果认为因缘生法是实在的，这便是与遍计执性结合，不是真实的认识而是染位的阶段。如果认为因缘生法只不过是唯识显现，这便达到了真实的认识，是净位阶段，就与圆成实性结合了。这种提法在佛藏中是首次。该经还提出如何"入（理解）所知相"问题，即关于唯识性的说法。前文说过《大乘阿毗达磨经》中"无始时来界，为诸法等依"的提法，"界"亦称"阿赖耶"（原意是家宅、收藏），"界"又有种子之意。把宇宙现象总根据归为"界"（"蕴、处、界"的界），在时间上无始。说明无始来就有种子，并构成界。种子遇到条件生起各种现象，就是现行。而且具有两重因果，即种子生现行，现行熏种子，循环不已。①

《解深密经》则提出"胜义谛"及心、意、识、法相，以及理解法相的瑜伽方法和实践层次地(共十地)、度，同时在阿赖耶识之外又提出"阿陀那识"。前文说过，"阿陀那"是"执持"义。相比起来，阿赖耶识的收藏义是消极被动的，而阿陀那的执持则有能动的作用。能动的意思是指阿陀那识与根身的关系(眼等五根统一在一起即为"根身")。根身之所以有感觉，就在于阿陀那识的执持。人死后形体之所以无感觉，就是阿陀那识离开了根身。阿陀那识也有执持种子的作用，种子得到它的执持才会转变、加强成为现行。《解深密经》最后一颂："阿陀那识甚深细，一切种子如瀑流。我于凡夫不开演，恐彼分别执为我。"意思是说，阿陀那识是活动的总体，一切东西都离不开它，它的种子如瀑布冲下泥沙随之，一切跟着识活动也是如此。另外，该经认为三自性(遍计执、依他起、圆成实)是了义说，一般经论所谓的三无自性，也就是空相、空性，是不了义说。无相、无性是以有相、有性为基础的。②

由此可见，唯识学阿赖耶识理论(即实在论)的出现，到此已经是水到渠成，是佛学逻辑发展的自然体现和结果。③

---

① 参见吕澂：《印度佛学源流略讲》，第166页。

② 参见上书，第167—168页。

③ 周贵华教授说："阿赖耶识说之建立，是瑜伽行派对部派佛教以来对'主体'与'本体'说的迫切理论要求的回应，亦可看成前节所述的部派佛教的种种有关学说的深化。因此，建立阿赖耶识的最基本意趣，是以其为一切生命现象及其流转与还灭之'主体'，是以其为其余诸识之所依止，乃至一切法所依存之'本体'，换言之，是以其为染净一切法之根本所依。"(周贵华：《唯识通论——瑜伽行义诠》下册，第350—351页)舍尔巴茨基认为：在《解深密经》等经论中，"起初'藏识'在相关佛典中被(转下页)

## 第三章　阿赖耶识：最高实体与永恒

舍尔巴茨基认为："小乘佛教的观点是实在论的。个体生命（自我）的客观成分与主观成分都是真实的。大体说来，小乘佛教假设有一个实在的世界，而大乘佛教却否认这种真实性。而到了佛教逻辑派别中，这种真实性又部分地重新得到了肯定。事实上，大乘佛教各派都不承认这种实在性。不过为了反对中观宗的极端主义态度，弥勒—无著一派却明显地坚持纯粹的观念（指唯识实性——原译者注）(citta-vijñāpti-mātram=vijñāpti-mātratm)，认为它是不可分裂为主客观的最终绝对，而它之外的观念都是错觉（虚妄分别，parikalpita）。"[①] 唯识学对于阿赖耶识的核心论证，在根本上也是一

---

（接上页）想象出来以代替那被取消了的永恒实体。以前诸多行为的遗迹，以后思想的萌发都储存在'藏识'的容器中。依据佛教的哲学传统，这一意识（藏识）当然也是瞬时生灭的。不过，它显然是伪装的灵魂之我，陈那法称也是这样指责它的。圣者无著，佛教唯识论的创始人，明显地动摇于这种藏识理论和中观派的神秘观念之间。对于中观派，个人仅仅是绝对者和佛陀宇宙之体（指如来法身）的一种现象，这种现象又从属于'如来性(tathāgata-gotra)''佛种(sarvajñā-bīja，一切智种)'，'如来藏(tathāgata-garbha)'和'真如界(tathāgata-dhātu)'等等。这些都不过是对于吠檀多的'意识者(jīva神我)'那样的伪装灵魂我，而所谓宇宙法身则像是吠檀多的'最高梵'。"（舍尔巴茨基：《佛教逻辑》，第133—134页）

① 舍尔巴茨基：《佛教逻辑》，第613页。但是舍尔巴茨基认为"这种观念论刚好与柏拉图的理念论相反。这两大佛教派别（中观与唯识）的区别极其微妙，无论本人还是别的学者在写作时都毫不犹豫地采用了两家的观点。"（舍尔巴茨基：《佛教逻辑》，第613页）他还认为：终极实在的观念依佛教批判论建立起来后，它一开始就包含了几种意义，代表了：1）绝对个别；2）纯有；3）存在的相续系列中的点；4）唯一的非相对者；5）能动的，非广延非持续的；6）激发理智活动产生相应表象的能力；7）赋予表象生动性；8）具有判断的肯定能力；9）不可言说，不可认知的物自体。（见舍尔巴茨基：《佛教逻辑》，第229页）舍尔巴茨基又认为："（佛教认为的）那不可言表的真实本身所依据得以表述的种种说法，它是：1）纯对象——感官在纯感官中认识的对象。此纯感觉活动是纯粹被动的(sva-rasika)，就类别言与理智的自发性完全不同的活动。（转下页）

种观念实在论。

## 第二节　阿赖耶识与最高实体

唯识宗作为大乘的有宗，在破斥"法、我实有"的同时，坚守唯一真正的实在是"识"，并认为最高实体是阿赖耶识。《成唯识论》的论证次序是：首先破拆我、法为实的观点，即论证"我"为虚幻；其次破拆诸法为实，论证外境为无，即物质世界虚幻；再次破拆心法、心所法为空的观点。本书第一章论述了《成唯识论》对于"我、法二空"的论证，为了避免重复，本节主要从世界本原的角度，再讨论《成唯识论》对于阿赖耶识作为最高的唯一实体的论证。

(接上页)2) 这种对象在整个三界中是"唯一的"(trailokya-vyāvṛtta)，绝对各各分离的(pṛthak)，同宇宙间任何别的对象(sarvato-vyāvṛtta)在任何方面均无联系。3) 因此，对那条认为任一对象都与别对象有部分相似部分不相似的法则说来，此对象是一例外，因为它与任何对象相比较，是绝对的不相似的。4) 它在时间上无持续，空间上无广延；虽说一个未知对象引起的不确定感觉活动可以在时间与空间上定位，但定位本身已经属于知性的活动——即知性在构造的空间、想像的时间内确定对象的位置。5) 它是实在之点，并且其中不再有可寻出前后位置关系的部分，它是无限小的时间，是一事物存在系列中的微分。6) 它不可分，没有部分，是最终的单一。7) 它是纯存在(纯有)(sattā-mātram)。8) 是纯粹的真实(vastu-mātram)。9) 是严格局限于自身的事物的"自性"(sva-lakṣaṇa 自相)。11) 是极端的具体和个别意义上的特殊(vyakti)。10) 是效能，且仅为效能而已(artha-kriyā-kārin)。12) 它激励知性及理性去构造表象与观念。13) 它是非经验的，亦即先验的。14) 它是不可说的。那么，它是什么呢？是某种东西，或者什么都不是？它是某物。仅仅是'我不知道是什么'的某物 X，但并非零。它至少可以譬之于数学上的零——正负集合间的极限。它是一种实在。甚而就是实在本身(vastu-bhūta)，即最终真实的存在元素。"(舍尔巴茨基：《佛教逻辑》，第210—212页)

## 第三章 阿赖耶识:最高实体与永恒

一般宗教在追问世界万物产生的终极原因时,都归结于一个创世者。创世者被一般宗教认为是宇宙万物的本原,也是最高实体。实质上,创世理论是一般宗教教义的基石。与一般宗教不同,唯识学则否认关于创世者的创世学说。因此,《成唯识论》对具有相关创世学说的其他外道,一概进行批驳:

> 有执有一大自在天,体实遍常,能生诸法。彼执非理,所以者何?若法能生必非常故,诸非常者必不遍故,诸不遍者非真实故。体既常遍具诸功能,应一切处时顿生一切法。待欲或缘方能生者,违一因论。或欲及缘亦应顿起,因常有故。余执有一大梵、时、方、本际、自然、空虚、我等,常住实有具诸功能生一切法,皆同此破。有余偏执《明论》声常,能为定量,表诠诸法。……且明论声,许能诠故,应非常住,如所余声。余声亦应非常,声体如瓶、衣等,待众缘故。①

这里的"大自在天"指婆罗门教的湿婆。婆罗门教宣称湿婆是永恒实体,常住于一切地方,能生万物。《成唯识论》认为这是不可能的。因为,如果事物能够产生就非永恒,有生就有灭。而且,非永恒的事物就不能存在于一切地方,不能存在于一切的地方的事物就不可能是真实的。如果一个实体既永恒又有多重功能,

---

① 《成唯识论校释》,第31—34页。舍尔巴茨基说:"对印度实在论说来,时间是一实体,它是一是常并无所不在。其存在可由现象间的顺序性和同时性推知。空间同样也是实体,亦为一为常且含容一切。其存在从所有广延性物体具有不可入性的质碍性而推知,因为这些物体在位置上是相互排斥的。"(舍尔巴茨基:《佛教逻辑》,第99页)

就应该存在一切地方，顿生一切法。如果大自在天具有内因希求，或需要外因条件才能生成万物，就与他能生万物的说法成为悖论。按照这个道理，所有外道，如"执有一大梵"说的婆罗门教、时论师（"时"）、方论师（"方"）、过去世初际（"本际"）之说、无因师"自然"之说、口力师"空虚"之说、宿作论师"我"之说等，都不能成立。婆罗门教认为吠陀之声（声常）可以解释一切事物，这些说法同样都不能成立。声音之体如同瓶子、衣服等一样，依赖众缘，不是实体。

除了创世学说之外，从实体的角度说，印度古代思想中还有把"极微"（基本粒子）当做世界本原的观念。被佛教称为的外道以及小乘佛教，很多主张这种物质性的基本粒子构成宇宙万物，是真正的实在。例如顺世论认为，地、水、火、风的"极微"是真实而永恒的，能够产生物质性的粗大之物。胜论认为，父母体内的"极微"是真实而永恒的，能够和合生子微，产生子女之肉身。这些粗大之物（包括肉身）虽非永恒，本体却是真实的。对于这类观点，《成唯识论》进行一一批驳，认为如果这些"极微"有"方分"（体积），那么就如同爬行蚂蚁一样不是永恒实有；但如果这些最小微粒没有体积，就如同心法、心所法一样，不能产生有质料的粗大之物。其次，《成唯识论》认为，如果最小微粒能够产生有质料之物，那就不能永恒，因为质料是不能永恒的。第三，如果这些"极微"产生之物不会越出因果关系，那么产生之物就该与最小微粒一样，不能是粗大之物（微小之因只能产生微小之果）。此外，最小微粒无法被感官把握，所产生的粗大之物也不应被感官把握（按照逻辑同一律）。简单说，"极微"能生果就非永恒，因为有生果作用就是非永恒的。但如果不生果，就不是离开识而有自性。可见，"极微"的属性与

第三章 阿赖耶识：最高实体与永恒

粗大之物属性之间、量数之间，以及"极微"与粗大之物之统一性，都存在矛盾，不能成立。这就如同沙粒进水，药物进入融化铜水之中一样，二物仍旧不能和合为一。①

此外，小乘佛教所坚持认为的离识之外的色法、不相应行法、三种无为法为实在之说，也不能成立。《成唯识论》归纳这些法总有二种：一种是"有对"（即有质碍、质料），认为实体基本由"极微"所构成；另一种是"无对"（即无质料），认为实体为非"极微"所构成。《成唯识论》认为，这些说法之所以不能成立，在于这些观点涉及有无问题的悖论：A.有质料有体积之物就不是永恒实有之物。实体如果由极微构成的，如果极微有质料，就如同瓶子那样是假有而非实有；B.如果实体由无质料之物构成，那就如同无形之物一样，就不能聚集为瓶子、衣服之类有体积之物。而且，如果极微有体积，则可以分析，那就不是实有。如果没有体积，则如无形之物，如何能够和合光明显现阴影？朝阳照在柱子上，东西两边光影各现又各不相同。又看见或触摸墙壁之时，只能看见或触摸这一面而不是那一面，证明极微定有体积。既然和合之物由极微构成，那

---

① 原文为："所执极微若有方分，如蚁行等体应非实。若无方分，如心心所应不共聚生粗果色。既能生果，如彼所生，如何可说极微常住？又所生果不越因量，应如极微不名粗色，则此果色应非眼等色根所取，便违自执。若谓果色量德合故，非粗似粗。色根能取，所执果色既同因量，应如极微无粗合德，或应极微亦粗合德，如眼果色，处无别故。若谓果色遍在自因，因非一故，可名粗者，则此果色体应非一，如所在因处各别故，既尔，此果还不成粗，由此亦非色根所取。若果多分合故成粗，多因极微合应非细，足成根境，何用果为？既多分成应非实有，则汝所执前后相违。又果与因俱有质碍，应不同处如二极微。若谓果因体相受入（接受——引者），如沙受水，药入熔铜，谁许沙铜体受水药？或应离变非一非常。又粗色果体若是一，得一分时应一切，彼此一故彼应如此。"（《成唯识论校释》，第36页）

么这种事物具有的极微定有体积。这种极微在其聚合之所必有上下四方之分，否则没有聚集之义。或者极微互相侵入，形成粗大之物，可见极微定有体积。主张"有对"色法的说法，就是承认存在各种极微，这种极微构成之物如果没有体积，就没有障碍和间隔。如果没有障碍和间隔，就不会是有质料的"有对"法。可见小乘诸派所谓极微定有体积。有体积，故能分析，肯定不是实有。①

还有，数论派所执"我"就是思虑，利用萨埵、刺阇、答摩三种自性谛三德（属性），构成五大类二十三种事物，即世界万物。他们认为，这二十三事物是由萨埵、刺阇、答摩三事合成的，现量（当场直观）所得，因此为实在。《成唯识论》认为数论这种实在观点也是不能成立的。②《成唯识论》首先提出一个逻辑问题：

"大"等诸法多事成故，如军、林等应假非实，如何可说现

---

① 原文为："彼有对色定非实有，能成极微非实有故。谓诸极微若有质碍，应如瓶等是假非实，若无质碍应如非色，如何可集成瓶衣等？又诸极微若有方分，必可分析，便非实有，若无方分，则如非色，云何和合承光发影？日轮才举照柱等时，东西两边光影各现，承光发影处既不同，所执极微定有方分。又若见触壁等物时，唯得此边不得彼分。既和合物即诸极微，故此极微必有方分。又诸极微随所住处必有上下四方差别，不尔便无共和集义，或相涉入应不成粗，由此极微定有方分。执有对色即诸极微，若无方分应无障隔，若尔便非障碍有对。是故汝等所执极微必有方分，有方分故便可分析，定非实有。故有对色实有不成。"（《成唯识论校释》，第41—42页）

② 原文为："且数论者，执我是思，受用萨埵、刺阇、答摩所成'大'等二十三法，然大等法三事合成，是实非假，现量所得。彼执非理，所以者何？"（《成唯识论校释》，第21页）数论（梵文：sāṃkhya）是古印度哲学流派之一。主张二十五谛：神我、自性、大、我慢、五唯（色、声、香、味、触）、五知根（眼、耳、鼻、舌、身）、五作业根（口、手、足、男女、大遗）、心根、五大（空、风、火、水、地）。这里二十三种事物是除"神我""自性"之外的事物。

量得耶？又"大"等法若是实有，应如本事，非三合成。①

就是说，合成的"大"正如"军队""树林"等词汇，是一个集合的概念，不是实物。如何当下直观看到（现量）？如果"大"是实有，就不可能是三个事物的合成。数论后面的观点与此同类，驳论谨从略。

接着，《成唯识论》也对胜论的观点进行批驳。胜论派认为六句义中多数是实有的，因为是现量所得。②《成唯识论》认为，首先，他们所说的这些永恒事物既然能生果，就说明是有作用、功能的，那就是非永恒之物；如果这些永恒之物常住而不生果，那就像兔角一样，也没有真实性。第二，六句义中的"实"和"德"之间存在矛盾。《成唯识论》认为，有物质实体的事物定有体积，就可以分析，那就是无常者而非永恒之物。永恒的可分析之物则非实体，如"军队""树林"等名词。"实"句义中的无质碍之物，例如"德"句义中的"觉"和"乐"，就像心、心所那样，则离不开"觉"和"乐"自身，没有实在自性。第三，从地、水、火、风来说是有质碍之物，但感官感知到的坚、湿、暖则为无质碍，这也是矛盾的。而眼睛看到的地、水、火、风与身体感触又是不同的性质，证明地、水、火、风没有实有自性，正如兔角之类事物一样。由此可见，胜论六句义中由色根所摄取的无质碍事物，都应当有质碍。胜论六句义除"实""德"

---

① 《成唯识论校释》，第23页。

② 胜论（梵文 vaiśeṣika），古印度哲学流派之一，主张六句义（句义，现在译为范畴），认为万物存在的原则和方式为六种：一实（事物本体实存），二德（事物属性），三业（行为或作用），四大有（能有的属性），五同异（相同和相异），六和合（聚集）。

之外的四句义，也是离不开识，没有自性，它们就像空中之花一样。胜论所说的"大有"离识也无自性。因为按照胜论说法，离开"实"就无自性，"实"之外没有实的自性。胜论所说的"和合"句义肯定不是实有，因为它是由根本不存在的"实"等句义和合，如毕竟无那样。第四，胜论认为"实"等句义是现量所得。《成唯识论》认为，从道理上说这是不能成立的。"实"等句义并不能离开识而有自体，然后由现量所得，它们如同龟毛一样是不存在的。现量所把握的事物不能是集合的概念。所谓德智的缘实之智，不是缘离识之外实句义的自体现量智。因为因缘多是假合法生，就像缘德之智等那样。所谓实智即缘和合智，则非缘离识和合自体现量智，也是假合法生。所以，胜论所说的实句义等都是随顺有情众生的虚妄执着假设而有。①总而言之，《成唯识论》认为，地、水、风、火等

---

① 原文为："胜论所执实等句义多实有性，现量所得。彼执非理，所以者何？诸句义中且常住者若能生果应是无常，有作用故，如所生果。若不生果，应非离识实有自性，如兔角等。诸无常者，若有质碍便有方分，应可分析，如军、林等非实有性。若无质碍，如心、心所，应非离此有实自性。又彼所执地、水、火、风应非有碍，实句义摄，身根所触故，如坚、湿、暖、动。即彼所执坚、湿、暖等应非无碍，德句义摄，身根所触故，如地、水、火、风。地、水、火三对青色等俱眼所见，准此应实。故知无实地、水、火、风与坚、湿等各别有性，亦非眼见实地、水、火。又彼所执实句义中有碍常者，皆有碍故，如粗地等应是无常。诸句义中色根所取无质碍法应皆有碍，许色根取故，如地、水、火、风。又彼所执非实、德等应非离识有别自性，非实摄故，如石女儿。非有实等应非离识有别自性，非有摄故，如空华等。彼所执"有"应离实等无别自性，许非无故，如实、德等。若离实等应非有性，许异实等故，如毕竟无等。如有非无无别有性，如何实等有别有性？若离有法有别有性，应离无法有别无性，彼既不然，此云何尔？故彼有性唯妄计度。又彼所执实、德、业性异实、德、业理定不然，勿此亦非实、德、业性，异实故，如德、业等。又应实等非实非等摄，异实等性故，如德、业、实等。……彼许实等现量所得，以理推征尚非实有，况彼自许和合句义非现量得而可实有？设执和合是现量境,（转下页）

物,有触觉、视觉、感觉等,为有质碍之物;而空、时、方(方位)、我等,则为无质碍之物。有质碍则非永恒,无质碍则为空。①

破拆了外在构造角度的永恒创世者之说,和内在构成世界"极微"的实在论之后,《成唯识论》突出强调唯一的真正的实在——"识"。《唯识三十颂》曰:

> 由此彼皆无,故一切唯识。(第十七颂)
> 由一切种识,如是如是变,以展转力故,彼彼分别生。(第十八颂)
> 此诸法胜义,亦即是真如。常如其性故,即唯识实性。(第二十五颂)

---

(接上页)由前理故亦非实有。然彼实等非缘离识实有自体现量所得,许所知故,如龟毛等。又缘实智非缘离识实句自体现量智摄,假合生故,如德智等。广说乃至缘和合智非缘离识和合自体现量智摄,假合生故。如实智等。"(《成唯识论校释》,第26—27页)舍尔巴茨基曾归纳了一般佛教的论证逻辑:对于佛教,依其因果律,不动则无效能,从而也不存在。……论证可采取下列结构的演绎式来表达:大前提:任何存在者必然服从刹那变化。例证:如瓶(其最终极实在性的只是点刹那的效能)。小前提:但空(宇宙以太)被认为是寂静不动的。结论:故它并不存在。(舍尔巴茨基:《佛教逻辑》,第106页)

① 周贵华教授认为:"唯识学本体论之前提是'假必依实'说。这含有两方面的意思:一者承许第一类存在,所谓实体;二者承许一切法必须依于实体安立,即以第一类存在为所依,建立第二类存在。相对于第一类存在,第二类存在是依附性的次级存在,所以前者可称为实,后者可称为假。由实的存在而有假的存在,即是'假必依实'之义。但此处之实与假,并非是在三性意义上,而是在逻辑上以及依存意义上而言的。必须注意,唯识学本体论所承诺的实体,虽然必须是有体之法,但绝不能是常一自在性质的,否则,即成大乘佛教所要遣除之法我,或者众生我,比如印度吠陀奥义书传统所许的'梵我'。"(周贵华:《唯识通论——瑜伽行学义诠》下册,第342页)

《成唯识论》的全部论证所指,就是说明阿赖耶识是终极实体。并认为:

> 虽无外缘,由本识中有一切种转变差别,及以现行八种识等展转力故,彼彼分别而亦得生,何假外缘方起分别?①

虽然没有外部缘分,由于阿赖耶识中有各种各样的一切种子转变,以及八识现行的辗转之力,各种各样的分别事物亦可以产生,不用外部条件也能生起分别事物。可见,阿赖耶识作为现象世界的总根源是绝对的,是最高实体。②

一般哲学将终极实在指向外在世界最高实体(道、无、太一)或精神实体"我",《成唯识论》由论证法空和我空,从心到识,把阿赖耶识作为宇宙万事万物的本原,表达了关于最后实在的理论,即亚里士多德的最高实体意义上的终极实在的思想。

## 第三节 阿赖耶识与轮回、涅槃

轮回和涅槃的思想是佛教的根本特征。但从哲学的视角来说,

---

① 《成唯识论校释》,第504页。

② 舍尔巴茨基说:"斥责实在论观点之后,陈那得出结论:'所以诸感官所认知的对象并非外部的'。认识活动的对象是内在地被我们内省力所认识的对象,并且只是表现为仿佛是外在的。因而,最终的实在就是'观念'(vijñāpti,或者 vijñāpti-mātratā 唯识性)。"(舍尔巴茨基:《佛教逻辑》,第606页)

## 第三章 阿赖耶识：最高实体与永恒

阿赖耶识在轮回中实现，并在涅槃中断灭，也是关于阿赖耶识作为最高实体的一个逻辑论证。不仅是佛教唯识学关于阿赖耶识的理论，其实亚里士多德从四因中推导出最高因，也是一个逻辑论证。

亚里士多德认为，无论是自然事物，还是人工制品，它们都是由于四种原因而存在，这就是质料因、形式因、创造因、目的因。质料因是指事物构成的物质性元素。以前哲学家们所谓的世界的本原，如水、火、土、气以及原子、"种子"等，在亚里士多德看来都属于质料因。形式因相关于事物的实现形状。创造因是事物形成的动力。目的因是事物形成后所要达到的效用。例如一幢房屋，设计师的图纸设计形状是形式因，建成后的房屋就展现了它的形式；所有的建筑材料例如砖石、木料、钢材、玻璃等，就是质料因。建筑师的活动是它的创造因；最后，建造这幢房屋是作为住宅还是写字楼、教室、会议室、礼堂等实用目的，是目的因。创造因、目的因又属于形式因，因此，一切事物主要是由形式因和质料因构成的。形式因自身包含或具有动力因，因此，形式因是事物的本质、来源，也是决定事物的运动方式。但是，这个形式因却是一种概念，属于思维的内容。

亚里士多德又把事物的存在状况分为"潜能"和"实现"两种。所有人类制造的事物都是按照形式，来构造质料，完成作品的创造。自然事物按照形式因，也是由种子"变现"为具体事物（例如麦子、树木）。这都是由"潜能"达到"实现"的过程。因此，无论是自然事物，还是人工制品，它们的形成（成品）过程，就是由质料到形式、由潜能到实现的过程。因此质料又是事物潜能的存在，形式是事物潜能的实现。"这就类似能建筑的与正在建筑的，睡着的与醒着的，有眼能看而闭着眼睛的与睁开眼睛正在瞧着的，仅是一块材料与由此材料而雕刻成形的，以及一切未制物转为制成品之间的诸对照。这些配对中，一项可释为潜能，另一项就可释为实现"。① 但是，在从潜能到实现这一过程中，亚里士多德认为形式先于质料。形式是能动的、主动的，质料是被动的。事物的"形式"，就是事物的本质。例如人工制品的制造过程，就是由人给予质料以形式，才使之从潜能达到实现。因为，总是先有雕刻家的构思，大理石才会变成具体的雕像。② 自然事物是由它本身的因素从潜能走向实现。其中形式因是决定的因素。因为，形式是事物发展的内在动力和根据(这种动力也来自事物本身的一种"缺乏")。比如，一粒种子自身就有长成一棵幼苗的内在原因和动力，如果它不能实现这个潜能，则是外部环境造成的。因此，从另一个角度说，"形式就是自然"。③

同时，亚里士多德认为，事物的质料因与形式因之间也是处于变化之中。例如，砖头是土坯的形式，又是房屋的质料；而房屋则又是一个城镇或村庄的质料。由此可见，具体实体也分自下到上

---

① 亚里士多德：《形而上学》，第177—178页。
② 这也可以说是朱熹所谓的"理在事中"。
③ 苗力田主编：《古希腊哲学》，中国人民大学出版社，1989年，第424页。从经验论的角度来说，亚里士多德四因说与唯识学种子论也很类似。唯识学所谓种子的内种、外种说法，有点类似于"四因说"中的形式和质料。种子本身也包括形式和质料，但形式为主。种子缘生现行，类似亚里士多德所谓的事物由"潜能"到"实现"、从质料进入形式的进程。但是，亚里士多德的形式因至少不能确定是存于主体之内的，其次，四因说大体是解释物质世界存在的合法性，并试图揭示事物存在和制造的规律，对于人类的行为和思想之根源和根据则悬置起来。这两点是亚里士多德四因说与唯识学种子论的区别。

的等级。实体越往上,质料或潜能就越来越少,形式越来越纯粹。而上溯到最高的实体,推至最高因,就是永恒的"第一推动者"。这个推动者推动别人,而自己不动。这个最高实体,不仅是一种纯形式的实体,没有潜能和质料,而且是一种生命和心灵,类似于阿那克萨哥拉所谓的"心灵"(νοῦς,又译"心")。亚里士多德又把它称为"神"。①

亚里士多德的最高因,也即神,是一切事物运动追求达到的最后结果和最高目标,也是一切事物产生、发展的最终动力和根本法则。同时,它本身也是至高无上的善,是完美无缺的。善本身就是完美,所以事物内在的这种善的动因,实质上也是美的动因。因此,按照亚里士多德的观点,自然事物都有美与善的趋向。自然事物的生长过程,就是美与善的显现过程。②可见亚里士多德所谓神作

---

① 参见亚里士多德:《形而上学》卷(A)十二,章六。阿那克萨哥拉认为,构成万物的细小微粒叫"种子",而宇宙的原始运动是由"心灵"支配和安排的:"心开始推动时,运动着的一切事物就开始分开;心推动到什么程度,万物就分开到什么程度。"(北京大学哲学系外国哲学史教研室编译:《西方哲学原著选读》上卷,第39—40页)"心灵"是元素之外能动性的本原,是绝对单纯的,不与其他任何元素相组合,具有支配物质的力,而且是自动的实在。

② 文德尔班说:"在亚里士多德形而上学里,第一推动者或者纯形式与柏拉图形而上学中的善的理念完全是同一个东西;亚里士多德为此而利用了柏拉图理念的一切属性。它是永恒的,不变的,不动的,完全独立的,与其他一切事物分离的,非物质的,而同时又是一切生命和变化的原因。它是完善的存在,其中的一切可能性同时也是现实性;在一切存在物中,它是最高、最好的,——它就是神。"(文德尔班:《哲学史教程》上卷,罗达仁译,商务印书馆,1989年,第196页)赵敦华先生认为:亚里士多德的"'神'实际上是形而上学的最高原则和首要原因的代名词,是为了解释可感的物理实体的合理性而做出的理论设定。亚里士多德之所以称之为神,是为了强调最高实体依然是个别实体。他所谓的神不是有人格、创世的神,不是对之顶礼膜拜的宗教对象。(转下页)

为第一推动力,创造万物,在逻辑上完成了他的学说自洽。但是,问题的实质在于,即使是作为哲学家,"亚里士多德真正的观点是第一推动者不在空间中。"①

佛家学说一开始就贯穿了轮回报应的思想,而成佛、涅槃则是修炼的终极目标。这个终极目标与亚里士多德哲学的第一推动力一样,是佛学全部理论的支点。唯识学思想中的成佛涅槃,虽然直接意指是个人修行所追求的完满,但从哲学上说,也与"万法唯识"理论论证的逻辑自洽。②与亚里士多德的第一推动力或最高实体相应,唯识学认为的最高实体是阿赖耶识。因此,阿赖耶识自然也是轮回报应和成佛涅槃的主体。但是,佛教思想中厚重的"无我"说,很容易在理论上造成成佛、涅槃甚至轮回中真正主体的空置。因此,关于轮回报应、涅槃成佛的主体问题,从佛学一开始就是个疑难。

在原始佛学中,作为报应主体的是指十二因缘中的"识"。"行缘识"是标识由业生识,"识缘名色"的含义是,由识和五蕴结合成

---

(接上页)对他来说,对神的崇拜是纯思辨活动,是智慧和幸福的顶点。研究神学是哲学的最高境界,不包括实用或实践的动机与利益。……总的来说,亚里士多德关于神的观念继承了希腊哲学的理神论传统,没有陷入神人同形同性论的窠臼。"(见赵敦华:《西方哲学简史》,第113—114页)按:关于神的问题,还可参阅梯利:《西方哲学史》,第86—89页;W.D罗斯:《亚里士多德》,第六章中"亚里士多德的神学"一节。

① W.D罗斯:《亚里士多德》,第199页。
② 舍尔巴茨基认为:"每一种哲学或宗教都会碰到不可能作进一步解释的某一基本立足点,这是它们共同的命运。在这一点上,只有乞灵于某一更高的和神秘的原理,因为通常的方法已不能提供令人满意的解释。在笛卡尔和莱布尼茨,这便是上帝;而对于印度的思想派别,这便是瑜伽的神秘力量,对这一力量的借重,在佛教中产生了相当关键的作用,而不是相反。"(舍尔巴茨基:《大乘佛学》,第41—42页)

为有生命的个体。① 而"我"在印度哲学中名之为"补鲁沙"(士夫)或"阿特曼"(我),佛家更称之为"补特伽罗"(数取趣)。到部派佛教时期,上座系犊子部就主张有补特伽罗,并且是胜义有而非假有。但是,按照当时的佛教学说,"我"与轮回的主体是有区别的,轮回的主体是"识"而不是"我"。所谓"我"是超乎精神与形体之上的另一种东西。而犊子部试图用"胜义我"即补特伽罗作为轮回主体。《异部宗轮论》云:"诸法若离补特伽罗,无从前世转至后世,依补特伽罗可说有移转。"② 后来经部提出"细心""细意识"说,试图论说心现象相续不绝,是一切法根本所依和起因。经部首先将"细意识"与第六意识独立出来,成为真正的主体识,称异熟果识。他们认为,异熟果识是执持生命各种功能和轮回解脱的主体。③

---

① 但是在翻译时,作为报应主体的"识"借用了类似的字眼"神"来表达。"识"与"神"这两个概念,不论就内涵或外延方面都不是完全一致的。在中国,这两个概念运用的时候,还将它们同魂、灵、精神等混同了。(参见吕澂:《中国佛学源流略讲》,第152页)至东晋末年,僧伽提婆翻译传布了犊子部有我的学说。僧伽提婆在庐山译完了这派的著作,很受慧远的欣赏。慧远《沙门不敬王者论》的最后一节,就以行尽神不灭的议论来反对神灭之说。他说,精极为灵为神,以妙物为言,故非形神同尽。神与形相比,是精,是妙。由于他受犊子部的影响,还进一步说神为情(识)根,情为化(形)母,即化以情感,神以化传。神在情与化之外另有其法,有神才有识,有识才有形。形由识感而发,神以形化而流转。这种神存在于情化之外的思想,就是犊子部的有我思想。(参见吕澂:《中国佛学源流略讲》,第153页)

② 引自周贵华:《唯识通论——瑜伽行学义诠》上册,第347页。

③ 周贵华教授说:缘起论不允许有自性实体,对于有情众生轮回、解脱的主体问题不能解决。"阿含佛教提出'无我'的解脱论,对印度传统思想中之'我'论予以彻底批判,而继起的部派佛教,开始考虑众生的'自我意识'之最深层原因问题,以及构成轮回、修道与出离的相似相续的统一性之根据问题,由此提出种种'假我'概念,乃至极有争议的'胜义我'概念等。但这些解决方案是局部性的,没有整合到一个(转下页)

《成唯识论》也自然否定把"我"当作轮回主体：

> 我若实无，谁于生死轮回诸趣？谁复厌舍求趣涅槃？……由此故知定无实我，但有诸识无始时来前灭后生，因果相续，由妄熏习似我相现，愚者于中妄执为我。①

"我"实为空，外在世界即五蕴，妄执我法来自心外五蕴或心内五蕴，皆为虚无。只有阿赖耶识等前面熄灭后面生起，因果相续。阿赖耶识作为最终实体，自然也是转世报应的主体，如活火一般，前面熄灭后面生起，自体永恒不断。

为了论证阿赖耶识是轮回的永恒主体，《成唯识论》征引《大乘阿毗达磨经》"无始时来界，一切法等依，由此有诸趣，及涅槃证得"偈颂，并以此佛教的正理作为准则，进行推理论证。《成唯识论》认为，因为阿赖耶识自性微细，所以要以其作用进行显示。颂文前半说明第八识作因缘用，后半部说明阿赖耶识可以作流、转、还、灭的依持。"界"是因的意思，亦即种子识，自无始以来辗转相续，是直接产生各种事物的内因，所以称为因。"依"是缘的意思，即外部条件，亦为执持识，自无始以来被一切事物所依止，故称为

---

(接上页)完整的体系中去。大乘首先兴起的般若中观思想，偏重无所得之遮破，亦没有系统回答上述问题。而继之的佛性如来藏思想，则依佛性、如来藏建立真我、大我说，方便性之实有色彩过浓，容易引起误读，亦不可计为对上述问题之妥当回答。"最终瑜伽行派通过创新以及在新的意趣下吸收与整合旧说，不仅解决了前述难题，而且成就了大乘佛教的第一个境行果真正完整之佛教理论体系。"（周贵华：《唯识通论——瑜伽行学义诠》上册，第9—10页）

① 《成唯识论校释》，第20页。

缘。阿赖耶识能够执持各种种子，这些种子可以变为现行诸法，又被现行诸法所依止。"变为彼"意指阿赖耶识的种子变为器世间和有根身。"为彼依"意指阿赖耶识被前七识所依止。因为阿赖耶识能够执受眼、耳、鼻、舌、身五色根，故眼、耳、鼻、舌、身五识依之而转。又因为阿赖耶识被第七识所依止，第六识依第七识而转。因为第七识和第六识都是转识，如眼、耳、鼻、舌、身识那样依俱有根。按道理，阿赖耶识应当具有识的性质，所以它亦以第七识为俱有依。所以阿赖耶识可以作因缘用。颂文中"由此有"意指由于有阿赖耶识。颂文"有诸趣"意指有人、天等善趣和饿鬼、地狱等恶趣。意谓由于阿赖耶识执持的一切杂染法种子，使得各类有情众生生死流转不息。虽然惑业生有漏集苦都是流转，但六趣是流转的结果，因其殊胜而遍说。或者说，"诸趣"通能趣和六趣之所趣，趣之资具器世间也可以称为趣。各种惑和业都依赖阿赖耶识，所以阿赖耶识可以成为轮回流转的依持。颂文"及涅槃证得"意指由阿赖耶识而证得涅槃。此中只说能证得达到涅槃的途径，因为涅槃并不依这阿赖耶识而有。或者此中只说所证得的涅槃，意思是，由于有阿赖耶识能够执持一切顺应灭、道之法，令修行者证得涅槃。此中之说能证得涅槃，因为涅槃是修行者追求的结果。或者此中包含涅槃及证得涅槃的途径双重意思，因为二者都是还、灭类所摄。颂文"涅槃"说明所证得的"灭"，颂文后面的"证得"二字说明达到涅槃的途径。由能断之道断除所断之惑，将惑断除干净之后，就可以证得涅槃。能断道、所断惑、能证道、所证灭都依阿赖耶识，所以阿赖耶识作还、灭之依持用。在此颂中所说的各种含义，离阿赖耶识皆不会有。①

那么，阿赖耶识与涅槃关系是什么？《唯识三十颂》第四颂说阿赖耶识：

---

① 《成唯识论》原文："《大乘阿毗达磨契经》中说：'无始时来界，一切法等依，由此有诸趣，及涅槃证得。'此第八识自性微细，故以作用而显示之，颂中初半显第八识为因缘用，后半显与流转还灭作依持用。'界'是因义，即种子识，无始时来展转相续，亲生诸法，故名为因。'依'是缘义，即执持识，无始时来与一切法等为依止，故名为缘。谓能执持诸种子故，与现行法为所依故，即变为彼及为彼依。'变为依'者谓变为器及有根身，'为彼依'者，谓与转识作所依止。以能执受五色根故，眼等五识依之而转。又与末那为依止故，第六意识依之而转。末那、意识转识摄故，如眼等识依俱有根，第八理应是识性故，亦以第七为俱有依。是谓此识为因缘用。'由此有'者，由有此识。'有诸趣'者，有善、恶趣，谓由有此第八识故，执持一切顺流转法，令诸有情流转生死。虽惑、业生皆是流转，而趣是果，胜故遍说。或"诸趣"言，通能、所趣，诸趣资具亦得趣名。诸惑、业生皆依此识，是与流转作依持用。'及涅槃证得'者，由有此识故有涅槃证得，谓由有此第八识故，执持一切顺还灭法，令修行者证得涅槃。此中但说能证得道，涅槃不依此识有故。或此但说所证涅槃，是修行者正所求故。或此双说，涅槃与道俱是还灭品类摄故，谓'涅槃'言显所证'灭'，后证得言显能得道，由能断道断所断惑，究竟尽位证得涅槃。能、所断证皆依此识，是与还灭作依持用。……今此颂中诸所议义，离第八识皆不得有。"（《成唯识论校释》，第193—194页）周贵华教授解释说："此中之界，其本身是'无始时来'性的，原因在于，它虽然是因缘和合而生的有为法，但前灭后生、相似相续，法尔如是，意识无法测知其源头。这样之界是一切法共同之依止，即'等依'（samasraya），即为一切法所依存之本体。同时，界亦是安立生死（'诸趣'）与涅槃之'主体'。由此，界作为染净一切法之根本所依，即成生起染、净一切法之因体。界亦因此得名。由于界之'主体'性与'本体'性，在《阿毗达磨大乘经》被称为'阿赖耶'，即'根本'之义。而且由于唯心之意趣，而名为阿赖耶识（alaya-vijnana），即根本识（mula-vijnana）。""界，不论被有为依唯识学释为种子体阿赖耶识，还是被无为依唯识学释为心性真如（如来藏），皆具有因的意义。由其所具本体义与因义，安立染净一切法。"（周贵华：《唯识通论——瑜伽行学义诠》下册，第351页，上册，第50页）

## 第三章 阿赖耶识：最高实体与永恒

恒转如暴流，阿罗汉位舍。①

前七识皆有间断，所以称转识。例如人们眼睛经常闭上，眼识则断，睡觉尤其是。根据佛学教义，对于修道者来说，入灭尽定时，前七识不生起。但是，阿赖耶识无始以来相续无转变、无间断。《成唯识论》对于此颂进行如此解释：阿赖耶识非断非常，是永恒流转，如同江河瀑布，流转不息。"恒"意思是阿赖耶识自无始以来，总是一类无记性，常续而无间断，是安立三界、五趣（六趣）、四生的根本，表明阿赖耶识是宇宙世界万事万物之源。而且，阿赖耶识的本性坚固，能够储藏种子，令其不丧失。生死轮回围绕阿赖耶识。阿赖耶识可以从前生转到下一生，生生世世相续不断。"转"意谓阿赖耶识自无始以来，念念皆有生灭，前后变化无常，原因消灭，结果产生。阿赖耶识并非恒常不变，亦非同一，能够被前七转识熏习形成种子。"恒"是为了否定断见，"转"表示阿赖耶识不是恒常不变，就如同瀑布川流一般，因果亦是这样。瀑布川流既非断灭不起，又非恒常不变，水面上有一些漂浮之物，水下又沉潜溺藏一些东西。阿赖耶识亦如此，从无始以来，有生有灭相续不绝，既非永恒不变亦非断灭不起，让有的众生生于善趣，有的众生生于恶趣，使之逃不出轮回。瀑布川流虽受到风吹激起波浪，而水流不会断绝。阿赖耶识亦如此，虽然遇到各种条件而起眼识等，但永远相续

---

① 《成唯识论》云："《入楞伽经》亦作是说：'如海遇风缘，起种种波浪，现前作用转，无有间断时。藏识海亦然，境等风所击，恒起诸识浪，现前作用转。'眼等诸识，无如大海恒相续转，起诸识浪，故知别有第八识性。此等无量大乘经中，皆别说有此第八识。"（《成唯识论校释》，第202页）

不断。瀑布川流上有漂草之物，水下有鱼鳖，鱼草之物随水流而不会舍除。阿赖耶识亦如此，内有习气，外有触等，它们永远随从阿赖耶识而转。这些比喻说明阿赖耶识自无始以来，刹那刹那果生，刹那刹那因灭。因为果生，所以非断；因为因灭，所以非常。既不是断灭不起，又不是永恒不变，这就是缘起之理，故谓阿赖耶识"恒转如暴流"。①

这里论及的佛教转世问题，其实也是过去、未来和当下的问题，焦点还是时间及其观念问题。而唯识学回答转世问题的关键，也在于阿赖耶识与时间的关系。《成唯识论》认为，小乘佛教说一切有部、正量部等，认为既然过去、未来并非实有，则可以说"非常"，不可说"非断"。断见不能成为缘起正理，"常"亦不可称为缘起正理。在《成唯识论》看来，前因灭，后果生，就像一杆秤一样，一头高一头低，其时相同。这样的因果相续如瀑布川流一般，不用假借过去、未来说明"非断"。按道理说，现在有因，后果还未产生，那么因是谁的因？现在有果，前因已经消失，那么果是谁的果？既然没有因果，谁能离断和常？如果有因时已经有后来的果，那么果本

---

① 《成唯识论》原文："阿赖耶识为断为常？非断非常，以'恒转'故。'恒'谓此识无始时来，一类相续，常无间断，是界、趣、生施设本故，性坚持种令不失故。'转'谓此识无始时来，念念生灭，前后变异，因灭果生，非常一故，可为转识熏成种故。'恒'言遮断，'转'表非常，犹如暴流，因果法尔。如暴流水非断非常，相续长时，有所漂溺。此识亦尔，从无始来生灭相续，非常非断，漂溺有情，令不出离。又如暴流，虽风等击起诸波浪，而流不断。此识亦尔，虽遇众缘起眼识等，而恒相续。又如暴流，漂水上下鱼、草等物，随流不舍。此识亦尔，与内习气外触等法，恒相随转。如是法喻，意显此识无始因果非断、常义。谓此识性无始时来，刹那刹那果生灭，果生故非断，因灭故非常，非断非常是缘起理，故说此识恒转如流。"（《成唯识论校释》，第171页）"恒转"如瀑布的阿赖耶识，也令人很自然联想到赫拉克利特的"永恒的活火"，以及Logos，道。

有,就不需要前因。而因既然无,那么果亦为无。无因无果如何能够脱离"断"和"常"?事物之体既然本来就有,其作用亦应当是这样,因为所需的内因和外部条件亦是本来就存在的。所以因果二法都是在一刹那上建立的。应当相信大乘的缘起正理。这正理里的深奥玄妙无法用言语表达,其实因果等说法都是虚假施设。看当下的事物有引生后来事物的作用,虚假设立未来之果,是为了说明现在的因。看此时此地的事物,需要想到是为了应答从前的因相而有。虚假设立曾经有过的因,是为说明现在的果。"假"意谓现在的种子识缘于现在法的时候,好像是有因果相在显现。这样来表述,因果之理趣就很明白了。远离断、常二边见,认识中道之理,有智之人应当顺随修行学习。① 而从根本上说,连接因果以及过去、未来,归根结底是阿赖耶识持有种子。

周贵华教授说:"换言之,阿赖耶识的'无始时来'之形质,并非诠释其具有永恒不变性,而是指其前灭后生,相似相续,非常非断,如同大河奔流,相续不断。阿赖耶识以无始时来的相似相续性,保证了作为本体的'稳定性',但又避免了常一不变之'我

---

① 《成唯识论》原文:"过去、未来既非实有,非常可尔,非断如何? 断岂得成缘起正理? 过去、未来若是实有,可许非断,如何非常? 常亦不成缘起正理。……前因灭位后果即生,如秤两头低昂时等,如是因果相续如流,何假去、来方成非断? 因现有位后果未生,因是谁因? 果现有时前因已灭,果是谁果? 既无因果谁离断、常? 若有因时已有后果,果既本有,何待前因? 因义既无,果义宁有? 无因无果岂离断、常? ……体既本有,用亦然尔,所待因缘亦本有故。由斯汝义因果定无,应信大乘缘起正理。谓此正理深妙离(疑为"难"之误——引者)言,因、果等言皆假施设,观现在法有引后用,假立当果对说现因,观现在法有酬前相,假立曾因对说现果,假谓现识似彼相现。如是因果理趣显然,远离二边,契会中道,诸有智者应顺修学。"(《成唯识论校释》,第174—175页)

性'。阿赖耶识由是有为法,而为一切法之根本所依,可称有为依(samskrta-asraya)。"① 舍尔巴茨基也认为:"后期佛学在自身内部产生了唯心主义,他们觉得外部对象的实在性经不起严格的证明,于是实体性的空间的真实性便遭受了否定;同样它也否定了实体性的时间。"②

阿赖耶识如瀑布川流不能止息,然而,到"阿罗汉位舍",意思就是说,对于个人来说,如果修正了阿罗汉的果位,就断除了阿赖耶识。《成唯识论》云:

> 此识无始恒转如流,乃至何位当究竟舍?阿罗汉位方究竟舍。
>
> 此中所说阿罗汉者,通摄三乘无学果位,皆已永害烦恼贼故,应受世间妙供养故,永不复受分段生故。……然阿罗汉断此识中烦恼粗重究竟尽故,不复执藏阿赖耶识为自内我,由斯永失阿赖耶名,说之为舍,非舍一切第八识体,勿阿罗汉无识持种,尔时便入无余涅槃。③

这里说的阿罗汉,包括声闻、缘觉、菩萨三乘的无学果位。因为这三乘果位都永远除灭了烦恼之贼,应当受到绝妙的供养,永远不再有尘世的分段之生。阿罗汉已经把阿赖耶识中的粗重烦恼断

---

① 周贵华:《唯识通论——瑜伽行学义诠》,第46页。
② 舍尔巴茨基:《佛教逻辑》,第101页。
③ 《成唯识论校释》,第180、181—182页。无学果:小乘修道第四果,即阿罗汉果。意谓修道圆满,不需再学。前三果为入流、一来、不还,皆为有学果。

除干净,所以不再妄执阿赖耶识为"我"。"舍"的含义就是永远丧失阿赖耶识之名,但不是舍除一切阿赖耶识之体,因此不能说阿罗汉已经无识持种。阿罗汉此时入无余涅槃,即五蕴皆尽,生死因果皆尽,不再会受生于三界和人世间。①

具体说来,阿罗汉位能够舍断阿赖耶识的意思是:众生皆有的阿赖耶识,或称为心,因为各种事物熏习种子集聚其中;或者称为阿陀那识,由于能够执持种子和各种色根并使之不坏;或称为所知依,因为它被所知染、净诸法所依止;或者称为种子识,因为它能够普遍任持各种世间法和出世法的种子。这种种名称可通有漏位、无漏位,亦通凡位和圣位,即相续执持位;或者称阿赖耶识,因为它能够摄藏一切杂染品法,使之不丢失,又可以执藏我见、我爱等,妄执为"我"。阿赖耶识之名只在异生和声闻、缘觉二乘有学位,不在无学位和不退菩萨,因为无学位和不退菩萨没有执藏杂染法的意思;或者称为异熟识,因为它能导致生和死,能够引生善业或不善业的异熟果报,只是在异生、二乘有学和第十地已还菩萨有此名,因为如来地已经无异熟和无记法;或者称为无垢识,因为它最清净而无污垢,被各种无漏法所依止。此名只在如来佛地有,因为菩萨和小乘佛教的声闻、缘觉二乘及异生位,都持有漏种子,可以接受熏习,还无获得净善阿赖耶识。《如来功德颂》曰:"如来无垢识,是净无漏界,解脱一切障,圆镜智相应。"意思是,如来佛的无

---

① 太虚说:"阿罗汉有三种义:三义中最主要之一义为无生,无生者,即永不受此身以后的生死,即已无生命流之束缚也。'舍',即舍去我爱执藏之名,因为到了阿罗汉的时候,已证我空真如,七识永远不执第八识阿赖耶识为自我,即名为舍,非谓全舍于第八识也。"(太虚:《法相唯识学》,第140页)

垢识,是清净的无漏界,它解脱了一切烦恼障和所知障,与大圆镜智相应。因为阿赖耶识执藏杂染,过失极重,首先舍除,所以颂文中偏说阿罗汉位舍除。至于异熟识体,菩萨将得觉悟时才能舍除,声闻、缘觉入无余涅槃时舍除。没有无垢的识体,任何时候都不舍除,因为它给有情众生带来欢乐,永无尽期。心、所知依、执持识等,遍通各种位,何时而舍,应当随相关义而说。①

---

① 《成唯识论》原文:"然第八识虽诸有情皆悉成就,而随义别立种种名。谓或名心,由种种法熏习种子所积集故。或名阿陀那,执持种子及诸色根令不坏故。或名所知依,能与染、净所知诸法为依止故。或名种子识,能遍任持世、出世间诸种子故。此等诸名通一切位。或名阿赖耶,摄藏一切杂染品法令不失故,我见、爱等执藏以为自内我故,此名唯在异生、有学,非无学位、不退菩萨,有杂染法执藏义故。或名异熟识,能引生死善不善业异熟果故,此名唯在异生、二乘诸菩萨位,非如来地犹有异熟无记法故。或名无垢识,最极清净诸无漏法所依止故,此名唯在如来地有,菩萨、二乘及异生位持有漏种可受熏习,未得善净第八识故。如契经说:'如来无垢识,是净无漏界,解脱一切障,圆镜智相应。'阿赖耶名过失重故,最初舍故,此中偏说。异熟识体菩萨将得菩提时舍,声闻、独觉入无余依涅槃时舍。无垢识体无有舍时,利乐有情无尽时故。心等通故,随义应说。"(《成唯识论校释》,第188页)关于阿陀那识,吕澂先生说:《解深密经》提出"胜义谛"及心、意、识、法相,理解法相的瑜伽方法和实践层次地、度(共十地)。在阿赖耶识之外又提出"阿陀那识",实质上与阿赖耶识是一个东西。"阿陀那"是"执持"义。阿赖耶识的收藏是消极被动的,阿陀那的执持则有能动的作用。能动与否指它与根身的关系(眼等五根统一在一起即"根身"形体)。根身有感觉在于阿陀那的执持。死后形体在无感觉就是阿陀那离开了根身。阿陀那也有执持种子的作用,种子得到它的执持才会转变、加强成为现行。经最后一颂:"阿陀那识甚深细,一切种子如瀑流。我于凡夫不开演,恐彼分别执为我。"就是说,阿赖耶识是活动的总体,一切东西都离不开它,如瀑布冲下泥沙随之,一切跟着识活动也是如此。……《胜鬘经》《大涅槃经》主题是如来藏,后出的《大乘阿毗达磨经》《解深密经》未提如来藏,提出阿赖耶识和阿陀那识。如来藏指自性清净心为客尘所染,其根本是心本净。阿赖耶识或阿陀那识则以杂染为本。接着出现的《楞伽经》《密严经》对二说进行调和,认为阿赖耶识与如来藏只是名称不同,法体是一,义理也是一。(参见吕澂:《印度佛学源流略讲》,第168、169页)

## 第三章 阿赖耶识：最高实体与永恒

关于涅槃，又分四种，即本来自性清净涅槃、有余依涅槃、无余依涅槃和无住处涅槃。阿赖耶识在阿罗汉位是无余涅槃。[①]阿赖耶识在普通的个体生命中直至涅槃解脱，才能断除。每个人的意识、思想、行为，到外在世界一切，都是阿赖耶识的结果。而阿赖耶识在阿罗汉位断除，进入无余涅槃，这一生命历程，从形而上学来说，实际上是对于海德格尔所谓的基本本体论问题（"此在"问题）的消解，也是与神学关于灵魂问题的一种对接。

关于《大乘阿毗达磨经》的"无始时来界，一切法等依，由此有诸趣，及涅槃证得"，《成唯识论》进一步解释说：此颂第一句"无始时来界"说明阿赖耶识的自性，自无始来永远具有。后面三句说明阿赖耶识是杂染、清净二法的总依和别依。杂染法意谓苦、集二谛，所趣是苦谛，即生。能趣是集谛，即业和惑。清净法意谓灭、道二谛，所证是灭谛，能证是道谛，所证是涅槃，能证是八正道。灭谛和道谛都依阿赖耶识而有，因为若依前七转识，道理上不能成立。或者说，颂文的第一句说明阿赖耶识自无始以来相续不断，后面三句说明阿赖耶识被三自性所依止。三自性即依他起性、遍计

---

[①]《成唯识论》："涅槃义别略有四种：一、本来自性清净涅槃，谓一切法相真如理，虽有客染而本性净，具无数量微妙功德，无生无灭湛若虚空，一切有情平等共有，与一切法不一不异，离一切相一切分别，寻思路绝，名言道断，唯真圣者自内所证，其性本寂，故名涅槃；二、有余依涅槃，谓即真如出烦恼障，虽有微苦所依未灭，而障永寂，故名涅槃；三、无余依涅槃，谓即真如出生死苦，烦恼既尽，余依亦灭，众苦永寂，故名涅槃；四、无住处涅槃，谓即真如出所知障，大悲般若常所辅翼，由斯不住生死、涅槃，利乐有情穷未来际，用而常寂，故名涅槃。一切有情皆有初一，二乘无学容有前三，唯我世尊可言具四。"（《成唯识论校释》，第686—687页）

所执性、圆成实性。在此颂文当中所说的各种意思,离开阿赖耶识都不会有。①

于是,阿赖耶识的转识与涅槃,也与三性相关。

## 第四节　三性与永恒

前文说过,在佛藏中首次提到阿赖耶识就是《大乘阿毗达磨经》。除此之外,它也首次提到"三性"。它以"十殊胜句"(即"十句法")概括大乘所有佛法。第一句就是"所知依",即一切法总依据,就是阿赖耶识。阿赖耶识藏摄一切法种子。第二句是"所知相",即一切法的自相,真理也包括在内。同时该经认为一切法自相有三个,即三自性(性、相通用):遍计执性、依他起性和圆成实性。这种提法在佛藏中也是首创。②这些理论后来都被唯识学承袭和发展了。

唯识宗认为,作为第一实体,阿赖耶识是永恒的。而作为个人要实现永恒,则需要通过修道进入涅槃。阿赖耶识证得涅槃必须通过三性实现,尤其是通过圆成实性达到涅槃。一切法皆可具三

---

① 《成唯识论》原文:"又此颂中初句显示此识自性无始恒有,后三显与杂染、清净二法总、别为所依止。杂染法者,谓苦、集谛,即所、能趣生及业、惑。清净法者,谓灭、道谛,即所、能证涅槃及道。彼二皆依此识而有,依转识等理不成故。或复初句显此识体无始相续,后三显与三种自性为所依止,谓依他起、遍计所执、圆成实性,如次应知。今此颂中诸所说义,离第八识皆不得有。"(《成唯识论校释》,第194页)

② 参见吕澂:《印度佛学源流略讲》,第166页。杨维中教授认为:三性说最早出现在《解深密经》中。"一般说来,'三性'说最先出现在此经中,此经的特色在于只从'杂染'说依他,依'不变'立圆成实。"(杨维中:《中国唯识宗通史》下,第481页)

性。真谛翻译的《三无性论》称:"一切诸法不出三性。"①一切法之存在性,即有与无,皆可摄为三性。在唯识宗看来,三性也离不开阿赖耶识。《成唯识论》曰:"若唯有识,何故世尊处处经中说有三性?应知三性亦不离识。"②这里的"识"即指阿赖耶识。

关于三性(亦称三自性),《唯识三十颂》第二十、二十一、二十三颂如是描述:

> 由彼彼遍计,遍计种种物。此遍计所执,自性无所有。依他起自性,分别缘所生。圆成实于彼,常远离前性。故此与依他,非异非不异。如无常等性,非不见此彼。③

三性中第一为遍计所执自性,此为有情众生普遍执有的自性。人们妄执五蕴、十八界和十二处都是实有,宇宙万有法和我都是独立实有,即万事万物实有,有自性,这是由于虚妄分别造成的。此

---

① 见杨维中:《中国唯识宗通史》上,第348页。韩镜清先生认为,三性是整个佛法的核心,三性究竟圆满地发挥了佛学的道义,清晰明确地解释了所有佛说的甚深意趣,是我们闻思经论和指导修行的明灯。只要不增益遍计所执性,就是不减损圆成实性,这样不执两边,就能实证真如从而如实观见依他起性。理解三性的关键,在于分清依他起性和遍计所执性;依他起性是缘起有,但未证空性的凡夫感知不到;凡夫见闻觉知的一切法都是根本不存在的遍计所执性,必须彻底去掉,才能亲证空性,从而以后得智现证依他起性的真实面目。(参见韩廷杰:《韩镜清佛典翻译手稿·序》,浙江省建德市梅城镇乌龙山玉泉寺编《灵山海会》,2010年第12期。)

② 《成唯识论校释》,第570页。

③ 《成唯识论》解释第二十颂:"或初句显能遍计识,第二句示所遍计境,后半方申遍计所执若我若法自性非有,已广显彼不可得故。"(《成唯识论校释》,第571页)真谛翻译《摄大乘论·应知胜相品》的三性与玄奘所译不同,依他起性为"依他性相",遍计所执性为"分别性相",圆成实性为"实性相"。(参见杨维中:《中国唯识宗通史》上,第255页。)

即遍计所执自性。[1]《成唯识论》认为，遍计所执性为有情众生妄见的根源，即主观基础。遍计所执性与种子习染也有关系。[2]唯识学提出遍计所执性，主要是针对执见法我执。

但是，遍计所执性也有因缘，即"依他"，就是依赖外界事物表象对于主体感官的刺激。因此，第二性依他起自性，是人们生起妄见的客观基础。《成唯识论》认为，种子变现之外缘，主要与依他起自性关系密切。此即《唯识三十颂》所说："依他起自性，分别缘所生。"众缘指因缘、等无间缘、所缘缘和增上缘，尤其指作为因缘的阿赖耶识所摄藏的种子。依他起自性意谓，一切事物都是依靠因缘和合而生。[3]

---

[1] 《成唯识论》原文："周遍计度，故名遍计。品类众多，说为彼彼。谓能遍计虚妄分别。即由彼彼虚妄分别，遍计种种所遍计物。谓所妄执蕴、处、界等，若法若我自性差别。此所妄执自性差别，总名遍计所执自性。如是自性都无所有，理教推征不可得故。"（《成唯识论校释》，第570—571页）

[2] 但是，各识及心所法与遍计所执性的关系，各家看法不同。安慧等认为，八识都是遍计妄执心的识体。八个识及其各心所法，属于有漏者都是能遍计，因为虚妄分别是它们的自性，都像是所取、能取之相在显现。因为《瑜伽师地论》和《显扬圣教论》等都说阿赖耶识以遍计所执自性的妄执种子为自己的所缘。护法等认为，只有第六识和第七识有能遍计所执的作用。第六识和第七识妄执我、法都是能遍计。因为《摄大乘论释》只说意识能够遍计，第七识和第六识合称为意识。因为它们的计度分别能够遍计。《成唯识论》原文："有义八识及诸心所有漏摄者皆能遍计，虚妄分别为自性故，皆似所取、能取现故，说阿赖耶以遍计所执自性妄执种为所缘故。有义第六第七心品执我、法者是能遍计，唯说意识能遍计故，意及意识名意识故，计度分别能遍计故，执我、法者必是慧故……"（《成唯识论校释》，第573页）

[3] 《成唯识论》原文："由斯理趣，众缘所生心、心所体及相见分有漏无漏皆依他起，依他众缘而得起故。颂言'分别缘所生'者，应知且说染分依他，净分依他亦圆成故。或诸染净心心所法皆名分别，能缘虑故，是则一切染净依他皆是此中依他起摄。"（《成唯识论校释》，第579页）

## 第三章 阿赖耶识：最高实体与永恒

关于第三性圆成实自性，《成唯识论》认为，在依他起自性上永远脱离遍计所执自性，由此能认识到事物本质，就是圆成实性。换句话说，我空、法空所显示的各种事物的"真实"（空），就是圆成实性，亦即唯识真性真如实性。此即《唯识三十颂》所说："圆成实与彼，常远离前性。"达到圆成实性是唯识宗理论的终极目标，实现圆成实性就可以成就佛境。①

概而言之：

> 遍计所执妄安立故可说为假，无体相故非假非实。依他起性有实有假，聚集、相续、分位性故说为假有，心、心所色从缘生故说为实有。若无实法，假法亦无，假依实因而施设故。圆成实性唯是实有，不依他缘而施设故。②

遍计所执性是妄情安立假名自性，为假。但其本体无相，因此是非假非真。依他起性有假有真。假为三种，即聚集假、相续假、分位假；而心、心所、色从因缘种生，则为真、为实。如果没有实法则无假法，因为假法依实法而施设。圆成实性是实有，因为圆成实性不依赖其他因缘而施设。关于这三性的性质和作用，陈那用一个比喻进行解释：一个人夜行看见一根绳子，误认为是蛇。这就是遍计所执性的作用。后来这个人看清楚了，知道是绳子而非蛇。这是依

---

① 《成唯识论》原文："二空所显圆满、成就、诸法实性名圆成实。显此遍、常，体非虚谬，简自、共相、虚空、我等。无漏有为离倒，究竟，胜用周遍，亦得此名，然今颂中说初非后。此即于彼依他起上常远离前遍计所执，二空所显真如为性。说'于彼'言，显圆成实与依他起不即不离。'常远离'言，显妄所执能所取性理恒非有。前言义显不空依他，性显二空非圆成实，真如离有离无性故。"（《成唯识论校释》，第579页）

② 《成唯识论校释》，第586页。

他起性的作用。这个人再仔细看,终于知道绳子是麻做的,看到了对象事物的本质。这就是事物自性即圆成实性。①

三性说中心是依他起性。吕澂先生说:"三性说的中心是依他起性。《菩萨地》只说到'假说自性'和'离言自性'两方面,无著、世亲嫌其简单,还不足以说明认识的关系,因而又加上了'依他起'作为两者的枢纽,这样,'依他起'便成了三性说的中心。"②依他起性意指一切法皆归于心。因此,三性与阿赖耶识不可分离。依他起之"他"就是各种法的名言(概念)种子,藏在阿赖耶识中,依阿赖耶识而存在。换一种说法,阿赖耶识含藏自性各别的诸法名言种子。如果说遍计所执性是一种潜能(无),依他起性显现为有(假有),圆成实性则揭示了事物的实相,是实有。③而圆成实性与依他

---

① 参见吕澂:《印度佛学源流略讲》,第174页。太虚:"相又为遍计所执、依他起、圆成实之三性相。(一)遍计所执,谓义相中之颠倒虚妄相。(二)依他起,依因缘和合所起之相。(三)圆成实,谓圆满成就真实不变之体相。"(太虚:《法相唯识学》,第23页)

② 吕澂:《印度佛学源流略讲》,第175页。杨维中教授说:"唯识学'三性'的关键是依他起性,它是连接遍计所执性与圆成实性的中间环节。"(杨维中:《中国唯识宗通史》下,第728页)舍尔巴茨基认为:"不过有宗的目标是肯定整体的实在性而不再否定部分的实在性。最终极的本质有三大类:纯的绝对的存在(pari-niṣpanna 圆成实),纯的想象(pari-kalpita 遍计所执)和二者之间的有条件的真实(pari-tantra 依他起)。第一和第三是真实的两种形式,第二种是完全的想象,是非真实的,不存在的。在对一切存在元素的三种划分当中,已经有了将可感的实在与想像的思维截然分开的雏形,这也就是后来陈那学派的认识论基础。"(舍尔巴茨基:《佛教逻辑》,133页)

③ 周贵华教授说:唯识宗认为"最极无"比执有见更深更坏,不可救药。"虽然一切法依名所执之言说自性不存在,但由此所显之离言自性却存在,是一切法之实性,即圆成实性。""瑜伽行派阐述了一切法空与不空之理,建立了体现其有无观与中道观之三性理论,即以融合缘起性与唯识性之依他起性摄遍计所执性与圆成实性,由此遍摄一切法之体性,以此对治部派佛教之主流派别有部之实有极端与大乘中观末流之虚无极端。"(周贵华:《唯识通论——瑜伽行学义诠》上册,第8页)

起性之间关系,是"非异非不异,如无常等性"。关于此,《成唯识论》作如下解释:如果二者相异,真如就不是它们的实性;如果二者全不异,那么真如性应是无常。依他起性和真如既然本体为一,都应是净非净境。因为真如为圣智境,依他起为凡圣智境;另一方面,依他起性境体不净,而真如境是净。二性既然为一,依他起境体应该亦为净,同理真如境体应为不净。而且,依他起性既通凡圣,真如亦应当是这样。既然如此,根本无分别智与后得智应无别体。说依他起性与圆成实性既非相异又非同一,是因为如无常、无我、空等性一样。无常等性与行等法,如果肯定相异,那么这些行法则非无常等。如果它们不全相异,无常等此应该不是那些行法等之共相。由上述譬喻,说明圆成实性与依他起性既非同一又非相异。诸法与法性从道理上说必然是这样,因为胜义与世俗相待而有。不能说不证得圆成实性,就能见到依他起性。在没有达到遍计所执之性体是空的时候,就不能如实知道依他起性之有。无分别智证得真如以后的后得智中,才能了达依他起性如幻事等。虽然一切有情众生的心法、心所法,自无始以来已经能够缘取自己的相分、见分等,但由于我执、法执第七识等三性之心永恒俱行,所以不能如实知道各种条件所引生的各种心法、心所法的虚妄变现。就像幻事、阳焰、梦境、镜像、光影、谷响、水月、变化而成的东西一样,实际上非有,但好像有。依据这种意思,《厚严经》颂说:"非不见真如,而能了诸行,皆如幻事等,虽有而非真。"意思是遍计所执、依他起、圆成实三性都不远离心法、心所法,意指此三性都是由于心法、心所法(自证分)及其所变现(见分、相分)的各种条件所引生的事物,都如虚幻之事一样,非有但好像有。愚夫不了解此理,误认为实有,故名诳惑,名依他起性。愚夫于此硬坚持我执、法执,妄执为有,为无,为一,为异,为俱,为不俱等。其实如空华等一样,若性若相皆无,一切都称为遍计所执性。在依他起性上,人们妄执的我、法都是空,这空所显示的识、心所法及一切相分等的真性,称为圆成实性。①

可见,三性皆基于阿赖耶识,及其心、心所法。②原因很清楚,三性是人类自身具有的,因此三性都离不开识。③周叔迦先生说:"这宇宙间的万象以及八识的心王究竟是什么体性呢?要知道每一种法都具足有三种性:第一'遍计所执性',第二'依他起性',第三

---

① 《成唯识论》原文:"由前理故,此圆成实与彼依他起非异非不异,异应真如非彼实性,不异此性应是无常。彼此俱应净非净境,则本后智用应无别。云何二性非异非一?如彼无常、无我等性。无常等性与行等法异,应彼法非无常等。不异,此应非彼共相。由斯喻显此圆成实与彼依他非一非异,法与法性理必应然,胜义、世俗相待有故。非不证见此圆成实,而能见彼依他起性。未达遍计所执性空,不如实知依他有故。无分别智证真如已,后得智中方能了达依他起性如幻事等。虽无始来心、心所法已能缘自相、见分等,而我、法执恒俱行故,不如实知众缘所引自心、心所虚妄变现,犹如幻事、阳焰、梦境、镜像、光影、谷响、水月、变化所成,非有似有。依如是义,故有颂言:'非不见真如,而能了诸行,皆如幻事等,虽有而非真。'此中意说,三种自性皆不远离心、心所法。谓心心所及所变现众缘生故,如幻事等非有似有,诳惑愚夫,一切皆名依他起性。愚夫于此横执我法有、无、一、异、俱、不俱等,如空华等性相都无,一切皆名遍计所执。依他起上彼所妄执我、法俱空,此空所显识等真性名圆成实。"(《成唯识论校释》,579—580页)

② 杨维中教授认为:"在玄奘所传唯识学中,'心体'与'理体'是两个不同的概念。'理体'即清净法界,亦即真如、法性;'心体'即第八阿赖耶识。即藏识、种子识。第八识之中蕴藏的无漏种子既是众生解脱的根据,也是连接心体和理体的中介。唯识学的'三性'、'三无性'学说,一方面是对'识'之体性的描述,另一方面又具有联接'心体'与'理体'的特别意义。"(杨维中:《中国唯识宗通史》下,第726页)

③ 周贵华教授说:"三性说与唯识说相通,唯识即体是依他起性,其所显现是遍计所执性,而其空性/实性是圆成实性。"(《唯识通论——瑜伽行派义诠》上册,第34页)

'圆成实性'。"① 由此再证明：一切唯识，一切都是由识造成。

按照佛教思维的特征：一切相反相成。由此三性，唯识学又确立三无性。《唯识三十颂》第二十三、二十四、二十五颂曰：

> 即依此三性，立彼三无性。故佛密意说，一切法无性。
> 初即相无性，次无自然性。后由远离前，所执我、法性。
> 此诸法胜义，亦即是真如。常如其性故，即唯识实性。

《成唯识论》对此进行解释说：依据前文所说三性而立三无性，即相无性、生无性和胜义无性。佛以非了义（密意）说，一切事物都无自性，其实并不是说所有的事物其性全无。说非了义无自性，意指后二性（依他起性和圆成实性）虽然体性不是无，但是有俗众对它们增益妄执为实有我和法自性（此即遍计所执性）。为了破除此对实有的妄执，佛世尊对于有和无总说为无性。那么，如何依照此三性而立三无性？先依照第一遍计所执性而立相无性，因为遍计所执性的体性和外相毕竟是无，如空中之花。其次依照依他起性而立生无性，说明万法如梦幻之事一样，是依托各种外缘而生。这不像虚妄执着的自然性（有）那样，所以假说无性，其实并非其性全无。依照圆成实性最后立胜义无性，意思是，这种胜义由于远离前遍计所执的我和法性，是假说无性，但是并非其性全无。就如太虚

---

① 周叔迦：《唯识研究》，第14页。杨维中教授认为："在瑜伽行派教义体系中，'三性'、'三无性'说是其教义的最核心部分。""以遍计所执性摄凡夫假说义境中的一切存在，以依他起性与圆成实性摄圣者真实义境中一切存在。世亲《佛性论·三性品》以三性来解释佛性。"（杨维中：《中国唯识宗通史》下，第504、473页）

空一样,虽然普遍含有各种事物(色),但各种事物(色)都表现出无自性。然而胜义谛略有四种:一、世间胜义,即无蕴、十二处、十八界等;二、道理胜义,即苦、集、灭、道四谛;三、证得胜义,即我、法二空真如;四、胜义胜义,即一真法界。这里所说的胜义是指最后一说"胜义胜义",是最胜道所行之义。为了与前三义区别,故《颂》说:"此诸法胜义,亦即是真如。"此处"真"意指真实,表明非虚妄。"如"意指永恒如此,表明永无变易。"真如"意即此真实在一切发展阶段,其本性永恒如此,故曰"真如"。圆成实性也就是唯识实性。唯识性有二种,一是虚妄,即遍计所执性;二是真实,即圆成实性。为了除掉遍计所执性的虚妄计度,这里只说实性。唯识又有二性,一为世俗,即依他起性;二为胜义,即圆成实性。为了除掉世俗,因此这里只说实性。[1]

简单说,与遍计所执自性相对的是相无性。遍计所执性认为

---

[1] 《成唯识论》原文:"即依此前所说三性,立彼后说三种无性,谓即相、生、胜义无性。故佛密意说,一切法皆无自性,非性全无。说密意言显非了义,谓后二性虽体非无,而有愚夫于彼增益妄执实有我、法自性,此即名为遍计所执。为除此执,故佛世尊于有及无总说无性。云何依此而立彼三?谓依此初遍计所执性立相无性,由此体相毕竟非有,如空华故。依次依他立生无性,此如幻事托众生缘,无如妄执自然性故,假说无性,非性全无。依后立圆成实立胜义无性,谓即胜义,由远离前遍计所执我、法性故,假说无性,非性全无,如太虚空虽遍众色,而是众色无性所显。……然胜义谛略有四种:一、世间胜义,谓蕴、处、界等;二、道理胜义,谓苦等四谛;三、证得胜义,谓二空真如;四、胜义胜义,谓一真法界。此中胜义依最后说,是最胜道所行义故。为简前三故作是说:'此诸法胜义,亦即是真如。'真谓真实,显非虚妄。如谓如常,表无变易。谓此真实于一切位常如其性,故曰真如,……此性即是唯识实性。谓唯识性略有二种:一者虚妄,谓遍计所执;二者真实,谓圆成实性,为简虚妄说实性言。复有二性:一者世俗,谓依他起;二者胜义,谓圆成实,为简世俗故说实性。"(《成唯识论校释》,第597—598页)

万事万物实有、妄执五蕴、十八界和十二处都是实有，宇宙万有法和我都是独立实有、有自性。相无性认为，万事万物都无自性，如水中月镜中花虚幻不实，假有，空。并将认为万事万物实有，归咎于遍计所执性的虚妄分别造成的。

与依他起自性相对的是生无性。从无到有称为"生"。依他起自性意谓一切事物都是依靠因缘和合而生。《唯识三十颂》说："依他起自性，分别缘所生。"众缘指四缘，即因缘，等无间缘，所缘缘，增上缘，尤其指作为因缘的阿赖耶识所摄藏的种子。一般俗众认为这种"生"的过程是真实客观的。唯识学为了否定"生"的真实性，故立"生无性"。

与圆成实自性相对的是胜义无性。唯识宗把圆成实性称为胜义无性。"胜义"意谓圆成实性的真如之体殊胜，"无性"指我、法皆无自性，为空。此即胜义无性之义。《唯识三十颂》说："圆成实与彼，常远离前性。"意即在依他起自性上永远脱离遍计所执自性，此即圆成实自性。我空、法空所显示的各种事物的"真实"（空）就是圆成实自性，亦即唯识真性真如实性。圆成实性是唯识宗的终极理论指向，认识到圆成实性就可以成就佛境。

统而言之，唯识学认为世间一切事物都是无自性的。依遍计所执性而立的相无性，依依他起性而立的生无性，都不是由身生成，所以亦无自然性。至于最后圆成实性，远离遍计所执的我性和法性，所以它本身即是无自性的状态，这就是胜义无性。它是一切事物的最高理境，也就是真如。它永远是这种性质，也是唯识学的最高理想。在这个意义上，可以说三自性是了义说，三无自性（空相、空性)是不了义说。无相、无性是以有相、有性为基础的。①

此外,《成唯识论》认为,三性与无为法也有关系:

> 虚空、择灭、非择灭等,何性摄耶?三皆容摄。心等变似虚空等相,随心生故依他起摄。愚夫于中妄执实有,此即遍计所执性摄。若于真如假施有虚空等义,圆成实摄。有漏心等定属依他,无漏心等容二性摄,众缘生故摄属依他,无颠倒故圆成实摄。②

虚空、择灭、非择灭、不动、想受灭、真如无为六种无为法都属于三性。心等变似虚空等相属于依他起性。俗众妄执实有属于遍计所执性。真如假设虚空属于圆成实性。有漏心等及所变空等肯定属于依他起性,无漏心等及所变空等,可以属于依他起和圆成实性。但因为众多条件故属于依他起性,由于没有错误颠倒故属于圆成实性。由圆成实性可达到七真如:

---

① 见吕澂:《印度佛学源流略讲》,第168页。周贵华教授认为:"就瑜伽行派而言,承许两种实在:一种是在世俗谛意义上之实有,谓依他起性,即唯心所涉缘起之存在,这种实有离不开分别与名言,所以是世俗有,但其并非一切皆无,而不同于遍计所执性之虚妄,因此有时亦称胜义有(无?);一种是在胜义谛意义上之实有,谓圆成实性真如,即离言自性,是无二我所显之性。瑜伽行派还承许一切法的安立必依实有之体性,所谓'假必依实'。这样,瑜伽行学承许本体论,而且依于依他起性与圆成实性两种实有立说。"(周贵华:《唯识通论——瑜伽行学义诠》上册,第44页)舍尔巴茨基说:"按照佛教徒的观点,实在是能动的而不是静止的,而逻辑则假想了一种凝固于名言概念中的实在。佛教逻辑的最高宗旨就是要说明运动的实在与静止的思想构造的关系。"可见,"佛教的最终极实在是无时间的、无空间的、不动的。"(《佛教逻辑》,第7、103页)

② 《成唯识论校释》,第584页。

七真如者：一、流转真如，谓有为法流转实性；二、实相真如，谓二无我所显实性；三、唯识真如，谓染净法唯识实性；四、安立真如，谓苦实性；五、邪行真如，谓集实性；六、清净真如，谓灭实性；七、正行真如，谓道实性。此七实性圆成实摄，根本、后得二智境故。随相摄者，流转、苦、集三前二性摄，妄执杂染故。余四皆是圆成实摄。①

流转真如即一切有为法生灭流转的真实性质；实相真如指人无我和法无我所显示的真实性质；唯识真如指染法净法皆为识变，心染众生染，心净众生净，见识真如便能知此染、净之心等，这种真实性质称为唯识真如；安立真如即"苦"的真实性质；邪行真如即"集"的真实性质；清净真如即"灭"的真实性质。三性与七真如如何相摄？这七真如的真实性质属于圆成实性，因为这是根本智和后得智的境界。七真如的外相属性，流转真如、安立真如、邪行真如属于遍计所执性和依他起性，因为这是妄执的杂染法。其余四种都属于圆成实性。②圆成实性就是唯识实性，也就是依存于

---

① 《成唯识论校释》，第584页。
② 关于三性与四谛，《成唯识论》："三性四谛相摄云何？四中一一皆具三性。且苦谛中无常等四各有三性。无常三者：一、无性无常，性常无故；二、起尽无常，有生灭故；三、垢净无常，位转变故。苦有三者：一、所取苦，我、法二执所依取故；二、事相苦，三苦相故；三、和合苦，苦相合故。空有三者：一、无性空，性非有故；二、异性空，与妄所执自性异故；三、自性空，二空所显为自性故。无我三者：一、无相无我，我相无故；二、异相无我，与妄所执我相异故；三、自相无我，无我所显为自相故。集谛三者：一、习气集，谓遍计所执自性执习气，执彼习气假立彼名；二、等起集，谓业烦恼；三、未离系集，谓未离障真如。灭谛三者：一、自性灭，自性不生故；二、二取灭，(转下页)

各种因缘而起的诸法的真实本性。

当然,获得圆成实性要通过修道。《成唯识论》解释,由修道可达五位:资粮、加行、通达、修行、究竟位。究竟位是无上果位。[①]步入五位之后,"修所断种于十地中渐次断灭,金刚喻定现在前时方永断尽。彼障现起地前渐伏,乃至十地方永伏尽。八地以上六识俱者不复现行,无漏观心及果相续能违彼故。……所知障种将成佛时,一刹那中一切顿断,任运内起,无粗细故。……菩萨要起金刚喻定,一刹那中三界顿断。""如是菩萨于十地中勇猛修行十种胜行,断十重障,证十真如,于二转依便能证得。"[②] "十地"即是修菩萨乘的十个阶段,"二转依"即是菩提、涅槃二种转依。如此这样便成就佛境。

让每个个体成佛是佛教的理想,也是佛学理论的根本指向。舍尔巴茨基认为:"印度所有的哲学体系都是解脱的理论。因此,

---

(接上页)谓择灭二取不生故;三、本性灭,谓真如故。道谛三者:一、遍知道,能知遍计所执故;二、永断道,能断依他起故;三、作证道,能证圆成实故。……缘此复生三无生忍:一、本性无生忍,二、自然无生忍,三、惑苦无生忍。……世俗有三:一、假世俗,二、行世俗,三、显了世俗。如此应知即此三性。胜义有三:一、义胜义,谓真如,胜之义故;二、得胜义,谓涅槃,胜即义故;三、行胜义,谓圣道,胜为义故。无变无倒,随其所应,故皆摄在圆成实性。"(《成唯识论校释》,第585—586页)

[①] 《成唯识论》原文:"如是所成唯识相性,谁于几位如何悟入?谓具大乘二种姓者,略于五位渐次悟入。……何谓悟入唯识五位?一、资粮位,谓修大乘顺解脱分;二、加行位,谓修大乘顺决择分;三、通达位,谓诸菩萨所住见道;四、修习位,谓诸菩萨所住修道;五、究竟位,谓住无上正等菩提。云何渐次悟入唯识?谓诸菩萨于识相性资粮位中能深信解,在加行位能渐伏除所取、能取引发真见,在通达位如实通达,修习位中如所见理数数修习伏断余障,至究竟位出障圆明,能尽未来化有情类复令悟入唯识相性。"(《成唯识论校释》,第598—599页)

[②] 《成唯识论校释》,第674—675、680页。

终极实在便有两个方面的问题。它或者指生命在世间演化发展的最终极成分,或指这一演化过程在涅槃之中的永远中止。"①而对于唯识学来说,论证阿赖耶识是最高实体,也是实现佛境的通途,是理论的逻辑自洽。"本体论的分析是为解脱理论廓清场地,以达到道德完善和最后获救,达到圣者(ārya)的完美和佛陀的绝对……"②

从哲学的角度看,以真觉作为依据,以涅槃作为证据或结论,实际上是消解了人生问题。尤其是没有达到真觉实现涅槃的众生,其生命存在离不开根身,即诸色根及根依处与心识间关联。根身存活,所谓"暖",意谓与其关联的心识存在。如果于根身中无心识生起,此世生命即消失。在世的生命存活,以及根身与心识功能统合性,也在要求根本识阿赖耶识在其中的安立。这些问题就涉及唯识学的哲学存在论了。

---

① 舍尔巴茨基:《佛教逻辑》,第226页。
② 同上书,第10页。

# 中 部

# 末那识的存在论论证
## ——以海德格尔存在哲学为参照

唯识学坚持"我、法二空","我"也是自性空。但是,阿赖耶识在欲界、色界具有有情肉身,除了具有六根六识,还必须有关于肉身自我的意识。于是,唯识学把阿赖耶识转变的第七识独立出来,作为自我意识,这就是末那识。因此,论证《成唯识论》的哲学存在论,末那识是最好的入口。

海德格尔把社会生活中的生存个体称为"此在"(Dasein),认为此在在世的本质为"烦恼"(Sorge)。海德格尔的存在论与唯识学对于末那识和烦恼的论述,具有某种层面的相逢和对接。从中可以看到迄今人类历史上关于生存烦恼的两个最精致、最系统的哲学对话。

# 第四章　末那识："我"的幻相

关于末那识,《唯识三十颂》第五、六、七颂曰:

次第二能变,是识名末那,依彼转,缘彼,思量为性相。
四烦恼常俱,谓我痴、我见,并我慢、我爱,及余触等俱。
有覆无记摄,随所生所系,阿罗汉灭定,出世道无有。

这是《唯识三十颂》关于末那识的专门界定。由此三颂可知,末那识有以下特性和功能:第一,末那识是识的第二能变(初能变为阿赖耶识),而且是从阿赖耶识转变出来的,并以阿赖耶识为所缘(关联对象);第二,末那识性相为"思量";第三,末那识与四烦恼,即我痴、我见、我慢、我爱伴随,并和其他"触"等心法、心所法相应;第四,有情众生生于哪一界,他们所具有的末那识就属于哪一界。因此,末那识属有覆无记性,即有善、恶;第五,到阿罗汉位、灭尽定位、出世道位,末那识就消失灭尽。由此可见,末那识有诸多功能,其含义和意指有阐释的巨大空间。《成唯识论》从第四卷下半部到第五卷上半部由此展开,作了相当烦琐的阐述。

本书第一章论述了《成唯识论》对于"我执"的破拆,那是唯识学关于"我执"问题与外道和佛教各宗派的理论论战。与此同时,《成唯识论》试图阐述在六道中的"我"为何物,完成关于幻相

"我"的基本建构。然而,从末那识与"我"的关联入手,则会更加深入理解唯识学的存在论思想。因为末那识与"我"具有最直接的关联,因而只有末那识才能真正展示"我"的哲学存在论意义。本章从佛教关于"我"的思想发展描述入手,讨论末那识与"我"的一般关系,作为唯识学存在论的基础论证。

## 第一节 前唯识学关于"我"的思想

古代印度思想中,大多提倡有我说,即将人类个体生命现象所依存之本体称为"我"(ātman)。[①]"我"不仅是尘世一生一期生命功能所依主体,还是生死轮回和解脱的主体。在后来发展的有些思想理论中,"我"的概念突破了个体生命主体的范畴,被解释为包括生命现象在内的一切现象的常一自在本体。"我"是一切现象所依存的本体,是一切现象发生的最终因,亦是一切现象的最终归宿。此即吠陀奥义书传统的"梵我"说。印度哲学中之"我"(ego),在奥义书时代被奉作至高的"梵",在稍晚的数论哲学中成为纯然实体。瑜伽哲学的"神我"(puruṣa)是宇宙间第二个超验本体,是生命原有不变清净的本体。[②]数论和瑜伽派也用"独存"(kaivalya)

---

[①] 孙晶教授说:"关于我的观念,最早见于《梨俱吠陀》。……我一词有以下含义:(1)风(Ātman vātah);(2)自身(Svayam);(3)呼吸(Prāṇa);(4)肉体(Sarira);(5)本质(Sāra);(6)主宰者(Dhārayitṛ或Sūtrātman);(7)永恒智能的原理(Cetanātman)。Ātman一词的含义很多,关于它的起源学术界也有很多争论。"(孙晶:《印度六派哲学》,第56页)

[②] 参见李建欣:《印度古典瑜伽哲学思想研究》,北京大学出版社,2000年,第44页。

概念，表示脱离物质自性的精神的"我"。而吠檀多派否认二元，强调此概念为精神还原，将之归于大梵。① 关于"我"的行相在世间的不同说法和称谓，古代印度有意生、育养者、知者、见者、摩纳缚迦(mānavaka)、数取趣(pudgala)等。②

---

① 参见金克木：《梵佛探》，第352页。金克木先生论述《吠檀多精髓》时还指出：吠檀多派的不二论认为，"宇宙总名曰'梵'(brahma)，个人分名曰'我'(ātmā)。'梵即我'(brahma=ātmā)。悟了这个，亲证了这个，便得到解脱。这正是佛教'无我'的对面。"而且，吠檀多派认为，"这个'我'(ātmā, aham)永远都以'了'(upalabhi)为它的自相，换句话说，它的本来面目像太阳一样决未尝以有云遮蔽人眼而起变化，不过愚者为'无知'所蔽不见真相，便说它是为生死所缚而已。('了'指'了别'，见，知觉。)'我'为'无知'的'覆能'所限，才觉到自己(个人的)是作者，受者，有苦、乐痴，以及空虚的轮回生死；好像绳的本来面目被'无知'覆蔽之后，便起了蛇的形相一样。"(金克木：《梵佛探》，第320、329页)

② 姚卫群教授说："所谓'我'是印度宗教哲学讨论的核心概念之一。这一概念主要指生命现象的主体或宇宙现象的本体，较早出现在古印度婆罗门教圣典奥义书中。……奥义书哲人认为：在宇宙现象中有一个根本的实体'梵'。这一实体是一切事物的根本。或说事物在本质上就是这一实体。奥义书哲人还认为，人等生命现象中由一个主体，他们称为'我'。但众多人各自的'我'在实质上就是作为宇宙本体的'梵'。梵也可以称为'大我'，而每个人自身中的主体也可以称为'小我'。"(姚卫群：《佛教思想与印度文化》，北京大学出版社，2018年，第18—19页)此后印度婆罗门教形成了六个派别。"吠檀多派是婆罗门教中的主流派，它继承了奥义书中提出的梵或我的理论。此派中影响最大的思想家商羯罗倡导一种'不二一元论'。这种理论认为，人的生命现象中的小我与宇宙现象中的大我(梵)是一种不二一元的关系。"(同上，第19页)胜论派、正理派、弥曼差派认为，"生命现象中存有实在的主体，每个人有其自己的'我'。这'我'不是虚妄的，而是生命活动的中心，是轮回与解脱的主体。"(同上，第20页)数论派"在其理论中提出一个'细身'(或'相身'，linga)的概念，作为轮回的主体，认为细身是一种细微之物，因其细微而不受阻碍，轮转或流动于三世之中。这一细身的作用与其他派别中讲的'小我'类似。但数论派又认为有一个精神性实体'神我'。神我是世间事物或人生现象中产生精神现象的根源，是永恒存在的。……瑜伽派在这(转下页)

## 中部　末那识的存在论论证

无我论是佛教的别名,尤其在原始佛教时期是如此。原始佛学理论以人为中心,把重点放在人生现象上。按照佛学基本思想,人是由五蕴和合而成,所以人的问题又归结为对五蕴的分析。阿含佛教以无我说反驳众生的有我说。《杂阿含经》说:"若诸沙门、婆

---

(接上页)方面的观念与数论派类似,也认为存在一个精神性实体神我。"(同上,第20—21页)"吠檀多派的多数分支认为,无论是人还是世间事物,都是有主体的,这主体从现象上看有小我和大我之分,而在实质上则一切都以大我(梵)为主体。婆罗门教哲学系统中的胜论派、弥曼差派等则认为在人或人的生命现象中存在主体,即存在者主管人的思维、生理、心理等生命现象的阿特曼(小我)至于在世间一般现象中,则不存在吠檀多派所说的大我(梵)那样的实体。"(同上,第96页)"耆那教中也有与'我'相应的概念,称之为'命我'。这种命我被该教认为是精神性实体,而且是永恒存在的实体。"(同上,第21页)孙晶教授认为:在印度六派哲学中,"根据《梨俱吠陀》的轮回观,轮回就是人的肉体在死亡之后,他还有一个精神主体(灵魂)不死,根据他在生前所造业的情况,即受白业(善业)或黑业(恶业)的潜存不灭的影响(熏习),或到天国成神或重新变人或成为非人的兽类以及被打入地狱。"(孙晶:《印度六派哲学》,第51页)"在初期奥义书中,关于个人主体原理的概念主要有三:阿特曼、原人和呼吸。"(同上,第57页)"奥义书也把一切众生(Ātmanah)称作'个我'(jīva)或'生命我'(prāṇa),而一切众生所依靠和存在的内在意识的原人则是'大我'(Mahātma)。大我和无相梵是同一真理模式:'非此也,非彼也'(neti, neti)。"(同上,第87页)"数论关于神我的思想就是对奥义书中的'命我'(jīvātman)和'现象我'(bhūtātman)思想的延续,从而数论的神我和原质一样获得了本体论上的意义,形成了二元论。"(同上,第243页)"瑜伽又和数论一样,承认个我的存在,由原质发展出宇宙万有,而人生的归宿是神我的独存。"(同上,第272页)"胜论把呼吸、生命等生理现象和喜怒哀乐等心理现象都作为我存在的证据,并认为我是心理现象的主体,主体与各种心理现象之间的关系是密不可分的,离开了我就不可能产生任何的心理现象。黄心川认为,根据中国的资料,胜论常常把我看做一种独立于客体的、永恒的存在,也是一种认识的来源,它是一种意识或心理的东西。"(同上,第298—299页)"正理派的哲学目的是'我常论'(灵魂不灭论),这一主张贯穿于它的全部逻辑论述中。"(同上,第327—328页)而弥曼差派是以研究吠陀祭祀仪式为目的,认为"人生最大的目的和义务就是行祭仪,履行吠陀天启所定的神圣职责。"(同上,第339页)至少是没有否定现实人生的意义。

罗门见有我者，一切皆于此五受阴见我。诸沙门、婆罗门见色是我，色异我，我在色，色在我；见受、想、行、识是我，识异我，我在识，识在我。愚痴无闻凡夫以无明故，见色是我、异我、相在，言我真实不舍。"①这里所说的"我"皆为"无我"或"非我"增益而成，是一种颠倒执着。

同时，早期佛教还有一个特点是否认灵魂存在。佛教的个体现实生命观即为分段生理论，人生就是在六道中轮回的凡夫之生。他们寿命有分限，形体有段别，故称分段。"分"即齐限，就是命根。"段"为差别，即五蕴构成的人体。②人体的基本元素为蕴、处、界：由地、水、火、风四大等色法构成的人的色身即身体（五蕴组合）；加上十八界，即眼、耳、鼻、舌、身、意六根，色、声、香、味、触、法六境，和眼、耳、鼻、舌、身、意六识；再加上十二处，即六识和六境。有情众生在死后与生前的中间阶段称为"中有"（Antarābhava），亦称中阴，"阴"即五蕴之蕴。"中阴"意谓众生在死后不生中间所受之阴形；亦称"意成"，意谓由意而生之身；③亦称求生，意谓以常喜寻求畜生之处；亦称食香，意谓以香资身。有情凡夫亦称"本有"，意谓本来固有之性德。佛教认为，不论有情无情，本性万德圆满，故称本有。而凡人圣人之依、正二报，称为"身土"，身为正报，土为依报。正报亦称正果，依过去的业而感得果报正体。依报是有

---

① 《杂阿含经》卷十之二六七经，转引自周贵华：《唯识通论——瑜伽行学义诠》上册，第13页。

② 参见《成唯识论校释》，第183页注五。

③ "无色亦名意成天"。意天成，意即不用色界、无色界的饮食，只用意思存在的天神和人。（参见《成唯识论校释》，第477页）

情众生的身体，依止外物，受到色、受、想、行、识五蕴形成，与山林大地共有，名依报之土。① 这些凡夫肉身之外的主体就是我（补特伽罗）。

关于五蕴（阴）之说，周叔迦先生解释："蕴是集聚的意思。就是宇宙以及人生都是总有五类的法积集而成的。"② 佛教关于世界本质为五蕴合成的思想，实际上就是用无限分割的方法，将所有存在事物分离为无限的刹那起，这样，所有存在事物都成为相互联系的或共同作用的成分。③ 因此早期的佛教体系中，不仅自我根本不被认为是实在性，也没有与自我相对峙的完整的外部世界。④ 这也

---

① 参见《成唯识论校释》，第705页注三。

② 周叔迦：《唯识研究》，第12页。

③ 舍尔巴茨基说："这种相依缘起的观念对他们说来是如此重要，以至（指诸法的）'一切'竟成为他们的专门术语。这个'一切（诸法）'指划在这三类之下的成分：个人生命体的结合（称蕴集，有五蕴），认识的基础（即十二处，包括六根六境），个人认识为中心的世界现象的组合（即十八界，即使人有认识功能之六根，使功能有对象的六境，以及认识结果之六识），三者又称'蕴、界、处'三科。依据因果论，宇宙的观念是作为相互联系的分离元素的整体再现出来。它又再现于因缘总体（hetukāraṇa-sāmgri）的思想中。一事件存在担保了其因与缘的总体存在，果本身就只能是全体因缘的先在（be present），如果有了种子，有一定量的湿气、温度与土壤，没有别的不利因素干扰，就会有芽产生。这果就只不过是前面诸因总体的当下存在。这总体因当中也自然包含能作因（普遍因）。它等于说在特定时刻并不处于宇宙中的东西才不是此刻所生事件的原因，或者意味着，任何时刻任何变化中的宇宙与当时宇宙中的任何一部分都有联系。"（舍尔巴茨基：《佛教逻辑》，第154页）

④ 舍尔巴茨基认为："早期佛教称作无我论和无实体论（anātma-vāda 无我说＝nih-svabhāv-vāda 无自性说＝pudgala-nairātmya 补特伽罗无我 -pudgala-śūnyatā 补特伽罗空）。""外部世界也被分解为构成因素（saṃskāra-pravāha，行相似相续），它是自我依赖的对象，是自我感觉材料，佛教之前的其他哲学派别将这些感觉材料看成一种紧密的、实体性的、永恒的原理所呈现的变化着的现象，即物质。佛教清除了这一原理，（转下页）

第四章　末那识："我"的幻相

可以说是全部佛教的理论基础和出发点。

按照这个理论总结出所谓"四谛"或者称阿罗汉的四个原则，被舍尔巴茨基概括为："1)人生是充满不安的挣扎,2)其根源在于罪恶的贪求,3)永恒的静寂是最终目标,4)存在一条所有构成生命形式的相互依赖的能逐渐寂灭的道路。"① 整个生命现象被描述为十二有支(十二因缘),即十二个部分所构成的不停运转的轮子。② 周叔迦先生说："人的生死以及一切行为感觉,无非十二因缘的循环。所以人要求解脱一切束缚而求清净的快乐,唯有打断这十二因缘。"③

(接上页)从而这些物理元素就像心理过程一样称为变化的、短暂的(anitya)、迁流的。没有物质,没有实体(na kimcit athāyi),只有分离的元素,其中并不包含任何实体的刹那显现的能(energy),无休止的变易(becoming),存在的刹那之流。这是早期佛教的第二个特点。"(舍尔巴茨基:《佛教逻辑》,第13、9页)

① 舍尔巴茨基:《佛教逻辑》,第11页。

② 舍尔巴茨基说："这个轮子,也即生命现象的整个系列都受到作为中心成分的1)我们的有限知识(即无明)的制约。而当那种绝对的知识成分发展起来时,生命中一切幻象消失,永恒得以实现。现象生命中,2)进入胚胎前的势力(即行)产生一种3)新生命。新生命逐渐发展出4)生理的和心理的成分(名色);发展出5)六种感官(六入);6)五个外部的、一个内部的感觉或感知(触)以及7)感受(受);一个有意识的生命产生于一个成熟的个体,他具有:8)欲望(爱欲),9)自由行动(取)和10)占有(有);这之后便是11)新生,12)新的死亡(老死),如此不断的循环,直到那统治整个系列的无明成分停下来时,便达到了涅槃。这当中并没有严密的逻辑成分。经院哲学构造了特别的相互依存的因的理论。"(舍尔巴茨基:《佛教逻辑》,第160页)

③ 周叔迦:《唯识研究》,第36页。十二因缘:因包括无明、行、识、名色、六处、触、受、取、有、生、老死。缘起(Pratiyasamutpāda)即:1.无明缘行,2.行缘识,3.识缘名色,4.名色缘六处,5.六处缘触,6.触缘受,7.受缘爱,8.爱缘取,9.取缘有,10.有缘生,11.生缘老,12.死。舍尔巴茨基认为:"佛教特殊的因的理论(即十二因缘论)是佛陀本人创立的。佛陀的目的是捍卫自由意志而反对完全的决定论态度。即令在(转下页)

部派佛学对于解脱、涅槃主体的追问，展开了"我"的问题讨论，逐渐否定了上述无我说。上座系将解脱的主体归之于心。他们将禅定当作对于心性的认识，最后归纳为九类心。从人的生命开始为"结生心"，按照九轮心发展运转，直到"死心"为生命终结。心的活动历程伴随生命过程。吕澂先生认为："上座系把结生后的有分心看成为最初的，把死亡前的有分心看成为最后的，这一理论，使佛教的学说带有'我'的倾向了。原始佛学本是否认有作为人生主体的'我'的，但不承认是一回事，在实际中却又大讲'业力'和'轮回'，承认'业力'、'轮回'，没有'我'便讲不通，这就使得后来的犊子部就公开主张有补特伽罗，别的部派则采取了变相的说法。上座的'有分心'贯彻生死，成为生死之间的主体，也就是一种变相的'我'了。"①关于缘起与三界、我的问题以及时间问题，尤其是轮回和转识的主体问题（核心在于个体生命的生灭）等等，上座部曾有精致的论证，说明主体实有。

第一次部派分裂，犊子部就提出"补特伽罗"的有无问题。当

---

（接上页）佛陀的时代，自由与必然也是使人困惑的问题。佛陀创立这种理论主要是针对他的同时代人的。末伽利(Gosāla Maskariputra)宣扬了一种极端的宿命论，他否认了一切自由意志的可能性，放弃了一切道德责任。按他的观点，任何事物是不可更改地规定了的，无物可以改变。一切宿命，一切依赖环境与自然。他否认了一切伦理责任及沉溺于苦修行为。佛陀斥责他是邪恶之人，他像渔夫捕鱼一样，俘获人们并杀死他们。他的哲学是邪恶的理论。'业是实有，果报实有。'佛陀宣布道：'我坚持业的理论。'……无因则一切不生，一切都相依缘起。作为再世佛陀的世亲就不承认有自由意志。他说：'业有身、口、意三业。前二者依赖意业，意业则依赖不可言说的因缘条件。'"（《佛教逻辑》，第155页）

① 吕澂:《印度佛学源流略讲》，第46页。

时有化地部反对此说。而一切有部论典《识身足论》虽然对人我（补特伽罗）进行否定，但认为没有人我，而有五蕴。每一种蕴都是集合体，包含着过去有、现在有、未来有。五蕴的成分是实在的，他们由此承认一切法有。有部经《那先比丘经》虽然也是阐述无我思想，但却认为，轮回的主体如同薪火传承一样，不能说此火即是前火，也不能说此火与前火无关。实质上是暗示一个轮回的主体存在。后来第二次部派分裂，就起于犊子部和化地部关于补特伽罗（我）问题之争。案达派支持有我说，而法藏部反对有我说。犊子部主张有补特伽罗，并且是胜义有而非假有。犊子部主张有我，与他们的业力说有关。因为，既然承认有业报、轮回，有过去、未来、现在三世，就应该有一个生命的主体——补特伽罗。于是，部派佛教一般皆主张以五蕴安立"假我"（补特伽罗）。①

此后，正量部又对于人我实有问题，对有部提法有很多补充论证。他们认为，业力不失法，"虽空而不断，虽有而不常，诸业不失法，此法佛所说。"（《中论·观业品》引正量部颂）就是说色法、心法是分立的。色法在心法之外，其性质也不是刹那灭，而会持续一段时间。他们把表色看成是业的一类。表色是受到意的发动表现于外的语言行动。表色行动是实在的、固定的，此即业不失法之意。"我"是主体，生死流转，业力果报均以它为依。"不失法"与大乘的果报识、异熟识、阿赖耶识虽不相同，但有关系。他们对经部的执胜义我，发表了不同看法，例如清辩主张胜义补特伽罗不可得。这些宗派基本认为经部的补特伽罗不假，但是对于其真到什么程

---

① 参见吕澂：《印度佛学源流略讲》，第46、49、63页。

度,各家看法不一致。①

大乘佛学提出"二无我",扫荡种种"我"说,进一步破除了一切法之自性,颠覆了印度传统思想"常""一"自在实体说。中观学派的入"不二法门"之说,一定程度上对我之空、有问题实质进行了逃离和规避。唯识学属于有宗,但是对于我执,仍然破拆。《成唯识论》在关于生灭与时间以及主体实有等问题上,明确不同意部派佛教的看法:

> 有余部说,虽无去来而有因果恒相续义,谓现在法极迅速者,犹有初后生灭二时。生时酬因,灭时引果。时虽有二,而体是一。前因正灭,后果正生,体相虽殊,而俱是有。如是因果非假施设,然离断、常又无前难,谁有智者舍此信余?彼有虚言都无实义,何容一念而有二时?生灭相违宁同现在?灭若现在生应未来,有故名生,既是现在,无故名灭,宁非过去?灭若非无生应非有,生既现有灭应现无。又二相违,如何体一?非苦乐等见有是事,生灭若一时应无二,生灭若异宁说体同?故生灭时俱现在有,同依一体理必不成。经部师等因果相续,理亦不成,彼不许有阿赖耶识能持种故。②

---

① 参见吕澂:《印度佛学源流略讲》,第147、149页。
② 《成唯识论校释》,第175页。这里的论辩涉及佛教刹那灭的思想。舍尔巴茨基认为:连接终极实在与涅槃的支点就是佛教关于现实存在刹那灭的理论。"佛教哲学的基本特点是刹那存在论,佛教哲学大厦即建立在它上边。相依缘起论只是它的另一面。"(舍尔巴茨基:《佛教逻辑》,第119页)

大意是，上座部说，虽然没有过去和未来，但有因果永恒相续之义，就是说眼前的事物变化极其迅速，仍有产生和毁灭的两种时间。而且产生的时候需要因，毁灭的时候引生果。时间虽然有两种，而本体却是一个。前面的因正在毁灭的时候，后面的果正在产生，体相虽然不一样，但都是存在实有。按照这样说法，因果并不是虚假的施设，却离开断、常的错误见解，又避免了以前很多难题。智者应该不会舍此胜义而信其他不了义。《成唯识论》认为，这种说法都是虚假的言辞，没有实在内容。因为，不可能容许一念（刹那）之间有二种时间。生灭如同明暗，是两个互相违逆的事情，如何同时出现在眼前？灭如在现在，生应当在未来。因为存在实有而称为生，空无所以称为灭。既然存在实有是在当下，那么无就是过去了。灭如果不是无，生应当不是有。生既然是当下有，灭应当是当下无。而且，生和灭互相违逆，其自体则不能同一。如同苦乐不同一体一样，此为世间显见的事实。生灭之体如果同一，时间应当就没有起初、后来二时。由此可知，生灭如果是不同的话，其体也应该不是同一。所以，说生灭同在当下，同依一体存在，这在道理上不能成立。经量部等所说的因果相续，道理上也不能成立，因为他们不承认有阿赖耶识能够储藏种子。

《成唯识论》就是要说明，轮回转世的连续性不能中断。其次，轮回的主体不能存在于个体生命之上。那么，这个既不能中断又不是"我"的转世轮回主体，自然就落在阿赖耶识之上。

## 第二节　从肉身到心灵：唯识学对于"我"之生成的表述

《成唯识论》关于"我"的表述，概而言之就是：实体之我是不存在的。人之生命，人之出生、生长，肉体和精神，都不能离开阿赖耶识，是阿赖耶识所藏种子的变现。

> 诸种子者，谓异熟识所持一切有漏法种，此摄性摄，故是所缘。无漏法种虽依附此识，而非此性摄，故非所缘。虽非所缘，而不相离，如真如性不违唯识。有根身者，谓异熟识不共相种成熟力故，变似色根及根依处，及内大种及所造色。有共相种成熟力故，于他身处亦变似彼。不尔，应无受用他义。……有义唯能变似依处，他根于己非于用故，似自、他身五根现者，说自、他识各自变义。故生他地或般涅槃，彼于尸骸犹见相续。①

大意是，各种种子是阿赖耶识持摄的一切有漏法的种子。由于有漏种子是阿赖耶识所持摄，因此，种子是所缘（相关对象）。所谓"性摄"之"性"指种子之性，有三个意思：一为本体、自体之义，体与用相对，体即本识（阿赖耶识），种子是用，用是阿赖耶识之所摄；二是性的类别，异熟识和种子都是有漏，因为其类相同，可以

---

① 《成唯识论校释》，第143—144页。

成缘；三是性质，种子住于本识，与本识同属无记性，故阿赖耶识能够成为种子所缘，但种子又属于识的相分。就是说，阿赖耶识所持摄的烦恼种子，是缘起现行的因。无漏种子虽然不是阿赖耶识持摄，不是阿赖耶识的所缘，但也是依附于阿赖耶识，与阿赖耶识不能脱离，就像真如那样不能脱离唯识之理。所谓"有根身"指具有五根之身，亦即常人肉身。由于异熟识不共相种子的成熟之力，变似色根和根的依处(构成色根的物质，例如肉身以及生活环境)，也就是地、水、火、风四大种和所造的色法(色、身、香、味、触)，这就是一般众生的肉身。"内大种"是变似色根及根依处的种子。这种种子称为能造，所变色根及根依处称为所造。当共相种子到了成熟而有力的时候，于众生的身处亦变似色、声、香、味、触等尘世之相。如果不是这样，共相种子就没有让众生之他身受用之义。护法认为，共相种子只能变似依处，因为他根对于自己来说，并非无用。似自身、他身五根显现，只能说是自身、他身之识各自变幻，所以生上界或下界，或入涅槃，剩余的尸体遗骸，可见其相续存在。概而言之，人类个体从肉身到精神，以及展示在这个个体人类周围的环境、世界、宇宙，都是阿赖耶识种子所变现的。

而且，阿赖耶识还能够决定转生的三界、六趣和四生。"此是能引诸界、趣、生，善、不善业异熟果故"。[1]

---

[1] 《成唯识论校释》，第101页。三界：欲界、色界和无色界。欲界是普通世俗凡众生存的世界。色界是一定果位存在世界。无色界是菩萨和佛的世界。六趣：即六道。有天、人、阿修罗、畜生、恶鬼。佛家认为个体生命在此六道轮回。只有佛涅槃才能跳出轮回。四生：胎生、卵生、湿生、化生。

有情流转五趣、四生，若无此识，彼趣、生体不应有故。谓要实有、恒、遍、无杂，彼法可立正实趣、生。非异熟法趣、生杂乱，住此起余趣、生法故，诸异熟色及五识中业所感者不遍趣生，无色界中全无彼故，诸生得善及意识中业所感者，虽遍趣、生，起无杂乱，而不恒有。不相应行无实自体，皆不可立正实趣、生。唯异熟心及彼心所，实、恒、遍、无杂，是正实趣生。①

有情众生在五道（地狱、饿鬼、畜生、人、天）中轮回，在四生中流转，如果没有阿赖耶识，这些五趣、四生之主体则没有。趣生之体要具备实有、恒续、周遍（普遍）、不杂乱四个条件，才能成为正确的实趣和生命。假定不是以这样充足的四义真异熟法为趣生主体，那么，那个趣生主体就会杂乱。因为在人趣中而能生起别的趣和别的生命，这就造成杂乱。各种异熟果报所生的色法（眼、耳、鼻、舌、身）以及五识中，业所招感的结果，不能在五趣、四生生起，因为无色界中完全没有各种异熟色和五识中业所招感的结果，所以不是趣生的果报。各种生命得到善和意识中所招感异熟生无记，这两种结果虽然周遍三界五趣、四生而起，虽然不是杂乱的，然而在五种无心位中又间断了，不能恒常具有。此外，不相应行法离开了心、心所法就没有真实的自体，所以也不能立为正确的真实趣和生命。一句话，上面所述四种情况，只有阿赖耶识心、心所法才具备实有、恒续、周遍（普遍）、不杂乱四种条件，这才是有情众生的生

---

① 《成唯识论校释》，第221页。

命个体真实的报体。这里强调的是,有情众生(即现实的个人)与轮回的根源是阿赖耶识。[①]因此,

> 有色根身是有执受,若无此识能执受不应有故。谓五色根及彼依处,唯现在世是有执受,彼定由有能执受心。[②]

凡是一个色法的根身,一定是个东西来有执受它。"执"意为摄、持,"受"意为领、觉,"执受"意即摄为自体,持使不坏。共安危能生苦、乐等感觉、感受亦称为执受。如果没有阿赖耶识,那种执受就不应当有。色根就是眼、耳、鼻、舌、身五种感觉神经和外在感官,只有当下才有色根身体的执持和感觉,可见肯定是由于有能执受之心。就是说,众生在世生活所具有的感官能力,在于有执受之心,根源也在于阿赖耶识。

人之生命和生存活动,最基本需求乃食、色二字,而首先是吃饭。

> 一切有情皆依食住。若无此识,彼识食体不应有故。……世尊依此故作是言:一切有情皆依食住。……既异熟识是胜

---

[①] 太虚大师认为:"若这一期业报已尽,阿赖耶识对根身不持为自体时,这就名死;若最初受胎的一刹那,就名生。在人死时,全体都冷尽,但有一处暖气最后舍,在那时前六识都没有功能了,只有阿赖耶识还没有离去,要这暖气完全没有了,这才名死人。受生时最先成胎的,成立第一刹那生命的,也是阿赖耶识。"(太虚:《法相唯识学》,第184页)

[②] 《成唯识论校释》,第223页。

食性,彼识即是此第八识。①

一切有情众生都依靠吃饭进食维持生命。但如果没有阿赖耶识,就不应存在那个能进食的识本体。因此,佛说一切有情众生都依靠进食维持生命,既然异熟识是殊胜的进食本体,那异熟识就是阿赖耶识。

关于食的种类,《成唯识论》根据佛经说有四种,即段食、触食、意思食和识食。段是碎段之意,段食就是咀嚼咬碎进食,以消化为基本相。因为人有食欲而进食,所以段食属欲界。食物有香、味、触三境,不能"望梅止渴",可见色法不是段食,必须进食消化才可以作为食。触是接触之意。触食以接触外境为其自相,可以产生喜欢,所谓"景色醉人"、"秀色可餐",可以起"食"的作用。这种"触"对六种识都相应,但对第六识即意识最为殊胜,因为能够摄受喜乐,顺益资养。意思食亦称思食,本义为希望,即以希望为其自相,心中希望可爱的境界,可以作为所进食物,也对第六识意识最为殊胜。识食以执持为其自相,由段、触、思三食作用增长,使识可以起到"食"的作用,此识通各种识的本体,但第八识阿赖耶识的"食"义最为殊胜。

《集论》说,此四食由三蕴、五处、十一界所摄持。"四食"可以维持有情身体和生命运行。由上述可知,触食、意思食、识食属于三界,欲界众生主要是段食。但依靠识起作用,随从识的有无而有无。因为眼、耳、鼻、舌、身、意六识有时候间断,有时候转易,不

---

① 《成唯识论校释》,第232—233页。

## 第四章　末那识:"我"的幻相

能普遍存于三界,不能永恒维持生命,因为每当处于无心定、熟睡、休克、无想天时,就有间断。假设处于有心位,随其所依根所缘境的三性、三界、九地等之别而有变化,对于维持生命并非普遍,亦非永恒。① 所以,众生要维持生命吃饭,最终也要依赖阿赖耶识。

除感官之外,心灵的功能,例如记忆、认识、情感等,皆与阿赖耶识种子有关系:

> 然诸有情,各有本识,一类相续,任持种子与一切法更互为因,熏习力故得有如是忆识等事……②

每个有情众生各有一个阿赖耶识,持续不断,能使种子和一切事物互为原因。由于熏习的缘故而有如此记忆、认识、诵持、温习、恩爱、怨恨等人生活动和故事。③

不仅个体生命本身如此,与人生活相关的外在世界,即人的色、声、香、味、触五种感官及其对象世界,是由阿赖耶识种子所变现的。也就是说,所谓人和世界(即器世间),皆由阿赖耶识变现而来。

> 所言处者,谓异熟识,由共相种成熟力故,变似色等器世间相,即外大种及所造色。虽诸有情所变各别,而相相似,处

---

① 参见《成唯识论校释》,第232页。
② 《成唯识论校释》,第18页。
③ 孙晶教授说:"特别是一般的奥义书都认为识(vijñāna)是阿特曼的一种属性"。(孙晶:《印度六派哲学》,第221页)

所无异,如众灯明,各遍似一。①

阿赖耶识的相分有三种,即根身、器界和种子。根身即是有情众生的肉体。这里所说的"处"即属于器界,即阿赖耶识由于共相种子(即山河大地之类)的成熟之力,变似色、声、香、味、触等尘世之相,亦即地、水、火、风四大种以及四大种所造的色法,就是人类的自然和社会环境。虽然各有情众生所变体貌情状不一,但所变之相相似,他们的处所也基本相同,这就如同众多灯明共在一室,每一盏灯光都可以充满室内,似乎只有一盏灯一样。②

个体生命的基本特征亦是依赖阿赖耶识:

> 寿、暖、识三,更互依持,得相续住,若无此识能持寿、暖,令久住识不应有故。……由此故知有异熟识一类恒遍能持寿、暖,彼识即是此第八识。③

寿即寿命,暖指生气(人体热气)。《三法契经》说,寿、暖、识三种东西互相依持而得相续稳定,如果没有第八识执持人的寿命和生气(暖),令其久住之识就不应当有。由此可知,肯定有第八识异

---

① 《成唯识论校释》,第140页。
② 那么,是谁的异熟识变成如此之相?有三种观点。月藏认为,是一切有情众生的异熟识共同变化为此相。难陀认为,现身所居界及当生者的本识变为现所居界及当生界,他们的异熟识变化为这个世界。护法认为,若于身可以依持和受用,就可以变幻为彼器界。假设生于三千界所依持之处,其识也要变为此土。所以,尘世将要破坏或最初形成,虽然没有众生,尘世亦应当现存。(见《成唯识论校释》,第140—141页)
③ 《成唯识论校释》,第225页。

熟识始终一类,永恒周遍,能够执持寿命与生气。我从肉身到心灵,一切根源于阿赖耶识。

在生死问题上,即众生受生临死之时,也必须依赖阿赖耶识:

> 诸有情类受生、命终必住散心,非无心、定,若无此识,生死时心不应有故。谓生死时身心昏昧,如睡无梦,极闷绝时,明了转识必不现起。又此位中六种转识行相、所缘不可知故,如无心位必不现行。六种转识行相、所缘,有必可知,如余时故。真异熟识极微细故,行相所缘俱不可了,是引业果,一期相续,恒无转变,是散有心,名生死心,不违正理。……又将死时由善恶业下上身分,冷触渐起,若无此识,彼事不成。转识不能执受身故,眼等五识各别依故,或不行故,第六意识不住身故,境不定故,遍寄身中恒相续故,不应冷触由彼渐生。唯异熟心由先业力,恒遍相续执受身分,舍执受处冷触便生,寿、暖、识三不相离故,冷触起处即是非情,虽变亦缘而不执受。故知定有此第八识。①

各类有情众生在受生和命终之时,必定住在散心位,而不是住在无心或定心位。如果没有阿赖耶识,生死之时前六识作用通通不能现行。生死时,前五识之身,以及第六识之意,完全昏昧,如熟睡无梦和闷绝时一样,前六转识肯定不能生起现行。六转识的行相和所缘如同入无想定和灭尽定一样不现行。真异熟识极其细微,

---

① 《成唯识论校释》,第227—228页。

行相和所缘都是不可知的,是引前生业之果,于受生到临死中间一期相续中永无转变,是散心位和有心位,称之为生死心,不违佛教正理。而且,人之将死之时,行善者从脚往上发冷,行恶者从头往下发冷,最终冷至心而死。如果没有阿赖耶识就不会有此种情状,因为前六识不能执受身体。眼、耳、鼻、舌、身五识在死前逐渐被舍弃,第六识也不能掌控身体。只有阿赖耶识周遍持续执受身体。

但是,正如周贵华教授所认为的:"灭前六识的无想定是凡夫定,因此必有我执。此我执是内在且细微的,必然缘细隐层面之心识而不是缘外在粗相而产生。而此作为我执对象之心识,必须是最为根本之识,这样,方能具无始时来之相似相续性,而令其现似'主体'与'本体',以致内我执倒执其为'我'。由此可知,在细隐层面上,必有具内我执功能之识存在,亦必有作为其所缘对象之根本识存在。在唯识学中,前者称末那识,后者称阿赖耶识。"[1] 由此可见,作为概念的末那识的出现,是自然的,也是必然的。《成唯识论》引《楞伽经》云:

阿赖耶为依,故有末那转。依止心及意,余转识得生。[2]

以阿赖耶识为依,才能有末那识的转依变现。依止阿赖耶识和末那识,其他六转识才能生起。

本书第一章曾评述《成唯识论》对"我执"的破拆。简言之,

---

[1] 周贵华:《唯识通论——瑜伽行学义诠》下册,第350页。
[2] 《成唯识论校释》,第264页。

我执有两种：俱生我执和分别我执。俱生我执是第七识妄执第八识为"我"。分别我执是由第六识的分别作用所起的我执。这两种"我执"熏习形成的种子，使有情众生感到自己与他人的区别。第六识意识中缘于第八识所变现的五取蕴这个相分为其本质，或总缘五蕴为我，或别缘五蕴为我，把在心中所显的影相称为"我"。当然，这里最重要的是末那识妄执阿赖耶识为"我"。

但是，末那识的根本特质是"思量"，对于个体生命的"我"来说，末那识有一种反思自我的功能。这一点，则是本书这一部分讨论的中心。

## 第三节 思与意之分：我思故我在

人类个体有生命者的意识之流，是不可能中断的。即令人们在熟睡和完全的出神状态中，仍然存在某种意识的活动，梦境至少是个有力的证明。意识是生命现象的本质体现，也是人类生命现象的一个重要表征。虽然现代医学判断个体生命存在的最后依据是心跳，但人们都知道，脑死亡即意识功能消失，证明个体生命实质上已经死亡。除非重新恢复意识活动，否则"植物人"与失去生命的人，在社会学意义上没有本质的区别。而人类意识中，最核心和最深邃的是关于自我的意识。唯识学对于这个问题，也有极为深邃细密的思考，并展开了极为琐细复杂的探索和论证。这些探索和论证集中体现在关于末那识的性相、行相论述之上。

关于末那识，《唯识三十颂》第五颂曰："思量为性相"。《成唯识论》对于末那识的"思量"特性作了如下解释：

> 颂言"思量为性相"者，双显此识自性、行相。意以思量为自性故，即复用彼为行相故。由斯兼释所立别名，能审思量名末那故，未转依位恒审思量所执我相，已转依位亦审思量无我相故。
>
> 是识圣教别名末那，恒审思量胜余识故。①

"思量"为末那识自性和行相，即最重要最根本的特性。因为末那识以思量为自性，所以又用思量作为自己的行相。"思"是思虑，"量"是量度。八个识虽然都有思量，然而，第七识独自获得末那识名称，是因为它"恒审思量"的特别胜用的原因。由此性、相二义，能审思量，自所取名末那。在末那识没有达到转依位（入灭尽定）的时候，第七识永恒思虑量度第八识的见分为所执的我相。达到转依位后，就永恒思虑无我之相。在《成唯识论》看来，末那识的永恒特性是思量，末那识的这个能力胜于其他七识。②末那识所缘境是阿赖耶识，阿赖耶识所缘境是根身（诸色根及根依处）、器世间（山河大地）、种子。

末那识与第六识意识的梵文都用manas，那么，它们之间有何区别呢？为什么要把末那识从阿赖耶识中独立出来？《成唯识论》也回答了这个问题。

---

① 《成唯识论校释》，第286—287、255页。

② 末那识一说在古代印度就有，但是与唯识学所谓的末那识在本质上有很大差异。《梨俱吠陀·意神赞》："汝之末那，已经离开，到达遥远，阎魔境内。吾人使之，退转归来，长享生活，在斯人间。"孙晶教授解释说："首先，末那（manas）一词讲的是人的意识或'识'，在很多地方与心（citta）、阿特曼（ātman）是一个意思。"（上面引用诗歌及相关文字均见孙晶：《印度六派哲学》，第52页）

## 第四章 末那识:"我"的幻相

> 此名何异第六意识?此持业释,如藏识名,识即意故。彼依主释,如眼识等,识异意故。然诸圣教恐此滥彼,故于第七但立意名。又标意名为简心识,积集、了别劣余识故。或欲显此与彼意识为近所依,故但名意。①

大意是,末那识不同于第六识意识。首先,末那识是持业释(karmadhāraya),与藏识一样,按持业释构词法解释,"识"就是"意"。第六识意识是依主释(tatpuruṣa),如眼识等一样,眼识要依赖眼根才能产生眼识。同样,按依主释构词法解释,"意识"是意根产生的识。圣教担心人们混淆了二者区别,所以单独提出末那识。其次,标明末那识(意)是为了与其他识相区别,因为末那识不能像第八识那样集聚种子,又不能像前六识那样起了别作用,或者为了说明第七识是第六识的近所依,所以称它为"意"。就是说,在辨别具体物体的了识方面,末那识比不上前六识。"近所依"指末那识是第六识意识的比较近的所依赖之识。而第八识阿赖耶识则是第六识的远所依。②

这里需要着重解释,末那识梵文为manas-vijñāna,manas本义即为"意",vijñāna意为"识",合并为"意识",从字面看与第六识"意识"同名。二者区别首先在于梵文复合词的构词法不同。末那

---

① 《成唯识论校释》,第254—255页。

② 关于这一点,太虚认为:"谓第七识以现行之阿赖耶识为根本依;以阿赖耶识中所藏第七识之种子为种子依。盖七八二识无始以来,同为恒常无间,互相为依。(即第八识以第七识为俱有依,而第七识以第八识为俱有依。)又七识依八识之自体分而转变生起。"(太虚:《法相唯识学》,第112页)

识的构词法是持业释,第六识意识的构词法是依主释。从梵文构词法来说,持业释中的第一个词是描述、限制第二个词的。例如"黑鸟"一词就是持业释,"黑"是描述和限制"鸟"的,是说这不是"白鸟"或"蓝鸟"。依主释中的第一个词不描述第二个词,而是依赖第二个词。例如"烹饪书"一词,"烹饪"不是描述和限制"书"的("烹饪"是描述一种食物的制作方式),在这个词中主要是"书"的词义,"烹饪"含义依赖"书"的含义。从佛典文本义理解释来说,持业释亦名同依释,"持,谓任持,业者业用,作用之义,体能持用,名持业释"。例如,"藏识"一词,"识"是"藏"之体,"藏"是"识"之用,"识"体能持"藏"用,即名"持业"。依主释亦名依士释,此中"依,谓能依;主,谓法体;依他主法以主自名,名依主释"。例如,"眼识","眼"是所依,"识"是能依,意即眼之识。[1]吕澂先生解释更为简洁,认为持业意即"体"能执持"业用",所以叫持业。如"藏识"一词,这名词是以用显体,即以用来作区别。如识有各种各样的识,这种识含藏有种子的业用,即以之为区别。依主释意思为依他得名,如"眼识",识依眼得名,眼之识。[2]

末那识的构词法是持业释,"识"为体,"意"为用。此"识"为阿赖耶识的二转识,"意"是这个"识"的业用。而第六识意识作为依主释的复合词,"识"是"意"的"识",从属于"意",即"意之识"。

---

[1] 参见任继愈主编:《佛教大辞典》,江苏古籍出版社,2002年,第322页。
[2] 参见高振农:《吕澂〈关于六离合释的解释〉》,《中国佛学》,2012年,总第21期。杨维中教授说:"所谓'持业释'及'依主释'是梵文词的结构方式和解释方式。'持业释'所及之词两个词是对等关系,用现在的语法术语讲叫'联合词组',如藏识就可依此解释为'藏'即'识'。'依主释'所及之词两个词根为主、谓关系,用语法术语讲叫'主谓词组',如'眼识'可依此而释之。"(杨维中:《中国唯识宗通史》下,第688页)

## 第四章 末那识:"我"的幻相

由此可见二者的区别。

从性质和功能来说,末那识的性相、行相是"恒审思量",这与第六识意识有重大区别。关于第六识的性质和功能,《唯识三十颂》第八颂曰:"次第三能变,差别有六种,了境为性相,善、不善、俱非(即无记——引者)。"首先,第六识属于前六识,是识的第三次转变。而末那识是识的第二次转变。因此,六识的转变也与末那识有关系。这是末那识与第六识自性差异。其次,第六识(意识)功能为"了境",即分别辨识,分为五俱意识和不俱意识两种。所谓五俱意识,即是与前五识同时俱起的意识,亦称明了意识,因为这五种意识能够明了缘取相应的外境。不俱意识即指不与前五识同时俱起而是单独生起的意识。①这与末那识"恒审思量""妄执自我"也是具有质的不同。

《成唯识论》还对于末那识与六识的关系进行了琐细的论述和解释。因为前六识都是以了别境相为体性的,因此,也是以了别境相为行相。前六识顺随六根六境,称为眼识、耳识、鼻识、舌识、身识、意识。它们是从内部的六根(感觉器官)和外面的六尘(感觉现象)生起的,所以它们之间自然就有六种不同。这前六识随六根具足说来,还具有五种含义,即这六识都是依据根之识、根所发之识、

---

① 五俱意识又分为五同缘意识和不同缘意识两种,五同缘意识即是与前五识同时俱起并同缘一境的意识;不同缘意识,指它虽然与前五识同时俱起,但所缘境却不相同。不俱意识又分为五后意识和独头意识两种。五后意识即是五俱意识之后相续现行意识;独头意识即指不与前五识同时俱起而单独生起的一种意识。独头意识又分为三种:一为定中意识,即修炼禅定时的意识,前五识都不生起,只有缘境的意识;二为独散意识,又称散位独头意识,不与前五识俱起,只是回忆过去和追求未来等单独生起的意识;三为梦中意识,即是做梦时的意识。(参见韩廷杰:《成唯识论校释·序言》,《成唯识论校释》,第12页)

属于彼根之识、助于根之识、如于根之识。虽然六识都依末那识发挥作用，但只有第六识意识依第七识不共之根而立意识之名，这样其余五识相续称为眼、耳、鼻、舌、身识等，就不会与意识混淆。或者说只有第六识依意根，故称为意识。前六识都因所依而得其名。但是，心（阿赖耶识）、意（末那识）并非如此，不能与它们混为一谈。前六识或者称为色识、声识、香识、味识、触识、法识，这是因为随顺所缘外境而立识名，即是随顺对于六种外境的了别功能而立识名。色识等前五识只能了别色等五种外境，法识（意识）能够了别一切事物。或者说因为第六识了别法，所以只有它能得法识之名，由此避免六识之名相混。当然，这是在凡夫俗子身上如此，如果圣人得到自在，六根可以互用，一个根所发之识就能缘一切外境。例如，观世音菩萨名字的意思，就是他能用眼来观看声音。①

上述大意即是，人们五种感觉器官的认知活动，都与意识相关，而意识又与自我意识（末那识）相关。五种感官是直接与外在事物发生关系的，意识能够对于这些感觉认知发生关系和作用，但是末

---

① 《成唯识论》原文："此识差别总有六种，随六根、境种类异故。谓名眼识，乃至意识，随根立名具五义故。五谓依、发、属、助、如根。虽六识身皆依意转，然随不共立意识名，如五识身无相滥过。或唯依意故名意识，辨识得名心意非例。或名色识，乃至法识，随境立名顺识义故，谓于六境了别名识。色等五识唯了色等，法识通能了一切法，或能了别法独得法识名，故六识名无相滥失。此后随立六识名，依五色根未自在说。若得自在，诸根互用，一根发识缘一切境，但可随根无相滥失。《庄严论》说如来五根一一皆于五境转者，且依粗显同类说。《佛地经》说，……次言'了境为性相'者，双显六识自性行相，识以了境为自性故，即复用彼为行相故。由斯兼释所立别名，能了别境名为识故。"（《成唯识论校释》，第332—333页）周贵华教授认为：末那识体的生起除形式因外，主要有五缘，谓自识种子、前念自识、自相分、俱有依根本依第八识，作意等。阿赖耶识体缘起除形式因外，有四缘，谓前念自识、所缘缘即种子、根身、器世间，俱有依末那识，作意等。（周贵华：《唯识通论——瑜伽行学义诠》下册，第408—409页）

第四章　末那识："我"的幻相

那识和阿赖耶识不能与外在事物直接发生关系，也不能直接与感官认识发生直接关系，而是这些认知现象和意识活动的最后根源。太虚大师认为，末那识"实则此意可染可净，在凡夫地位上有染，可名染污末那，若一声证入圣位，即可名清净末那，故染净圣凡之关系，均由末那转与不转，成清净与不清净的分判。又意有'意识'与'意根'之分，在第三能变中有眼识、耳识、鼻识、舌识、身识、意识。普通所谓意识，是第三能变中之第六意识。但彼意识亦如眼识等，必定有他所依之根，他的所依之根，才是此第七末那，所谓意根，正是指此末那。"①

由此可知，第六识意识在八识中作用很重要。②但是，第六识意识与自我意识无关。与自我意识相关的唯有末那识。《成唯识论》下面文字则说得更加清楚：

> 云何应知此第七识离眼等识有别自体？圣教、正理为定量故。谓薄迦梵处经中说，心、意、识三种别义。集起名心，思量

---

① 太虚：《法相唯识学》，第141页。
② 关于第六意识，周贵华教授认为，前六识是粗显识，末那识和阿赖耶识是细隐识。八识皆有自己不共所缘境，意识所缘境不受局限，意识可以一切存在对象为思考对象。意识能缘过去现在未来三世，其余七识缘现在法。其他七识所缘境各自受到局限。"第六意识(mano-vijnana)之认知功能在诸识中最强有力。它一方面对境的分别力在诸识中最胜，另一方面所缘境界最广，即能周遍缘虑一切法。此识依于染污意，对一切法周遍计度，颠倒执着，被称为能遍计(parikalpa)。而且它对分别力弱的粗显的前五识的生起，起着助导作用，而被称为分别依。与意识相应的想心所是取相与安立名言之根本，而其思心所是造作善恶业之根本。具体而言，依据想心所取相安立名言而起言说，由此，意识之分别，乃至与之俱起之一切分别，被称为意言；依于思心所造恶业而感引生死轮回，造善业而趣涅槃，因此意识(摄心所)被认为是众生沉沦生死与趣向涅槃之根本动力。"(周贵华：《唯识通论——瑜伽行学义诠》上册，第210—211页)

名意,了别名识,是三别义。如是三义虽通八识,而随胜显,第八名心,集诸法种起诸法故。第七名意,缘藏识等恒审思量为我等故。余六名识,于六别境粗动间断了别转故。如《入楞伽》伽他中说:"藏识说名心,思量性名意,能了诸境相,是说名为识。"又大乘经处处别说有第七识,故此别有。[①]

——为什么说末那识独立离开眼识等六识别有自己一体?这是圣人说教和佛教正理所告知的。世尊在《解深密经》《楞伽经》中多处说到心、意、识三种不同含义。积集种子生起现行的是心,即阿赖耶识。起思量作用的是末那识。起了别作用的是前六识。这是三类不同的含义。这三种含义虽然通八个识,但随顺殊胜作用而显示阿赖耶识称为心,因为它为一切现行所熏习,形成种子,积集起来产生万物万事。末那识称为意,缘阿赖耶识等,永恒思虑,妄执阿赖耶识为我。其余六识称为识,因为它们对六种不同外境起了别作用,粗显易知,有变动,有间断。《入楞伽经》说:"藏识称为心,思量特性称为意,能够对外境起了别作用称为识。"而且,大乘《入楞伽经》《佛地经》多处特别讲到有末那识,所以末那识确定有。

从这些解释我们看出:第一,末那识主要性质和功能是"恒审思量";第二,这里特别提出末那识与第六识意识具有实质性的区别。《成唯识论》认为,末那识的"恒审思量"能力胜于其他七识。"恒审思量"意谓不间断地起思虑作用,与有间断的前六识不同。末那识的这种思考、思维的能力,类似于英文词thinking,而第六识

---

① 《成唯识论校释》,第317—318页。

意识用英文类似conciousness。[1]

太虚大师对于末那识"思量为性相"的性质作出如此解释：

> "思"，有令心造作之业用，"量"，有决定判断之智慧。"性"，谓体性，"相"谓行相，第七识，恒审思量，恒无间断，审无忧夷。所思量者，唯取第八识之见分为内自我。体性如是，行相亦如是。又八识有思无慧，故恒而不审；六识有思有慧，但忽起忽灭，故审而不恒；前五识，有间断无分别，故不恒不审；惟第七识，恒审思量，胜余七识。[2]

可见，末那识最重要的功能是思量，即思考，也就是思维和判断功能。而"恒审思量"的对象是"我"。因此，末那识是"我"的反思，即自我意识。[3]

---

[1] 周贵华教授说："在想之基础上，才有思(cetanā)心所的引发，行(saṃskāra)蕴则是以思为根本安立的。在佛教中'诸行'指一切生灭变化的有为法，因此行蕴实际包括除余四蕴外之一切有为法。思是对境审虑、决定而发起善恶无记之动作的功能。一般所说的思维、意志，与思心所之主要功能相似。在行蕴中，意识的思心所最为重要，其为造业之本，在诸惑之推动下，造善造恶而感引苦果流转不息。""受(vedanā)相当于感觉、感受。它被区分出来，并被置于心因素之首位，是为了表示受对生命存在的基本意义。阿含佛教之根本教理四圣谛之首谛苦圣谛就是源于对受的分析。以苦谛为根据，才能将生命之存在状态判为苦而有避苦趋寂之解脱道的建立。当然，苦谛所涉之受并非局于心理之方面，而更主要是在生命存在之意义上而言的。"(周贵华：《唯识通论——瑜伽行学义诠》上册，第191、190页)

[2] 太虚：《法相唯识学》，第112页。

[3] 舍尔巴茨基说："这一派(唯识宗——引者)一开始就依据'我思故我在'的原则承认了思想(识——译者)的实在性。思想因素(诸识——译者)被认为是刹那生灭的。"(舍尔巴茨基：《佛教逻辑》，第133页)

# 第五章　末那识与自我意识

自我(ego)作为一种被关注的对象，总伴随着意识状态，这就是自我意识。自我意识不同于关于"我"的意识。从某一语义层面说，"关于我"的意识也属于动物性的意识，因为每一种类的动物都有自体保存和种族繁衍的本能，否则就会遭遇种类灭绝。动物的这种自体保存和种族繁衍都有"我"的意识，即"关于我"的意识。而"自我意识"是一种对于自我能够反思的意识，是一种把自我作为对象进行考察的思考力，类似于海德格尔所谓"存在者对于自身的发问"。这是只有人类才具有的一种独特意识。

唯识宗把阿赖耶识转变的第七识末那识独立出来，作为自我意识，表明阿赖耶识在欲界、色界的有情众生，除了具有有情肉身(即根身)之外，还必须有"我"的自我意识。当然，唯识学破拆"我执"，认为"我"也是自性空。但是，能够认识到"我"的自性是空，就是一种自我意识。此外，末那识在未转依位妄执阿赖耶识为"我"，与此相关有相应的心法、心所法。这些内容都是与自我意识相关的心理和精神活动。因此，从哲学角度讨论唯识学，考察自我意识，末那识是最好的入口。

## 第一节 "我之我"

小乘佛学宣扬众生无我，否定生命个体之我。大乘佛教阶段，虽然空、有二宗都破拆"我执"，但是，相对于众生执着的"我"，无论是五蕴和合的身体之我，喜怒哀乐忧惧感受之我，还是思想言说和为善为恶行为之我，甚或执着于心性灵魂之我，唯识学的独特性在于，提出了末那识妄执阿赖耶识为我的学说。

按照《成唯识论》解释，末那识有三个位：第一是补特伽罗我见相应位，包括一切有情众生、小乘佛教的声闻、缘觉、有学位和七地以前的菩萨，都在此位。此位主张有"我"。第二是法、我见相应位，包括一切有情众生、小乘佛教的声闻、缘觉位，还有未达法空智果的菩萨，都在此位。此位主张法有。第三是平等性智相应位，即佛果位。此即证得"二空"的圆成实性之位。前二位是有漏位，第三位是无漏位。①

末那识以阿赖耶识为其存在活动的依据，俱时而转。同时，依据并止于阿赖耶识和末那识，前六识才得以转生。转依之前，末那识只有缘自阿赖耶识的见分，作为"自内我"。转依之后末那识变

---

① 《成唯识论》曰："此意差别略有三种：一补特伽罗我见相应，二法我见相应，三平等性智相应。初通一切异生相续、二乘有学、七地以前一类菩萨有漏心位，彼缘阿赖耶识起补特伽罗我见。次通一切异生、声闻、独觉相续，一切菩萨法空智果不现前位，彼缘异熟识起法我见。后通一切如来相续，菩萨见道及修道中法空智果现在前位，彼缘无垢、异熟识等起平等性智。补特伽罗我见起位，彼法我见亦必现前，我执必依法执而起，如夜迷杌等方谓人故。"（《成唯识论校释》，第311—312页）

为平等性智,唯缘真如。末那识的性质是有覆无记。《八识规矩颂》称其基本特征即为"恒审思量我相随"。"恒审思量"意谓不间断地起思虑作用,与有间断的前六识不同。"我相随"意谓末那识缘阿赖耶识,妄执阿赖耶识为"我"。"我"之意识,来自末那识。

因此,末那识最本质特征就是,最直接从阿赖耶识获得"我"的意识。此即末那识之"所缘"。《唯识三十颂》第五颂所说"次第二能变,是识名末那,依彼转,缘彼,思量为性相。"这里两个"彼"皆指阿赖耶识。"依彼转"、"缘彼",是指末那识从阿赖耶识的由来。"所依"是事物生起所凭借的条件。"所缘"是事物缘起的依据。[①]但是,关于阿赖耶识是末那识的"所依"和"所缘",具体说来又比较复杂。先从《成唯识论》对末那识之"所缘"解释说起。

> 所缘云何?谓即"缘彼"。"彼"谓即前此所依识,圣说此识缘藏识故。[②]

《唯识三十颂》说末那识"所缘"之"彼",即阿赖耶识。因为《瑜伽师地论》《显扬圣教论》都说末那识缘藏识。然而,在末那识如何"缘彼",即如何缘起于阿赖耶识的问题上,唯识宗各家又有不同解释。他们的不同解释涉及末那识与阿赖耶识的关系,也涉及末那识与"我"以及自我的本能意识之间的关系。《成唯识论》

---

[①] 舍尔巴茨基认为:"有三种公式可以解释'相依缘起'的意义。第一,'此有故彼有'。第二,'无真实之物生起,惟有相依。'第三,'诸法不作(forceless)'。"(舍尔巴茨基:《佛教逻辑》,第143页)

[②] 《成唯识论校释》,第281页。

## 第五章 末那识与自我意识

介绍了四种观点。

第一是难陀等,认为末那识只缘阿赖耶识识体及其心所,因为《瑜伽师地论》《显扬圣教论》说末那识的我执、我所执永远相应,即谓缘阿赖耶识识体及心所,按次第执为我和我所。由于各种心所法都不离识,如"唯识"所说,因此毫无违背圣教之过失。①

第二是火辨等人,认为末那识只缘阿赖耶识的见分及相分,按照次第执为我及我所,因为相分、见分俱以阿赖耶识为本体,故不违背圣人之说。②

第三是安慧等人,认为末那识只缘阿赖耶识及其种子,按照次第执为我及我所,因为种子是阿赖耶识的现识功能,体是假有,非实有其物。③

第四是护法等人,认为末那识的见分只缘阿赖耶识的见分,执持为"我"。末那识绝不缘阿赖耶识的相分,因为相分属于色法,属于根身、器界等外缘。

> 此识俱萨伽耶见,任运一类恒相续生,何容别执有我、我所?无一心中有断、常等二境别执俱转义故,亦不应说二执前后,此无始来一味转故。应知此意但缘藏识见非余,彼无始来

---

① 《成唯识论》原文:"此意缘彼识体及相应法,论说末那我、我所执恒相应故,谓缘彼体及相应法,如次执为我及我所。然诸心所不离识故,如唯识言无违教失。"(《成唯识论校释》,第281页)

② 《成唯识论》原文:"应言此意但缘彼识见及相分,如次执为我及我所,相、见俱以识为体故,不违圣说。"(《成唯识论校释》,第281页)

③ 《成唯识论》原文:"应说此意但缘藏识及彼种子,如次执为我及我所,以种即是彼识功能,非实有物。"(《成唯识论校释》,第281页)

一类相续似常一故,恒与诸法为所依故。此唯执彼为内自我,乘语势故说我所言。或此执彼是我之我,故于一见义说二言。若作是说,善顺教理,多处唯言有我见故,我、我所执不惧起故。未转依位唯缘藏识,既转依已亦缘真如及余诸法,平等性智证得十种平等性故,知诸有情胜解差别示现种种佛影像故。此中且说未转依时,故但说此缘彼藏识,悟迷通局理应尔故,无我我境遍不遍故。①

按照护法等人的看法,末那识与萨伽耶见(Satkāyadarśana,意译身见、我见)自始就是一起,它们非常相似,而且永远相续相生。一切错误的见解和烦恼都依此而生,因此就不能允许包容下其他执有我、我所的观念。(所以,那些说末那识缘相分和种子的说法都不能成立,)因为任何发生的一念心中,不可同时具有断、常等二见。两种不同的观点不可能同时而起,也不能说两种观点一前一后,像这种状况无始来就是如此。由此可见,末那识只缘阿赖耶识的见分,而不是其余的相分、种子和心所。因为,阿赖耶识见分无始来一类相续,似常不断(而色法、种子有断),并且如一贯之(而心法有多法),因为心王永远是诸法之所依。末那识只执阿赖耶识的见分为内自我,(说我所是因为)按照语言习惯而说我所,实际上并非离我而生起我所。或者说,末那识执阿赖耶识为"我之我",在一个"我见"上有"我"和"我所"两个意思。但是,末那识所执是那个"我之我",即最根本的"我"。前"我"是第六识所缘五蕴

---

① 《成唯识论校释》,第281—282页。

和合之我,后"我"是末那识计度关联的我。前"我"是用,后"我"是体。这样看就知道,在一个"我见"之上,有我和我所两个含义。只有这样解释,才能够善顺佛教教理。《瑜伽师地论》《显扬圣教论》多处只说我见,但是,"我"与"我所"不能同时生起。当没有达到转依之位时,末那识只缘阿赖耶识。达到转依位以后,末那识亦缘真如及其他的一切法,因为末那识所转的平等性智,具有十种平等性,因为佛知道各种有情众生具有不同的胜解,故显示差别种种佛影像。此处暂且说到末那识没有达到转依位时,所以只说末那识缘阿赖耶识,"悟迷通局理应尔故,无我我境遍不遍"大意为:迷时是局限,范围狭窄;悟时是通达,范围较宽。道理如此。末那识之转与未转,缘境迥异。已经在转依位,能够通达无我,能够遍缘;在未转依位,是迷,局势于我就不能遍缘了。[①]

太虚大师也认为:"'缘'为缘虑,'彼'亦指阿赖耶;但专指阿赖耶之见分。第七识所依之根,所缘之境,虽皆为八识,但其缘为内我之专一境,非第八识相分,不专一故;亦非第八识之自证分及证自证分,唯第八识自证知故。"[②]

从上述解释可以看出,四家所论末那识的焦点都在"我",分歧是末那识是缘阿赖耶识及其种子,还是阿赖耶识见分和相分。护法所论为《成唯识论》所采用的基本观点。护法所谓"此执彼是我之我",指出末那识所缘阿赖耶识见分,而应该强调的是,末那识所

---

[①] 《成唯识论述记》卷五解释为:"无漏名悟,有漏是迷,无漏是通,有漏名局,道理应尔。无漏无我,有漏有我,无我境遍,有我不遍故也。"(见《成唯识论校释》,第286页注引)

[②] 太虚:《法相唯识学》,第112页。

执为"我之我"。阿赖耶识的见分属于意识和精神的状态,末那识由此为所缘。而末那识所执持的"我之我",前"我"是第六识所缘五蕴和合之我,也就是五蕴聚合的肉身,不是末那识的所执对象。只有后一个"我"才是末那识之所执对象。这个"我"是我之"体",而肉体的我则为"我"之用。因此,可以说前"我"是肉体,后"我"是我的意识,或我的本体。但是,我认为,这个"我之我",无论是作为本体之我,还是作为一种自我意识,都是我的一种本能意识(属于下意识、无意识之类),类似弗洛伊德所说的"本我"(ego),接近动物的本能,还没有达到弗洛伊德所谓的"自我"。

可见末那识所执的"我之我",实则是一个"我"的本能意识或人类自身的实在感(本体意识)。《成唯识论》卷一亦曰:"我见不缘实我,但缘内识变现诸蕴,随自妄情种种计度。"[1]意思是,我见不是缘真实的"我",是缘内识变现的五蕴,只是随众生的种种虚妄情感欲望而误执为"我"。"我"只是末那识的妄执,即幻相。我执习气,即虚妄执着有"我"和为"我"所有的种子。舍尔巴茨基认为:"早期的佛教体系中,严格说起来并没有与统一的自我相对峙的统一外部世界。自我根本不被认为是实在性的。这是佛教的出发点。自我后来被纯的意识成分所取代,对这种纯的意识说来,一切别的成分都是外在的。感受(受)、思想(想)与意志(行)并不被认为是自我意识(自明)的。对于这种单独的意识成分,它们都是外在的,是'所行之境'(对象)。感受或思想之于意识,是作为可触摸的成分或一块颜色之类外在性质的。那被分解为解构成分的个

---

[1] 《成唯识论校释》,第10页。

## 第五章 末那识与自我意识

体是自我(补特伽罗,灵魂),但它也只是藉因果律聚合一起的分离的诸元素。这一人格存在包含了通常被认为存在于外部世界中的以及相应的所谓内部世界的诸成分。对这种自我人格说来,这一切成分都是内在的。这些成分之间是相互外在的。当外部世界的某一对象被两个自我(补特伽罗)思考时,它便作为单独的项进入了两个复合体成为它们的构成成分。"但是,唯识学在"我"的问题上有所进展。"世亲本人是这样谈及外在的及内在的成分的:'如果自我(或这种人格)根本不存在,那么就自我说,在内或在外的诸成分有什么在内在外的可能呢?'他的回答是,意识之被譬喻性地称作自我,正由于意识给执有自我的错误观念提供了某种支持。"[①]就是说,一方面唯识学承认有执持自我的意识,另一方面,这个意识应该被当作幻相。这个观点的根据显然是唯识学"万法唯识"的根本立场,值得我们参考。但是,本节讨论的恰恰是被唯识学作为唯一实体的"识"与自我意识的关系,因此与舍尔巴茨基所说不是一个层面的问题。

虽然"我之我"属于关于我的本能意识,但是,这只是末那识

---

① 舍尔巴茨基:《佛教逻辑》,第611—612页。关于古代印度和佛教的"自我意识",舍尔巴茨基还认为:"印度哲学中之自我(Ego)在奥义书时代被奉作至高无上的'梵',在稍后的数论哲学中成为纯然实体。之后,又在小乘佛学中降格为带有第六种感觉功能的简单的思想相续系列。到了佛教逻辑派别中甚而失去这一较低的地位,成为了每一意识状态的伴随成分,成为了'先验的统觉'。说它是先验的,因为意识之分裂为主客体总是先于可能的经验,从而它成为了经验之可能的先决条件。不过我们以后可以看到,在其发展过程的终了,在改造吠檀多哲学当中,在中观及中观及中观自立量(mādhyamika-svātantrika-sautrāntika)派和中观随应破瑜伽派(mādhyamika-prasagika-yogācāra)哲学中,自我的地位重新升级,重建了它的至高梵的地位。"(舍尔巴茨基:《佛教逻辑》,第196页)

中的一个意涵。《成唯识论》在另一个层面,展开了关于末那识与哲学层面自我意识的表述。

## 第二节 "我相随"

原始佛教宣扬无我的思想,不可能有关于自我意识的讨论。后来大乘佛教在关于佛性的讨论中,实质上涉及了自我意识。《大涅槃经》用"众生界"和"佛界"来形容众生和佛性,表示众生一律平等,并同时认为佛法身不灭,而证得佛身即由认识佛性而来。佛性梵文为Buddha-gotra,"性"意思是姓、种类、种族。用gotra一词的意思,是在姓阶血统基础上推论出更大的宗族。佛教提出五种姓(5-gotra)的说法,也是模仿当时社会划分姓阶的方法。其后《狮子吼品》就把佛性说成法性,亦即胜义空,把了解性空的智慧也包括在佛性之中,并用如来藏表示佛性。"藏"也是借用"胎藏"必然分娩之意。大乘佛学提出众生都有佛性的观点,自然蕴含着对于每个个体自我的认同意识,即自我意识。

关于末那识所缘阿赖耶识的说法,太虚大师解释说:"第七缘第八见分为我,是真带质境。因为所缘所执的我,虽不是第八见分的真相,却是自识托第八见分为本质而起变的妄相,所以'我相'是由第八见分同自识两方面的关系变起的。现在以很明显的譬喻说明。第七识如病目,第八见分如灯光;由病目对灯光,才见有五色光轮,这光轮喻如我相。但光轮不是灯光的真相,是病目才见的,却又不离灯光而有的。所以五色光轮是病目同灯光两方面的关系幻现的。我相也是同样的理由。"① 就是说，末那识所执的"我"，也与阿赖耶识相关联。周贵华教授说："元晓(来中国学习的韩国僧人——引者)认为末那识不仅可缘阿赖耶识，而且可以缘余一切法。他的意思是说，缘阿赖耶识而执形成内我执，缘外法而执，而形成外法执。但末那识是神隐之识，凡愚不能觉察，所以瑜伽行派认为它不能随缘粗显之外法，只能内缘阿赖耶识，而成顽强的'内我执'之识。"② 无论如何，只有在末那识中，才会有"我"的意识，尽管这是一种妄执。而且，周贵华教授还认为："末那识内在恒常我执，是强烈的自我意识以及自他分别之内在基础。其所为意识之所依根，对意识之强烈分别力与造作力形成直接的支持。在部派佛教中没有独立的识作为第六识之所以根，而以前刹那等无间缘识作为意，因为前识虽然已灭，但能对第六识之生起起开导作用。末那识对阿赖耶识之自性的恒常执著，亦是构成一切法执之主要增上力。"③

前文说过，玄奘《八识规矩颂》称末那识基本特征即为"恒审思量我相随"。意谓末那识缘阿赖耶识，妄执阿赖耶识为"我"。这里的重点是"我相随"。综合上述观点，我们可以作出一个明确的界定：如果说，"恒审思量"是一种思维的功能，"我之我"是本能或本体之我，即类似于弗洛伊德的"本我"，那么，"我相随"则是自我意识。④ 以下我们展开论证。

---

① 太虚：《法相唯识学》，185页。
② 周贵华：《唯识通论——瑜伽行义诠》上册，第206页注4。
③ 同上书，第210页。
④ 谢林说："纯粹自我意识是一种活动，这种活动处在一切时间之外，一切时间正是有它构成的；经验意识只是在时间和表象的连续系列中产生的意识。"(谢林：《先验唯心论体系》，梁志学、石泉译，商务印书馆，1997年，第230页)

从末那识在八识中的独特地位和功能，就可以看出末那识与"我"密切"相随"。关于末那识在八识中地位和功能的证明，可以作为没有末那识就没有自我意识的反证，也是末那识与自我意识关系的迂回自证。

第一，《成唯识论》认为，如果没有末那识，就不会有第六识意识。《阿含经》上说，由于眼根(感觉器官和神经)和色尘(视觉对象)的助缘，就生起了眼识。其余的耳识、鼻识、舌识、身识当然也是如此。因此，由意根(意识能力)和法尘(意识对象)的助缘，中间当然生起意识。但如果没有末那识作为第六识意识的所依，意识也不会生起。就像前五识必定要有五根的增上缘，来作为五识各别不共具有的所依一样。第六识既然是六识之一，从道理上说应当也有这样的所依。因此，没有末那识来做意根的话，第六识就不会生起。但是，我们不能说色法为意识的所依，因为意不是色。前五识以色法为所依。如果意识应当与前五识一样只是依色法为意根，那么就与前五识一样只有自行分别，而没有忆念和计度的区别。我们当然也不能说五识没有所依。五根如种子和形状，五识如芽和影子，芽是不能离开种子的，影是不能离开形的。既然五识与五根必定同时缘境，这就好像心法、心所法一样，五识与五根必定是同时发挥作用的。由此道理，大乘和小乘共同承认的意识，就如眼识等一样肯定有一个各别不共的根，来显它们各别不共的名。因为意识为六识之一，这种关系不属于那种前缘引后果的等无间缘的开导依，因为它不是开导依所摄的，而是属于增上缘的俱有依根所摄的。其次，佛经说，称思量为意。如果没有第七识，思量之意就不应当有。小乘说，思量之意是过去的心。这是不对的。如果意识出现,等无间意(第二刹那生起,第一刹那的意)就已经灭除,过去之心已经不复存在。从道理上说,过去、未来都是不存在的,如果是等无间意,意的思量作用肯定不能成立。由此可知,用不同于第六识的末那识,起永恒的思虑作用,它的真正的名称为"意"。"意"有二义:一为思量,二为依止。过去唯依止义。末那识是过去所谓的无间灭意,现在被清除掉了,因为那只是依止此识思量义所假立的名字。①

第二,没有末那识就没有人生的迷惑——无明。《缘起经》说,细微的不共无明,与末那识相应,永恒不断产生现行,覆盖了我们的真心,即遮蔽了无我的道理,遮蔽了无漏智。如果没有末那识,就没有不共无明。(不共无明亦称独头无明或独行无明,指单独生起的无明,与它相对的是相应无明,指与贪、嗔、痴相应而起的无明。)所有凡夫众生之心,在善、恶、无记(无善无恶)之状况时,常生起迷惘的不共无明,遮蔽覆盖真如,障碍圣人慧眼。如果认为凡夫迷惘真理的无明,有的变为现行,有的不变为现行,这种或有或无在道理上不通。如果认为这种无明依六识身,也不能成立。因为六识有间

---

① 《成唯识论》原文:"又契经说眼、色为缘生于眼识,广说乃至意、法为缘生于意识,若无此识,彼意非有。谓如五识,必有眼等增上不共俱有所依,意识既是六识中摄,理应许有如是所依。此识若无,彼依宁有?不可说色为彼所依,意非色故,意识应无随念、计度二分别故。亦不可说五识无有俱有所依,彼与五根俱时而转如牙(芽——引者)影故。又识与根既必同境,如心、心所决定俱时。由此理趣极成意识,如眼等识必有不共,显自名处,等无间不摄,增上生所依,极成六识随一摄故。又契经说,思量名意。若无此识,彼应非有。谓若意识现在前时,等无间意已灭非有。过去、未来理非有故,彼思量用定不得成。既尔,如何说名为意?若谓假说,理亦不然,无正思量,假依何立?若谓现在曾有思量,尔时名识,宁说为意?故知别有第七末那恒审思量,正名为意,已灭依此假立意名。"(《成唯识论校释》,第321—322页)

断，而这种无明持续永恒染污。那么，如果有末那识存在，上述矛盾就不存在了。依殊胜之义将这种无明叫做"不共"，并不是说末那识没有这种无明，而前六识有，所以叫做不共。而是反过来说，与末那识相应的无明，是从无始以来恒常的现行，能够永远障碍认识真如的智慧。末那识具有如此这样大的力量的无明功能，特别胜用，其他识都不具有。因此只有末那识有，才称为不共无明。①

第三，无末那识因此也无我执、无染污、无禅定。佛经说，没有染意末那识，无想定和灭尽定就无区别。因为这两种禅定都同时灭除了前六识以及心、心所。心王和心所同灭，故称无异。如果没有染污的末那识，那么，在这两个禅定中为什么一个有染污（无想定），一个无染污（灭尽定）？因为无想定但灭前六识而没有灭除末那识，而灭尽定同时灭了末那识及其心、心所。所以灭尽定是禅定中的无漏清净的圣定。佛经说，在无想天的有情众生，从生到死五百劫的一期生命中，所有前六识的心法、心所法都灭除了。但是，假定说没有末那识，那么生在无想天的有情众生也就没有染污现行。他们长时间内没有六转识，如果没有末那识，就没有我执。区别于第六识的末那识存在于无想天，因而永恒生起我执。出定之

---

① 《成唯识论》原文："谓契经说，不共无明微细恒行，覆蔽真实。若无此识，彼应非有，谓诸异生于一切位，恒起迷理不共无明，覆真实义，障圣慧眼。……若异生位有暂不起此无明时，便违经义。俱异生位迷理无明有行不行，不应理故。此依六识皆不得成，应此间断彼恒染故，许有末那便无此失。……谓第七识相应无明，无始恒行障真义智，如是胜用余识所无，唯此识有，故名不共。……无明是主，独得此名。"而"不共无明总有二种：一、恒行不共，余识所无；二、独行不共，此识非有。"即不共无明有两种：一是恒行不共，只有末那识才有。二是独行不共，末那识没有，只有第六识有。（《成唯识论校释》，第320—321页）

后仍然沉沦于生死,生起各种烦恼。佛经又说,凡夫于善、恶、无记心时永远有我执,如果没有末那识就没有我执。因为凡夫于善、恶、无记三性心时,虽然对外生起各种行为,但如果没有末那识,对内就没有妄执有我。由于我执,眼、耳、鼻、舌、身、意六识有时行布施、持戒善法等,还是不能够忘相,即着相(计较所做善事的表面现象)。所以,《瑜伽师地论》说,染污的末那识为其他六识染污的依止。就是说,在末那识染污没有灭除的时候,前六识分别相的缠缚,无论怎样也得不到解脱;一定要等到末那识的烦恼灭除之后,其他识的缠缚才能得到解脱。"相缚"意即不知道境相是因缘和合而生,是假有,如梦幻、阳焰火一样,而能缘是见分,各位心法、心所法是境的相分。相,就是相分;了别,就是见分。不懂这个道理使心受到束缚,不能自在,因相分缚心,称为"相缚"。《阿毗达磨经》说:"如此染污意的末那识,被其他识所依止。此末那识的染污如果没有灭除时,前六识的烦恼系缚终究得不到解脱。"而且,如果是善心和无覆无记心时,假如没有我执,就不当有烦恼。因为在前后念的自类相续中,前六识的烦恼与善性、无覆无记性是不能同时生起的。由此可见,过去和未来的烦恼不能同时存在。因为有末那识永恒生起我执,使善、无记性之法形成有漏之义。无末那识就无此有漏。这是末那识必须存在的理由。由以上论述可知,证明末那识的存在和功能,理由很多,这里《成唯识论》只是根据《摄大乘论》作了相关论证。①

---

① 《成唯识论》原文:"又契经说无想、灭定,染意若无,彼应无别。谓彼二定俱灭六识及彼心所,体数(指心、心所——引者)无异。若无染意于二定中一有一无,(转下页)

周贵华教授说:"第七识末那(manas)者,思量(manas)义。此识恒常缘阿赖耶识为我,恒审思量,而使余识恒成染污(kliṣṭa),即是一切法染污之所依,所以被称为染污意。"① 关于末那识与烦恼的关系,第六章详论。

日常生活中,人们一般以为,有了前六识,就可以分别认识事物。那为什么还有末那识?这个问题虽然前文已有论述,这里还需再次论证。《成唯识论》强调:末那识独特的功能为"缘藏识"、"恒审思量为我",这是独立于前六识而别有自体,无法替代:"集起名心,思量名意,了别名识,是三别义。如是三义虽通八识,而随胜显,第八名心,集诸法种起诸法故。第七名意,缘藏识等恒审思量为我等故。余六名识,于六别境粗动间断了别转故。"②

简言之,积集种子生起现行的是阿赖耶识,起思虑作用的是末那识,起了别、分辨作用的是前六识。集起、思量、了别之意,虽然

---

(接上页)彼二何别?……又契经说无想有情一期生中,心、心所灭,若无此识,彼应无染。谓彼长时无六转识,若无此意,我执便无。……故应别有染污末那,于无想天恒起我执,……又契经说,异生善、染、无记心时,恒带我执,若无此识,彼不应有。谓异生类三性心时,虽外起诸业,而内恒执我。由执我故,令六识中所起布施等不能亡相,故《瑜伽》说染污末那为识依止,彼未灭时,相了别缚不得解脱。末那灭已,相缚解脱。言相缚者,谓于境相不能了达如幻事等,由斯见分、相分所拘不得自在,故名相缚。依如是义,有伽他言:'如是染污意,是识之所依,此意未灭时,识缚终不脱。'又善、无覆无记心时,若无我执,应非有漏,自相续中六识烦恼与彼善等不俱起故,去来缘缚理非有故。……由有末那恒起我执,令善等法有漏义成。此意若无,彼定非有。故知别有此第七识。证有此识理趣甚多,随《摄大乘论》略述六种,诸有智者应随信学。"(《成唯识论校释》,第322—323页)

① 周贵华:《唯识通论——瑜伽行学义诠》上册,第210页。
② 《成唯识论校释》,第317—318页。

## 第五章 末那识与自我意识

八个识都可以通用,但是就随胜来说,阿赖耶识积集种子,能够生起一切法现行,故"心"义最胜。末那识唯一功能是能够缘阿赖耶识的见分,恒常思量度察阿赖耶识见分为我。故"意"义最胜。前六识"识"义为胜。[①]

此外,虽然阿赖耶识为初能变,末那识为次能变,末那识不能与阿赖耶识同时而转,但是,在灭尽定之前,阿赖耶识必须依赖末那识。就是说,在凡夫身上,必须有末那识,才有阿赖耶识。而且,只有依据并止于此二识,前六识才得以转生,包括意识。[②] 末那识与前六识的具体关系,以及关于证自证分等问题,在本书第三部分详述。

---

① 关于认识与自我意识,舍尔巴茨基引用法称的观点说:"'毫无疑问,我们有过对自我自身统一性的感受,感受过我们自己(our own self),但这种感受之后是关于自我(ego)的表象的构造吗?肯定不是。这种感受仅仅伴随我们的每一意识状态。当我们见到一块青色时,同时便体验到舒适的感受,这种感受绝非相应于青布所生感觉活动的表象。可是当某一外部对象,例如青布被认识时,我们同时意识到了别的东西,一种令人愉快的东西。这种感受即是对自我(ego)的状态的感受。''事实上,正是这种自我(这里的自我 ātman 并非佛经中之"我")于其中被感受的形式才是直接的感觉的自我认识',后者是自我明了的(self-conscious)。这样一来,在经验到一种视觉活动的同时,我们同时经验到了其它的某物,附加的、伴随某一精神状态的不同于所见外部对象的东西。离开了它,就绝对不会有哪怕一种精神状态的。这个所谓的'它',便是自我(ego)。……因此,存在着对认识的了知。这无疑是一种心理(mental)事实,是对自我(the ego)的感受。它是直接的,并非构造亦非错觉,因而它被划归现量,成为另一类感觉知识。"(舍尔巴茨基:《佛教逻辑》,第194—195页)可供参考。

② 周贵华教授认为:"前六识是粗显识,余二识末那识、阿赖耶识是细隐识。一般凡夫对前六识皆能有所觉察、辨识,进一步有外道、小乘如《梨俱吠陀》有'末那说'、部派佛教立'细心说'等,对深层之心体有所猜测,但没能证知真相,只有瑜伽行派洞察并析出了微细、深隐之心的体性、功能与结构。"(周贵华:《唯识通论——瑜伽行学义诠》上册,第206页)

中部 末那识的存在论论证

综上所述,末那识永恒生起我执,即使人无想定,出定之后仍然沉沦于生死,生起各种烦恼,因此具有"我相随"的本质特征。末那识具有这个本质特征的原因,还在于其与种子具有关系,因此有烦恼。而正是因为末那识具备自我的意识,烦恼才与末那识始终相随。

## 第三节 末那识与"我"之心理

末那识以阿赖耶识为其存在的依据,并以阿赖耶识为其所缘,妄执阿赖耶识为"我",所以末那识是"我执"的直接源头。上节讨论了"我相随"与末那识关系。那么,这个"我相随"之"我"的心理能力与末那识有何关系?本节着重讨论这个问题。从自我的本能意识或本体感或"本我",到自我意识,再到心理的或经验的自我,这是唯识学关于末那识核心意涵"我执"的三个层次。[①] 而唯

---

① 康德说:"在泛而言之的表象的杂多的综合中进而在统觉的综合的、本源的统一性中,我并不是像我显现给我自己的那样意识到我自己的,也不像我本身所是的那样意识到我自己的;相反,我只是意识到这点,即我存在。"这里意识到"我存在"的"我",即是一种接近于本能意识的"我之我"。康德又说:"那个思维着的我如何与那个直观着其自身的我一方面是有区别的(由于我至少还可以将其他的直观方式设想为可能的),另一方面却与后面这个我作为同一个主体而是一个东西?因此,我如何能够这样说:**我**,作为理智物和**思维**主体,在我此外还在直观中被给予我这样的范围内,将**我自己认**识成**被思维**对象——只不过,在此就像其他现象的情况一样,我并不是像我显现给我那样认识我自己的?这样的问题所面对的困难与如下问题所面对的困难恰恰是一样的:我究竟如何能够对我自己来说构成了一个对象,而且构成了直观和内部知觉的一个对象?"这里的"我"能够把"我自身"作为一个对象进行直观,说明"我"是个有自我意识的思维主体。这个"我"与"我相随"之意接近。康德还认为:"对于对我们自身的认识这(转下页)

## 第五章 末那识与自我意识

识学在经验的或心理的自我的相关论述中，就有日常生活的经验材料了。

从《唯识三十颂》"次第二能变，是识名末那，依彼转，缘彼，思量为性相"的颂文，可知末那识与阿赖耶识"所依"和"所缘"的关系。本章第一节讨论了末那识"所缘"是阿赖耶识及其种子还是阿赖耶识见分、相分的问题，本节要讨论末那识对于阿赖耶识的"所依"究竟是什么。如果说"所缘"具有来源之意，那么，"所依"则是具体的转变条件。相依缘起之说是贯穿佛教发展始终的思想和理论。

关于末那识的"所依"，《成唯识论》对颂文逐字逐句进行解释："'依彼转'者，显此所依。'彼'谓即前初能变识，圣说此识依藏识故。……'转'谓流转，显示此识恒依彼识取所缘故。"[①]意思是，末那识依阿赖耶识转变而来。"彼"指阿赖耶识，因为佛说末那识缘藏识阿赖耶识所转而来。"转"为相续生起的流转之意，表明末那识永远以阿赖耶识为其所依，以取得所缘之境相，即外在现行及其相关世界。但是，关于末那识如何从阿赖耶识中转依，有两种不

---

(接上页)样的事情来说，除了需要这样一种思维行动以外，它将每种可能的直观的杂多带到统觉的统一性那里，我们还需要一种确定的方式，正是经由它该杂多被给予出来了，所以，尽管我们自己的存在并不是显象(更不是单纯的假象)，但是对我的存在的规定则只能以合乎内感能力的形式的方式并且按照我所连接的杂多在内部直观中被给出来的那种独特的方式进行。因此，根据这点，我并非拥有关于像**我本来所是**的那样的我的**知识**。于是，一个人对他自己的意识还远远不是关于他自己的知识，尽管在做出这样的意识时我们已经拥有了所有范畴，正是这些范畴经由对一个统觉中的杂多的连接而构成了关于一个**泛而言之的对象**的思维。"大意是，我们对于自己的意识，其实并未真正认识自我。(见康德:《纯粹理性批判》，韩林合译，商务印书馆，2022年，第188、186、188—189页。)

① 《成唯识论校释》，第254—255页。

同解释。这两种不同解释涉及末那识与种子的关系，以及"我"的心理问题。

第一种解释来自难陀、胜子等，他们认为，末那识以阿赖耶识所藏种子为所依，不以阿赖耶识的现行识为所依。因为，末那识永无间断，不用现行识俱有依即可生起。第二种解释来自护法等人，他们认为，阿赖耶识的种子和现行识都是末那识的所依。末那识虽然没有间断，但是有变化，它为转识，必须以现行识为俱有依才能生起。它因此称为转识。末那识永远以阿赖耶识的种子及其现行识为其存在活动的依据，取所缘之境。① 从玄奘著《成唯识论》主旨来看，他基本认同护法的观点。这就自然涉及末那识与阿赖耶识的具体现行因素之关系，以及与种子和前六识的关系。

《成唯识论》认为，所有事物缘起发生，在现象上有三种所依，即因缘依、增上缘依和等无间依。因缘依来自种子。各种有为法即万事万物的产生皆托此依，离开自因因缘不可能生起。增上缘依，即眼、耳、鼻、舌、身、意六根，离开这六根，任何心理活动都无法生起。等无间（无间歇）依是指心理活动连续性所依赖的开导根。② 这些是一般心、心所法，即一般事物发生以及心理和认识活

---

① 《成唯识论》原文："有义此意以彼识种而为所依，非彼现识，此无间断不假现识为俱有依方得生故。有义（指护法等——引者）此意以彼识种及彼现识俱为所依，虽无间断而有转易，名转识故，必假现识为俱有依方得生故。"（《成唯识论校释》，第255页）

② 《成唯识论》曰："诸心、心所皆有所依，然彼所依总有三种：一、因缘依。谓自种子，诸有为法皆托此依，离自因缘必不生故。二、增上缘依。谓内六处，诸心、心所皆托此依，离俱有根必不转故。三、等无间缘依。谓前灭意，诸心、心所皆托此依，离开导根必不起故。"（《成唯识论校释》，第259页）

动所依赖的外在和内在条件。然而,这三种所依与末那识在具体细节上有何关系?由于涉及阿赖耶识和种子,因此,《成唯识论》又对末那识所具有的三种"所依",即种子依、俱有依和开导依进行了具体阐述。由于俱有依与末那识关系更为密切,我们简单叙述种子依和开导依之后,对俱有依进行重点阐发。

关于种子依,涉及解释种子与现行关系。难陀等人认为,只有种子灭除之后,现时之果才能产生。因为种子和芽不能同时具有。护法等人认为,种子自类相续,前念种灭后念种生,像这样的因果关系不能同时而有。而种子生现行,现行生种子,肯定同时而有。这就是因缘的意思。《摄大乘论》说藏识和污染事物互为因缘,就像一捆捆芦苇同时相依不倒一样。因此,八识和各种心所法肯定有各种种子所依,末那识也不例外。[1]

关于开导依,涉及意识先后连续运行问题。所谓开导依,按照护法的看法,就是前念心王为后念心法、心所法开辟路径,引导并令其发生,因此称开导依。《成唯识论》说,本来"此能变识虽具三所依,而'依彼转'言但显前二,为显此识依、缘同故,又前二依有胜用故,或开导依易了知故。"[2] 意即末那识能变虽然有三所依,但

---

[1] 《成唯识论》原文:"初种子依。有作是说(指难陀等——引者):要种已灭,现果方生。无种已生《集论》说故,种与芽等不俱有故。有义(指护法等——引者)彼说为证不成,彼依引生后种说故,种生芽等非胜义故,种灭芽生非极成故。焰炷同时互为因故。然种自类因果不俱,种、现相生决定俱有,故《瑜伽》说无常法与他性为因,亦与后念自性为因,是因缘义。自性言显种子自类前为后因,他性言显种与现行互为因义。《摄大乘论》亦作是说,藏识染法互为因缘,犹如束芦俱时而有,又说种子与果必俱,故种子依定非前后。"(《成唯识论校释》,第260页)

[2] 《成唯识论校释》,第275页。

颂言的"依彼转"只说明了因缘依和增上缘依，因为前两种所依有殊胜作用，而开导依容易明白。《成唯识论》介绍了三种关于开导依的观点。第一种，难陀等人认为，前五识的发生是不能前后相续的，必定要第六识来引生才行。所以唯有第六识来为它们的开导依。第六识一方面自己可以相续，另一方面又可以引生前五识。所以意识以前六识为开导依。至于第七识和第八识，它们可以自己相续，所以不用借助其他识引生，以自己前后识为开导依。第二种，安慧等人认为，前五识是用前六识作为开导依，第六识用自己和第七、八识为开导依。前五个识六个依（自己和第六识），第六识三个依（自己和第七、八识），第七识两个依（自己和第六识），第八识三个依（自己及第六、七识）。第三种，护法等人认为，开导依必须有三个条件：一是有缘法，即能缘取外境的心法。色法、不相应行法和无为法都不具备此条件。二是为主，即有自在力。一切心法都不具备这个条件。三是能作等无间缘，只限自类识。名开导依，只属于心，不属于心所等。所以八识只能以自类作开导依，这十分符合佛教道理。自类眼识等肯定没有俱起的意思。心所法的开导依应当随顺识说。虽然心法、心所法二者异类并生，但互相应而不违背，所依、时、事、处四义等同，二者和合在一起好像是一种，一起生一起灭，所起作用相同，即同取一境，善、恶、无记三性一致。所以随一心开导之时，相应的心所亦能开导。因此，心法、心所法虽异类相望，互作等无间缘，但各识不应以此为例。然而各种心所法不是开导依，因为它们对所引生的事物没有"主"的意思，亦就是没有"依"的意思。如果心法、心所法的等无间缘，只能各依自类，那么第七和第八识最初转依的时候，相应"信"等善法就没有等无间缘,这就违背了胜任所说的各种心法和心所法都俱四缘。而当无心的睡眠、休克等位,意识虽然间断,但以后生起时,其开导依就是以前的自类。前五识间断没有自类心在其中间隔,故称无间。它原先灭除时就已经为现今之识开导。《瑜伽师地论》说:"如果此心、心所等无间,各识肯定生起,心法和心所法是各识的等无间缘,而且此六识是彼六识的等无间缘,即将此六识称为意根。"就是说的这个意思。等无间缘指精神现象,前念灭后念生。①

关于俱有依,涉及末那识与前六识的关系。《成唯识论》介绍了四种观点。第一种观点,难陀等人认为,眼、耳、鼻、舌、身等五识以第六识意识为依据,它们彼此同时生起。因为,有前五识生起时必有意识,即第六识。并非另有净色大种形成的眼等现行五根为俱有依,因为眼等五根本身就是阿赖耶识的种子。第二种观点,

---

① 在《成唯识论》中,难陀等人认为:"五识自他前后不相续故,必第六识所引生故,唯第六识为开导依第六意识自相续故,亦由五识所引生故,以前六识为开导依。第七、八识自相续故,不假他识所引生故,但以自类为开导依。"安慧等人认为:"应说五识、前六识内随用何识为开导依? 第六意识用前自类或第七、八为开导依,第七末那用前自类或第六识为开导依,阿陀那识用前自类及第六、七为开导依,皆不违理"。护法等人认为:"是故八识各唯自类为开导依,深契教理,自类必无俱起义故。心所此依,应随识说。虽心、心所异类并生,而互相应,和合似一,定俱生灭,事业必同,一开导时余亦开导,故展转作等无间缘,诸识不然,不应为例。然诸心所非开导依,于所引生无主义故。若心、心所等无间缘各唯自类,第七、八识初转依时相应'信'等此缘便阙则违圣说定心、心所皆四缘生。无心睡眠、闷绝等位意识虽断,而后起时彼开导依即前自类,间断五识应知亦然,无自类心于中为隔名无间故,彼先灭时已于今识为开导故,何烦异类为开导依? 然圣教中说前六识互相引起,或第七、第八依第六、七生,皆依殊胜增上缘说,非等无间,故不相违。《瑜伽论》说此识无间,诸识决定生说此为彼等无间缘。又此六识为彼六识等无间缘,即施设此名意根者,言总、意别亦不相违。"(《成唯识论校释》,第273、274、275页)关于开导依三家解释,《成唯识论校释》第280页有表。

安慧等人认为,应当说前五转识的每一个都定有两种俱有依,即五色根和意识。第六识肯定永远有一个俱有依,即第七识;如果与前五识同时俱起,亦以五识为俱有依。第七转识肯定只有一个俱有依,即为第八识。只有第八识永远无转变,自己本身可以成立,没有俱有依。第三种观点,净月等人认为,如果阿赖耶识生起,肯定有一个所依,这就是第七识,在欲界和色界亦依靠色根。①第四种护法的观点,我们下文作重点介绍,因为这也代表《成唯识论》的观点。

护法等人认为,前述诸家观点"未了所依与依别故",即混淆了"依"和"所依"的区别。"依"是一切有生灭变化的有为法,赖其内因并依托其他条件而得产生和持续。各种所依托者之所以都被说成"依",就像国王和大臣互相依靠一样。如果事物具备决定、有境、为主、令心法心所法取自所缘四个条件,就是"所依"。这种所依,即眼、耳、鼻、舌、身、意六根,因为除六根之外的其他事物非有境、非决定、非为主。这与世间事物相比照,就是王为臣所依,而非臣等为王所依。所以各圣人之教都说只有心法和心所法称为所依。只能说心法是心所法的所依,而不能说心所法是心法的所依。因为心所法不是心法之主。所谓依即为所依,所依即为依,这

---

① 《成唯识论》原文:"有作是说(指难陀等——引者):眼等五识意识为依,此现起时必有彼故。无别眼等为俱有依,眼等五根即种子故。""有义(指安慧等——引者)彼说理教相违,……是故应言前五转识一一定有二俱有依,谓五色根同时意识。第六转识决定恒有一俱有依,谓第七识。若与五识俱时起者,亦以五识为俱有依。第七转识决定唯有一俱有依,谓第八识,唯第八识恒无转变,自能立故,无俱有依。""有义(指净月等——引者)此说犹未尽理……是故藏识若现起者,定有一依,谓第七识"。(《成唯识论校释》,第261、263、264页)

## 第五章　末那识与自我意识

样的一些说法皆为假说。①因此，在护法等看来，

> 由此五识俱有所依定有四种，谓五色根、六、七、八识。随阙一种，必不转故，同境、分别、染净、根本，所依别故。……第六意识俱有所依唯有二种，谓七、八识，随阙一种，必不转故。虽五识俱，取境明了，而不定有故非所依。……第七意识俱有所依，但有一种，谓第八识。藏识若无，定不转故。如伽他说："阿赖耶识为依，故有末那转，依止心及意，余转识得生。"阿赖耶识俱有所依亦但一种，谓第七识，彼识若无定不转故。《论》说藏识恒与末那俱时转故，又说藏识恒依染污，此即末那。而说三位无末那者，依有覆说，如言四位无阿赖耶识非无第八，此亦应尔。虽有色界亦依五根而不定有，非所依摄。识种不能现取自境，可有依义而无所依。心所所依随识应说，复各加自相应之心。②

大意是，前五识都肯定有四种所依，即五色根、第六识、末那识和阿赖耶识。四者缺一则五识不可发挥作用。五根与五识为同境依；第六识于五识为分别依，因为意识对于五识所缘的境起分别作

---

① 《成唯识论》原文："有义(指护法等——引者)前说皆不应理，未了所依与依别故。'依'谓一切有生灭法仗因托缘而得生住，诸所仗托皆说为'依'，如王与臣互相依等。若法决定、有境、为主、令心心所取自所缘，乃是所依，即内六处，余非有境、定、为主故，此但如王，非如臣等。故诸圣教唯心、心所名有所依，非色等法，无所缘故。但说心所心为所依，不说心所为心所依，彼非主故。然有处说依为所依，或所依为依，皆随宜假说。"(《成唯识论校释》，第264页)

② 《成唯识论校释》，第264—265页。

用；末那识于五识为染净依。五识由此根本染而成为有漏。阿赖耶识于五识为根本依。第六识的所依只有两种，即末那识和阿赖耶识，缺一则第六识不能进行工作，发挥功能。虽然有前五识可以使第六识明了取境，但不一定必须有前五识，因为没有前五识可以有第六识。所以前五识不是第六识的所依。末那识的所依只有一种，即阿赖耶识。没有阿赖耶识，末那识不能工作。这正如《楞伽经》所言，以阿赖耶识为依，才能使末那识发挥作用，依止阿赖耶识和末那识，其他六识才能生起。而阿赖耶识所依也只有一种，即末那识。如果没有末那识，阿赖耶识也肯定不能工作。《瑜伽师地论》说，阿赖耶识永远与末那识同时工作。又说，阿赖耶识永远依靠染污识，即末那识。只有到了灭尽定的声闻、缘觉、菩萨乘，才没有末那识。阿赖耶识的种子不能现缘自己现行所缘之境，可以有"依"，但没有"所依"。心所法的所依，应当随顺识，再各加自己相应的心法，即相应依。

这段文字有点烦琐，其实道理很简单。所谓"五识俱有所依定有四种，谓五色根、六、七、八识。随阙一种，必不转故"，说前五识都肯定有四种所依，即五色根、第六识、第七识和第八识，是指我们的眼、耳、鼻、舌、身五种感官开始工作形成认知功能的时候，必须有四种内在条件，第一是有五种正常的感官本身，第二是有正常的意识活动，第三是有自我意识，第四是有阿赖耶识。所谓"同境"，是说五根与五识为同境依，意思是五种感官与相应形成的感官认知，是处在相同的认知对象情境中。所谓"分别"，是说第六识于五识为分别依，即是说意识对于五种感官认知起分别分辨作用。所谓"染净"，是指末那识于五识为染净依，五识由此根本染而成为有漏,意思是,由于具有自我意识,我们的感官认知都是不全面、不正确的,不能达到事物本质的认识。所谓"根本",是指阿赖耶识于五识为根本依,意思是阿赖耶识是五种感官认知的根本来源。而"第六意识俱有所依唯有二种,谓七、八识,随阙一种,必不转故。虽五识俱,取境明了,而不定有故非所依",即指第六识的所依只有两种,即末那识和阿赖耶识,缺一识则第六识不能做功,意思是意识必须依赖自我意识和阿赖耶识,这二者缺一不可。虽然有前五识可以使第六识明了取境,但意识不一定必须有前五识,没有前五识也可以有第六识。所以前五识不是第六识的所依,这里的意思很清楚,就是意识可以明辨、明了五种感官的认知活动,但是如果没有五种感官认知活动,意识照样存在并活动。而"第七意识俱有所依,但有一种,谓第八识。藏识若无,定不转故",意思是末那识只依赖阿赖耶识,没有阿赖耶识,末那识绝不能转变。《楞伽经》强调阿赖耶识是根本,末那识是前六识的依托。《瑜伽师地论》反过来强调没有末那识,阿赖耶识也依赖末那识。只有到了灭尽定时,阿赖耶识才不依止末那识。

可以看出,四种观点都承认末那识为六识所依。末那识是八识中的枢纽和桥梁。没有末那识,阿赖耶识不能工作。没有末那识,前六识也不能出现。尤其是,没有末那识,也就没有意识的活动。而由于虚妄分别,将末那识与第六识意识混淆,就会产生幻相。而更重要的是,前六识尤其是意识的所有活动都相关于末那识。这则是我们论证的主旨。

末那识与具体的心理活动关系,按照《成唯识论》上文所说,就是"心所所依随识应说,复各加自相应之心。"意即心所法的所依,应当随顺八个识,再各加自己相应的心法,即相应依。一般所谓的心所法共五十一个。根据《成唯识论》可知,末那识的心所法只有十八个:五遍行心所(触、作意、受、想、思)、四根本烦恼、八大随烦恼、别境中一个慧(mati,分别、通达事理和决定疑念的精神作用)心所。关于烦恼等心所法将在下章专论。这里仅以遍行心所法(触、作意、受、想、思)为例进行阐述,说明末那识与自我心理的关联。"遍行"意思是一切心法无论何时都有的,也就是一个人认识发生时,都会同样在其他人身上普遍生起的心理活动。虽然说,这五种心所法在根本上与阿赖耶识相关。①但是,这里说得很清楚,五种心所法必须是与末那识有密切的关系。

所谓"触"(梵文 sparśa)就是接触、触碰之意,是身体的功能。人的感官(六根)与外在客观事物(外境)和认识(识)相合顺随,称为"三和"。根(感觉器官)、境(对象事物)、识(认知结果)三和合本身即是触。《成唯识论》认为,"触"就是根、境、识三法和合的"分别"

---

① 《成唯识论》云:"此识与几心所相应?常与触、作意、受、想、思相应。阿赖耶识无始时来乃至未转,于一切位恒与此五心所相应,以是遍行心所摄故。"(《成唯识论校释》,第150页)杨维中教授说:"'心所有法'是指心的作用、功能,佛教认为这些内容属于'八识心王'所有,因此称之为'心所有法',简称'心所'、'心数'。关于'心所'与'心王'的关系,唯识学强调三个方面:'恒依心起'、'与心相应'、'系属于心'。'恒依心起'及'系属于心'是说'心所法'永远依托'心法'而生起,并且'心法'永远为'主','心所法'为'仆从';'与心相应'则是说'心所法'和'心法'必须同时生起,二者所依之根、所缘之境,其自证分必须相同。这些'心所',随着顺违之境,而起爱憎善恶之心,助成'心王'的活动、功能。而'心王'本身无善恶,不能单独造作,必须与'心所'相应,方才能够活动,生起功能,以造善恶之业。这八识心王,每一个'心'好比是一位国王,既然是'王',不能没有臣属辅佐,所以'心所'就好比是国王的臣属。"(杨维中:《中国唯识宗通史》下,第673页)

和"变异",能够使心法和心所法与外境接触是它的体性。后面的"受""想""思"等心所法,都是依靠触以后才生起的,这也是它的功能。触的自性就是能和合一切心法、心所法,使之不各自离散。《起尽经》说一切受、想、行蕴都以触为条件。《瑜伽师地论》说触能够引发生起受、想、思。《集论》等说触为受之所依。故触的自性是真实的。①

"作意"(梵文manaskāra),类似心理的动机,以能够警动心、心所为其属性,作用是引起心心所进入外境。这种警觉应当生起心的种子。由于它能够引领心、心所,并使之进入外境,所以被称作意。②

"受"(梵文vedanā),意即感受。"受"有三种,即苦、乐、舍(施舍、舍与)。"受"以领纳顺境、违境以及俱非境相为其属性,能引起众生的爱欲。人们对于没有得到的乐受,就欲求得到;如果已经

---

① 《成唯识论》说:"触谓三和分别变异,令心、心所触境为性,受、想、思等所依为业。谓根、境、识更相随顺,故名三和。触依彼生,令彼和合,故说为彼。三和合位皆有顺生心所功能,说名变异。触以彼起,故名分别。根变异力引触起时胜彼识境,故《集论》等但说分别根之变异。和合一切及心所,令同触境,是触自性。既以顺起心所功能,故以受等所依为业,《起尽经》说受、想、行蕴一切皆以触为缘故,由斯故说识、触、受等因二三四和合而生。《瑜伽》但说与受、想、思为所依者,思于行蕴为主胜故,举此摄故。《集论》等说为受依者,以触生受近而胜故,谓触所取可意等相,与受所取顺益等相,极相邻近,引发胜故。然触自性是实非假,六六法中心所性故,是食摄故,能为缘故。""契经说,意法为缘生于意识,三和合触,与触俱起有受、想、思。若此定中有意识者,三和合必应有触,触既定与受、想、思俱,如何有识而无心所?若谓余时三和有力成触生触,能起受等。由此定前厌患心所,故在定位三事无能不成生触,亦无受等。……无心所心亦应无。"(《成唯识论校释》,第150、245—246页)

② 《成唯识论》云:"作意谓能警心为性,于所缘境引心为业。谓此警觉应起心种,引令趣境,故名作意。虽此亦能引起心所,心是主故,但说引心。有说令心迥趣异境,或于一境持心令住,故名作意。"(《成唯识论校释》,第154页)

得到了,则欲求永远占有。人们对于苦受则相反,如果得到苦的感受则希求弃舍;如果没有得到这种苦的感受,则希求永远不要得到。①

"想"(梵文 saṃjñā),主要是面对外境安立界限,给各种事物命名指称。"想"以对外境取像为其属性,对外境安立种种名称和言词,对外境安立界限,才能够随顺而起各种名言。②

"思"(梵文 cetanā, cint),主要面对精神的内部心理活动,使心生善、恶、无记之行相,就是用心去做善事或者恶事,能够取邪因或正因的相状。使自己的心造作善、恶、无记之业,与善、恶取舍相关。③

可见,末那识通过前六识,伸展到外在世界。末那识与外在世界的交接、际会,激发五种心所法。首先是接触、触碰(触)外在对象事物,进而发动了警觉和应对之意(作意),然后感受到这个事件过程的苦、乐之情(受),又去思考事件中的人物、事物对自己的有益、有害的可能性及其界限(想),最后为自己的行为方式进行抉择(思)。当然,并不是在每一事件中都有这五种心所法。但是,只要是人与世界发生关系,一定会有其中的一种或几种心所法生起。

---

① 《成唯识论》云:"受谓领纳顺、违、俱非境相为性,起爱为业,能起合、离非二欲故。有作是说,受有二种:一境界受,谓领所缘;二自性受,谓领俱触。唯自性受是受自相,以境界受共余相故。彼说非理,受定不缘俱生触故。"(《成唯识论校释》,第155页)

② 《成唯识论》云:"想谓于境取像为性,施设种种名言为业,谓要安立境分齐相,方能随起种种名言。"(《成唯识论校释》,第157页)

③ 《成唯识论》云:"思谓令心造作为性,于善品等役心为业,谓能取境正因等相,驱役自心令造善等。"(《成唯识论校释》,第158页)

由此可以看出，五种心所法的主导和目标，是末那识，即自我意识。用这个视角看触、作意、受、想、思五种遍行心所法，可以理解唯识学关于个体心理活动的整体性解释，而且这些心理活动都离不开自我意识。①

---

① 舍尔巴茨基认为："这些存在的元素与其说是实体性的成分，不如说是类似能(energy=saṃskāra 行=saṃskṛta-dharma 有为法) 的东西。心理的元素(citta-caitta，心心所法) 自然是道德的及中性的力量。而物质元素(色法) 被设想成仅仅似现为物质实则为非物质本身。既然这些'能'绝不是孤立地起作用，而是凭因果律相互依存，所以又称为"相依者"或合作者(saṃskāra，行)。"(舍尔巴茨基：《佛教逻辑》，第10页)

# 第六章　生存烦恼：末那识与"此在"
## ——唯识学存在论与海德格尔存在论的异向论证

个体人生的生命历程，几乎与烦恼相伴随。而关于烦恼的哲学思考，就其深邃细密和系统性而言，佛教唯识学和海德格尔存在论是迄今全部哲学中最为精致和纯粹的理论，其他所有学说无出其右。展示这两种存在论，是东西方哲学在烦恼问题上的一个巅峰对话，也是烦恼问题古今思想的一个交锋。

"烦恼"一词梵文为kleśa，亦译作"惑"。"烦"的意思是扰，"恼"的意思是乱。烦恼是佛教的核心词汇之一，也是佛教所有教义链接的中枢。佛教全部学说试图解决的现实世界的根本问题就是人生烦恼。早期原始佛教、部派佛教、小乘佛教直到大乘中观学，所论的"苦谛"揭示了烦恼的根源，都认为众生烦恼的根源是人性中的"贪、嗔、痴"等毒，背离了"八正道"。唯识学却提出末那识是烦恼的根源。"由有末那恒起我执，令善等法有漏义成。此意若无，彼定非有"。[1]"有漏"就是烦恼，与"烦恼"一词义同。末那识不仅是烦恼的根源，也是烦恼的永恒伴随者。[2]

---

[1]　《成唯识论校释》，第323页。

[2]　太虚说："第七识，随阿赖耶识所生何界，即于何界系缚。以其念念执阿赖耶为我故也。此即根本无明，无始以来迷真性，随业界地，依托藏识，不相舍离。"（太虚：《法相唯识学》，第113页）周叔迦先生说："百法中八个心王、五十一心所、十一(转下页)

第六章　生存烦恼：末那识与"此在"

海德格尔认为，在世人生的本质就是烦恼。此处"烦恼"一词德文Sorge，出自海德格尔《存在与时间》。英文将此译为"care"，中文译法有"烦"、"牵挂"、"操心"等。当然，海德格尔所谓的烦恼主要是操心的含义，是"筹划"自己人生带来的烦心，偏重"烦"。伴随这种"烦"也有各种心理上和情绪上甚至思想观念上的问题，例如不适、焦虑、失望、绝望等等。可见海德格尔哲学中"烦恼"一词的含义，与唯识学中烦恼的内涵之间，尽管有交叉之处，也存在巨大差异。因此，关于烦恼发生、展开和解脱烦恼的旨归，唯识学与海德格尔都有根本的不同。

本章从四个点来展示《成唯识论》存在论（ontology，亦称本体论）与海德格尔存在论的巨大差异，由此揭示两种哲学理论的意趣和旨归，并试图呈现两种历史生活中的人生所含蕴的鲜明、异样的文化、文明底色。

## 第一节　烦恼的原点："妄执自我"与"发问的自我"

唯识学认为一切烦恼来源于末那识的"妄执自我"，而海德格

---

（接上页）种色法、二十四种不相应行，都是有漏；但是有漏的正因，只是第七识。"（周叔迦：《唯识研究》，第44页）周贵华教授说："此识恒常缘阿赖耶识为我，恒审思量，而使余识恒成染污（klista），即是一切法染污之所依，所依被称为染污意。末那识内在恒常之我执，是强烈的自我意识以及自他分别之内在基础。其作为意识之所依根，对意识之强烈分别力与造作力形成直接的支持。……末那识对阿赖耶识之自性的恒常执着，亦是构成一切法执之主要增上力。"（周贵华：《唯识通论——瑜伽行学义诠》上册，第210页）

尔认为,人生的烦恼源自于每个人是能够"发问的自我"。这是唯识学与海德格尔关于烦恼根由不同的第一个点,也是立足点。

《成唯识论》开篇指出,人们的烦恼在于妄执我、法。

> 或复内识转似外境,我、法分别熏习力故,诸识生时变似我、法。此我、法相虽在内识,而由分别似外境现。诸有情类无始时来,缘此执为实我实法,如患、梦者,患、梦力故,心似种种外境相现,缘此执为实有外境。愚夫所计实我实法都无所有,但随妄情而施设,故说之为假,内识所变似我似法,虽有而非实我、法性,然似彼现,故说为假。外境随情而施设,故非有如识,内识必依因缘生故,非无如境,由此便遮增、减二执。①

前文已经论证,妄执我法的就是末那识。《唯识三十颂》第五颂说末那识"思量为性相",是说明末那识的体性(自证分)和行相(见分)。而末那识"思量"的核心是"妄执自我"。这种"妄执"不是抽象和空洞的,而是外化为一些具体的心理活动或实际行为。《唯识三十颂》第六颂是对于末那识本质特征和功能的界定,其实就是指出了末那识妄执自我的具体外化对象:

> 四烦恼常俱,谓我痴、我见,并我慢、我爱,及余触等俱。

---

① 《成唯识论校释》,第2页。二执:我执、法执。

## 第六章　生存烦恼：末那识与"此在"

可见末那识妄执自我，具体落实在"我痴、我见、我慢、我爱"四种烦恼，以及相应的心所法之上。直到阿罗汉果位，众生才会断除这些烦恼。《成唯识论》对此作了具体解释：

> 此意相应有几心所？且与四种烦恼常俱。此中"俱"言显相应义，谓从无始至未转依，此意任运恒缘藏识，与四根本烦恼相应。其四者何？谓我痴、我见，并我慢、我爱，是名四种。我痴者，谓无明，愚于我相，迷无我理，故名我痴。我见者，谓我执，于非我法妄计为我，故名我见。我慢者，谓倨傲，恃所执我，令心高举，故名我慢。我爱者，谓我贪，于所执我深生耽著，故名我爱。"并"表慢、爱有见、慢俱，遮余部执无相应义。此四常起，扰浊内心，令外转识恒成杂染，有情由此生死沦回，不能出离，故名烦恼。[①]

"此意"指末那识。此段文字大意是，与末那识相应的心所法，主要是四种烦恼（我痴、我见、我慢、我爱）。这四种烦恼都与末那识恒常相伴随。颂文"俱"是说明相应之意，即末那识从无始以来至转依位，无论如何都永恒缘这个阿赖耶识，与四种根本烦恼相应，长与四烦恼一起活动，并和其他的"触"等心所法相应。末那识的性质是有覆无记，即本身是无善无恶，因此才能被染污，也能向善修道。关于四种根本烦恼，《成唯识论》又详细说明：我痴就是无明。愚蠢地执着我之相，对无我之理迷惑不解，就是我痴。我

---

① 《成唯识论校释》，第287页。

见就是主张有我，把并不是"我"的东西妄执计度为"我"。我慢就是高傲，倚恃所妄执的"我"，使心过高地估计自己，故称我慢。我爱就是我贪，对于所妄执的"我"深深地产生贪爱执着，故称我爱。颂文"并"表示慢、爱与见同时生起，这是为了否定小乘说一切有部等观点，他们认为我见、我慢、我爱不同时生起。这四种烦恼扰乱、搅混了内心，使末那识（内缘）永远让外六转识（前六识）处于烦恼之中。有情众生由此沉沦生死，轮回不息，不能脱离。

关于烦恼，《唯识三十颂》十二颂曰："烦恼谓贪、嗔、痴、慢、疑、恶见。""见"就是见解、看法。贪、嗔、痴、慢、疑、恶见，共六种，但恶见分五种：萨迦耶见（我见）、边执见、邪见、见取、戒禁取，所以烦恼一共十种。此处为何只说末那识与四种烦恼相应？《成唯识论》对此作出解释，因为末那识有我见，一念心中不能同时出现两种见解。我见，就是我执着的见解、看法。所以其他邪见就包括在我见其中，于是少了恶见中的四种和疑（疑也是见），共五种，还剩下五种。为什么末那识只有我见？因为见取见、戒禁取见和邪见是后天的，因分别而生起，它们是由见道所断的烦恼。而末那识的烦恼是与生俱来的，这种烦恼由修道才可以断除。断见和常见属于边见，边见当然是依我见而后生，可是，末那识相应的我见却不依边见生。因为末那识永恒任运内缘相续而生，永恒不间断地内执有我，所以有我见。由于我见能够审思决定，而疑惑行为犹豫，所以有我见就不会有疑。同样，爱和嗔又是相违背的，因为爱见顺着我，有了爱，嗔就不能同时产生。所以，除去边见、邪见、取见、戒禁取见、疑，加上爱与嗔只能取一，与末那识相应的烦恼

第六章　生存烦恼：末那识与"此在"

只有我见、痴、爱(贪)、慢四种。①可见这里重要的是我见。②

末那识除了与四烦恼常俱，颂文还说"及余触等"，指四烦恼之外的与末那识相应的其余心所法。③这些心所法涉及烦恼与八随烦恼，以及十八心所的关系。④关于这些心所法究竟有多少种，《成唯识论》介绍了几种观点。第一种观点认为，末那识伴随的烦恼共九种，即四烦恼加上触、作意、受、想、思五种遍行心所法。因为末那识同五遍行心所法决定对象事件相应。⑤第二种认为，既然末

---

① 《成唯识论》原文："彼有十种，此何唯四？有我见故余见不生，无一心中有二慧故。如何此识要有我见？二取邪见但分别生，唯见所断，此俱烦恼唯是俱生，修所断故。我所、边见依我见生，此相应见不依彼起，恒内执有我，故要有我见。由见审决，疑无容起。爱著我故，嗔不得生，故此识俱烦恼唯四。"(《成唯识论校释》，第287页)

② 周叔迦先生说："唯识哲学说：人所以不能成佛，由于两种障：第一烦恼障，第二所知障。烦恼障是从人我见生的，所知障是从法我见生的。这两种障各有一百二十八种，总说只有十类……'萨迦耶见'的意思是'身见'，便是'人我见'。"(周叔迦：《唯识研究》，第47页)

③ 唯识学把宇宙世界一切现象包括物质和精神现象总括为"五位百法"，"五位"即心法、心所有法、色法、心不相应行法、无为法。"百法"即心法八种、心所法五十一种、色法十一种、心不相应行法二十四种、无为法六种，共一百种。参见本书第八章第二节。

④ 《唯识三十颂》十二颂："随烦恼谓忿、恨、覆、恼、嫉、悭。"随烦恼，梵文Upakleśa，亦称随惑，随从根本烦恼产生的烦恼，有20种，分大、中、小三种。小随烦恼包括忿、恨、覆、恼、嫉、悭、诳、谄、害、骄；中随烦恼包括无惭、无愧；大随烦恼包括掉举、昏沉、不信、懈怠、放逸、失念、散乱、不正知。《成唯识论》对此有琐细繁杂的叙述，本书在本章第二节详论，这里不再展开。

⑤ 《成唯识论》原文："有义此意心所唯九，前四及余触等五法，即触、作意、受、想与思，意与遍行定相应故。……前四后五合末那恒相应故。……随烦恼生必依烦恼，前后分位差别建立，此识恒与四烦恼俱，前后一类，分位无别，故此识俱无随烦恼。恶作追悔先所造业，此识任运恒缘现境，非悔先业，故无恶作。睡眠必依身心(转下页)

那识与根本烦恼相应,也必与随烦恼同时俱起。[①]随烦恼的分别有不同说法,因此这里面又分四种观点。第一家认为末那识与五种随烦恼(昏沉、掉举、不信、懈怠、放逸)相应,因为这五个随烦恼是普遍相应于一切染心法。第二家认为末那识与六个大的随烦恼(不信、懈怠、放逸、忘念、散乱、恶慧)相应,因为这六大随烦恼遍与一切染心相应。第三家认为末那识与十随烦恼(放逸、掉举、昏沉、不信、懈怠、邪欲、邪胜解、邪念、散乱、不正知)相应,因为这十个随烦恼遍与一切染心相应。[②]

最后为护法等人的观点,他们认为末那识与八大随烦恼(昏沉、掉举、不信、懈怠、放逸、忘念、散乱、不正知)相应,因为这八大随烦恼与一切染心相应。当烦恼生起时如果没有昏沉就没有无堪任性,如果没有掉举就没有嚣动(扰恼),那就如同善、无记一样,并非染污之位。如果染心中没有散乱就不是流荡,那就不是染污心;如果没有失念、不正知,就不能生起烦恼。所以染污心一定与八种随烦恼相应而生。如果失念和不正知是以别境的"念"和"慧"(慧,梵文mati,意谓分别、通达事理和决定疑念的精神作用)为其特性,它就不会普遍存在于染心,因为并非所有染心都缘曾经接受

---

(接上页)重昧,外众缘力有时暂起,此识无始一类内执,不假外缘,故彼非有。寻、伺俱依外门而转,浅深推度,粗细发言。此识唯依内门而转,一类执我,故非彼俱。"(《成唯识论校释》,第290—291页)

① 《成唯识论》原文:"有义……烦恼必与随烦恼俱,故此'余'言显随烦恼。"(《成唯识论校释》,第294页)

② 《成唯识论》原文:"此中有义五随烦恼遍与一切染心相应。""有义应说六随烦恼遍与一切染心相应。""有义复说十随烦恼遍与一切染心相应"。(《成唯识论校释》,第294—295页)

过的外境，它们是有区别的。因此这个"慧"不是遍染一切染心，只是别境(个别、具体的外境，与总境相对)中一个慧心所。① 而慧就是我见。因此，慧与末那识相关。末那识与其余的随烦恼没有关系。②

这样，按照护法等人的观点，与末那识相应的心所法只有十八个：五遍行心所、四根本烦恼、八大随烦恼、别境中一个慧心所。

从八识的角度说，虽然阿赖耶识为一切法或诸识根本所依，但就杂染而言，动力性之增上力在于末那识。就是说，普通众生受到各种俗世的干扰和诱惑，主要在于末那识。周叔迦先生说："末那识是唯有单纯的思量，有两种特点：第一这思量是不能认为善或是恶的，所以是'无记'。第二这思量是虚妄的我执，所以是'有覆'，

---

① 《成唯识论》原文："烦恼起位若无惛沉，应不定有无堪任性。掉举若无，应无嚣动，便如善等非染污位。若染心中无散乱者，应非流荡，非染污心。若无失念、不正知者，如何能起烦恼现前？故染污心决定皆与八随烦恼相应而生，谓惛沉、掉举、不信、懈怠、放逸、忘念、散乱、不正知念、慧为性者，不遍染心，非诸染心皆缘曾受，有简择故。若以无明为自性者，遍染心起，由前说故。然此意俱心所十八，谓前九法，八随烦恼，并别境慧。"(《成唯识论校释》，第295—296页)别境有五个：欲、胜解、念、定、慧。《唯识三十颂》第十颂曰："次别境谓欲、胜解、念、定、会，所缘事不同。"

② 为什么末那识没有其余的心所相应？他们认为，欲是希望还没实现的乐境。末那识随意缘取现境，无所希望，所以无欲。胜解是判断未曾决定的外境，末那识永恒缘取决定计算我，不需要判断，故没有胜解。念只是记忆自己经历的事情，末那识永远缘取现在的所感受的外境，不需要记忆，故没有念。定只是系心专注一境，末那识在任何一刹那都可以随意缘取另外的境界，既然不专注，故没有定。慧就是我见。《成唯识论》原文："此意何故无余心所？谓欲希望未遂合事。此识任运缘遂合境，无所希望，故无有欲。胜解印持曾未定境。此识无始恒缘定事，无所印持，故无胜解。念唯记忆曾所习事。此识恒缘现所受境，无所记忆，故无有念。定唯系心专注一境。此识任运刹那别缘，既不专一，故无有定。慧即我见，故不别说。"(《成唯识论校释》，第290—291页)

所以他与十八种心所有法相应,就是五种遍行,一种别境'慧',四种烦恼'贪、痴、慢、不正见',随烦恼八'不信、懈怠、放逸、惛沈、掉举、失念、不正知、散乱'。"①这里把四种烦恼的"我爱"说成"不正见",也有说成"恶见",是另一种表述而已。

除了十八心所法与末那识相应,末那识还与五种"受"(忧、喜、乐、苦、舍)有关系。"受"就是接受,即对于内外刺激的反应和接受。《成唯识论》对此介绍了三家说法。第一家认为末那识与喜受相关,第二家认为末那识与"忧、喜、乐、舍"四受相关,第三家认为末那识只与舍受相关。因为末那识自无始以来,总是毫无变化地缘内阿赖耶识妄执为我,永无变异,因此与变异受忧、喜、苦、乐不相适应。而且,末那识与阿赖耶识不相同之处,颂文都已经说明,这里应该只是相同,所以与阿赖耶识一样,末那识相应的只有舍受。在没有达到转依位的时候,末那识与前述心所法相应。达到转依位之后,末那识只与二十一心所法相应。就像阿赖耶识达到转依位的情况一样,它自由运转,永远以平等性智对待所缘对象。②

可见,末那识与一些烦恼关联,关键还是在于末那识妄执自我。而且,第六识意识虽然也有我执,但是,是有间断的。而末那识的我执,是永远无间断的。由此可见,末那识妄执自我,是一切烦恼

---

① 周叔迦:《唯识研究》,第11页。

② 《成唯识论》原文:"此无始来任运一类缘内执我,恒无转易,与变异不相应故。又此末那与前藏识义有异者,皆别说之,若四受俱亦应别说。既不别说,定与彼同,故此相应唯有舍受。未转依位与前所说心所相应,已转依位唯二十一心所俱起,谓遍行、别境各五,善十一,如第八识已转依位唯舍受俱,任运转故恒于所缘平等转故。"(《成唯识论校释》,第303页)

的终极根源,即原点。

在唯识学存在论的原点上,海德格尔存在论展示了一个迥异的向度。

海德格尔哲学认为,人的在世存在的本质是"烦恼"。这也是由人之为人的本性所决定的。讨论这个问题也是以人的存在本身来作为起点的。

对于海德格尔来说,存在的问题是一切科学和知识的最原初的问题和最本根的基础。他认为,作为本体论的存在问题,不仅是科学的基础和前提,而且还关系到一种先前已有的科学的存在论基础是否可能的问题。海德格尔说:

> 任何存在论,如果它未首先充分地澄清存在的意义并把澄清存在的意义理解为自己的基本任务,那么,无论它具有多么丰富多么坚实的范畴体系,归根到底它仍然是盲目的,并背离了它最本己的意图。①

从这个角度来看,哲学史上关于存在问题的讨论都缺乏清晰和明确的观念和理论,因而实质上都是不完备、不彻底的。海德格尔把哲学史上关于存在问题的讨论归纳为三种观点:(1)存在是"最一般"的概念;(2)存在的概念是不可定义的;(3)存在是一切概念

---

① Martin Heidegger, *Being and Time*, translated by John Macquarrie and Edward Robinson, Oxford: Basil Blackwell, 1985, p. 31. 引文参照海德格尔:《存在与时间》,陈嘉映、王庆节译,三联书店,1987年。下同。

中一个自明的概念。从这三种观点就可以看出,整个现有的哲学史关于"存在问题不仅尚无**答案**,而且甚至这个问题本身还是模糊和没有方向的。所以,重提存在问题就意味着:对这一问题的提法要先进行一番充分的研讨"。①《存在与时间》之所以成为二十世纪划时代的哲学巨著,从根本上来说,就是它用现象学的观念和方法,对传统的存在问题提出了全新的看法和理论。

海德格尔认为,哲学史之所以对存在问题"没有方向",首先是因为提问方式就偏离了存在问题本身。史上哲学家们的询问方式总是:"存在是什么?"而在海德格尔看来:"当我们问道'"存在"是什么?'时,我们已经栖身在对'是'('在')的某种领悟中了"。②这里的"存在"实际上已经成为"存在者"。问题中被问及的是"存在者",而不是"存在"。

> 存在与存在者具有根本的不同,存在是使存在者之被规定为存在者的东西,无论如何,"存在者的存在本身不'是'一种存在者"。③

存在者不同于存在本身,但是存在却不能离开存在者。海德格尔自己也说:"存在总是某种存在者的存在"。"我们所说的东西,我们意指的东西,我们这样那样对之有所作为的东西,这一切都是存在着的。我们自己的所是以及我们为何所是,这些也都是:存在

---

① Martin Heidegger, *Being and Time*, p. 24.
② Ibid, p. 25.
③ Ibid.

着的。在其存在与为是而存在中,在实在、现成性、持存、有效性、此在中,在'有'中,都有着存在"。①而且,我们要探寻存在的意义,还必须通过对存在者的研究来进行。问题在于:我们应当在哪一种存在者身上破解存在的意义?

海德格尔认为,要充分透视存在问题,必须选择那种能够发问的存在者来破解。因为"这个问题的发问本身从本质上就是由问之所问规定的——即由存在规定的"。这种存在者,就是我们人类自己,即"除了其它存在的可能性外还能够发问存在的存在者"。②海德格尔用"此在"(Dasein)来称呼这种存在者。"此"(Da)和"在"(sein)在这里具有一种内在的结构:"此"(Da)含有"如是"、"如此"等义,意即"在"(Sein)是"如此存在",即让"在""出现、打开并保持在现场"。这种"此"揭示和表明了"在"的当下的形式和状况。海德格尔认为,人这种"此在"的存在者状态结构,包含着先于存在论的存在之领会的规定性。凡是以不具备"此在"式的存在特性的存在者为课题的各种存在论,则应该是以"此在"自身的存在者状态上的结构为根基并作说明。因此,"其它一切存在论所源出的**基本存在论**必须在**对此在的生存论分析**中来寻找"。③就是说,一切存在论或本体论问题,必须在"此在"的生存状况分析中来得到说明。因为,这不仅是一切意义之指归,也是一切意义之根源。

---

① Martin Heidegger, *Being and Time*, p. 26.
② Ibid, p. 27.
③ Ibid.

这个存在者的与众不同之处在于：这个存在者为它的存在本身而存在。然而，此在的这一存在机制中就包含有：这个此在在它的存在中对这个存在具有存在关系。而这又进一步意味着，此在在它的存在中以某一种方式、在某种程度上清楚地领会着自身。这种存在者的特别之处是：它的存在是随着它的存在并通过它的存在而对它本身开展出来的。**对存在的领悟本身就是此在存在的规定特点**。此在作为存在者的与众不同之处在于：它存在论地**存在**。[①]

正是这一点，决定了此在在探寻存在意义中的特殊地位。海德格尔由此进入人的当下的生存状况和切身的生活本身，即从"此在"出发，试图揭示出一个更深厚、更本原的境域。他的哲学研究的对象就被锁定在实际的人的"此在"本身。海德格尔通过对人的真正切身的生存方式分析而开启出的原发时间视域，揭示出此在的真正本性是"烦恼"(Sorge)，在哲学史上第一次展示出领会存在原本意义的一个奇特视角。

人最基本的特性就是他对存在的理解，这是他区别于别的存在者的地方。海德格尔认为，此在在本质上先行于自身，它先在地向着他（她）的能在筹划(project)自身。因为，此在作为一种生存着的现实的人，首先是被抛(thrownness)入这个世界之中的。因为没有一个人是按照自己的计划安排来到这个世界的。这种对于存在的认识，具体表现在此在把自己的可能性投向世界，即"筹划"

---

① Martin Heidegger, *Being and Time*, p. 32.

(project)自己。因为这种认识本身就包含着对生活的理解是如何，而且是根据这种认识来对自己的人生进行筹划和安排。因此，人在本质上都先在地为自身的生存作计划和安排。海德格尔说："此在之'缘'展开在领会中，这本身就是此在能在的一种方式。"也就是说，"从本质上对在世进行筹划是此在这种存在者的存在方式。这种存在者具有存在之领悟作为它的存在建构。"①海德格尔以存在及此在的本体论问题为开端，展示人在世界中的当下生活和生存方式作为理解和解释一切文本的根本视域。这种能在的筹划意味着每个人操心着沉沦于世。这就是"烦恼"作为此在在世的本质的原因。烦恼于是成为在世人生的本质特征。

由于此在是个能够发问的自我，因此，从被抛入世界之中，到在时间性中筹划自身，烦恼（操心）即先在地成为现实人生的本质。而所谓存在的意义只有通过此在的自我询问才得以展开出来。海德格尔说："询问本身就是存在者的存在的方式"。②理解存在本身是此在的一个明确的特性。此在成了存在的证明之所，存在只有通过此在才能得到揭示，探究存在的意义只能从此在开始。因此，理解不只是个认识论的问题，还是个本体论的问题。这样，海德格尔哲学就从根本上转向了本体论，即转向探讨此在的生存形式问题。

人的最原初的生活和生命形态，就是蕴涵一切意义的一个原发境域，本身包含着本原的理解、以及表达——被表达的可能。在

---

① Martin Heidegger, *Being and Time*, pp. 187, 188.
② Ibid, p. 28.

海德格尔看来，人们的一切理解现象以及一切意义的发生，都是根源于人的生活本身。每个人的现实的生存方式，实际上就表达出一种他（她）对于生活和世界的意义的理解。简单说，一个人有一个人的"活法"，而这"活法"实际上就是一种对生活意义的理解。一个虔诚的宗教徒，与一个铤而走险的银行抢劫犯，从根本上说，是他们对于生活意义的理解不同。他们选择的行为方式或生存方式，是根据他们对于生活和人生意义的不同理解。这也就是我们通常说的世界观的不同。此在实际上回环曲折地牵引出"我"与"世界"共处的一个境域。对于海德格尔来说，这就是实际生活经验本身的形势或境域的最原初的表述，因而这个表述与这生活经验一样是自足的，或意义建构的。它没有再预设什么更基本、更本原的东西。

海德格尔以人的当下切身的生活经验为活生生的源头来深究关于存在意义的方法，由于是依据生活原本趋向的内在建构和相互生成来展示出其意义，因而是纯粹原初的和缘发的。这种方法不会背离生活实际运行的初始冲动本身，因此避免了一般意义上的抽象或概念化的运作，所以从方法上排除了脱离实际生活体验的二元论倾向，达到了对生活与意义之间的纯粹关系的还原和显示，而不是抽象为普遍化和观念化的。

可见，由烦恼发生的原点不同，就可以窥见唯识学与海德格尔关于"烦恼"具体内涵天壤之别的冰山一角。

## 第二节 烦恼的内涵：内在空间向度与外在时间向度

唯识学描述的烦恼的具体内涵，主要是在个体生存的空间向度内展开。而海德格尔论述烦恼的具体内涵，则揭示了个体生命的时间向度。

《唯识三十颂》第六颂称末那识与四烦恼相伴随，第七颂说末那识：

有覆无记摄，随所生所系。

颂文"有覆无记摄"，是说明末那识属于哪一性。《成唯识论》解释是：

末那心所何性所摄？有覆无记所摄，非余。此意相应四烦恼等是染法故，障碍圣道，隐蔽自心，说名有覆。非善不善，故名无记。如上二界诸烦恼等定力摄藏，是无记摄。此俱染法所依细故，任运转故，亦无记摄。若已转依，唯是善性。末那心所何地系耶？随彼所生，彼地所系。谓生欲界现行末那，相应心所即欲界系，乃至有顶应知亦然，任运恒缘自地藏识执为内我，非他地故。若起彼地异熟藏识现在前者，名生彼地，染污末那缘彼执我，即系属彼，名彼所系。或为彼地诸烦恼等之所系缚,名彼所系。若已转依,即非所系。①

末那识及其心所法属于什么性质?如颂文所说是"有覆无记"。"覆"意即覆盖。因为与末那识相应的四种烦恼是染污法,它们障碍成佛之道,遮蔽自己思想,故称"有覆"。"无记"是本身无善恶,因此能够被染污。末那识本身非善非恶,故称无记性。由于有漏种子与熏染交互作用,产生烦恼,产生贪、嗔、痴——欲望。但正如色界、无色界各种烦恼由于定力摄藏而是无记性一样,与末那识相应的烦恼所依细密,自由运转,亦为无记性。如果末那识已达转依位,只能是善性。颂文"随所生所系"是说,末那识及其心所法属于随所出生之界所系,生于欲界的有情众生,其现行末那识及其相应心所法就属于欲界。乃至生于有顶就属于有顶(顶是加行位四个等级"暖软、顶、忍、世第一"的一个等级,顶位所修的寻思叫"上寻思")。因为末那识总是缘取自地(地为修行阶段,菩萨有十地)阿赖耶识妄执为我,而不是缘其他地阿赖耶识。如果异熟藏识仍然在欲界地,又起上界彼地的异熟藏识出现在面前的时候,就称之为"生彼地"。染污的末那识缘取它并妄执为我,就系属于阿赖耶识所在的那一地,这就称为"彼所系"。或为那四种烦恼所系缚称为"彼所系"。如果已达转依位,末那识就不系属于任何一地。作为凡夫大众,末那识与四烦恼"随生所系",就在尘世中展开、呈现。

上节所述末那识的心所法只有十八个:五遍行心所(触、作意、

---

① 《成唯识论校释》,第303—304页。

受、想、思)、四根本烦恼、八大随烦恼、别境中一个慧心所。其中五遍行心所法和别境的慧心所法,主要是末那识心理和精神活动,虽然也与烦恼相关,但是间接的。与烦恼直接相关的主要是四烦恼和八大随烦恼。因此,本节主要展开四烦恼和八大随烦恼的内涵。

前文说过,末那识相伴随的四烦恼为痴、我见、慢、爱(贪)。下文具体说这些烦恼有什么样的内涵。

关于痴,《成唯识论》曰:"云何为痴?于诸理、事迷暗为性,能障无痴,一切杂染所依为业。谓由无明起疑、邪见、贪等烦恼、随烦恼业,能招后生杂染法故。"[①]痴就是对于各种事物及其道理,都迷昧遮蔽了。因此,迷惑不解是它的特性。痴能够障碍善心所法的无痴,所以一切有漏法即烦恼都依托痴。亦就是说,痴就是无明的别号,由无明生起疑惑、邪见、贪等根本烦恼和随烦恼,能够招感后生来时烦恼和杂染不净法。

关于我见,是恶见的一种。《成唯识论》曰:"云何恶见?于诸谛理颠倒推度,染慧为性。能障善见,招苦为业。谓恶见者多受苦故。"[②]就是说,恶见就是对于各种佛教道理,颠倒推求,错误思度。恶见是以染污慧为体,能够屏障阻碍为善之见解,生起迷惑。造业招感痛苦是它的作用,因为有恶见者必多受苦。"业"梵文karma,指人的思想和行为,有三种,包括身业(行为)、语业(说话)、意业(思想意识)。而我见(萨迦耶见,萨迦耶本义是我或身)是恶见的一种。《成唯识论》曰:"萨迦耶见,谓于五取蕴执我、我所,一切见趣所

---

[①] 《成唯识论校释》,第403页。
[②] 同上。

依为业。此见差别有二十句，六十五等分别起摄。"①意思是，我见或身见就是执着五蕴之身是我和我所，并由此产生一切错误的见解。我见是一切邪见的依托。这种我见有二十句、六十五等之别，是由五蕴集起演算出来的。色蕴四句为：色是我，我有色，色属我，我在色中。其余受、想、行、识四蕴类比排列，共二十句。其中与第一句"色是我"相应的"受是我""想是我""行是我""识是我"是我见，其余十五句是我所见。六十五等算法是从蕴、处、界来进行分别，此处省略。②这些我见和我所见都是由不正确分别造成的。

关于慢，《成唯识论》曰："云何为慢？恃己于他高举为性，能障不慢，生苦为业，谓若有慢，于德有德，心不谦下，由此生死轮转无穷，受诸苦故。此慢差别有七、九种，谓于三品、我、德处生，一切皆通见、修所断，圣位我慢既得现行，慢类由斯起亦无失。"③慢就是看不起别人，就是仗恃自己。当自己和他人比较的时候，总是过高地估计自己，能够障碍不慢，令人生苦。也就是说，慢对于德法及有德之人，心不谦虚，使人无穷无尽的轮回，受各种痛苦。慢的差别有七种、九种之别，实际就是把自傲的形态分为七种或九种。例如比我好的人也看不起(过慢)，明明别人好，自己却看不起(慢过慢)。

关于贪，《成唯识论》曰："云何为贪？于有、有具染著为性，能障无贪，生苦为业，谓由爱力取蕴生故。"④贪就是爱三界和造成三

---

① 《成唯识论校释》，第403页。
② 萨迦耶见二十句和六十五等，参见《成唯识论校释》，第407页注二二、二三。
③ 《成唯识论校释》，第403页。七慢是：一慢，二过慢，三慢过慢，四我慢，五增上慢，六卑慢，七邪慢。九慢：一我胜，二我等，三我劣，四有胜，五有等，六有劣，七无胜，八无等，九无劣。
④ 《成唯识论校释》，第403页。

第六章　生存烦恼：末那识与"此在"

界轮回的条件，故贪以染著为体，是其特性。贪能够障碍善心所法的无贪，产生痛苦是它的作用。亦就是说，由于贪爱之力而使五取蕴身体充满痛苦。

四烦恼实质上是烦恼产生的直接原因，其中贪是肉体欲望的动力，痴为一切有漏法（即烦恼）的所依，而我见则是一切错误和邪见的根源。① 而这些烦恼的具体展开表现，又与随烦恼相关。关于

---

① 《成唯识论校释》，第403页。关于"嗔"和"疑"，《成唯识论》曰："云何为嗔？于苦、苦具憎恚为性，能障无嗔，不安隐性恶行所依为业，谓嗔必令身心热恼起诸恶业，不善性故。""云何为疑？于诸谛理犹豫为性，能障不疑，善品为业，谓犹豫者善不生故。"（同上）关于十烦恼的彼此关系等，非常烦琐。《成唯识论》曰："此十烦恼谁几相应？贪与嗔、疑定不俱起，爱、憎二境必不同故，于境不决，无染着故。贪与慢、见或得相应，所爱所陵境非一，故说不俱起。所染所恃境可同，故说得相应。于五见境皆可爱故，贪与五见相应无失。嗔与慢、疑或得俱起，所嗔所恃境非一，故说不相应，所蔑所憎境可同，故说得俱起。初犹豫时未憎彼，故说不俱起，久思不决便愤发，故说得相应，疑顺违事随应亦尔。嗔与二取必不相应，执为胜、道，不憎彼故。此与三见或得相应，于有乐蕴起身、常见，不生憎，故说不相应，于有苦蕴起身、常见生憎恚，故说得俱起。断见翻此说嗔有无。邪见诽拨恶事好事，如次说嗔或无或有。慢于境定，疑则不然，故慢与疑无相应义。慢与五见皆容俱起，行相展转不相违故。然与断见必不俱生，执我断时无陵恃故，与身、邪见一分亦尔。疑不审决，与见相违，故疑与见定不俱起。五见展转必不相应，非一心中有多慧故。痴与九种皆定相应，诸烦恼生必由痴故。此十烦恼何识相应？藏识全无，末那有四，意识具十，五识唯三，谓贪、嗔、痴。无分别故，由称量等起慢等故。此十烦恼何受相应？贪、嗔、痴三，俱生、分别一切容与五受相应，贪会违缘，忧、苦俱故，嗔遇顺境喜乐俱故。……论说：'俱生一切烦恼皆于三受现行可得。'……此依实义。随粗相者，贪、慢、四见乐、喜、舍俱，嗔唯苦、忧舍受俱起，痴与五受皆得相应，邪见及疑四俱除苦。贪、痴俱乐通下四地，余七俱乐除欲通三，疑、独行痴欲唯忧舍，余受俱起，如理应知。此与别境几互相应？贪、嗔、痴、慢容五俱起，专注一境，得有定故。疑及五见各容四俱，疑除胜解，不决定故。见非慧俱，不异慧故。此十烦恼何性所摄？嗔唯不善，损自、他故。余九通二，上二界者唯无记摄，定所伏故。"（《成唯识论校释》，第414—416页）

诸随烦恼，《唯识三十颂》第十二、十三、十四颂曰：

> 随烦恼谓忿、恨、覆、恼、嫉、悭、诳、谄与害、憍，无惭及无愧，掉举与惛沉，不信并懈怠，放逸及失念，散乱、不正知。

随烦恼共二十种。① 其中与末那识相关的随烦恼有八种（掉举、

---

① 随烦恼（梵文Upakleśa），亦称随惑20种：忿、恨、覆、恼、嫉、悭、诳、谄、害、憍、无惭、无愧、掉举、昏沉、不信、懈怠、放逸、失念、散乱、不正知。后八种下文详述，《成唯识论》对于前十二种随烦恼的解释："唯是烦恼分位差别等流性故，名随烦恼。此二十种类别有三：谓忿等十各别起故，名小随烦恼；无惭等二遍不善故，名中随烦恼；掉举等八遍染心故，名大随烦恼。云何为忿？依对现前不饶益境愤发为性，能障不忿，执仗为业，谓怀忿者多发暴恶身表业故。此即瞋恚一分为体，离瞋无别忿相用故。云何为恨？由忿为先，怀恶不舍，结怨为性。能障不恨，热恼为业，谓结恨者，不能含忍，恒热恼故。此亦瞋恚一分为体，离瞋无别恨相用故。云何为覆？于自作罪恐失利誉，隐藏为性，能障不覆，悔恼为业，谓覆罪者后必悔恼，不安隐故。……云何为恼？忿、恨为先，追触暴热佷戾为性，能障不恼，蛆蛰为业，谓追往恶，触现违缘，心便佷戾，多发嚣暴，凶鄙粗言，蛆蛰他故。此亦瞋恚一分为体，离瞋无别恼相用故。云何为嫉？殉自名利，不耐他荣，妒忌为性，能障不嫉，忧戚为业，谓嫉妒者闻见他荣深怀忧戚，不安隐故。此亦瞋恚一分为体，离瞋无别嫉相用故。云何为悭？耽着财法，不能惠舍，祕吝为性，能障不悭，鄙畜为业，谓悭吝者，心多鄙涩，蓄积财、法，不能舍故。此即贪爱一分为体，离贪无别悭相用故。云何为诳？为获利誉，矫现有德，诡诈为性，能障不诳，邪命为业，谓矫诳者，心怀异谋，多现不实，邪命事故。此即贪、痴一分为体，离二无别诳相用故。云何为谄？为罔他故，矫设异仪，险曲为性，能障不谄。教诲为业，谓谄曲者为网（帽）他，曲顺时宜矫设方便，为取他意或藏已失，不任师友正教诲故。此亦贪、痴一分为体，离二无别谄相用故。云何为害？于诸有情心无悲悯，损恼为性，能障不害，逼恼为业。谓有害者逼恼他故。此亦瞋恚一分为体，离瞋无别害相用故，瞋、害别相准善应说。云何为憍？于自盛事深生染着，醉傲为性，能障不憍，染依为业。谓憍醉者生长一切杂染法故。此亦贪、爱一分为体，离贪无别憍相用故。云何无惭？不顾自法，轻拒贤善为性。能障碍惭，生长恶行为业，谓于自法无所顾者，轻拒贤善，不耻过恶，障惭生长（转下页）

昏沉、不信、懈怠、放逸、失念、散乱、不正知)。下文根据《成唯识论》的描述,分别解释。

掉举(梵文auddhatya)使人心与所缘外境不寂静。因此,扰乱内心是它的特性。它能障碍行施舍的令心于境静住,又能障碍奢摩他(梵文śamatha,意即禅定)的止,令心等不寂静。掉举能够障碍善心所法的行舍和别境心所法的定。所以,掉举的别相就是嚣动,令俱生心等法不能常时寂静。如果离开了烦恼就没有掉举的行相。

昏沉(梵文styāna)令心对于所缘的境界上,没有能够任持的功能,这就是它的体性。昏沉使人对于外境不能任持,却能够障碍轻安和毗钵舍那(梵文vipaśyana,观,即智慧,与止连用,定是慧之本,慧是定之用,止观双修)的观照,这就是它的业用即作用。昏沉的别相就是懵懂和沉重,能够使人令俱生的心王和心所不能够负责清楚的境缘。如果没有烦恼,就没有昏沉的行相,也没有昏沉的功能,即障碍毗钵舍那的观照。

不信(梵文aśrādha)就是对于实事实理、三宝(佛、法、僧)的实有功德、圣贤的道德、善的能力不能接受和乐好,即不相信、不高兴、没愿望,因此,其心污秽是它的特性。不信能够障碍清净的佛法信仰。一切懒惰懈怠都是依托不信而有的,因为不信者多懈怠。故懒惰是不信的业用。不信三宝之人,一定是懈怠,不肯努力断恶修善。不信有三相(三个特点),即不信宝、不信德、不信能。不信

---

(接上页)诸恶行故。云何无愧?不顾世间,崇重暴恶为性,能障碍愧,生长恶行为业,谓于世间无所顾者,崇重暴恶,不耻过罪,障愧生长诸恶行故。不耻过恶是二通相,故诸圣教假说为体。"(《成唯识论校释》,第426—427页)

就是把善心所法的"信"翻转过来。一切染污法都是各别有行相，即各种染法各有自己的特性，只有不信自性污秽，还能使其他的东西污秽。所依不信以心污秽为性，即为其特征，没有另外的自性。

懈怠(梵文kausīdya)指对于善品不肯去修行，对于恶品不肯断除。在修善断恶的过程中，懒惰是它的特性。懈怠能障碍善心所法的精进，增生污染行为是它的业用作用。即是说，有懈怠者一定能够滋生增长染污行为。在各种染污事中，勤勉亦为懈怠，因为它减退善法。对于无记(即非善非恶)的事物勤勉者，对于各种善法不增进，亦不减退。这是别境心所法的欲和胜解，并没有其他体性，没有另外的心所法。好在无记法上能够任可乐欲，所以不是净也不是染，无所谓信亦无所谓不信。精进的定义就是修善断恶。

放逸(梵文pramāda)指对于恶法和染污不能防止，对于善法不能修，亦不能修净，纵姿荡逸是它的特性。放逸障碍善心所法的不放逸，依靠它能够增长恶法，损减善法。亦就是说，懈怠和贪、嗔、痴三毒不能防止染法，亦不能修行善法，总称为放逸。除了这四法，放逸就没有另外的自体。贪、嗔、痴障碍三种善根，懈怠障碍精进，不能普遍勤勉修行一切善法。

失念(梵文muṣitamṛtā)指对于一切所缘的境界，不能够分明记忆起来。对于各种所缘外境不能清楚记忆，这就是它的特性。失念能够障碍正念。所有一切散乱都是所依失念来的，这就是它的业用作用。凡是失念者，心一定是散乱的。

散乱(梵文vikṣepa)指对于各种所缘外境，令心流动放荡。使心驰流是散乱的体性。散乱能够障碍正定，使人心荡逸，这是散乱的功能。① 散乱也是邪恶智慧的所依，因为凡是心散乱者，他一定能够引生邪恶智慧。散乱的别相就是躁扰。散乱令俱生的心、心所统统成了流荡。掉举是更容易知道其心，散乱是更容易知道其境。一旦有了染污心，因为掉举和散乱两种力量，就会令心和境刹那变易。掉举和散乱是普遍的染污心。

不正知（梵文asamprajanya）就是对于所观察的对象事物，作出错误的见解，此即其体性。对于所观外境错谬邪解是它的特性。不正知能够障碍正知。因此，毁犯一切正因果法为其业用。不正知多起邪恶的身业和语业，并多犯惑等。不正知者大多破坏因果，毁犯法戒律。②

---

① 关于定，《成唯识论》曰："云何为定？于所观境令心专注不散为性，智依为业。谓观德、失、俱非境中，由定令心专注不散，依斯便有决择智生。心专注言显所欲住即便能住，非唯一境。不尔，见道历观诸谛，前后境别，应无等持。若不系心专注境位，便无定起，故非遍行。"（《成唯识论校释》，第357页）

② 关于以上诸随烦恼，《成唯识论》原文为："云何掉举？令心于境不寂静为性，能障行舍、奢摩他为业。……云何惛沉？令心于境无堪任为性，能障轻安、毗钵舍那为业。……云何不信？于实、德、能不忍、乐、欲，心秽为性，能障净信，惰依为业，谓不信者多懈怠故。不信三相翻信应知，然诸染法各有别相，唯此不信自相浑浊，复能浑浊余心、心所，如极秽物自秽秽他，是故说此心秽为性。由不信故，于实、德、能不忍乐欲，非别有性。若于余事邪忍乐欲，是此因果，非此自性。云何懈怠？于善恶品修断事中懒惰为性，能障精进，增染为业，谓懈怠者滋长染故，于诸染事而策动者，亦名懈怠退善法故，于无记事而策动者，于诸善品无进退故，是欲、胜解，非别有性，如于无记忍可乐欲非净非染，无信不信。云何放逸？于染净品不能防修，纵荡为性，障不放逸，增恶损善所依为业，谓由懈怠及贪、嗔、痴不能防修纯净品法，总名放逸，非别有体。虽慢、疑等亦有此能，而于彼四势用微劣，障三善根，遍策法故，推究此相如不放逸。云何失念？于诸所缘不能明记为性，能障正念，散乱所依为业，谓失念者心散乱故。……云何散乱？于诸所缘令心流荡为性，能障正定，恶慧所依为业，谓散乱者发恶慧故。（转下页）

中部　末那识的存在论论证

　　唯识学对于个体人生在世烦恼的描述,可谓细如发丝,不厌其烦。[①]但是,这些描述基本停留在经验层面。不难看出,在唯识学看来,如果说烦恼源自人们一些原始的欲望,只是停留在潜意识或无意识层面,随烦恼则已经表现为个体的心理和精神的状态,随时可以外化为具体行为。唯识学通过对这些烦恼、随烦恼的罗列,吸引试图寻找人生出路的众生,指导信徒修炼。归根结底,唯识学的指向还是回到佛教的基本教义,即四圣谛和八正道之上。这也是全部佛教哲学的指向。从这里很容易发现唯识学的论证逻辑:烦恼根源于欲,烦恼外化为种种随烦恼,每个个体认识到烦恼和烦恼的源头,通过修炼可以对于欲望进行控制,最后实现消除欲望。[②]

---

(接上页)……云何不正知?于所观境谬解为性,能障正知,毁犯为业,谓不正知者多所毁犯故。"(《成唯识论校释》,第427—430页)

①　关于二十随烦恼的分别及其相互关系以及与八识的关系,还涉及三界,极为繁琐。《成唯识论》曰:"如是二十随烦恼中小十、大三,定是假有。无惭、无愧、不信、懈怠,定是实有,教理成故。掉举、惛沉、散乱,三种有义是假,有义是实,……二十皆通俱生、分别,随二烦恼势力起故。此二十中小十展转定不俱起,互相违故,行相粗猛各为主故。中二一切不善心俱,随应皆得小大俱起,论说大八遍诸染心,展转小、中皆容俱起。有处说六遍染心者,昏、掉增时不俱起故。有处但说五遍染者,以昏、掉等违唯善故。此唯染故,非第八俱。第七识中唯有大八,取、舍差别如上应知。第六识俱,容有一切。小十粗猛,五识中无,中、大相通,五识容有。由斯中、大五识相应。……小七、中二唯欲界摄,诳、谄欲、色,余通三界。生在下地容起上十一,耽定于他起憍、诳、谄故。若生上地起下后十,邪见爱俱容起彼故。小十生上无由起下非正润生及谤灭故。中二、大八下亦缘上,上缘贪等相应起故。……二十皆非学、无学摄,此但是染,彼唯净故。后十唯通见、修所断,与二烦恼相应起故。见所断者随迷谛相,或总或别烦恼俱生,故随所应皆通四部。迷谛亲疏等,皆如烦恼说。"(《成唯识论校释》,第443—444页)

②　唯识学还描述了如果修灭尽定,诸识的具体变化过程。例如眼识等两大特点:一者粗显,二者变化(动)。有时存在有时间断。性质、处所都会发生变化,令人感到疲倦。圣人在灭尽定中渐渐停息消除眼识等。但转识中阿赖耶识执持命根。(转下页)

## 第六章　生存烦恼：末那识与"此在"

所以，对于佛教徒来说，意志和决定很重要。[①]而就唯识学描述的具体烦恼内涵来说，烦恼的轴心是心，由心浸染到肉体、心理和精神，然后再展开为环绕肉体的"境"。这里很清晰呈现出一条路径：烦恼由心为原点，先拓展充实占领肉身之中的心理和精神，再外化在具体的生活环境之中。反过来，外在生存环境的万事万物对于个体肉身的刺激诱惑，又产生对于心的压迫感，这就是烦恼，也是永恒的烦恼。可见唯识学的烦恼内涵，其实具有一种特殊的空间维度。

相对来说，海德格尔哲学所谓"此在"的烦恼，则具有一种时间的维度。因为，每个能够"自我发问"的人都知道，对一个当下生存的现实的我来说，死亡是一个具有终极意义而又不可回避的问题。简言之，每个个体人类都确定知道自己生命的有限时间。因此，如何度过这个有限的生命长度，就需要操心——计度，清醒计算筹划安排时间。此在如此之筹划即为操心，即为烦恼。

---

（接上页）如果在灭尽定中人无识，则如死尸、瓦砾。灭尽定中寿、暖不会消失，由阿赖耶识执持。阿赖耶识永远存在，不是灭后再生。没有阿赖耶识其他六识没有种子，不能生成。灭尽定中没有第六识，无心。所谓"非遍行"是呼吸。四禅以上呼吸灭后身体仍存。靠下地力量维持身体。因为寻、伺对于语来说属于遍行，它们灭时语肯定不存在。受和想对于心来说属于遍行，认为它们就像"思"等大地法一样。受和想灭的时候，心肯定随之而灭。"思"也是大地法，受、想灭时也随之而灭。"信"也不存在了。"触"也不存在。以上破有心所。没有心所，识不存在。灭尽定中的心行灭，心法随之而灭，因为都是遍行法。(见《成唯识论校释》，第242—243页)

① 这两个词在梵文中相同。舍尔巴茨基说："我们用于翻译的梵文词汇通常使用'决定'(adhyavasāya)一词，它正是一判断，一判决，一意志行动，西藏人译为'意志'(zhen-pa)。"(舍尔巴茨基：《佛教逻辑》，第246页)

海德格尔说："除了死而外，在世的存在对于它的能在还有什么比之更高的裁决吗？"死亡不仅是一个人时间的终端，而且也是一个当下所有生存意义的起点。因此，"**死，就其存在论的可能性着眼，奠基在烦恼（操心）之中。**"① 正是因为人有死这一行为结果，所以从根本上才会有生活的筹划与设计，这就是此在在世的本质——烦恼（操心）的最终根源。所以：

> 死亡是此在的**最本己**的可能性。向这种可能性存在，就为此在开展出它**最本己**的能在，而在这种能在中，一切都为的是此在的存在。②

在这里，通过这种最彻底的追问，我们可以达到问题本身的具体的原初性。而只有这种原初性才能牵引出时间的本质显现，使我们能在流动不居的生活世界中，呈现和维持住一个活生生的"当下"时间的意义。海德格尔因此明确宣称：

> 在未经明言地领会着和解释着存在这样的东西之际，此在所由出发之域就是**时间**。③

海德格尔首先划清他的时间概念与传统的时间概念的界限。他认为从亚里士多德到柏格森，都处于流俗的时间概念中，这些时

---

① Martin Heidegger, *Being and Time*, pp. 361, 296.
② Ibid, p. 307.
③ Ibid, p. 39.

间概念所意指的时间仍是空间。人们习惯于把时间作为存在者状态上的标准，喜欢把"时间性的"存在者(自然进程和历史事件)和"非时间的"存在者(空间关系与数学关系)划分开来，把道出命题的"时间性的"过程同命题的"无时间的"意义区别开来，还喜欢在"时间性的"存在者与"超时间的"永恒者之间划一条"鸿沟"。其实，海德格尔认为，如果我们真正从时间来理解存在，"时间性的"就不再可能只等于说"在时间中存在着的"。"非时间的东西"与"超时间的东西"就其存在来看也是"时间性的"。

海德格尔并不否认历史的时间性这一事实，承认"历史性作为生存的存在机制归根到底是时间性"。但是，"虽说在历史**科学**与自然**科学**中都有'时间因素'出现这一境况是基本的，但此在先于一切专题研究就已经'计算时间'并且**依照时间**调整自己这一实情却要来得更基本些，而在这里，关键复又是此在'对它的时间'的那种'计算'，它领先于所有适合于规定时间的测量用具的使用。计算走在用具前头并从而才使钟表之类的使用成为可能"。① 这就像现实生活一样，人类是有了数学观念以后，才有算盘、直尺、圆规、计算器之类的计算工具。所以，从生存论角度来看，时间性(temporality)就包含了世界时间这样的东西。这即是源始的时间。而一切流俗的时间概念都来自这个源头。

那么，对于海德格尔，时间性是什么？海德格尔说：

> 我们把这样一个统一的现象——已在着的和当前化着的

---

① Martin Heidegger, *Being and Time*, p. 456.

将来——称为时间性。只有当此在被规定为时间性，它才为它本身使先行决断的已经标明的本真的能整体存在成为可能。时间性绽露为本真的烦恼的意义。①

源始地从现象上看，时间性是此在的本真的整体存在那里，在先行着的决断那里被经验到的。②

时间性就是一个过去、未来、当下的结构。这个结构的根本意指是——"已在着的和当前化着的将来"。在这种时间性的展开中，任何关于意义的解释都永远处于一个活生生的"现在"，即当下之中。海德格尔说：

> 我们把解释着自己的当前化亦即作为"现在"而谈及的被解释的东西称为"时间"。③

这是此在（实际生活的人）本身的形式——境域的真正显示，也就是此在的生存本性的鲜明表达。因为，我"被抛"入世界，与世界打交道，成为能死的存在。在这种情况中，此在的时间性具有"而后"（then）、"当时"（on that former occasion）、"现在"（now）几种样式，即"而后之时"、"当时之时"和"现在之时"。这个结构表明，"现在"、"而后"、"当时"，都来自时间性，而它们本身就是时间。而所有这些样式，都基于一种有所揭示地让上手事物来照面的存

---

① Martin Heidegger, *Being and Time*, p. 374.
② Ibid, p. 351.
③ Ibid, p. 460.

在,即此在所显示的当前化。在这里,时间是借各种有所操心的、允许自己有时间的情况来定的。然而恰恰在日常烦忙的时候,此在从不领会到自己随着纯"现在"的时间行进。可是,"现在"本质上是此在的当下存在,此在的一切行为都应从"现在"来阐释。当然也可以说,此在的一切行为都具有时间性。

因此,这种时间性的时机化诸方式是一切要理解存在含义的努力所依据的基本视野。此在的时间性就是此在的本性——操心的纯方式。时间性将自身开显为真正切身的操心的意义,这即是此在的最根本的存在意义的问题。海德格尔说,他的《存在与时间》的目的"就是要具体地探讨'存在'意义的问题,而其初步目标则是把时间阐释为使对'存在'的任一种一般性领悟得以可能的境域(Horizont)。"[①]于是,海德格尔通过现实的人的当下的生活和生存方式的具体展示,进入了对此在的时间性分析。应该说,时间性是海德格尔分析此在的内在构成要素和展开其本性的必需手段。实际生活的特性是:此在就存在在具体时间化之中,并关切着他(她)自身的存在。因此,可以说,时间性是我们理解此在及其意义的最直接和最根本的路径。

此在的诸种情绪在生存状态上所意味的东西及方式,都基于时间性。比如,我们通常的一种情绪"怕"(fear),实质上就是对某种将要来临的恶事的预期。"怕"关系到一种"将来的东西"。海德格尔认为,"怕"是此在在本己的实际能在面前迷乱放溜,而被威胁的在世就作为这种迷乱放溜而操心于上手的事物。所以,"怕的

---

① Martin Heidegger, *Being and Time*, p. 1.

时间性是一种期待着当前化的遗忘"。[1]而在我们另一种情绪"畏惧"(anxiety)中，实质上却展开了世界的无所意蕴。无所意蕴显示出，我们向着生存的一种原本植根在所操心之中的能在筹划自己的不可能性。"畏惧"意味着被抛入无家可归状态的我(此在)是赤裸裸的状态。"畏惧"就是因为这赤裸裸的状态的此在而畏。由此可见，"畏惧"的时间性源始地奠基在曾在状态中。而将来和当前只有从这曾在状态才出现。相比而言，"怕"发源于失落了的当前，而"畏惧"发源于决心的将来。

此在的沉沦的其他诸种状态："欲求"、"安定"、"异化"和"自我拘囚"，从时间的意义来看，都是此在不断"跳开"的当前化，按其显露倾向从它本身现出。当前"跳开"其本真的将来与曾在状态，结果是使此在只有绕开当前才来到本真的生存。当前的这种"跳开"的源头，亦即沉沦到失落状态中去的源头，是那使被抛的向死存在成为可能的本真时间性本身。

此在的言谈(discourse)本身就是时间性的。海德格尔说："只有从时间性问题出发把存在与真理的原则问题铺开，才能着手分析言谈的时间性建制并阐释语言样态的时间性性质。那时也就可以界说'是'的存在论意义了；而一种外在的句子理论和判断理论却把'是'降格，并成为'系词'。只有从言谈的时间性出发，亦即从一般此在的时间性出发，才能弄清'含义'的'发生'，才能从存在论上使形成概念的可能性得以理解"。[2]

---

[1] Martin Heidegger, *Being and Time*, p. 392.
[2] Ibid, pp. 400–401.

## 第六章 生存烦恼：末那识与"此在"

总而言之，此在的每一种"绽出"样式都具有时间性。"现身情态首要地在曾在状态(重演与遗忘)中到时(temporalize)。沉沦在时间性上首要地植根于当前(当前化与眼下)。然而领会也是向来'曾在'的当前；现身情态也作为'当前化的'(making present)将来到时；当前也从一种曾在的将来'发源'和'跳开'，并且由曾在的将来所保持。在这里就可以看到：**时间性在每一种绽出(ecstasis)样式中都整体地到时；即：生存，实际性与沉沦的结构整体的整体性——也就是说，烦恼之结构的统一，奠基于时间性当下完整到时的绽出统一性之中。**"①

由此可见，烦恼的存在论意义亦是时间性。将来、曾在状态与当前这些境域格式的统一奠基在时间性的绽出统一性之中。整体时间性的境域规定着实际生存着的存在者本质上向何处展开。就像当前在时间性到时的统一性中发源于将来与曾在状态一样，某种当前的境域也与将来和曾在状态的境域同样源始地到时。只要此在出现，也就有一个世界存在。此在就其作为时间性的存在而到时，于是此在根据时间性的绽出境域的机制，本质上就存在"在一个世界中"。世界既非现成在手的也非上手的，而是在时间性中到时。如果没有此在在时间性中的生存，也就没有世界在"此"。世界的存在论机制同样奠基在时间性中。

此在所具有的空间性，也奠基于时间性。因为，此在不像一件实在的物或用具那样充满一块空间。它是摄入空间的，绝非是现成存在在一块由躯体充满的空间中。一个广延物的"空间性"与此

---

① Martin Heidegger, *Being and Time*, pp. 400–401.

在的空间性之间的区别,不在于此在知道空间,而在于取得空间与"表象"具有空间性的不同。此在的取得空间包含有某种揭示活动,即通过为自己定向而揭示场所这样的东西。"**只有根据绽出境域的时间性,此在才可能闯入空间。世界不现成存在在空间中;空间却只有在一个世界中才得到揭示**"。[①]世界只有在时间的历史中才能展开。

当我们领悟了此在在时间性中展开的完整意义,就会理解,只有通过对此在在世这样的关系境域的构成含义的分析,才能揭示出此在这种存在者的本真存在,就不会将此在的生存误解为一种主体对客体的二元对立方式,就会知道海德格尔这里所进行的基础存在论分析,即对于此在的生存论分析,展示了一个与传统形而上学与认识论完全不同的、崭新的思维方式。这种分析所揭示的是一个主客交融、意义正处在建构之中的实际生活本身的方式,同时又是一种让这流动不息、变化多端的生活本身表达出自身的方式,因而也是一种我们准确理解存在本身意义的可靠方式。只有深入地、透彻地了解、体悟海德格尔这一基础存在论的思想,才能切入海德格尔哲学世界的核心部位,而只有在时间性视域中,才能深刻呈现出人生烦恼的精要和真髓。因为时间性中呈现的烦恼,揭示出实际生活本身,正是一切人生意义的最终、又是最直接的动力和源泉。

---

① Martin Heidegger, *Being and Time*, p. 421.

第六章　生存烦恼：末那识与"此在"

## 第三节　烦恼的展开结构：习气熏染与"在—世界—之中"

唯识学存在论与海德格尔存在论关于人生烦恼的外化和呈现，应该都是在凡夫俗子的尘世展开。末那识和"此在"都受到尘世世俗力量的侵蚀和攻击，但是它们具有不同的应对策略。唯识学的末那识是在习气与熏染的包围侵蚀之中被动的抗拒、退守，而海德格尔的"此在"则是机警老道与世界打交道，游刃有余。

本书第二章"种子论"曾对习气问题进行阐释，本节再从末那识的角度阐释习气与烦恼的关系。

唯识学认为，普通众生现实的烦恼，首先是由于生和死。欲界的有情众生烦恼受苦，是诸染污种子变现行的果。种子变现行的过程，也就是熏染习气的展现。凡夫在从生到死的过程中煎熬、挣扎，不仅在当世之中受烦恼痛苦折磨，而且阿赖耶识可以转世，生生世世都在轮回之中受烦恼煎熬：

> 生死相续由内因缘，不待外缘，故唯有识。因谓有漏无漏二业正感生死，故说为因。缘谓烦恼、所知二障助感生死，故说为缘。所以者何？生死有二：一、分段生死。谓诸有漏善、不善业，由烦恼障缘助势力，所感三界粗异熟果。身命短长随因缘力，有定齐限，故名分段。二、不思议变易生死。谓诸无漏有分别业，由所知障缘助势力所感殊胜细异熟果，由悲愿力改转身命，无定齐限，故名变易。无漏定愿正所资感，妙用难

测,名不思议。①

由于阿赖耶识的种子自然变现,有情众生的生死相续,只需内部因缘,不需要外部条件。因就是有漏业和无漏业,这二业是真正招感生死的因素。缘是烦恼障和所知障,因为它们协助招感生死。有两种生死:一是分段生死。就是各种有漏善业和不善业为因,由烦恼作为缘(条件),其辅助势力招感所得的欲、色、无色界的粗异熟果。因为这种异熟果容易见到,容易知道,小乘佛教的声闻、缘觉二乘和俗人都知道有这种异熟果,故称为粗(粗显)。由于因缘之力,身体和生命有长有短,都有一定的限度,故称分段。二是不思议变易生死。这是由大悲救生大愿所得的菩提力,改变原来鄙劣身命成为现在的殊胜身命,转原来的粗劣身命变成今日妙细身命,改转旧身命生死成为今日身命生死,这就是"变易"之意。这种变易没有一定的限度。正是由于无漏定愿力,正所资生,正所感彼得,因此其妙用细密难测,不像一般人和小乘声闻、缘觉所想象的那样,如果不是菩萨和佛,即不可知。故称不思议。

当然,烦恼生起的直接原因是种子的作用。无论是烦恼和清净,都是染、净种子的作用。而执持种子的最终还是阿赖耶识。

> 若诸烦恼无因而生,则无三乘、学、无学果,诸已断者皆应起故。若无此识持业、果种,界地往还,异类法后,诸业果起亦应无因,余种余因前已遮故。……若无此识持烦恼种,转依断

---

① 《成唯识论校释》,第559—560页。

## 第六章 生存烦恼：末那识与"此在"

果亦不得成。谓道起时现行烦恼及彼种子俱非有故，染净二心不俱起故，道相应心不持彼种自性相违如涅槃故，去、来、得等非实有故，余法持种理不成故，既无所断，能断亦无，……后诸烦恼皆已无因，永不生故。许有此识，一切皆成，唯此能持染、净种故。证此识有，理趣无边……①

如果各种烦恼无因而生起，就没有声闻、缘觉、菩萨三乘，亦不会有有学、无学之果，而已经断灭之惑都应该生起。如果没有阿赖耶识执持业种子和果种子，往生无色界的他地或还生本地。各种业果的生起，所有这一切都成为无因。如果没有阿赖耶识执持烦恼种子，转依断果亦不能成就。因为无间道生起时，现行烦恼及其种子都是不存在的，道理是染、净二心不能同时俱起。说圣道不执持烦恼种子，与烦恼种子自性道理相违，如涅槃那样。说一切有部主张的过去、未来得等皆非实有，经量部主张的由色法执持种子，这些说法在道理上都不能成立。因为既然没有所断之惑，亦就没有能断之道。以后的烦恼由于初道断，都已经无因，没有种子，永不再生。这样，承认有阿赖耶识，染净二法都能成立。只有阿赖耶识能执持染、净种子。

种子就是习气（梵文 vāsanā）。因此，"生死相续由诸习气"②。个体生命生死相续是由于习气。只要习气在，生生世世前世后世都在轮回之中。《唯识三十颂》第十九颂曰：

---

① 《成唯识论校释》，第249—250页。
② 同上书，第543页。

>由诸业习气，二取习气俱，前异熟既尽，复生余异熟。

《成唯识论》解释说，"诸业"指福、非福、不动三种业。福业是招感善趣异熟及顺随五趣受的善业，非福业是招感恶趣异熟及顺随五趣受不善业，不动业是招感色无色界异熟及顺随色无色界受的禅定业。此三业以有漏的善、不善的二思为其自体，不特别以思为业。就是善、不善律、善仪等业的眷属(如五蕴等)，也得以立为业名。因为它们与业能同样招感引(总报)满(别报)异熟果的。这种业刚刚生起，马上就消灭，似乎无别义理能招当来的真异熟果。然而现行之业当其正在产生的时候，熏于阿赖耶识，能生起自己的功能。这个功能就是颂所说的习气。因为它是业的气分，这就是"气"之义，它又是现业熏习(习)所成的，所以叫做习气。这种说法不同于耆那教所说的业皆宿作并且是曾有的观点，也不同于化地部等所认为业入过去、现在皆有体的观点。同时，这种说法也不同于简别萨婆多部过去有体的曾业之说，以及顺世外道作时即受的唯现业得之说，故名习气。如是这样的习气，辗转不断相续，直到成熟时候，就招感当来的异熟果报。应该知道这就是显示习气，是感受当果的最极殊胜的增上缘。相见、名色、心及心所、本末，这四种取都包括在能取、所取之中。能取是相，所取是见。取相见，就是取实能取、实所取的二取。取名色，意即执取五蕴为义。因为名是受等四蕴，色是第一色蕴。取心及心所，因为一切五蕴法都不离此二法。取本末，就是取二异熟的现果。本指阿赖耶识，它是诸异熟的根本。末指余识中的异熟，因为它是阿赖耶识的末果。"彼取"指以上四取。这四取都是"二取"所收摄。这四种所取由相分、见分所熏发,能够直接产生这四种所取在阿赖耶识中的功能,因此称为"二取"(能取、所取)习气。这二取显示未来世异熟果心及心相应法,各望自果为因缘种子,亲能生果。"俱"是指业种和二取种子在一起,同时感生结果。业种是增上缘,是间接条件和直接条件互相协助的意思。由于业种感生果的情况明显,故颂文说"俱"。颂文"前异熟",指过去世前生之前生的业所感的异熟果报。"余异熟"指未来世多生业的异熟果报。虽然能取、所取种子受果无穷无尽,但是业的习气受果是有穷尽的。因为,一来异熟果与业的性体有别,不多相互随顺;二来由异熟果随业招得,但必然在异世其果方得成熟,所以业的习气是有尽的。至于等流果、增上果,则与此相反,一者它们体性相互顺随,二者由于易感,即可以同时生起。所以二取种易于感果,如此念熏了以后,当下就能生果。由感招当来余生业等种子的成熟,在今身中前异熟果受用尽的时候(在此身临终的阶位),那所成熟的业又能使得其余的异熟果生起。由此所说业果不断的关系,有情众生的生死轮转无穷。这就论证了唯识学的一个定理,就是:业及二取为缘为因,生死轮回皆不离识,并非外界,而是心、心所法为生死因果的体性。①

---

① 《成唯识论》原文:"论曰:'诸业'谓福、非福、不动,即有漏善、不善思业。业之眷属亦立业名,同招引满异熟果故。此虽才起无间即灭,无义能招当异熟果。而熏本识起自功能,即此功能说为习气,是业气分熏习所成,简曾、现业,故名习气。如是习气展转相续,至成熟时招异熟果,此显当果胜增上缘。相见、名色、心及心所、本末,彼取皆二取摄。彼所熏发,亲能生彼本识上功能,名二取习气,此显来世异熟果心及彼相应诸因缘种。'俱'谓业种二取俱有,是疏亲缘互相助义,业招生显,故颂先说。'前异熟'者,谓前前生业异熟果。'余异熟'者,谓后后生业异熟果。虽二取种受果无穷,而业习气受果有尽,由异熟果性别难招,等流、增上性同易感。由感余生业等种熟,(转下页)

种子是阿赖耶识所藏,但是种子必须熏习才能长成。种子与熏习,则必须要末那识起作用。因为,妄执自我的末那识与染污同时而生:

又大乘经处处别说有第七识,故此别有。诸大乘经是至教量,前已广说,故不重成。《解脱经》中亦别说有此第七识,如彼颂言:"染污意恒时,诸惑俱生灭,若解脱诸惑,非曾非当有。"彼经自释此颂义言:"有染污意从无始来与四烦恼恒俱生灭,谓我见、我爱及我慢、我痴,对治道生,断烦恼已,此意从彼便得解脱。尔时此意相应烦恼,非唯现无,亦无过未,过去未来无自性故。"①

末那识是一个独立自体。很多大乘经都曾说到。《解脱经》说末那识时有颂曰:染污的末那识永远与各种烦恼同生同灭,一旦它从诸惑中解脱出来,不仅现在没有,过去未来都没有。经里还对此颂作了解释,说有个染污的末那识,从无始以来就与四个根本烦恼相应伴随,同生同灭。只有到达无漏道时,才能断除烦恼,得到解脱。在那个时候,与烦恼相应的末那识,在现在、过去和未来就都没有实体了。

而末那识与烦恼相随,也与遍计所执性相关。

---

(接上页)前异熟果受用尽时复别能生余异熟果,由斯生死轮转无穷,……此颂意说由业、二取,生死轮回皆不离识,心、心所法为彼性故。"(《成唯识论校释》,第539页)

① 《成唯识论校释》,第318页。

## 第六章　生存烦恼：末那识与"此在"

初能遍计自性云何？有义(**安慧**)八识及诸心所有漏摄者皆能遍计，虚妄分别为自性故，皆似所取、能取现故，说阿赖耶以遍计所执自性妄执种为所缘故。有义(**护法**)第六第七心品执我、法者是能遍计，唯说意识能遍计故，意及意识名意识故，计度分别能遍计故，执我、法者必是慧故，二执必与无明俱故，不说无明有善行故，痴、无痴等不相应故，不见有执导空智故，执有达无不俱起故，曾无有执非能熏故。有漏心等不证实故，一切皆名虚妄分别。虽似所取、能取相现，而非一切能遍计摄。①

安慧认为，八个识及其各种心所法，属于有漏者都是能遍计，因为虚妄分别是它们的自性，都像是所取。能取之相在显现。《瑜伽师地论》《显扬圣教论》等都说阿赖耶识以遍计所执自性的妄执种子为自己的所缘。但是护法认为，第六识和末那识妄执我、法都是能遍计，因为《摄大乘论释》只说意识能够遍计，末那识和第六识合为意识，因为它们计度分别能够遍计，执我执法者肯定是慧，前五识和第八识并非永恒与慧相应。故无执着。《成唯识论》主要持护法的观点，认为第六识和末那识妄执遍计所执，是有道理的。可见，末那识在习气熏染中，与烦恼相伴。

《成唯识论》卷八把习气分为三种：第一种叫"名言习气"。"名"即名称、语言，"言"即言说、指称。名言习气"谓有为法各别亲种"，意思是名言习气是亲生有为法的种子。名言习气由名相概

---

① 《成唯识论校释》，第573页。

念熏习而成,储存于阿赖耶识之中,是变现宇宙万物的原因。因为万事万物皆有名称(即所谓"语言是存在之家。")。名言习气又分两种:表义名言和显境名言。"表义名言,即能诠义音声差别",意思是,表义名言就是诠释事物意义的名相概念,用文字或声音表达出来;"显境名言,即能了境心、心所法",意思是,显境名言就是认知对象事物的认识和心理活动。"随二名言所熏成种,作有为法各别因缘。"

第二种是我执习气。"我执"就是"虚妄执我、我所种",即虚妄执着有"我"和为"我"所有的种子。我执又分俱生我执和分别我执两种。"俱生我执,即修所断我、我所执",也就是末那识妄执阿赖耶识为"我",这种我执修道可断;"分别我执,即见所断我、我所执",是由第六识(意识)的分别作用所起的我执,这种我执见道可断。"随二我执所熏成种,令有情等自、他差别。"此二种我执熏习形成的种子,使有情众生感到自己与他人有区别。

第三种是有支习气。"有支习气,谓招三界异熟业种。"就是说,有支习气是招感欲、色、五色三界果报的业种子。有支习气也分为有漏善习气和诸不善习气两种。"有漏善,即是能招可爱果业",有漏善种子是能够招感善报的业种子;"诸不善,即是能招非爱果业",各种不善种子是能够招感恶报的业种子。"随二有支所熏成种,令异熟果善、恶趣别",就是说。随这两种不同的有支所熏习的种子,能够导致异熟果有善、恶趣的差别。①

---

① 同时,"应知我执、有支习气于差别果是增上缘"。还应知道,我执、有支两种习气对于善恶差别果,在四缘中属于增上缘。关于三种习气所引文字,皆见于《成唯识论校释》,第543页。

## 第六章 生存烦恼：末那识与"此在"

可见，所谓"习气"，顾名思义，即是与人类个体须臾不能分离的生存环境。所有习气都是普通凡夫无处遁逃、无法藏身、无法割离的。这里说的所有习气都与我相关，而"我执习气"则与末那识直接相关。

周叔迦先生说：唯识学认为，"一切宇宙人生都是由'十二因缘的定律'而生起的，又是由'种子现行的循环定律'而生起的，这两种定律的关系是如何呢？"实际上，"这种人生宇宙循环的原则，便是依他起的自性，一切人不了然，却有无量的分别执着，便是遍计所执性，这遍计所执是如何生起的呢？这遍计所执唯是从语言文字起的，一切人所领略的环境并不是环境的实况，不过是环境的虚名。""这类熏习都是本有的习气，由为假使本识上根本没有这一类习气，便不会有这一样感觉或思想发生了，由这种习气生起'根身''器界'以及'心王''心所''时分''数分''方分''语言文字'一切知识。"[①]一句话，人与习气无法分离，息息相关。

烦恼根源于妄执自我，因为有我，因此就会有染污种子，于是烦恼不断相续。而这种烦恼就像空气一样，与现实生活中的人水乳交融，化为一体。这就是唯识学所谓的烦恼存在结构：人与习气俱化，烦恼就存在于人的每时每刻的生存之中。

海德格尔存在论揭示生存个体的烦恼，是体现在生活的世界之中。"此在"，即是在现实中生活的每个人本身。在这个意义上，此在也是每个人的"生存"。生存问题只有通过生存活动本身才能

---

① 周叔迦：《唯识研究》，第37、39页。

弄清楚。因此,海德格尔认为,只要生存规定着此在,对这个存在者的本体论的分析就必须要对生存论状态作一番事先的观察。上节描述了海德格尔对人的真正切身的生存方式分析而开启出的原发时间视域,揭示出此在的真正本性是"烦恼"(操心),这里再从具体的空间视域展开此在烦恼的具体结构。

海德格尔说过:

*此在本质上就是:存在在世界之中。*①

此在的"在世界之中存在"(In-der-Welt-sein),这表明此在或现实生存着的人与这人类生活的世界在根本意义上是不可分的。此在总已经是在世界中的实际生存者,而世界也必定世界化为此在之世缘。这样,对此在的"在世界之中"的分析,就不像传统的本体论那样,是对一个主体与一个作为主体对象的客体世界之间关系的分析,而是对于此在—世界的生存方式结构的分析,即进入这种结构的形式显现方式的分析。

上节分析了此在在时间性中"绽出"的各种烦恼的样式:"怕"、"畏惧"、"言谈"等,这些烦恼和情绪同样也是"在世界之中"发生的。本节着重从座位此在对象的物质世界,即器物层面,阐发海德格尔关于生存烦恼的独特思想。

既然此在是存在于世界之中,海德格尔说:"这种属于此在的对存在的领悟就同样源始地关涉到对诸为'世界'这样的东西的

---

① Martin Heidegger, *Being and Time*, p. 33.

领会以及在世界之内可通达的存在者的存在的领会了"。① 要从生存状态中分析此在，首先就要研究此在（即现实的人）的生活和生存的基本结构。很明显，"日常此在的最切近的世界就是周围世界(environment)"。② 每个人都是在与周围世界的交往活动中生存的。但是，海德格尔认为，仅仅对此在的"周围世界"作简单的分析还是不够的，还必须将对"周围世界"的分析上升到"一般的世界之为世界的观念"。在这种对世界的分析过程中，"第一步是把在世界'之中'所有的那些东西罗列出来：房子、树、人、山、星辰。我们可以把这个存在者的'外观'**描绘下来**并把这个存在者身上以及随着这个存在者一道发生的各种事件**叙述出来**"。③ 当然，这些都是初步的，海德格尔称之为前现象学的描述。在他看来，这些方法都"不着'世界'现象的边际"。

用海德格尔现象学的方法来看，"日常在世的存在我们也称之为**在**世界**中与**世界内的存在者**打交道**"的那些东西。这里的存在者就是现实的、具体的人，而所谓"在世的存在"就是被人们日常所使用的或被制造的东西。在常识中，人们把这些存在者称为"物"。但海德格尔认为：

> 把存在者称为"物"[res]，这种说法中就有一种未曾言明却先入为主的存在论特征标画。再进一步追问这个存在者的存在，这种分析就碰上了**物性**和**实在**。存在论解释可以一步

---

① Martin Heidegger, *Being and Time*, p. 33.
② Ibid, p. 94.
③ Ibid, p. 91.

步找到实在性、物质性、广延性并存之类的存在性质。①

这种传统的存在论分析实际上又进入了主客二分的模式,把存在者的真正的存在遮蔽起来了。(后期海德格尔把"物"分析为诸事物的集合概念。)因此,海德格尔说:

> 我们把这种在烦忙活动中遭遇的存在者称为"用具"(equipment)。因为,所有在此与此在打交道之际发现的,都是被制造的和被使用的东西。②

"用具"概念表明,所有世间的存在物的意义,都是与此在这个具体的人有着密不可分的关系。"用具"这一名称实质上也是此在对于存在物理解的产物。然而,海德格尔又认为:"严格地说,从没有一件用具这样的东西'存在'。属于用具的存在的一向是一个用具整体。只有在这个用具整体中那件用具才能够是它所是的东西"。③就是说,世界上所有与人类生活相关的存在物,即所有与人类"打交道"的事物,它们的意义都显示出一种整体性。就像一个词汇在一种语言系统中那样。例如,锤子是为钉钉子而用的,如果没有钉子,锤子就没有存在的意义。钉子是为了做家具、钉鞋掌、挂物件等而用的,而这些用具又与其他的物件具有关联性。所有的用具的关联性都指向人们的生活。所以,这种用具的意义整体

---

① Martin Heidegger, *Being and Time*, p. 96.
② Ibid, p. 97.
③ Ibid.

性，在根本上也是与人类生活和生存方式密切相关的，可以说是人类生存或生活方式的一种外在化。

用具当然是由于人的使用才被称为"用具"。所以，用具在本质上是一种"为了作……的东西"。这种"为了作"就揭示了用具在本性上对于其他用具的依附关系。但是，用具在烦忙的使用中，处于"上手"（readiness-to-hand）的状态时，它并不能呈现世界，因为人们都不曾注意到它。只有当用具发生损坏、残缺，处于用具所揭示的指引联络"中断"时，用具才能显示出它"**为何上手，何以上手**"的意义，周围的世界才又重新呈现出来。比如说，当我们在使用一个合用的雨衣时，并不在意它的作用。只有由于这件雨衣损坏导致我们在大雨滂沱中被淋得像个落汤鸡时，才会发现这件雨衣"为何上手，何以上手"的意义和品质。只有这时，作为用具的周围世界的真正意义才会呈现出来。

用具的"为了作……的东西"是"为何之故"赋予它以意义；"为了作"又授予某种"所用"以含义。以此类推，"所用"赋予结缘的"何所缘"以含义；而"何所缘"则赋予因缘的"何所因"以含义。这样，那些存在者关联在自身中的勾缠联络形成了一种源始的整体状态。这种关联整体海德格尔称之为"意蕴"（Bedeutsamkeit/significance）。"意蕴"就是构成世界结构的东西，即构成了此在之为此种存在向来已经存在其中的所在的结构的东西。此在与这种世界结构处于一种相辅相成的关系中。一方面，世界通过此在这种人自身的存在而被揭示出来。"**处于对意蕴的熟悉状态中的此在乃是存在者之所以能得到揭示的存在者状态上的条件**"，因为"此在之为此种存在向来就是这样一种东西，上手东西的联络本质上已经随着它的存在揭示出来了"。① 而另一方面，世界在根本上也是此在的归属：

> 世界就是此在作为存在者向来已**曾在**其中的"何所在"，是此在无论怎样转身而去，但纵到海角天涯也还不过是向之归来的"何所向"。②

就是说，一切存在物，在最根本的意义上，都是指向人的，与人相关的。在世界问题的探讨中，此在具有从世界方面来领会本己存在的倾向。我们可以把对世界的领悟从存在论上返照到此在的解释之上。他人和世界作为一种非实体或非主体集合的缘分，总是已经在此在之中了。他人完全可以不现身地在场或与此在个人同在。这一切同样成为此在"操心"（即烦恼）的对象和缘由。

海德格尔对此在"在世界之中"的种种生存方式进行了层层分析，揭示出了此在在与周围世界"打交道"之际显现出来的、此在与世界的一个完整的意义显示结构。这个意义结构就是个体生存烦恼由来和直接原因。这个直接原因，与时间性交互生成生存的烦恼。因为，此在通常的存在方式中总是当下地存在着，也就是在与世界具体的打交道中，操心，烦恼，活着。

---

① Martin Heidegger, *Being and Time*, p. 120.
② Ibid, pp. 106–107.

## 第四节 烦恼的解脱：清净寂灭与领悟真理

与佛教的根本宗旨一致，唯识学的论证目标也是为了让众生解脱烦恼。解脱的手段是实现三无性，达到涅槃、成佛。作为纯粹的哲学，海德格尔存在论似乎没有指出解脱个体生存烦恼的道路。但是，海德格尔认为，通过对于此在的本真领悟，也可以在哲学的层面摆脱日常的琐碎与无聊，相对达到解脱烦恼。

关于烦恼的生成和断除，《成唯识论》认为，在总、别十种烦恼中，有贪、嗔、痴、慢、身见、边见六种烦恼，是任运而起的，属于俱生。疑、邪见、见取、戒取四种烦恼是思察而生的，属于分别。因为它们是由恶友或邪教影响之力，通过自己的推理和思考才能产生。这十烦恼中，嗔只在欲界，其余九种通欲界、色界和无色界。生在下地的有情众生，如果没有离开下地的欲染，则上地的烦恼不会出现在面前。要得了上地根本定的有情众生，上地烦恼就可以出现在面前。关于十烦恼的断除，《成唯识论》认为，十烦恼不通无漏道的非所断，因为无漏道不是染污法。分别起的烦恼，只是见道所断，因为它粗显易断。若是俱生烦恼，只是修道所断，因为它们微细难断。见道所断的十烦恼实际上都是顿断，因为见道总缘四谛。然而对四谛迷惑不解之相有总有别。从总的来说，贪等十种烦恼都迷于四谛，苦、集二谛是烦恼产生之因或依据，灭、道二谛使之产生恐惧。别起烦恼意谓烦恼由于对四谛的不同迷惑之相而生起，萨迦耶见和边执见只迷苦谛，除身见、遍见之外的八种烦恼，迷于苦、集、灭、道四谛。实际上，身见、遍见只生起于苦果，别观十六行相的空和非我理，都属于苦谛。①

烦恼来自染污，解脱烦恼就是心性清静。关于心性本净的问题在佛学内部有争论。小乘有部不主张心性本净，对随眠和缠也不像上座部那样用现行和习气来区分。有部认为两者都是烦恼，只是由于表现不同，给予缠和随眠以不同名称。他们把心分为杂染心、离染心，去掉杂染，实现离染就解脱。唯识学认为，人生烦恼是在不同空间得到解脱的。灭除烦恼只有通过清净成佛，达到涅槃。《成唯识论》云：

> 烦恼障者，谓执遍计所执实我萨迦耶见而为上首百二十八根本烦恼，及彼等流诸随烦恼。此皆扰恼有情身心，能障涅槃，名烦恼障。所知障者，谓遍计所执实法萨迦耶见而为上首见、疑、无明、爱、恚、慢等，覆所知境无颠倒性，能障菩提，名所知障。此所知障决定不与异熟识俱，彼微劣故，不与无明、慧相应故，法空智品与俱起故。七转识内随其所应或少或多，如烦恼说，眼等五识无分别故，法见、疑等定不相应，余由意力皆容

---

① 《成唯识论》原文："总、别十烦恼中，六通俱生及分别起，任运、思察俱得生故，疑后三见唯分别起，要由恶友及邪教力，自审思察方得生故。""此十烦恼何界系耶？嗔唯在欲，余通三界，生在下地，未离下染，上地烦恼不现在前。""此十烦恼何所断耶？非非所断，彼非染故。分别起者唯见所断，粗易断故，若俱生者唯修所断，细难断故。见所断十，实俱顿断，以真见道总缘谛故。然迷谛相有总有别。总谓十种，皆迷四谛，苦、集是彼因依处故，灭、道是彼怖畏处故。别谓即迷四谛相起，二唯迷苦，八通迷四，身、边二见唯果处起，别空非我，属苦谛故。"（《成唯识论校释》，第414、416、417页）

引起。①

大意是，烦恼障就是执着遍计所执的实我，而以萨迦耶（我）见为首的一百二十八种根本烦恼（包括欲界四十种，色界和无色界各三十六种，修道所断烦恼十六种），以及与此平等而流出的各种随烦恼，它们都扰恼有情众生的身心，能够障碍达到涅槃，所以称为烦恼障。所知障，就是以遍计所执的实法，而以萨迦耶见为首的恶见、疑、无明、爱、嗔、慢等，遮覆所知境的真实性，障碍菩提，此称所知障。这种所知障肯定不与阿赖耶识相应，因为阿赖耶识微细劣弱。这种所知障同时也不能与无明和慧相应，因为菩萨法空智品可与这阿赖耶识一起生起。到了法空智生起时，法执就不能现行。七转识之内，根据不同情况，或多或少地与所知障相应。眼、耳、鼻、舌、身五识，因为只有称量而没有计度分别，肯定不能与法见、疑等烦恼相应。其余烦恼如法贪法痴等，由意识力都可以引起。

可见，末那识同样，必须灭定之后才能解脱烦恼。关于末那识断灭和有无问题，《唯识三十颂》第七颂描述末那识：

阿罗汉灭定，出世道无有。

末那识在阿罗汉、灭定、出世道三个果位灭除。《成唯识论》解释说，这里的阿罗汉不是单指声闻四果阿罗汉，而是连辟支佛、八地以上的菩萨以及佛果，都包括在内，所以总体显示三乘无学果

---

① 《成唯识论校释》，第608页。

位,在此位的染意末那识种子和现行,全部都已经永远断灭。在三乘学位、灭尽定、出世道中,都使末那识能够暂时被伏灭,所以颂文也称"无有"。就是说,这个染污意末那识自无始以来,它的行相总是微细难知,又相类似,人运生起,所以在各种有漏道都不能被折服,在三乘圣道才有被折服的可能。因为作真正的无我解释,就与我执相违背剥离了。无漏后得智出现在面前的时候,是根本智的等流智,亦与末那识的我执相违背和剥离。认识真正无我的智慧和后得智都是属于无漏,所以称为出世道。灭尽定既然也是圣道的等流引生,这种定极其寂静,所以此位亦没有末那识的我执。三果的圣人虽然是在灭尽定中,因为此位还没有永远断除末那识的种子,灭尽定圣道以后,末那识烦恼还可以再产生现行,直至种子还没有完全灭除以前。然而,因为与这染污意末那识相应的烦恼是俱生就有,并非后来分别所得到的,所以要在修道位断除,在见道位不能断除。又因为它是染污性的,也不是属于无漏,所以最终还是能够断除的。因为末那识的染污与第六识不同,极端微细难知,所以它的染污种子要到无色界非非想处地九品烦恼中的下下品,才一刹那顿断。因为智和烦恼势力相等,才可以克服它。一到最后的金刚喻定现起的时候,才能够顿断末那识的烦恼种子,而成罗汉。所以要到了无学的果位,末那识烦恼才永远不再生起。[①]另

---

① 《成唯识论》原文:"阿罗汉者,总显三乘无学果位。此位染意种及现行俱永断灭,故说'无有'。学位、灭定、出世道中俱暂伏灭,故说'无有'。谓染污意无始时来微细一类任运而转,诸有漏道不能伏灭,三乘圣道有伏灭义,真无我解违我执故,后得无漏现在前时,是彼等流,亦违此意。真无我解及后所得俱无漏故,名出世道。灭定既是圣道等流,极寂静故,此亦非有。由未永断此种子故,从灭尽定圣道起已,(转下页)

## 第六章 生存烦恼：末那识与"此在"

外，应该说明的是，这里说的阿罗汉与小乘阿罗汉不同。小乘虽然是菩萨，亦称罗汉，其义与此不同。

关于末那识与烦恼的关系及其断灭问题，安慧认为，没有末那识是指没有末那识的识体，所以他被称为"无体家"。护法认为，没有末那识是除去末那识的污染义，并非没有末那识的识体。故被称为"义无家"。①《成唯识论》认同护法等的观点，认为末那识有清净的和染污的之分，始终存在。因为《瑜伽师地论》说，阿赖耶识肯定与一个识共同发挥作用，这就是末那识。意识生起的时候，也与两个识共同发挥作用，这就是意识和末那识。如果五识中生起任何一识，就要与三个识共同发挥作用，也需要末那识。乃至于有时候前五识同时生起，则与七个识共同发挥作用。《显扬圣教论》说，末那识永远与四烦恼相应，或者反过来说，与傲慢行和平等行相应，所以末那识通染、不染二性。②

---

(接上页)此复现行，乃至未灭。然此染意相应烦恼是俱生故，非见所断。是染污故，非非所断。极微细故，所有种子与有顶地下下烦恼一时顿断，势力等故。金刚喻定现在前时，顿断此种成阿罗汉。故无学位永不复起。"(《成唯识论校释》，第307页)

① 《成唯识论校释》，第4页。

② 《成唯识论》原文："无染意识如有染时，定有俱生不共依故。论说：'藏识决定恒与一识俱转，所谓末那。意识起时则二俱转，所谓意识及与末那。若五识中随起一识，则三俱转，乃至或时顿起五识则七俱转。'……《显扬论》说，末那恒与四烦恼相应，或翻彼相应，恃举为行或平等行，故知此意通染不染。"关于阿罗汉位灭尽定，是否末那识与烦恼仍然相关，安慧认为："末那唯有烦恼障俱，圣教皆言三位无故。又说四惑(我痴、我见、我慢、我爱)恒相应故，又说为识杂染依故。"(《成唯识论校释》，第310—311页)即认为末那唯有烦恼障相应，阿罗汉、灭尽定、出世道没有末那识。末那识永远与我痴、我见、我慢、我爱四惑相应，末那识为阿赖耶识的杂染依。从上述可知，护法不同意他的观点。

具体说来,断除末那识也有三种差别,第一种是与人我(补特伽罗)相应的末那识,第二种是与法我相应的末那识,第三种是与平等智相应的末那识。

第一种末那识拥有者,是普通人有情众生、声闻缘觉二乘和没有到无学果位的人,以及七地以前的渐悟菩萨,这都是在有漏心位的人。他们都是末那识缘阿赖耶识见分的时候,而生起人我的邪见。要知道,人我见生起的时候,那法我见肯定要产生。我执肯定依法而生起,比如一个人夜间行路,看到一个矗立的树状(杌),他便误认为是人。迷误树桩不知是树桩才误认为是人。迷树桩(法执)在先,人起(人执)在后。我见和法见虽用有所别,但体为一致,因为同属于一个慧心所。好像眼识一样,认识器官虽然只有一个,但是了别对象事物例如青黄黑白的功能却有差别,得到认识的结果尽管不同,但都是视觉器官的认识产物。我、法二见也是这样。

第二种末那识拥有者,是一切凡夫、声闻、缘觉相续位,乃至一切菩萨,只要在他们的法空后得智之果没有现前的时候,他们的人我见虽然没有了,但末那识的见分缘阿赖耶识相分(根身、器界、种子)还在,末那识还是照样执有实法。所以末那识缘阿赖耶识异熟识,即有法、我见存在了。声闻、缘觉二乘有学圣道和灭尽定出现的时候,顿悟菩萨在修道位,有学渐悟菩萨生空后得智之果出现的时候,都是只起法执,因为我执现行已经治伏了。声闻、缘觉二乘无学、渐悟菩萨法空后得智之果没有出现的时候,都只是起法执,因为我执已经断灭。

第三种末那识的拥有者,是一切诸佛,以及菩萨见道和修道中,法空智慧之果已经现在前的时候。此时末那识缘阿赖耶识是无垢的清净识,所生起的就是平等性智。八地以上一切菩萨,所有我执都不现行,或者已经永远断灭,或者永远伏除了。如果法空智果没有出现,即是出现法执,也与此不相冲突。《解深密经》说,八地以上菩萨,一切烦恼不再起现行。虽然有所依托的所知障存在,然而这所知障是现行不是种子。不然的话,烦恼的种子应当也存在。①

因此,正如上章所述:

> 故《瑜伽》说染污末那为识依止,彼未灭时,相了别缚不得解脱。末那灭已,相缚解脱。言相缚者,谓于境相不能了达如幻事等,由斯见分、相分所拘不得自在,故名相缚。依如是义,有伽他言:"如是染污意,是识之所依,此意未灭时,识缚终不脱。"……由有末那恒起我执,令善等法有漏义成。②

---

① 《成唯识论》原文:"此意差别,略有三种:一补特伽罗我见相应,二法我见相应,三平等性智相应。初通一切异生相续、二乘有学、七地以前一类菩萨有漏心位,彼缘阿赖耶识起补特伽罗我见。次通一切异生、声闻、独觉相续,一切菩萨法空智果不现前位,彼缘异熟识起法我见。后通一切如来相续,菩萨见道及修道中法空智果现在前位,彼缘无垢、异熟识等起平等性智。补特伽罗我见起位,彼法我见亦必现前,我执必依法执而起,如夜迷杌等方谓人故。我、法二见用虽有别,而不相违,同依一慧,如眼识等体虽是一,而有了别青等多用,不相违故,此亦应然。二乘有学圣道、灭定现在前时,顿悟菩萨于修道位,有学渐悟生空智果现在前时,皆唯起法执,我执已伏故。二乘无学及此渐悟法空智果不现前时,亦唯起法执,我执已断故。八地以上一切菩萨所有我执皆永不行,或已永断,或永伏故。法空智果不现前时犹起法执,不相违故。如有经说八地以上,一切烦恼不复现行,唯有所依所知障在。此所知障是现非种,不尔,烦恼亦应在故。"(《成唯识论校释》,第311—312页)

② 《成唯识论校释》,第322—323页。

所以《瑜伽师地论》说,染污末那识为其他识所依止,当它还没有灭除的时候,境相系缚着心,使之得不到解脱。末那识灭除以后,相缚才能得到解脱。所谓"相缚",就是不知道境相是因缘和合而生,就像梦幻、阳焰一样是假有。能缘是见分,各位心法和心所法是境的相分,由于不懂得这个道理而使得心受到束缚,得不到自在,因相分缚心,所以称为相缚。依照此意,《阿毗达磨经》说:这样的染污意末那识被其他的识所依止,这种末那识还没有灭除的时候,识的系缚终究得不到解脱。由末那识永恒生起的我执,使得善、无记性之法形成有漏之义。

只有通过染污末那识的断灭伏除,众生才能彻底解脱烦恼。这是唯识学指出众生的解脱之途。① 从当下现实生存的角度说,佛

---

① 除了末那识,其余六识与烦恼也有关系。《唯识三十颂》第九颂描述前六识曰:"此心所遍行、别境、善、烦恼、随烦恼、不定,三受共相应。"《成唯识论》对此颂解释云:"此六转识总与六位心所相应,谓遍行等。恒依心起,与心相应,系属于心,故名心所,如属我物立我所名。心于所缘唯取总相,心所于彼亦取别相,助成心事得心所名,如画师、资作模填彩。故《瑜伽》说识能了别事之总相,作意了此所未了相,即诸心所所取别相。触能了此可意等相,受能了此摄受等相,想能了此言说因相,思能了此正因等相,故作意等名心所法。此表心所亦缘总相。余处复说欲亦能了可乐事相,胜解亦了决定事相,念亦能了串习事相,定、慧亦了得、失等相。由此于境起善、染等,诸心所法皆于所缘兼取别相。虽诸心所名义无异,而有六位种类差别,谓遍行有五,别境亦五,善有十一,烦恼有六,随烦恼有二十,不定有四,如是六位合五十一。一切心中定可得故,缘别别境而得生故,唯善心中可得生故,性是根本烦恼摄故,唯是烦恼等流性故,于善、染等皆不定故。然《瑜伽论》合六为五,烦恼、随烦恼俱是染故。复以四一切辩五差别,谓一切性及地、时俱,五中遍行具四一切,别境唯有初二一切,善唯有一谓一切地,染四皆无,不定唯一,谓一切性,由此五位种类差别。此六转识易脱不定,故皆容与三受相应,皆领顺、违、非二相故。领顺境相适悦身心,说名乐受。领违境相逼迫身心,说名苦受。领中容境相于身于心非逼非悦,名不苦乐受。如是三受或各分二,(转下页)

教唯识学的人生解脱其实是一种空幻。这也是宗教的根本特征。①而海德格尔存在论自然与此有实质性的不同。海德格尔指出,个体人生解脱烦恼在在世的人生中即可实现,至少是相对而言的实现。这也是哲学的本质特征。

---

(接上页)五识相应,说名身受,别依身故。意识相应,说名心受,唯依心故。又三皆通有漏、无漏,苦受亦由无漏起故。或各分三,谓见所断,修所断,非所断。又学、无学、非二,为三。或总分四,谓善、不善、有覆、无覆二无记受。有义三受容各分四,五识俱起,任运贪、痴,纯苦趣中任运烦恼不发业者,是无记故,彼皆容与苦根相应。……或总分五,谓苦、乐、忧、喜、舍。三中苦、乐各分二者,逼、悦身心相各异故,由无分别有分别故,尤重轻微有差别故。不苦不乐不分二者,非逼非悦相无异故,无分别故,平等转故。诸适悦受,五识相应恒名为乐。意识相应若在欲界,初二根本近分名喜,但悦心故。若在第三静虑近分根本名乐,安静、尤重无分别故。诸逼迫受,五识相应恒名为苦。意识俱者,有义唯忧,逼迫心故,诸圣教说意地戚受名忧根故,《瑜伽论》说:'生地狱中诸有情类,异熟无间有异熟生,苦忧相续。'……有义通二,人、天中者恒名为忧,非尤重故。……又彼苦根意识俱者,是余忧类假说为忧。或彼苦根损身心故,虽苦根摄而亦名忧,如近分喜益身心故,……由此应知意地戚受,纯受苦处亦苦根摄。……《瑜伽》等说藏识一时与转识相应三受俱起者,彼依多念,如说'一心'非一生灭,无相违过。有义六识三受容俱,顺、违、中境容俱受故,意不定与五受同故。于偏注境起一受故,无偏注者便总舍故,由斯六识三受容俱。"(《成唯识论校释》,第341—347页)限于篇幅,就不展开了。

① 正如舍尔巴茨基所说:"佛教的自由意志是在必然性限制之内的自由,是不能逾越因果性而运动的自由,受相依缘起约束的自由。但这种约束又是可以挣脱的。除了业的理论,佛教似乎又另有一个公设,即坚决相信善行就总体而言是压倒恶行的。世界的演化过程是道德化过程。一切善行的结果显露时,便在涅槃中实现了解脱。于是因果关系熄灭,达到了绝对者本身。"(舍尔巴茨基:《佛教逻辑》,第157页)但是,"佛陀又陷入了在我们看来的一种新矛盾,即没有人格之我的道德律的矛盾——道德律本应该依存于自我的;佛教的解放是没有人存在的解脱,而我们通常所理解的解脱,应该是人能够达到的那种理想目标。"(舍尔巴茨基:《大乘佛教》,第6页)

海德格尔认为，只有在诗意中，人才本真地发现和拥有他的世界，并获得神性。所以，诗是我们真正的居住之所。也可以说，诗是解脱生存烦恼的一种救赎。

作为哲学意义上人生的救赎，还是对于人生在世存在的本真认识，也就是对于真理的观照和体悟。海德格尔认为，只有在纯粹地被言说中，那种"澄明的投射"才能使存在者"去蔽"进入"敞开"，昭示出事物的透明的本性。当事物这种透明的本性被昭示，由"去蔽"而进入"敞开"时，真理就出现了。因此，当我们本真地听到语言的呼唤的时候，也就能见到真理的光辉。而这种"投射"的言说就是诗，因为诗就是纯粹地被言说。诗因此与真理的出现是同时同构的。而语言在根本意义上是诗。

那么，真理是什么？海德格尔不仅反对近代科学主义的符合论的真理观（即认为一个命题或理论能够被实验或实践验证或证明就是真理），也与胡塞尔通过现象学还原达到事物本质的真理观不同。他认为，真理原本就是我们和世界"同是"或"同在"的那种最原初的缘构状态。因此，"只有通过此在的**展开状态**才能达到**最源始**的真理现象。前文就这个此(Da)的生存论建构方面和这个此的日常存在方面的阐释所涉及的不是别的，就是真理的最原本的现象。由于这个此在在本性上就是它的打开状态，作为被打开者而打开着和开启着，它从本性上就是'真的'。**此在就在'在真理之中'**。"① 而且，"只当**此在存在时，才'有'真理**。"②

---

① Martin Heidegger, *Poetry, Language, Thought*, Harper&Row, 1971, p. 263.
② Ibid, p. 269.

## 第六章 生存烦恼：末那识与"此在"

真理的意义就是世界为此在的"揭示"和"敞开"。但是，在日常生活中，此在与世界的这种原初的状况，常常是被掩藏着和遮蔽着。只有当此在和世界的原初状况在本性上被打开的时候，世界的原本意义才被昭示出来，真理才会出现。因此，真理只是照亮而不是正确。能够让世界和此在进入"去蔽"和"敞开"的，就是诗。而诗意就是所是事物"敞开"的言说。只有在诗的语言中，我们才能本真地听到语言的呼唤。在诗中，此在和世界处于"敞亮"和"澄明"之中，真理因而出现。所以，诗是真理发生之处，亦是存在昭示之所。

在诗歌中，真理是如何发生的呢？海德格尔说，诗歌作品实质上是大地(earth)、天空(sky)、神圣者(divinities)和短暂者(mortals)四者的统一。大地指大地上的一切实物，天空指一切天文气象，神圣者指超自然的、神圣的东西，短暂者是指世俗的有生死的人。[①]虽然在日常生活中，我们使用的每一个用具上都聚合着这四元。譬如水壶，注入水是为了贮存，倒出水就是赠送。赠物水是雨露之物，含有天。水又涉及泉，泉涉及岩石，又含有地。水为人所饮用，因此含有短暂者。而水又可用来供奉神圣者。天、地、神、人就这样聚合在水壶之中。但是，四者在水壶上不能成为单一整体。只有诗意敞开了此在生存的世界，大地、天空、神圣者和短暂者能在诗歌中聚合为一体。同时，在诗歌中，此在的历史和现象在这里现身和到时，世界和物也处于亲密的纯然一元之中。而构成这一切的内在张力就是时间性(海德格尔曾举例特拉克的诗《冬夜》进行

---

① Martin Heidegger, *Poetry, Language, Thought*, p. 150.

分析)。所以,人的真正的生活,是当诗意出现的时候。可见,此在的时间性是诗意中深重沉厚的底蕴。

在《艺术作品的本源》一文中,海德格尔从真理的意义,即本真存在的敞开,来论述艺术作品的本源。他认为,艺术作品的完成,就表示它已经建立了一个"世界"(world)。艺术作品"敞开"了一个世界,而且永远地守护它。但是,这个世界不是我们熟悉或不熟悉的事物的聚合,也不是我们对这些事物的想象。世界从来不是立于我们面前让我们观看的对象。因为只要世界作为诞生与死亡、祝福和诅咒从而使我们进入存在的道路,世界便从来不是作为相对于我们主体的对象。诗里的世界是"世界化"了的世界。它比我们自以为十分亲近的那些可把握的东西和可认识的东西,在存在中更加完整。比如,在凡·高画的农鞋中,我们可以领会到一个比现实的农鞋更完整的世界。

海德格尔认为,艺术作品也是一个存在者,又是一种用具。它与普通的用具不同之处在于:"通过这个作品,而且仅仅在这个作品中,用具的用具性才第一次真正露出了真相"。[①] 例如凡·高的《农鞋》,在日常生活中,我们看到一双普通的农鞋,其实没有看到农鞋真理性的存在。因为存在本身在这种展示中同时被隐匿。存在只有用使自己隐藏起来的形式,才能集收并明确存在者。没有隐藏的本性,就没有表现的本性。光是由于暗而成为光。而从凡·高的画里,我们知道了真实的农鞋是什么,农鞋的真理性存在从它的"去蔽性"昭示中凸显出来。或者说,艺术作品以自己的方

---

[①] Martin Heidegger, *Poetry, Language, Thought*, p. 36.

## 第六章 生存烦恼：末那识与"此在"

式"敞开"了存在者的存在。这种"敞开"的相联的关系所决定的广阔领域，正是一种历史和现实的深邃世界。

这样的艺术作品，越是孤立地牢系形象立于自身，它越纯粹显得解脱了与人类的关系，真理之光的冲击将愈纯然地进入这一作品所是的敞开中。作品自身越是纯粹地进入存在物的敞开之中，那么，它将越是纯然地将我们移入这种开放性，并在同时将我们移出日常的领域。这意味着，艺术作品改变我们日常的与世界和大地的联系，使我们一般所为、评价、认识、观看，都停留于作品中所发生的真理。这也是历史性的人之存在在已经投射其中的"敞开"。这里的世界，是他自己的世界。在这个自我归闭的基础中，栖息着一切自身隐蔽而已经存在之物。存在者的存在，似乎是这里的核心问题。"敞开"，即是自我遮蔽的存在物如何被照亮的情形。所以，当这一切产生之时，真理同时出现了：

> 真理的发生的一种方式便是作品的作品存在。建立世界和显现大地，作品是那种斗争的承担者，在斗争中存在者整体的显露，真理产生了。
>
> 真理发生于凡·高的绘画之中。这并非意味着某物正确地描绘，而是在鞋子的用具存在的展示之中，作为整体的所是(在其冲突中的世界和大地)达到其敞开。[①]

诗意让真理发生，打开了"敞开"之地，"并且以这种方式，即

---

① Martin Heidegger, *Poetry, Language, Thought*, pp. 55, 56.

现在敞开在存在物中间才使存在物发光和鸣响"。因此,一切艺术、建筑、绘画、雕塑、音乐等,它们的本质都是诗:

> 所有艺术作为让所是的真理出现的产生,在本质上是诗意的。①
> 艺术的本性是诗。诗的本性却是真理的建立。②
> **美是作为敞开发生真理的一种方式。**③

真理的诗意投射,将自身作为形象投入作品,将一切存在物照亮。借助人之存在对存在的敞亮关系,此在也发现和拥有这个世界。而且只有在诗意中,人才本真地发现和拥有他的世界。所以,诗是我们真正的居住之所。

此外,在海德格尔看来,人是用神性度量自身。"神性是人衡量他居住、居于大地之上天空之下的'尺度'。只是因为人以此种方式运用他居住的尺度,他才能与他的本性相当"。④神通过天空的显象让我们看到遮蔽自身的显露。而诗人服从不可知的神,顺应于其中作为陌生者的形象。诗意采用了神秘的尺度,用"形象"说话。这种形象作为景象让不可见之物可见,并让人在它陌生的物中想象了不可见。这样,诗意的形象成了在最好意义上的想象:不仅是幻想和幻境,而且构成形象。形象的诗意言说将天空现象

---

① Martin Heidegger, *Poetry, Language, Thought*, p. 72.
② Ibid, p. 75.
③ Ibid, p. 56.
④ Ibid, p. 221.

第六章　生存烦恼：末那识与"此在"

的光明和声响,与那陌生的黑暗与沉睡聚集于一。诗人呼唤所有天空景象的光辉及其轨迹和微风中的每一声响,呼唤它们进入歌唱的语言,并且使它们闪光和鸣响。借助这种景象,神震惊了。在这种奇异中,神宣告了他稳定的亲近。这样,人就在诗意中获得神性,从而诗意地居住。这种神性,海德格尔认为又与人心的纯真、善良有关:"只要善良的赋予持续着,人便长久地成功地幸福地运用神性度量自身。当这种度量转化时,人由诗意的特别本性创造出诗歌。当诗意适宜地出现时,那么人将人性地居于此大地之上……"① 所以,诗意是人类居住的基本能力,诗意建造了人居住的特别本性。诗意作为居住维度的本真测定,也是居住的根本形式。诗意是人居住本源性的承诺。

由于诗歌具有这种特性和功能,诗人就具有特殊的天职和使命。海德格尔认为:"在一贫乏的时代里作一诗人意味着,去注视、去吟唱远逝诸神的踪迹。"② 贫乏的时代,就是基督的显现及其牺牲死亡的时代,它标志着诸神之昼终结的开始。上帝的缺席预示着,不仅诸神消失,而且神性的光芒在世界的历史中也变得黯然失色。由于上帝的缺席,世界缺乏支撑它的基础。世界悬挂在一深渊之上。在这样的时代,人们必须忍受和体验此世界的深渊。短暂者比神性的力量更迅速地进入深渊。而谁比其他短暂者更快地进入此深渊,谁就知道那深渊注明的标志。对诗人而言,那就是消失的诸神的踪迹。诗人庄严地讴歌酒神,领悟远逝诸神的行踪,留驻

---

① Martin Heidegger, *Poetry, Language, Thought*, p. 229.
② Ibid, p. 94.

于诸神的轨迹。在贫乏的时代,诗人用歌唱去言说世界性的生存。他的言说言说了世界生存的健全整体。世界性生存在心灵的世界的内在空间之中,悄悄构成其空间。诗人给短暂者带来了消失的诸神的踪迹,在非神性之中歌唱着福祉的整体。并且将没受保护的存在转向敞开。因而诗歌永不陷入消亡的流逝者。

具体说来,在诗歌中,"存在物的存在被形而上学地规定为世界性现身。这种现身仍然关系着意识中的表象,不管这种意识是拥有计算表象的应有本性,还是向内转化,走向那通过心灵可能到达的敞开"。这种"敞开",用诗人里尔克的话说,"不是天空、天气和空间",而"或许只是在爱情的第一瞬间,当人类存在物在他物身上,在他的热爱者身上和向神提升之中,看到了他自己的深度",进入"敞开"。[1]

尽管海德格尔的这些表述带有神秘主义的色彩,但我们不难体悟到他的一些基本思想:他把诗的语言看作是揭示世界真理、昭示此在,即现实的人的生存的最深沉最本真的意义的唯一手段。"语言是存在之家"就是这一思想的最直截、最明确的表述。可以看出,海德格尔关于诗歌与艺术作品的分析、论述,也是在他的"生存本体论"的思想之上展开的。而由此我们也看到,海德格尔哲学最终的指向,还是活在当下生存烦恼的每一个个体人类,以及他们的自由、解脱和救赎。

---

[1] Martin Heidegger, *Poetry, Language, Thought*, p. 108.

# 下 部
# 了别境识的认识论论证

唯识学认为,眼、耳、鼻、舌、身、意前六识,是凡夫大众感知、认识外在世界的直接通道,被称为"了别境识"。《成唯识论》由此展示的哲学认识论,在佛学各种宗派之中,最为精深复杂。舍尔巴茨基认为,唯识学的理论非常接近康德哲学。

从根本上说,唯识学认为生活世界是"识"的变现,这与现象学把对象世界作为意识中呈现的意义,有某种类似。但是,这两种哲学对于对象世界的描述和知识论证,具有天壤之别。这不仅是宗教和哲学之别,也不仅是印度文化和西方文化之别,还是经验常识与现代科学之别,自然也是古今之别。

# 第七章 "识变"：从本体论到认识论的转换

佛教世界观的核心，是认为三界皆因缘聚合，五蕴构成，欲界、色界更是如此。世界万物"性空幻有"，即本质是空，呈现的现象是虚幻的。但是，"幻有"仍然是一种"有"。这表明佛教即使认为"四大皆空"，也没有彻底无视现象存在（一切有部甚至把三界一切也看作实有），而承认是"幻有"，正如梦中的事物、事件，也是有构成元素的。而且，佛教承认，尽管是虚幻的大千世界，其万事万物形形色色也是不同的。于是佛教各种宗派也在探讨这种虚幻的"有"是如何构成的。与此同时，他们还要探讨有情众生是如何感知和认知这个虚幻的世界，并阐发其与尘世人生的具体关系和意义。

唯识学关于这个问题的论述，是佛教所有学说中最为精致和最为深刻的。《成唯识论》集中展示了唯识学这方面思想的精华。

## 第一节 《成唯识论》的宇宙发生论

一种理论表述的宇宙发生论，实质上就是这个理论关于宇宙的认识论。

佛家一般从境、行、果三个方面阐述自己的理论。境，就是

下部　了别境识的认识论论证

佛教对世界的认识。行与果是佛教的宗教实践活动。关于境的理论，原始佛学把重点放在人生现象上，以人为中心来解释世界。而在佛家看来，人是由五蕴合成的，所以境的理论又归结为五蕴的分析。到了部派佛学阶段，境的范围扩展到一般宇宙现象。佛教因此构造了独特的宇宙论，对于有情众生居住的尘世世界也有独特和细致的描述。① 唯识学的宇宙论其实也是其核心思想的

---

① 吕澂先生说：在佛教看来，"世界是怎样构成的呢？即以须弥山为中心，其他大地、山河、星球等等都是围绕着它而排列。这种说法成为佛家后来的共同说法。当然以前也有关于这方面的说法，但明白地有体系地这样讲，还是从《俱舍论》开始的。"（吕澂：《印度佛学源流略讲》，第128页）甚至有人认为佛教的宇宙观与现代科学宇宙观有相通之处。例如王季同先生认为："佛教的天文学，称我们所居之地叫'四天下'。四天下之中有'须弥山'，须弥山四面有东南西北四大洲，最外有'铁围山'，日月众星绕行须弥山腰，日光被须弥山遮成夜。日在须弥山南，北洲夜半，东洲日没，南洲日中，西洲日出，日在他处类推。南洲人的西方，西洲人以为东方；西洲人的西方，北洲人以为东方；北洲人底西方，东洲人以为东方；东洲人的西方，南洲人以为东方。我们倘使把须弥山当地球，须弥山顶当北极，须弥山腰当赤道，铁围山当南极讲，那么上面说的，就和新知识一般无二。佛经上又说：大地依水轮，水依风轮，风依空轮。倘使把我们住的一点算作地的上面，经过地心到地球对面的一点算作地的下面；那么地球就好像安放在对面的海水上面，海水又安放在对面的空气层上面，空气层安放在真空中。水轮风轮可以当水球空气讲。又前面讲的日月绕行须弥山腰，下有一句说明：因众生业力持日等令不坠。这里讲的水依风轮下亦有说明：众生业力持令不流散。佛教说自然定律是众生共业，所以第一说可以作离心力讲，第二说可以作地心吸力讲。这样也完全和新知识相符合。""又佛教一千个四天下叫'小千世界'。一千个小千世界叫'中千世界'。一千个中千世界叫'大千世界'。我们所居住的这个小千世界叫'娑婆世界'。娑婆世界之外还有无量无边的三千大千世界。现在天文学说：一颗颗恒星都是太阳，都有行星围绕。一颗颗行星都是地球。佛教虽未曾这样明说，然而四天下既明明是地球，那么小千世界差不多是太阳系。因为我们的太阳系有九个行星和几百个小行星，别的恒星周围或许有更多的行星；所以这样讲是很妥当的。中千世界应当是许多太阳系的小集团。现在天文学虽然还没有（转下页）

## 第七章 "识变":从本体论到认识论的转换

延伸。

其实,在佛教诞生之前或与其同时,古代印度就有丰富的宇宙论思想。例如婆罗门教认为,欲界、色界和无色界的一切生物都是湿婆(大自在天)创造的,空虚是他的头,大地是他的身体,水是他的尿,山是他的粪便,一切生物是他腹中的虫子。时论师认为,时间生一切事物,一切事物在一定的时间成熟、毁灭。方论师认为方位是永恒的,并能生万物。最初有诸方位,由诸方位生人,从人生天地。无因师认为,一切事物的产生既无因,又无缘,自然而然。口力师认为,虚空产生万物,由空生风,由风生火,由火生暖,由暖生水,由水生冻,其坚为地,地生药草,药草生五谷,五谷生性命。

---

(接上页)这样证明,却也没有这种小集团不存在的反证。三千大千世界明明就是天河全恒星系统。而无量无边的别的三千大千世界明明就是别的星云。佛并且说世界不是永久不变的。它有'成住坏空'四个时期。成的时候空中先起大重云,注大洪雨,经过极长时期,有大风吹水生泡沫,成须弥山等。和康得(康德——引者)的星云说恰合。大重云便是气体的星云,大洪雨便是一部分气体凝成的液体,风吹水成泡沫便是液体凝固的地球等。"(周叔迦:《唯识研究》,第152—153页)舍尔巴茨基说:佛教"除了通向物的或者观念的世界的逻辑道路,还有一条神秘主义的道路,它导向对大千世界的超逻辑之直观(meta-logical institution)。从而便有了三个世界,或三个不同的存在层次,每一层次都是自在的。那最终的形而上的层次上,宇宙展现为唯一不二的不动的统一体;而逻辑一层则展示了感觉与概念所认知的物质与观念的多元实在;居于第三层次的则是全无物质而仅为观念的中介过渡的世界。物质本身就是一种观念。除了巴门尼德的世界,还有亚里士多德的世界,这中间则是柏拉图的理念世界。三个世界并非互相排斥的,而是各各存在于自己的领域中,并且互为补充的,并取决于我们从其中哪一个出发到此或达彼。"(舍尔巴茨基:《佛教逻辑》,第593页)吕澂先生说:"印度大乘佛学对认识论很注意,但对宇宙论就不大注意,罗什本人也不理解,因此僧肇一碰到宇宙论问题,就会不知不觉地走进了玄学的圈子。"(吕澂:《中国佛学源流略讲》,第102页)

如此等等不一而足。①《成唯识论》在表述唯识学宇宙观时，首先是对于各家宇宙观进行批评破拆。《成唯识论》认为，这些理论都主张一个创造宇宙万物的创世主(或事物)，而这个创世主的特点是："体实遍常，能生诸法"，意即是真实普遍常在，并具有创世的一切功能。但是，《成唯识论》认为，如果一物能够创生出他物，就不是永恒的；不是永恒的也就不是普遍的；不是普遍的也就不是真实的。因此，这些理论皆不能成立。②

此外还有其他一些宇宙论，例如顺世论认为，地水火风是真实而永恒的，由此产生粗大的事物。胜论认为，父母的极微和合生子

---

① 参见《成唯识论校释》，第32、33页注。舍尔巴茨基认为："印度哲学中我们面对两种迥然不同的关于宇宙之流(flux)的理论。代表世界运动过程的或者是持续不断的流动，或者是非连续的但非常紧密的(sāndratara)运动。后者由无限多的分离的刹那时刻前后相随而构成，各刹那之间几乎没有间歇。对于前者，现象不过是突出于一个永恒的、弥漫一切而又没有分化的物质(pradhāna)背景上的波或波的起伏(vṛtti)。此波动与物质是同一的。宇宙代表了一种连奏(legato)运动。对于后者，并不存在物质，只有转瞬即逝的前后相继的能(saṃskāra-vāda=sanghāta-vāda)。但它却产生了关于稳定的现象的错觉。因而宇宙是切分间奏(staccato)的运动。数论哲学坚持前一观点，佛教则主张后者。"(舍尔巴茨基：《佛教逻辑》，第98页)

② 《成唯识论》原文："有执有一大自在天，体实遍常，能生诸法。彼执非理，所以者何？若法能生必非常故，诸非常者必不遍故，诸不遍者非真实故。体既常遍具诸功能，应一切处时顿生一切法。待欲或缘方能生者，违一因论。或欲及缘亦应顿起，因常有故。余执有一大梵、时、方、本际、自然、虚空、我等，常住实有具诸功能生一切法，皆同此破。"(《成唯识论校释》，第31—32页)有学者认为："确实佛教文献经常提到究竟圆满的空间。然而，与其他认为空间是某种看不见的实体(某种相对论宇宙观所认为的以太)的印度哲学学派不同，早期佛教徒将空间描述为一种绝对的非有。当空间以这种方式加以理解，说空间究竟圆满当然是一种比喻。……因此，对空间的分析和解释明显暗示对涅槃的分析。"(托马斯·伍德：《万法唯识——唯识论的哲学与教理分析》，第70页注①)

微,子微和合生曾孙微,由此类推可生万事万物。《成唯识论》认为,这些理论也不能成立。因为这些极微如果有空间和位置,就像蚂蚁行走一样,就不是实有。如果极微之物没有空间和位置,那就如心法、心所法一样,不应当聚合而能够产生粗大之物。生果之物就不能说像极微那样永恒常住。如果所生之果是依父母极微而有,仍然是极微,那就无法被眼根等感知认识。如果所生之果为粗大之物,就与极微不同,那本体则非同一。如果所生之果与因并存,那就如同沙入水、药入铜一样,不能和合为一。故此类说法亦不能成立。①

小乘佛教的宇宙论主要有两类观点,一类观点认为世界是由心法、心所法构成,即是"无对"。这种"空"观从宇宙论的角度说,很难有哲学讨论的空间。另一类观点认为宇宙和世界万物由极微构成,即"有对"。但是,《成唯识论》认为,极微并非实有。如上文所述,因为如果极微有质碍,即物质微粒,那就如同瓶子一样不是真实存在。如果极微无质碍,那就像心法、心所法一样,不能聚合成瓶子那样的事物。而且,从这种描述来看,他们提出的极微定有广延(方分),因为如果极微没有广延,怎么能和合承光现影?如果

---

① 《成唯识论》原文:"所执极微若有方分,如蚁行等体应非实。若无方分,如心心所应不共聚生粗果色。既能生果,如彼所生,如何可说极微常住?又所生果不越因量,应如极微不名粗色,则此果色应非眼等色根所取,便违自执。若谓果色量德合故,非粗似粗。色根能取,所执果色既同因量,应如极微无粗德合,或应极微亦粗德合,如粗果色,处无别故。若谓果色遍在自因,因非一故,可名粗者,则此果色体应非一,如所在因处各别故,既尔,此果还不成粗,由此亦非色根所取。若果多分合故成粗,多因极微合应非细,足成根境,何用果为?既多分成应非实有,则汝所执前后相违。又果与因俱有质碍,应不同处如二极微。若谓果因体相受入,如沙受水,药入熔铜,谁许沙铜体受水药?或应离变非一非常。又粗色果体若是一,得一分时应得一切,彼此一故彼应如此。"(《成唯识论校释》,第36页)

极微有广延,那就可以分析,定非真实存在。一种观点认为,色等单个的极微,不合集在一起时不是五识所缘的境。互相粘合在一起时,有粗大的形相产生,是五识所缘的境。这种粗大形相是实有的,是五识所缘。但《成唯识论》认为,这种说法的错误在于,极微和集在一起的时候与未和集一起的时候,本体相状是一致的。例如瓶、碗等东西和组成它们的极微是一致的。因此,缘瓶等物的识,与缘其极微的识,没有差别。但是,应该说缘瓶粗相之识不能等于极微细相之识,就像缘色境之识不同于缘声境之识一样。如果那样的话,一心识就可以缘一切外境了。①

《成唯识论》在批驳这些宇宙论之后,提出自己的宇宙论:宇宙和世界万事万物,都是阿赖耶识的变现。这个思想缘起于《大乘阿

---

① 《成唯识论》中记述,小乘"所执色总有二种:一者有对,极微所成;二者无对,非极微成。彼有对色定非实有,能成极微非实有故。谓诸极微若有质碍,应如瓶瓯是假非实,若无质碍应如非色,如何可集成瓶衣等? 又诸极微若有方分,必可分析,便非实有,若无方分,则如非色,云何和合承光发影? 日轮才举照柱等时,东西两边光影各现,承光发影处既不同,所执极微定有方分。又若见触壁等物时,唯得此边不得彼分。既和合物即诸极微,故此极微必有方分。又诸极微随所住处必有上下四方差别,不尔便无共和集义,或相涉入应不成粗,由此极微定有方分。执有对色即诸极微,若无方分应无障隔,若尔便非障碍有对。是故汝等所执极微必有方分,有方分故便可分析,定非实有。故有对色实有不成。""有执色等一一极微不和集时非五识境,共和集位展转相资有粗相生,为此识境,彼相实有为此所缘。彼执不然,共和集位与未集时体相一故,瓶瓯等物极微等者,缘彼相识应无别故,共和集位一一极微各各应舍微圆相故,非粗相识缘细相境,勿余境识缘余境故,一识应缘一切境故。"(《成唯识论校释》,第41—42、47页)舍尔巴茨基说:"佛教终将终极实在的刹那之点譬之于微分,将理性的作用譬之于数学计算,这种理论的部分内容,在欧洲哲学史上并非没有相类似者。康德之后的哲学家所罗门·梅蒙(Maimon)因其《感觉的微分》而闻名。他说:'对象的微分是本体,而以此微分构成的对象则为现象。'"(舍尔巴茨基:《佛教逻辑》,第235页)

## 第七章 "识变":从本体论到认识论的转换

毗达磨经》所说的"无始时来界,为诸法等依"。《大乘阿毗达磨经》认为,宇宙现象总根据是"界"(梵文dhātu)。界在时间上无始,宇宙现象也是无始。界亦称"阿赖耶"(原意是家宅、收藏)。界亦有种子之意。因此,无始来就有种子,并构成界。种子遇到条件生起各种现象,就是现行,生起宇宙万事万物。① 按照这个说法,从根本上说,界是宇宙时空的根源。有情众生居处的生活世界即为色界,而这个色界又有四大种作为基本元素。《阿毗达磨品类足论》曰:"色云何?谓诸所有色:一切四大种及四大种所造色。四大种者,谓地界、水界、火界、风界。所造色者,谓眼根、耳根、鼻根、舌根、身根,色、声、香、味、所触一分,及无表色。"一切色区分为四基本要素,即四大种,及其构造者五根之色、五境之色,以及无表色。地、水、火、风对应坚、湿、暖、动、轻。② 这些说法与佛教的传统理

---

① 参见吕澂:《印度佛学源流略讲》,第141页。韩廷杰先生认为:界dhātu,有六义:1.差别,各种事物的区别;2.性质,事物的固有体性;3.原因,事物生起的原因;4.种类,如十八界;5.维持,事物各自维持自相;6.语根,包括语根和语干。(见《成唯识论校释》,第705页注六)周贵华教授说:"界(dhātu)的基本含义是区分性的元素、级层、根基等义,由于其强调差异性,一切现相法即区分为种种界,而且从不同角度构成不同之分类。在界的区分下,各别不同的元素依界就自成一类,而保有其自己之特性。这样,一界即有各自之特性,从而界获得特性之义。由此,保持自身特性之一界之元素,就只能自类相生,不能产生于他类,从而界又获得了因之含义。界之区分性,还将无为法与有为法区分开来,所以,界还可括入无为法。结果,界在佛教之用法中出现了类、性质、因等义。"(周贵华:《唯识通论——瑜伽行学义诠》上册,第194页)

② 参见周贵华:《唯识通论——瑜伽行学义诠》上册,第228页。舍尔巴茨基认为:佛教的物质论,它认为构成物体的分子至少由八个极微所成。它们分为四个基本的,四个次一等的,(指四大种bhūta和大种所造的bhautika),四大种为坚湿暖动四微,大种所造是色香味触四尘。大种所造的物质是透明的(又称亮色)。每一大种所造的极微需要四个大种极微的支持。所以每一分子由二十个极微组成。如果它是有(转下页)

论无甚差异，而唯识学则强调，这些世间一切皆阿赖耶识所变。

> 阿赖耶识因缘力故，自体生时，内变为种，及有根身。外变为器，即以所变为自所缘，行相仗之而得起故。①

由于阿赖耶识的因缘之力，自体生起时，内变为种子和根身，外变为客观物质世界。阿赖耶识以其所变为自己的所缘，因其行相依仗它而得生起。而且种子与现行具有两重因果：种子生现行，现行熏种子，因而循环不已。

种子是万类生长的直接因，属于阿赖耶识所藏，因此，芸芸众生所生存、生活的世界，根源都是阿赖耶识变现而来。我们不妨再引一次相关文字：

> 所言处者，谓异熟识，由共相种成熟力故，变似色等器世间相，即外大种及所造色。虽诸有情所变各别，而相相似，处

---

(接上页)共鸣的，则多加一个声尘极微。那么这分子则由九个或二十五个极微组成。不过这些极微都有特殊的性质，首先它们并非不可分的。……这些极微的另一特点即是，它们并非都是某种物质的微粒。坚实的极微并非具坚实属性的极微材料，暖热的极微也并非具暖热性质的极微；所谓暖热极微不过是热的能；动的极微不过是动的能；坚实极微表示排斥，而湿极微意味着聚合或粘合。物质，即色(rūpa)一语，据一种古怪的词源学解说，认为表示瞬时性，而非物质材料。这些极微的另一特点在于：一切物体都由相同的分子组成。如果一个物理现象显出火焰，另一个如水或金属，那并不是因为其相应的元素的数量优势，而在于其强度。因而我们可视佛教的物质论为力本论(dynamic theory)。(舍尔巴茨基：《佛教逻辑》，第220—221页)

① 《成唯识论校释》，第132页。

## 第七章 "识变":从本体论到认识论的转换

所无异,如众灯明,各遍似一。①

"处"即处所,为有情众生的生活环境。阿赖耶识由于共相种子的成熟之力,变似色、声、香、味、触等尘世之相,亦就是地、水、火、风四大种的所造色法。虽然各有情众生所变形相不一,但所变之相相似,其处所无甚大异,如众多灯明共在一室,每一灯明都可以充满室内,好像只有一盏灯明一样。

这就是《成唯识论》的宇宙发生学。②具体说,宇宙万物都是阿赖耶识根据业力的变现。唯识学将宇宙发生学与佛教的基本理论融为一体,还可以归结到《唯识三十颂》第十八颂:

> 由一切种识,如是如是变,以展转力故,彼彼分别生。

《成唯识论》由此展开论述:阿赖耶识生一切种子,除离系果外的一切果。阿赖耶识中的种子,由于其他条件的协助,就会产生如此如此的转变。在牵引因位从未熟生位转至成熟位时,因为种子

---

① 《成唯识论校释》,第140页。
② 《成唯识论》原文:"前来且说业力所变外器、内身、界、地差别,若定等力所变器、身、界、地、自、他,则不决定。所变身、器多恒相续,变声、光等多分暂时,随现缘力击发起故。略说此识所变境者,谓有漏种、十有色处,及堕法处所现实色。"(《成唯识论校释》,第145页)大意为,业力所变的外在器世间与内部的根身,以及欲界、色界有五地的不同,如果是定力或神通力所变的器世间、根身、界地、自他等,都是不能决定的。所示所变的人身和物质,似乎恒常存在相续;如果是所变的声音或光明等,存在的时间就很短。这都是因为它们是随顺因缘之力击发而起。这些都是简略说异熟识变现的外境,包括有漏种子、十色处和法处色法。

数量多,皆由转变生诸分别。一切种子包括所有的三种熏习、共相种子和不共相种子等。颂文"展转力"意指八种现行识,以及与八识相应的心所法,此为识等的自证分,以及所变相、见二分,还有不相应行法和无为法,这些识等皆互有相助的力量。"彼彼分别生"意谓现行识的相、见二分及相应、不相应等,都称为分别,因为它们是以虚妄分别为自性。因为相、见等类众多,故称"彼彼"。而且,虽然没有外部条件,由于阿赖耶识中有不同的一切种子转变,以及现行八识等的展转之力,各种各样的分别不用外部条件亦能产生。即使是无漏法的产生亦如分别那样,亦以无漏种子及无漏识的相分、见分等现行为条件而产生。①

周叔迦先生说:"唯识哲学说:物质根本就是能力的集合,并无有实质的。由阿赖耶识中生起四种功能:一是'障碍的功能';二是'流润的功能';三是'炎热的功能';四是'飘动的功能'。这四种功能集合到一起,所以我们觉得是物质了,由四种功能集合的成分不同,所以有各种差别的原质。"障碍的功能就是"地大种",流润的功能就是"水大种",炎热的功能就是"火大种",飘动的功能就是"风大种"。人的身体也是这四大种构成的。"但是有两种:人的肉体,便是这像葡萄的眼,像荷叶的耳,像悬胆的鼻,像半月的舌,四肢六腑的身,这是与一切物质一样的,叫做'扶尘根'。属

---

① 《成唯识论》原文:"此识中种余缘助故,即便如是如是转变,谓从生位转至熟时。显变种多重言'如是',谓一切种摄三熏习、共、不共等识חץ尽故。展转力者,谓八现识及彼相应相、见分等,彼皆互有相助力故。即现识等总名分别,虚妄分别为自性故,分别类多,故言彼彼。此颂意说虽无外缘,由本识中有一切种变转差别,及以现行八种识等展转力故,彼彼分别而亦得生,何假外缘方起分别?诸净法起应知亦然,净种现行为缘生故。"(《成唯识论校释》,第504页)

## 第七章 "识变":从本体论到认识论的转换

于百法中色法类的色声香味触,因为是可见、可闻、可嗅、可尝、可觉触的;而于见色而生眼识的眼,闻声而生耳识的耳,嗅香而生鼻识的鼻,尝味而生舌识的舌,受触而生身识的身,却是不可见闻嗅尝触的,这叫做'净色根'。这五根是由清净四大种成的。"[①] 人死了,眼耳鼻舌身不起作用,就是净色根断了。身根一坏其余根也坏了。

舍尔巴茨基认为:"藏识说认为,既无外部世界,也无了知此世界的认识,只有那自我证实的识的观念在认识自身,认识宇宙,认识真实的世界。这种识被认为由无数潜藏眠伏在阿赖耶(即藏识)中的可能的观念构成。从而实在性即成了可识性,而宇宙是可共存的实在性的最高极限。作为对藏识的补充,又设置了一种称作无始习气(anādi-vsanā)的生命之力,依据它才使构成现实的诸事实系列进入有效能的存在。如同欧洲的理性主义者假定的那样,上帝的理智中包括了无限的可能事物,他选择了并将实在性赋予那构成可共存实在的最高极限的各个部分。佛教也是这样,区别仅在于这里代替上帝理智的是藏识(āgma-anusārin),而上帝的意志则为无始习气所代替。"[②]

这样,宇宙万物一切事物包括精神现象和人类行为,所有根源来自于阿赖耶识。即使是事物和事件发生的一切具体的因缘关系,也是来自于阿赖耶识。在阿赖耶识创构万事万物的过程和逻辑中,可以看出,还存在两大问题,第一是连续性问题,第二是因果律问题。具体说,就是所有事物发生、发展的内在联系问题,以及事物运动相互作用功能中潜藏的因果链问题。

---

[①] 周叔迦:《唯识研究》,第28—29页。
[②] 舍尔巴茨基:《佛教逻辑》,第18页。

## 第二节 "识变"与生成

从原始佛教开始，对于现象世界的解释就运用因缘和合理论，即五蕴之说。因缘和合理论认为，很多自然的元素和条件相互偶然聚合形成万事万物。舍尔巴茨基说："这里意味着相待性(相对性，relativity)，而非相待性则表示非真实在性它们'如长短一样相待而有'，因而它们的自身即无。十二因缘论也被认为指的是不真实之人生现象。一般的因果论，即四缘六因理论同样遭受否定，因为它也是依据条件的，非真实的。但这里，相依缘起观念取得了宇宙观念的地位，所以成了佛教中心。"① 在这种偶然聚合思想中，因果律也被偶然性取代。②

---

① 舍尔巴茨基：《佛教逻辑》，第164页。
② 关于佛教的因果律思想，舍尔巴茨基认为，"马赫——欧洲这一理论形式创造者——经过了大致相当的推理过程。他说：当思想对自我的存在失去兴趣之后，当自我被否定之后，除了因果律，除了功能上的相互依赖——而这在数学上仅仅指分离的元素存在——便一无所有。佛教将这些数学之点推到极端，称为刹那之点，可是相依的公式是存在的，是同样的：此有故彼有。"但是，罗素认为的因果律与佛教的因缘和合、刹那生灭相似。"据罗素说：'系列事件……被称作一片物质'，这些事件是'急速的，但并非瞬时性的变化'，它们为细小的时间间歇所分离。罗素说：'常识的事物是一种特性，我将它定义为"延着直线将相继的事件连接起来的某种最高的微分律的存在"。'这使我们想起佛教的观念，唯一的区别在于这些事件在佛教那里是瞬时性的没有间歇的或无穷细微的间歇的相续。据莲花戒说：'如果前一刹那中被发现的东西在第二刹那中丝毫看不到'，变化就只能是瞬时性的。可以看出，因果律之解释为功能性的相互依赖，解释为'此有故彼有'的原则，这也是刹那存在的理论的必然结果。因果性通行于两刹那之间，而不是稳定性与非稳定性之间。尽管罗素先生会说，因果关系贯穿了(转下页)

## 第七章 "识变":从本体论到认识论的转换

后来佛教开始讨论"空"和"有"的本体论问题,实质上也是关于因果律和事物连续性的探讨。尤其是属于"有"论的宗派,都试图从对象的物质性基本粒子(极微)性质,来论证这种因果律和事物发展的连续性。新有部众贤《顺正理论》提出,个别极微可能看不到,但由七个极微构成的单位"阿耨"(aṇu,音译阿拏、阿菟、阿耨)等则是可见的。阿耨是同类和集的极微,总是在固结状态存在。可见所谓"极微",是构成色法(物质)的最小单位,用现代科学术语,可以称为"基本粒子",类似于古希腊哲学家德谟克利特名之为原子、莱布尼茨名之为单子的事物。新有部试图把构成现象世界的基本粒子极微转换为刹那,并从声音和光的现象证明时间连续性问题。[①] 莱布尼茨的单子论,就是为了弥补古希腊哲学以来没有解决事物发展连续性的缺陷。可见这种宇宙论的思维方式具有一定的普遍性。

唯识学否认物质性的粒子(极微)为实体,自然也否认这些粒子本身具有运动的性质,因此,对象世界的连续性和因果律也不可能在这些粒子上找到根据。同时,唯识学要建立自己的宇宙论,也必须要进行强有力的论辩,清理极微说这个理论上的巨大障碍。在唯识学看来,色是阿赖耶识种子生起的,属于内色。独立于心识的

---

(接上页)细微的各稳定性与持续性的片段,佛教及因果论仍然与他的理论相似。这种相似性表现在因的多重性学说上,表现在认为因果性是多因对一果的关系的主张上,同时也表现因的无限性的学说上,就是说,这种理论认为,针对每一点具体变化,整个宇宙存在状态都会有相应的改变。因而我似乎觉得,在这两种理论中,存在着佛教的观点与最近罗素所表达的观点几乎是丝丝入扣的吻合。"(舍尔巴茨基:《佛教逻辑》,第165—167页)供参考。

① 参见吕澂:《印度佛学源流略讲》,第132页。

是外色,包括极微皆为遍计所执性之行相,因此皆非实有。由极微不是实体,可以推论出极微等不能解释连续性和因果律。因为,如果说极微是有形体的事物,就非实有。因为这种形体是可以分析的。像"长"这样的极微是不存在的。如果极微是变动的事物,也不是实有。因为实体即生即灭,没有变动。有为法的毁灭,不需待因,待因之灭应当不是灭。[1] 从根本上说,这种极微的思想,正如舍尔巴茨基所说:"宇宙的瞬息性理论意味着时间持续只是前后相继的点,而空间的延展也是同时而生的毗邻之点组成。运动不过是相续中、毗邻中的点集合(nirantara-kṣaṇa-utpāda)。从而可以说,并不存在时空与运动,只有我们想像力构造出来的实体。这些实体所依据的仍是点刹那(point-instants)的实在。"[2]

因此,《成唯识论》认为极微是方便之说,不是实有。这样当然又会有新的问题。因为,这个识变现的器世间,也是无为法所依基础,没有独立其外的空虚。但是,纯粹的"空"的理论,即无为法,也不能成立。因为各种无为法是佛和菩萨所知的境界性,或者是由于色法、心法等甚至于我法二空所显的真如性。所以各种无为法如色法、心法等一样,不应当认为离开色法、心法等以外,另有一个真实的无为之法。而且,虚空无为、择灭无为、非择灭无为中,虚空无为的自体是一还是多? 如果是多个,就有品类的分别,就如色法一样,不是真实的无为法。虚空之体如果是多个,应当是非遍

---

[1] 《成唯识论》原文:"且身表色若是实有,以何为性? 若言是形,便非实有,可分析故,长等极微不可得故。若言是动,亦非实有,才生即灭,无动义故,有为法灭不待因故,灭若待因应非灭故。"(《成唯识论校释》,第50页)

[2] 舍尔巴茨基:《佛教逻辑》,第99页。

## 第七章 "识变":从本体论到认识论的转换

非容受,色中无空是非遍,无色处有空是非容受。①可见,宇宙和世界"真空"之说,在唯识学看来是"无中生有",也不能成立。

唯识学意识到这样一些问题,从唯识学的根本立场"万法唯识"来说,代替宇宙生成的这些粒子功能的是"识","识"自身的认识论功能与本体论功能无法切割。于是,唯识学提出世界万物生成的新理论:识变。为了论证的顺畅,我们只能再次引用《唯识三十颂》第十七颂以及《成唯识论》对此颂的解释。

> 是诸识转变,分别、所分别。由此彼皆无,故一切唯识。②

《成唯识论》解释云:

> 是诸识者,谓前所说三能变识及彼心所,皆能变似见、相二分,立转变名。所变见分说名分别,能取相故。所变相分名所分别,见所取故。由此正理,彼实我、法,离识所变皆定非有。离能、所取无别物故,非有实物离二相故。是故一切有为、

---

① 《成唯识论》原文:"然诸无为所知性故,或色、心等所显性故,如色、心等不应执为离色、心等实无为性。又虚空等为一为多?若体是一,遍一切处,虚空容受色等法故,随能合法体应成多,一所合处余不合故,不尔,诸法应互相遍。若谓虚空不与法合,应非容受如余无为。又色等中有虚空不?有应相杂,无应不遍。一部一品结法断时,应得余部余品择灭,一法缘阙得不生时,应于一切得非择灭,执彼体一,理应尔故。""若体是多,便有品类,应如色等非实无为,虚空又应非遍容受。"(《成唯识论校释》,第78、81页)

② 《成唯识论校释》,第488页。杨维中先生说:这一颂是"此论颂最核心的一颂,一般科判为'正辨唯识'。"(杨维中:《中国唯识宗通史》下,第518页)

无为,若实若假,皆不离识。"唯"言为遮离识实物,非不离识心所法等。……是故一切皆唯有识,虚妄分别有极成故。唯既不遮不离识法,故真空等亦是有性。由斯远离增、减二边,唯识义成,契会中道。①

诸识即指三能变的识及其心、心所,都能转变为相似的见分、相分。所以建立了转变之名。所转变的见分就是人们感知事物的分别能力,因为它能获取相分。所转变出来的相分叫所分别,即由人们感知能力感知到的对象事物,因为是被见分所获取的。由此正理可见,一切事物,包括我和对象世界离开识都不是实有,只有识是实在。因为离开能取见分和所取相分以外,就没有别的事物。所以一切有为法(识所变之万事万物)、无为法(识之体和指归),不管是常住实法,还是不相应假法,都离不开识。"唯"字是为了否定离识之外的真实事物,并不否定不离识的心所法、见分、相分、真如等。所以远离增、减二种边见,这就是成立唯识之理,契合中道精神。

因此,所有事物,包括极微,都是识变的产物。极微与其他真实外境都是识之所变现。可见,人们心识所变现的似色等相是所

---

① 中道:梵文madhyamāpratipad,意即脱离极端、不偏不倚的观点或方法,与真如、佛性同义。这是护法的观点。难陀认为:"或转变者,谓诸内识,转似我、法外境相现。此能转变即名分别,虚妄分别为自性故,谓即三界心及心所。此所执境名所分别,即所妄执实我法性。由此分别变似外境假我法相,彼所分别实我法性决定皆无。"(见《成唯识论校释》,第488—489页)大意为:一切事物皆为识之变现、现行。阿赖耶识是唯一实体。"由阿赖耶识作为一切法之本体,与余一切有为法构成本末之所依与能依关系。由此,阿赖耶识虽具有本体含义,但绝非常、一、自在之实体,而是刹那生灭的依他起性之存在。"(周贵华:《唯识通论——瑜伽行学义诠》上册,第46页)

## 第七章 "识变":从本体论到认识论的转换

缘缘。人们见到的影相,实际上是托识而生之物,心识生起而带那个影相起。识变现为事物时,随其相分形量大小,其能变识顿时现出此相,并非首先变现很多极微,然后和合成一种外境事物。由于有人主张粗色有其实体,因此,佛说极微是为了让这些人消除执着而对极微进行分析,并非事物实有极微。原是瑜伽师设想对粗大色相渐次除析,达到不可除析的时候,就虚假施设有极微。这种极微虽有体积,但不可分析。若再分析就是空,不能再称之为物质。故极微是色法的穷尽。由此可见,各种"有对"(有物质粒子)色法都是识变现的,而不是极微和合而成。其余"无对"(无物质粒子)色,与有对色为同类,也非实有。因为是无对,就如心法和心所法一样,肯定不是实有色法。各种有对色法显现有色法之相,理上推究,皆离识而无。[1]

宇宙世界万事万物,皆由识变而来。[2]那么,"识变"是如何进

---

[1] 《成唯识论》原文:"许有极微尚致此失,况无识外真实极微?由此定知自识所变似色等相为所缘缘,见托彼生,带彼相故。然识变时随量大小,顿现一相,非别变作众多极微合成一物。为执粗色有实体者,佛说极微令其除析,非谓诸色实有极微。诸瑜伽师以假想慧于粗色相渐次除析,至不可析假说极微,虽此极微犹有方分而不可析,若更析之便似空现不名为色,故说极微是色边际。由此应知诸有对色皆识变现,非极微成。余无对色是此类故亦非实有。或无对故如心心所定非实色。诸有对色现有色相以理推究离识尚无,况无对色现无色相而可说为真实色法?"(《成唯识论校释》,第47页)

[2] 舍尔巴茨基认为:世亲"赞成观念论反对物质实在论的逻辑论证如下:1)无论我们是假设外部对之存在或者仅以内在原因来说明感知与表象,世界的景象都仍是同一样子。(《唯识二十论》第一至第九颂)2)主体客体的关系是不可理喻的。设想意识趋向外部客体并俘获对象之形式回到自身的说法是非常缺乏根据的。(能取所取不相应,唯识二十颂)3)物质的无限可分可说明极微仅仅是一种观念。(唯识二十颂11—14颂)"(舍尔巴茨基:《佛教逻辑》,第614页)

行的？"识变"的真正涵义是什么？这也是唯识学中的一个核心问题。这个问题也必须通过考察唯识学关于"变"（转变）一词的具体涵义才能了解。

在《唯识三十颂》中，使用"变"（包括"转变"）一词，共出现5次。有：

> 彼依识所变。（第一颂）
> 此能变唯三。（第一颂）
> 次第三能变。（第八颂）
> 是诸识转变。（第十七颂）
> 如是如是变。（第十八颂）

这五处"变"的梵文都是 Priṇāma。日本学者上田义文早在上世纪50年代就对此问题进行过专题研究。他对这五处"变"进行比较：第一颂"彼依识所变"，《成唯识论》解释为："变谓识体转似二分，相见俱依自证起故。"第十七颂"是诸识转变"，《成唯识论》解释为："是……诸识皆能变似见相二分立转变名。"由此看出"第十七颂的'转变'与第一颂的'变'具有相同意思，因此，显而易见，第一颂解释中的'识体'与第十七颂解释中的'是诸识'的识体相同。据此可知，《成唯识论》中的'变'、'转似'、'变似'以及'转变'意义相同，均表示'转变'一个含义。从第十八颂的注释中还可以发现'转变'的另一个含义。即在阿赖耶识中，种子从生位（根据诸法，其习气被阿赖耶识熏习时）转变达到成熟之时（之前受到熏习的习气完成了作为产生诸法之因的资格时）。"前一个"转变"的

## 第七章 "识变":从本体论到认识论的转换

"意思表明了现行的识的自体分与相见分的关系,即同一刹那的关系"。与此相对,后一个"转变""的意思表示了表明了阿赖耶识中的种子在时间上的前后关系,即异刹那的关系"。① 因此,他认为:

> 此唯识学体系中最基本的概念是"转变"(Priṇāma)。
> 
> 唯识学主张万法唯识,被看作外界世界客观实在的,事实上也依赖于识,而不是另外的实在。因此,此思想的要点在于说明通常被看作独立于意识之外的客观实在的物质之物——如山、川、树、房屋等,其实无非是识而已。在护法的体系中,这一说明的核心概念即是'转变'。被认为是心外之实在的色(rūpa)无非是识之'所(转)变',以此为根据,说明万法并非是识之外的客观实在之物。因此,如果将'转变'这一特征从识中剔除,那么,即是承认识的存在,而万法唯识之说也将不能成立。作为唯识学专属概念而闻名的阿赖耶识(ālayavijñāna),亦可以被认为是以使'转变'获得成立为目的的基本原理之一。②

---

① 上田义文:《唯识思想入门》,慧观等译,宗教文化出版社,2017年,第71—72页。

② 上田义文:《唯识思想入门》,第3页。当然,上田义文认为这是护法对于世亲唯识学的变革。他认为,《成唯识论》主要是护法的学术思想。因此,专用护法来指称唯识学。他说:"护法将'识'解释为'能变',把'转变'(Pratibhāsa)作为'识'最基本的特征。这样一来,vijānāti(缘)这一功能就须要以'转变'为基础才能得以成立了。换言之,'识'为了发挥vijānāti(识)的功能,首先必须进行转变。我们不得不说,始自原始佛教以来的vijānātīti vijñānam(识故为识)这一关于识的概念,在护法这里被赋予了彻底的改变。"(同上,第4页)上田义文指出了唯识学一个特别重大的哲学转折。

他因此推论,"《成唯识论》将'识体转似二分'的思想作为Priṇāma的意思内容,由此奠定了万法唯识思想的基础。考察《成唯识论》唯识学结构,则可以认为其根本概念就是'能变'、'所变'。"①

上田义文还对《成唯识论》的内在论证结构进行分析,认为:"因为我和法都是识'所变'下的假说,所以,所有这一切无非是识的观点构成了诸法唯识的理论根本。'能变'指八识,其可被区别为因能变和果能变,然而,一切的我和法只是这些能变及其所变,这一观点就是诸法唯识思想的中心。《唯识三十颂》的第一颂中讲到'依假设而称有我法。有各种相转起。彼依识所变,此即能变唯三',表明这里假说了依止于能变之识的'所变',具有种种相的我和法。接着,从第二颂至第十六颂,将这三种能变加以说明。之后,在第十七颂中指出'是诸识转变,或为分别(见分),或为所分别(相分)。由此彼皆无,故一切唯识',依据第一颂所述'能变'与'所变'的关系,明确了诸法唯识。梵文中始终使用Priṇāma,但是玄奘所译却给出了'能变'、'所变'、'转变'(或者'变')三种译词。其中,与'转变(变)'相比,'能变'与'所变'发挥着更重要的作用。从《三十颂》的第二颂到第十六颂是对于初能变、第二能变、第三能变的说明,第十七颂中出现了'转变',其内容却要依据'能变'和'所变'的关系,据此对诸法唯识进行了说明。"②

周贵华教授对于这个问题也有深入讨论。他认为,"'转变'

---

① 上田义文:《唯识思想入门》,第73页。

② 上田义文:《唯识思想入门》,第71—73页。其中所引《唯识三十颂》与玄奘汉译略有不同。

第七章 "识变":从本体论到认识论的转换

(Priṇāma)一语在《阿毗达磨大毗婆沙论》中就已出现,用于说明功能、作用等之变化引起种种差别相之现起;在经部学说中,'转变'则用以说明习气种子生起种种法;而到瑜伽行学中,'转变'一方面随顺经部之用法使用,另一方面被世亲用于说明见分、相分之现起。"世亲的《唯识三十颂》"由假说我法,有种种相转,彼依识所变,此能变唯三。""此中之'转',勘梵文为pravartate,即生起、现起之义;'变'、'能变',勘梵文为Priṇāma,即转变之义。三种能变指三类识,即阿赖耶识('异熟')、末那识('思量')即眼等六识('了别境识')。以能变名八识,意味此八识皆有转变之功能作用。"他还把八识的转变分为三种形态:"一者'一分变生'说,二者'二分变生'说,三者'二分转变'说。""一分变生"指识变现为对象事物;"二分变生"指识变现为见分、相分;"二分转变"指识变现时,见分看作为能变识(内识),相分可看作为所缘境(外识)。①关于这里转换中,所谓见分、相分二分的作用和意义,本书在第九章详论。

由此可见,在外界事物显现过程中,唯识学通过"识变"的说法,已经成功地将所谓独立、客观存在的对象世界,转换为"识"所生成的对象世界。②

---

① 周贵华:《唯识通论——瑜伽行学义诠》,第404—407页。
② 舍尔巴茨基说:"佛教徒关于外部世界真实性的思考使他们钻入了牛角尖。这一问题本身已被发现并不重要。重要的是逻辑,而无论我们假设或者否认外部世界的实在性,逻辑都仍然没有改变。"(舍尔巴茨基:《佛教逻辑》,第617页)关于唯识学"识变"的思想,也可以用舍尔巴茨基的另一方面解释:"构成实在本质的是运动,而此运动的中断则是某一明显的或不相同的刹那的出现。只对我们的实际需要说来,它是'明显的',因为除非这一个别刹那变成新的属性,即足以给我们的思想和行为(转下页)

所谓"万法唯识",这个"识"是实体、本体。然而,按照唯识学的思想,由"识变"而来的万事万物,却不是本体与现象的关系,而是一种认识关系。因为,"识"本身就是主观的、观念意识的东西。八识归根结底还是主观的,与认识的器官(包括意识)及其功能相关。"识变"在某种意义上是思维的作用,属于认识论的范畴。因此,唯识学按照"识变"来描述对象世界,就彻底从本体论的立场转换为认识论的立场。哲学本体论问题也因而转换为认识论问题。由此可见,唯识学"识变"之说,实际上是釜底抽薪,将哲学本体论转换成认识论。①

---

(接上页)一种新的态度,否则我们总是自然而然地忽略诸刹那的不停变化。一事物(直到我们经验地看到它变化——译者)之前的诸刹那的统一性不过是它们之间差别的被忽视。这种统一性中间的中断并非诸刹那运动的中断。同一性是想像出来的,是我们无法注意其间差别的诸刹那的集合。'实在的本质运动在于运动',舍护说。无疑实在是能动的,世界是一场电影。因果性,即前后相继的诸刹那的相互依赖性引起了稳定和持续的错觉。不过可以这么说,它们是没有任何实体的其存在一闪即逝的能(saṃskāra,行)或力。它们之间没有任何间歇或者说只有微分的(无穷分割后的——译者)极小间歇(nirantara,无间相续)。"(同上,第96—97页)

① 对于这一转变,舍尔巴茨基说:"新的出发点似乎是印度形式的'我思故我在'。佛教徒一反以往的彻底空幻哲学,他们提出:'我们不能否认内省的真实性。如果否认它,也就要否认意识自身,那样一来,整个宇宙就被归结为绝对的盲目状态'。'如果我们并不知道自己认识了蓝色,就绝不会认识到蓝,因此作为知识确定来源的内省是必须承认的。(内省,在唯识学就是自证,即指认识活动的过程和结果的自明性的证实与确认。)'内省问题以后不但将佛教也将整个印度思想界分为赞成或反对它的两个阵营,不过从根本上看,内省开始是针对中观宗的极端怀疑论提出的。内省是第三阶段佛教哲学的又一特点。……先前关于外部世界的怀疑主义被完全保存下来。佛教成为了观念论的。它坚持说一切存在都必然是精神性的(vijñāna-mātra-vāda-sems-tsam),我们的观念并无客观现实性的支持。但是所有的观念并非是同等真实的,这就确立了不同层次的真实性。观念被分为绝对虚幻的、相对真实的和绝对真实三种(转下页)

第七章 "识变"：从本体论到认识论的转换

由识变的大千世界于是成为有情众生的生命活动场所。而对于有情众生的人类来说，大千世界万事万物也是一个符号系统：语言系统。

## 第三节 语言与世界

根据唯识学的理论，识变现的事物是按照种子的分类划分的，主要分两大类：共相种子与不共相种子。共相种子又包括两种，一种如山川河流（共中共），一种如田宅房屋（共中不共）；不共相种子也有两种，一种例如我们的眼、耳等感觉神经系统净色根（不共中不共），以及我们自己的感觉器官扶根尘（不共中不共）。这两大类实际上就是外在世界和我们的人体，即认识对象和认识主体。按照种子的性质又分为有漏种子和无漏种子。后者是得道成佛者所具有，前者是我们凡夫俗子所具有的。有漏种子又分名言种子（生起因）、业种子（牵引因）。这是我们所有社会生活行为的原因、动力和根源。

虽然这些种子有发生变现的基础和准备，但是，具体的世界运行，人类的行为活动展开，还需要一些条件，即"缘"。种子依四缘生长。四缘依十五处，立为十因（具体内容在下章展开）。所有这些

---

（接上页）（parikalpita para-tantra, pari-niṣpanna, 遍计所执性、依他起、圆成实性）。后两种范畴被承认是实在的。前一阶段一切观念都是不实在的（śūnya），因为它们是相待的（paraspara-apekṣa, 展转相待, 相互依持），而现在又认可了相对真与绝对真两种。这是最后一期佛学第三个特征，它演变成了唯识理论。"（舍尔巴茨基：《佛教逻辑》，第17—18页）

就是万事万物发生的条件。唯识学这里叙述极为烦琐。本节首要关注十五处中的"语依处"。"处"（梵文sthāna）原义为"器世间"，即大千世界，也有具体处境、处所的含义。

十五处第一处，就是语依处：

> 谓法名想起语性，即依此处立随说因，谓依此语随见闻等说诸义故，此即能说为所说因。有论说此是名、想、见，由如名字取相执着随起说故，若依彼说，便显此因是语依处。①

法，指一切现象。名，为一切事物的名称。事物的名称引起人们思想，又通过语言把思想表达出来，就是语依处。语依处与随说因交叉，因为解释一切事物，先给事物命名并取其相状，然后才有言语生起。依据这样的语言言说，并随所见、所闻、所觉知等，来表达说明各种思想、意思。这就是以能说的语言，为一切所说之因。《大乘阿毗达磨集论》所说与此不同，认为这是随说因，不是以法、名、想为因，而是以名、想、见为因。名是名字，取相是想，执着是见。一切现象都是能够命名，在名字上取所缘境相，并生起执着，然而才随它起之于言说。如此之说，是由名字而起取相、执着以后，为语言的依处。虽然这两种说法不同，但所说结果一致。

这里的两种观点是：事物的名称引起人们思想，又通过语言把思想表达出来；或者由名称而指向事物，再通过言说，来表达思想——这就是语依处。两种观点都把作为主体世界的人和作为对

---

① 《成唯识论校释》，第522页。

象世界的外在世界,看成在本质上是语言的世界。

唯识学关于语言与人和世界关系的思想,来自印度深厚的传统。《成唯识论》对这些传统思想,也时常论及:

> 且明论声,许能诠故,应非常住,如所余声。余声亦应非常,声体如瓶、衣等,待众缘故。①

婆罗门教认为,吠陀之声可以解释一切事物,主张《吠陀》声音永恒。声论学派有声生论和声显论,都认为声音有始而无终,声音是永恒的。但是,唯识学与他们的观点相反,认为声音并非永恒,就像瓶、衣服等一样,需要因缘和合。

在印度文化中,名(梵文nāma)、色(梵文rūpa)概念基本上概括了一切精神现象和物质现象。名,相当于五蕴中的受、想、行、识四蕴,属于精神现象。色即色蕴,指有形世界物质现象。但是,一切物质现象也是通过语言而为人们认识和把握的。所谓名言,即事物的名目与言句。名言分两种:表义名言是诠释事物意思的声音;显境名言是了知外境的心法和心所法。在这里,语言、名称、指物,构成一个关联的人与世界的关系。而在印度民族的语言中,根本因素是语音。梵文是表音文字,极细微精确。因此,《成唯识论》限定耳识缘声需要八个条件:1.耳根,2.声境,3.耳识种子,4.作意,5.第六识,6.末那识,7.阿赖耶识,8.空。②由此可见声音对于语言和思

---

① 《成唯识论校释》,第34页。
② 参见《成唯识论校释》,第469页注七。

想的重要性。(后期的密宗重咒语,就是突出声音的力量)[①]

然而,《成唯识论》最终认为语言非实在,生、住、异、灭皆为以语言指代的假相。

> 又去来世非现非常,应似空华非实有性,……此依刹那假立四相,一期分位亦得假立,初有名生,后无名灭,生已相似,相续名住,即此相续转变名异,是故四相皆是假立。[②]

这是依刹那法假立的四相。按照正量部说法,一切事物从生成到毁灭,这一周期立四相,最初之有称为"生",最后之无称为"灭",事物产生之后的相似和相续称为"住",这种相续的变化称为"异"。而生、住、异、灭都是虚假而立之相。正量部认为色法、

---

[①] 舍尔巴茨基认为:"印度实在论者承认三种可言表的存在。一个名言可以表达一个个体,一个种类或形式以及一种抽象的共相。前两种,即个体以及形式相当于佛教的个别。不过从佛教立场看来,它们还根本不算个别者。这是因为,像正理派所说的,它们是以具有内涵的名言来表示的。从佛教的立场出发,任何可言表者即是一般共相。个别,由于是极端的单一体,所以不可言表。从而,得出结论:个别与一般可以规定为相互否定的,它们之间的关系是——真实与非真实(vastu, avastu)、有效与非有效(samartha, asamartha)、非构造性与构造性(nirvikalpka, kalpita,即无分别与分别)、非人为与人为(akrtrima, krtrima)、非表象与表象(anāropita, āropita)、不可认识与可认识者(jñānena aprāpya, jñānena, prāpya)、不可言说者与可言说者(anabhiāpya, abhilāpya)、自相与相(svalaksana, sāmānya, laksana)、无任何外延之事物及包含哪怕最基本的外延者、唯一者与非唯一者、时空中的重复者与不可重复者、简单者与复合者、不可分者与可分割者、先验物与经验物、其本质不可分与者与可分与者、外在者与内在者、真实与虚伪、非辩证与辩证、有意义的与无意义的、非形式与形式、物自体与现象。"(舍尔巴茨基:《佛教逻辑》,第213—214页)

[②] 《成唯识论校释》,第70页。

## 第七章 "识变":从本体论到认识论的转换

心法是分立的。色法在心法之外,其性质也非刹那灭,而会持续一段时间。他们把表色看成是业的一类。表色是受到意的发动表现于外的语言行动。表色行动是实在的、固定的。业不失法。我是主体,生死流转,业力果报均以它为依。"不失法"与大乘的"果报识"、"异熟识"、阿赖耶识有关系。因此,《成唯识论》说:

> 若名、句、文异声实有,应如色等非实能诠。谓声能生名、句、文者,此声必有音韵屈曲,此足能诠,何用名等?若谓声上音韵屈曲即名、句、文,异声实有,所见色上形量屈曲应异色处别有实体。若谓声上音韵屈曲如弦管声非能诠者,此应如彼声不别生名等,又谁说彼定不能诠?声若能诠,风铃声等应有诠用。此应如彼不别生实名、句、文身。若唯语声能生名等,如何不许唯语能诠?何理定知能诠即语?宁知异语别有能诠?语不异能诠人天共了,执能诠异语天爱非余。然依语声分位差别而假建立名、句、文身,名诠自性,句诠差别,文即是字,为二所依。此三离声虽无别体,而假实异亦不即声,由此法、词二无碍解,境有差别,声与名等蕴、处、界摄各有异。且依此土说名、句、文依声假立,非谓一切,诸余佛土亦依光明、妙香、味等假立三故。①

上述引文大意为:如果名、句、文身异声而实有,那就应如色法等一样,实际上就不能有诠释其他事物的功能。如果声音能够产

---

① 《成唯识论校释》,第72—73页。

生名、句、文身，这种声音一定要有音韵屈曲(正理师认为，一个音韵为经挺，两个以上音韵为屈曲)，那么这就足以起到解释作用，何必再用名、句、文身？如果认为声上音韵屈曲就是名、句、文身，异声而实有，那么人们见到色处上的大小长短形量屈曲，应当也是离开色处而另有一个真实本体。如果认为声上音韵屈曲，像弦管乐音那样不能起到诠释其他事物的作用，它就应当像声音那样，不必要另有名、句、文身。有人问：谁说声上屈曲不能起诠释作用呢？回答是：风声、铃声就不能生真实的名、句、文身。语声不能同样起到诠释其他事物的作用。依据语声分位虚假设立的名、句、文身，名身诠释自性，句身诠释差别，文身就是梵文字母，是名身和句身的所依。名、句、文身虽然离声而无另外的本体，但由于名等之假有与声之实有(相对于名、句、文而言)之间的区别，名、句、文身不等于声。由于法无碍解和词无碍解所缘的境有区别，声和名、句、文身的五蕴、十二处、十八界的所摄亦各不相同。而且依据尘世说名、句、文身，此依声而假立，并不是在一切处所都是这样，在其余的佛土也依据光明、妙香、味等假立触、思、数上的名、句、文身。

这里的"名"又作名身，即名字、名目等抽象、精神之身；"句"又作句身，即是表达事物义理，身是集合之意。"文"又作文身，是构成名身、句身等书面语言的文字、字母。周叔迦先生说："这三种就是语言文字。名身就是一切名词，句身是联合若干的名身表明一种完全的事理，文身就是用以集合成字的，在其他各国的文身就是字母，在中国的文身就是点划。"[①]

---

① 周叔迦：《唯识研究》，第8页。

## 第七章 "识变":从本体论到认识论的转换

文字、名称、语言与一切事物一样,最终根源还是"识"。但是,识与名色(万事万物)也是互为依转,同时共存:

> 契经说识缘名色,名色缘识,如是二法展转相依,譬如芦束俱时而转,若无此识,彼识自体不应有故。……又诸转识有间转故,无力恒时执持名色,宁说恒与名色为缘?故彼识言显第八识。①

大意为,佛经说,识是产生名色的条件(缘),名色是产生识的条件(缘),识与名色展转相依,如一束芦苇同时而立。如果像小乘说的没有第八识,就不应有那个识的自体。而且,前六识有间断,有转易,其性不坚,无能力永远持有名色。故经中所说"识缘名色,名色缘识"之识是阿赖耶识。

因此,如果说有一种色法,那么这种色法既不是显现的事物,又不是有形体的事物,而是由心所法引生,能够牵引手足等肢体而动,这就是身表业。这种说法是错误的。因为如果这种身表业是变动的,如前所破,有为法即生即灭,没有实性。如果说这只是动的原因,那这原因应是风大(四大),设许是风,但不应名表业。而且,与身表业相关的触法,不应通善性和恶性,不会显示出香和味道。所以身表业定非实有。以心为因,由识变现手等色相,生灭相续,往趣余处,好像是有动作,表明心的缘故,只是安立假名称为身表业。同样,语表也没有真实的语性,一刹那之声不能表示一定

---

① 《成唯识论校释》,第230页。

的意思,因为一刹那的多念相续声也不是真实的存在。客观有对色法,即极微之说,前已经破斥。然而,由于心的缘故,识的变现好像是声,生灭相续好像是有,安立假名称为语表,理上也不违背。表色确实是无,那么无表色自然不实。无表色之说的由来,一是依据思虑和愿望的善恶分界,假立无表色之名,在道理上亦无违背。这是在散心位时,无表色依据发殊胜身语善恶思种子的增长之位而安立的。二是依据禅定之中防止身、语之恶,由现行思而安立无表色之名,所以是假有。佛经中说到身、语、意三业,身、语二业非无,只是说它们不是色法,是由思心所主导的。能够发动身表的思心所是身业体,能够发动语表的思心所是语业体,前两个审虑决定思心所,与意相应发意之思称为意业。发起身、语之思于境转,并造作于心,此称为业。身、语行是审虑、决定之思所缘所引发,因为能够产生苦、乐和异熟果,故称为道。故前述七种业道(意识所起的贪、嗔、痴,身业所造的杀、盗、淫,语业所造的妄言、绮语、两舌、恶口等)也以思心所为其自性。或者说身表和语表由思引发,所以假说为业,思所游履之路,故称业道。所以,无外境色法,只有内识变现,只是看起来似乎是色法产生。①

---

① 《成唯识论》原文:"若言有色,非显非形心所引生,能动手等,名身表业。理亦不然,此若是动,义如前破。若是动因,应即风界,风无表示不应名表,又触不应通善恶性。非显香味,类触应知。故身表业定非实有。然心为因,令识所变手等色相,生灭相续,转趣余方,似有动作,表示心敀假名身表。语表亦非实有声性,一刹那声无诠表故,多念相续便非实故,外有对色前已破故。然因心故识变似声,生灭相续,似有表示,假名语表,于理无违。表既实无,无表宁实?然依思愿善恶现行思立,故是假有。世尊经中说有三业,拨身语业岂不违经? 不拨为无,但言非色。能动身思说名身业,能发语思说名语业,审决二思意相应故,作动意故,说名意业。起身语思,有所造作,(转下页)

## 第七章 "识变":从本体论到认识论的转换

简而言之,

> 真谓自相,假智及诠俱非境故,谓假智、诠不得自相,唯于诸法共相而转。亦非离此有别方便,施设自相为假所依。然假智诠必依声起,声不及处此便不转,能诠、所诠俱非自相。故知假说不依真事。由此但依似事而转,似谓增益非实有相,声依增益似相而转,故不可说假必依真。①

真,谓事物的自相,这种自相不是用分别(假智)及言说可以得到它的实境,分别和言说只是在一切事物的概念上转圈。当然真相也不是离开事物的概念,只是用另一种方便的方法,能够把事物揭示出来。可见设施自相,不过是为假说所依托而已。然而,假借分别和言说,必定要依托声音而生起,如果声音达不到的地方,这分别和言说就没有作用。所以,无论是能够指称事物的言说还是言说解释事物的意义,都不是事物的本体。

唯识学关于语言言说与事物和世界关系的论述,与现象学尤其是海德格尔哲学,亦有诸多勾连和相关之处。在海德格尔看来,希腊文 φαινόμενον(现象)一词的意思是"显示自身"(显现)。但是,显现的事物有时往往是某物的假象。因此,"现象"不同与"现

---

(接上页)说名为业,是审决思所游履故,通生苦乐异熟果故,亦名为道,故前七业道业思为自性。或身语表由思发故,假说为业,思所履故说名业道。由此应知实无外色,唯有内识变似色生。"(《成唯识论校释》,第50—51页)

① 《成唯识论校释》,第92页。

像"。"现象"是"通过某种显现的东西呈报出某种不显现的东西"。那么,如何使"现象"后面的不显现的东西昭示出来呢?他认为,λόγος(英译logos,中译"逻各斯")在希腊文中就具有某种让事物本身"公开"出来的意义。胡塞尔现象学就是要我们把关于对象所要讨论的一切,都以直接展示和直接指示的方式加以描述,而描述性本身就是λόγος特有的意义。从辞源学的意义上,海德格尔揭示出了"φαινόμενον"(现象)与"λόγος"这两个名称所意指的东西之间存在的一种内在关联。①

希腊文λόγος就它的一般意义而言,一向被翻译为理性、判断、概念、定义、根据、关系等等,但它的希腊文原意是"言谈"。②海德格尔认为,所谓言谈,毋宁说是把言谈时的"话题"所涉及的事或事物公开出来。进一步而言,言谈就是让人看某种言谈所涉及的东西,即使某事或事物"公开"。用他的话说:

> (λόγος)把话题所及的存在者从其掩蔽状态拿出来,让人把它当作无蔽的(ἀληθές)东西来看,也就是说,**揭示**话题所及的存在者。③

---

① Martin Heidegger, *Being and Time*, pp. 52, 58.
② 近年来,有些中国学者把λόγος与中国哲学中的"道"进行比较研究,因为"道"在汉语中既有"说话"、"言说"的意思,又有"规律""本体"等含义,这与λόγος的原义确实非常接近。但著者以为,由于中西方思维方式的巨大差异,以及中西方思想家把握世界方式的巨大差异,这两个词之间仍然有着不可兼容的意域和难以逾越的界限。例如,《老子》云:"道生一,一生二,二生三,三生万物。"而λόγος却不能"生一",进而不能"生万物"。
③ Martin Heidegger, *Being and Time*, pp. 56–57.

同时，由于λόγος的功能反在于素朴地让人来看某种东西，在于让人觉知存在者，所以它又能够意味着理性。从被展示者本身的含义来说，λόγος也是已经现成摆在那里作为根据的东西。而在λόγος谈及的某种东西中，由于相关性才变得明白可见，所以，它又具有关系与相关的含义。可以看出，把λόγος翻译为理性、判断、概念、定义、根据、关系等，都是建立在"言谈"这个根本的意义之上的。而且就其对范畴解释的关心而言，也就是就生活的存在得以被言说和表达的方式而言，哲学就是λόγος。

把λόγος理解为言谈，并认为这种言谈让谈话所涉及的事和事物"公开"出来，实质上把以前人们对于λόγος的非本体论的解释扫荡一空，凸显了λόγος的本体论含义。在原本的λόγος中被言谈者，实际上就是实际的存在者。接下去，海德格尔就明确指出：

> 对于哲学考察来说，λόγος本身是一存在者；按照古代存在论的方向，λόγος是一现成存在者。①

他认为柏拉图也把λόγος看作总是"某种东西的逻各斯"。而亚里士多德则认为λόγος既是综合又是分解。无论一个陈述是肯定的还是否定的，是真的还是假的，都同样原始地是综合和分解。这里进一步揭示了λόγος与系词"是"的关联。(当然，海德格尔认为："只要'作为'这一现象还遮盖着，尤其是它出自解释学的'作为'的存在论源头还掩藏着，亚里士多德分析λόγος时的现象学开

---

① Martin Heidegger, *Being and Time*, p. 201.

端就一定碎裂为外在的'判断理论';按照这种理论,判断活动即是表象与概念的连结和分割。"①)在所有这些推论和分析之后,海德格尔指出:"只要陈述和存在的领悟是此在本身在存在论上的存在之可能性,那么,无论'是(在)'在语言上以其自身表达出来还是以动词词尾的形式表现出来,这个'是(在)'及其阐释终归要同存在论分析工作的问题联系起来。在最终解决存在问题的时候(……),我们还将重新遇到这个λόγος范围之内特有的存在现象。"②因此,他认为:

λόγος的"逻辑"植根于此在的生存论分析工作。③

于是,海德格尔通过对λόγος含义的重新解释,打通了一条从λόγος导向此在的本质路径,为语言和此在之间奠定了一种像大地一样原构的、最深厚的关系基础。

从以上海德格尔对λόγος的分析中,我们可以见出语言在此在展开状态的存在论状态的根源。因此,由于λόγος与此在的本原关系,对于语言的分析,必须进入此在的存在论视域。海德格尔说:"语言这一现象在此在的展开状态这一存在论状态中有其根源。**语言的生存论存在论基础是言谈**"。④他认为,言谈是对此在在世可领会状态的勾连。因此,言谈已经是解释与陈述的根据。在解释

---

① Martin Heidegger, *Being and Time*, p. 202.
② Ibid.
③ Ibid, p. 203.
④ Ibid.

## 第七章 "识变":从本体论到认识论的转换

中勾连的东西更源始地是在言谈中勾连的东西。

所以,如果言谈是展开状态的源始存在论性质,那么,言谈也就一定从本质上具有一种特殊的**世界式的**存在方式。现身在世的可理解状态**道出自身为**言谈。可理解状态的含义整体**达乎言辞**。①

作为此在的展开状态这一生存论机制,言谈对此在的生存具有根本的构成作用。另一方面,虽然我们说言谈总是关于某种东西的言谈,但海德格尔认为:"任何言谈中都有一个**言谈之所云**本身,也就是在各种关于某某东西的愿望、发问、道出自身等等之中的那个所云本身。在这个所云中言谈传达它自身"。②这就是语言本身。它不是言谈或语言所指的事或事物,而是超越于这些具体对象之外的、属于语言自身的东西。于是,海德格尔又从意义入手,进入语言本体的分析。

在《存在与时间》中,海德格尔就认为:"言谈有一种特殊的世界式的存在方式"。③而在海德格尔后期,他曾集中精力深入思考了这种言谈自身的问题。这应该说是他的哲学解释学中最有新意、也是至今仍然困惑着海德格尔研究者的一些问题。如果说,海德格尔前期还主要从现象学方法的角度来谈论语言,那么,他后期则转为从纯粹的本体论角度,并用一种接近于诗的、特殊的语言和

---

① Martin Heidegger, *Being and Time*, p. 204.

② Ibid, p. 205.

③ Ibid, p. 204.

方式来谈论语言。在后期,海德格尔提出了"语言是存在之家"的命题。这个命题揭示出语言与存在的关系包含二种:第一是语言与世界的关系。在海德格尔看来,世界只有进入语言才成为世界,语言也只有在表现了世界的具体事实中才真正存在。在语言与事物之间,事物进入到语言中,才得到自己的规定和表现。事物进入语言就是它表现自己存在的一种方式。例如那些被我们称为石头、植物、动物的存在物。没有语言之处,就没有所是之事和物的"敞开",相应地没有无和空的"敞开"。语言凭借给存在物的首次命名,第一次将存在物带入语词和显象。这一命名,才指明了存在物源于其存在并到达其存在。语言在这种言说中宣告,存在物作为语言和存在的附属物进入"敞开"。海德格尔把语言的这种言说称为一种"澄明的投射"。"投射"是一种投掷的触发。作为这种触发,"敞开"属于和注入这种所是之事和物之中。这种"投射"的宣告即刻成为对一切模糊混乱的取消,(在这种混乱中,存在者隐蔽和抽去了自身。)"投射"使存在者"去蔽"进入"敞开"。而这种"投射"的言说就是诗。诗是语言的本质。语言在根本意义上是诗。

语言与存在的另一关系是语言与人的关系。按照海德格尔的观念,语言和世界的关系是人与世界的本体论关系。因为,世界与人的关系,其实是一种语言关系。不同的语言只是意味着人和世界的不同关系,而这些关系并不都是互相排斥的。人拥有了语言,就拥有了世界,拥有了一个无法离开的世界,一个不断展开的世界。存在是只有在语言之中把自己送到人那里的。因此,语言是存在对人的礼物。语言被送到人那里的意思就是:有存在。语言就是存在。正是在这个意义上,我们说"语言是存在之家"。而"说

话"就是存在展现于人。在《语言》这篇论文中,海德格尔指出:

> 人是能言说的生命存在。这一陈述并非意味着人只是伴随着其他能力而也拥有语言的能力。它是要说,唯有言说使人成为作为人的生命存在。作为言说者的人是人。①

因为在所有的存在者中,只有人被赋予语言。而海德格尔这里不仅仅是从人可以说话,动物不可以说话这种外在的意义上,而是从此在,即实际生活中的人的当下生存意义上,揭示语言是人之为人的一个内在的尺度。

那么,从根本的意义上说,什么是语言本身?海德格尔回答是:语言。语言以何种方式作为语言产生?海德格尔说:语言言说。海德格尔认为,与其说语言只是将公开的和遮蔽的事和物,作为人的意图才能化到语句中去,不如说是语言自身使其所是。是语言使作为所是之物,首先进入了"敞开"。但这里的"言说"和"说话"并不是人的语言,而是语言自身在"言说"和"说话"。因为,无论人类会怎样饶舌,怎样巧舌如簧,都不能展示出存在。人类似乎作为语言的创造者和主人在活动着,可是事实上,语言才是人类的主人。

> 因为,严格地说,是语言在言说。人只是在他倾听语言的呼唤并回答语言的呼唤的时候才言说。②

---

① Martin Heidegger, *Poetry, Language, Thought*, p. 189.
② Ibid, p. 216.

在语言的言说中,语言将呼唤我们并授予我们语言的天性。语言召唤我们,把我们指向事物的本性。但是,这并不是说,在我们日常生活中的随意获得的语词的意义中,语言马上就为我们提供了事物的透明的本性。只有诗才能揭示世界和此在的真理。

从以上论述,可知唯识学的语言哲学与海德格尔的语言观所交互共生的极为广阔深邃的意义之境域,当然也可知二者之间本质上的巨大鸿沟。

# 第八章 感知运动：六识与境

唯识学认为，大千世界万事万物，都是识的变现。用唯识学的术语来说，识变现的只是为相分、见分。从哲学认识论的角度说，相分是在认识主体面前呈现的认识对象，而见分则是认识主体的认识能力和认知结果。可见，世界在人们面前展现的方式，实质上是一种认识的形态。而作为认识主体的人，与认识对象直接发生关系的，就是眼、耳、鼻、舌、身、意前六识。前六识对认识对象的把握被称为"了别"，而获得的结果就是"境"。故前六识被称为"了别境识"。唯识学对于这个感知的过程有着极为复杂的描述，展示了佛教哲学一种独特的认识论思想和话语。

## 第一节 "六识"功能及特点

根据唯识学的观念，世间万物自性空，但是，虚幻的现象世界也具有被感官把握的特征。① 同时，人们由此还会产生意识以及各

---

① 舍尔巴茨基认为：佛教认识论"体系的出发点是感觉论。感觉论是论证外部世界存在的确信无疑的工具。该体系进而讨论了一种相似符合的理论(sārūpya-vāda，英文coordination，协调)。它说明了外部世界与我们通过表象与概念对外部世界进行的描述二者之间的符合。再之后便是判断、推理和论证的理论。"(舍尔巴茨基:《佛教逻辑》，第6页)"可感知的世界由那只是刹那闪现的能(energy)之感觉材料构成。那被想象为它们支持者或负载者的永久的弥漫一切的物质(prakṛti 自性)。"(同上，第6、94页)

种观念、思想。问题还在于，有情众生面对这个万紫千红形色各异的虚幻世界，是如何进行分辨和把握的？人们对于现象世界的感知过程是如何发生、发展的？对于这类问题的理性回答，就是哲学认识论。唯识学自然地要回答这些问题，但万变不离其宗。我们还必须从识的"三能变"说起。

《唯识三十颂》第八颂曰：

> 次第三能变，差别有六种，了境为性相，善、不善、俱非。

识的初能变是阿赖耶识，次能变是末那识，前六识是识的三能变。六识的性相为"了别"，具有一般哲学所谓的认识的功能。欲界、色界和六识之间具有怎样的关系？在六识之中，世界如何构成？《成唯识论》首先解释说：

> 此识差别总有六种，随六根、境种类异故。谓名眼识，乃至意识，随根立名具五义故。五谓依、发、属、助、如根。虽六识身皆依意转，然随不共立意识名，如五识身无相滥过。或唯依意故名意识，辩识得名心意非例。或名色识，乃至法识，随境立名顺识义故，谓于六境了别名识。色等五识唯了色等，法识通能了一切法，或能了别法独得法识名，故六识名无相滥失。此后随境立六识名，依五色根未自在说。若得自在，诸根互用，一根发识缘一切境，但可随根无相滥失。……次言"了境为性相"者，双显六识自性行相，识以了境为自性故，即复用彼为

行相故。由斯兼释所立别名,能了别境名为识故。①

大意为:第三能变识的差别总共有六种,都是随六根(感觉神经系统和器官)和六境(感知对象世界),得名为眼、耳、鼻、舌、身、意六识。因顺随六根而立其名,六识具有五种含义,这就是依根之识、根所发识、属根之识、助根之识、如根之识。虽然六识都依末那识发挥作用,但只有第六识依末那识不共意根而立意识之名,其余五识相续称为眼识等,故不相混。或说唯有第六识依意根,故称意识。前六识都因所依而得名,而阿赖耶识、末那识不是依根立名的。前六识分别缘取色、声、香、味、触、法六尘或外境得名。这就是随顺对于六种外境的了别功能而立识名。前五识只了别色等五种外境,意识能够了别一切事物。故六识之名不能相混。如果得自在的圣人,则六根互用,一根所发之识能缘一切外境(观世音用眼观声音)。所谓"了境为性相",说明前六识的自性和行相。前六识以了别外境为其自性,又以了别外境为其行相。这又解释了心、意、识中的识别名,因为能了别外境为识。六境(色、香、声、味、触、法)、六根(眼、耳、鼻、舌、身、意)之外必须要六识。比如,盲人眼根缺失,但仍然有眼识,尤其是后天盲人。

由此可见,六识就是六种认识的观念形态。而六识在感知过程中,涉及的问题很多:六识与六根的关系,前五识与第六识的关系,以及前六识与末那识、阿赖耶识的关系。唯识学对于这些关系论述,展示了其对于感知运动理论表述的几个特点。

---

① 《成唯识论校释》,第332—333页。

第一个特点是六识与六根的关系，涉及感官的两个系统。唯识学认为，六识的产生，尤其是前五识的产生，一定离不开根的作用。但是，"根"不仅仅是感觉器官。唯识学认为，感觉器官本身只是"扶尘根"，在这个感觉器官的后面，还有一个与每个感觉器官（扶尘根）相应并且支持它的东西，这个东西叫做"净色根"。证明净色根存在的方法很简单，例如一个死人，他的五官即使存在且没有毁坏，也不能有视、听、嗅、味、触的功能。（因此，现在有人死后的器官捐献，表明这些死人的器官还是正常的。）太虚大师认为"净色根"就是感觉神经系统。①

王季同先生曾将唯识学的感知认识以现代科学的语言进行表述："自然科学所研究的质和能，佛教称'色法'（……）；这个宇宙或自然界，佛教称'器界'；我们的身体佛教称'根身'；器界和根身都是'阿赖耶识'的'相分'（……）。'根'就是感官，'眼根'就是眼睛，'耳根'就是耳朵，余类推。然而佛教说根还有二种：是别人看的见的，譬如像葡萄的眼、像荷叶的耳，叫做扶尘根，不能发识（就是不能生感觉）；一种是别人看不见的，却能发识，叫做净色

---

① 太虚大师说："根有两种：一、浮尘根，又名扶尘根，或根依处。就是平常肉眼能见的眼根乃至身根。二、胜义根，又名净色根，是潜存在浮尘根的根依处中的。虽是色法，但肉眼不能见，依佛法中说天眼才能见到；现代科学中所说的视神经，听神经等，似乎是说的这五种净色根，但也不是平常眼所见的，要用显微镜，并加以一种推测，才能见到。"（太虚：《法相唯识学》，第180页）舍尔巴茨基描述唯识学说："内感官也是物理性质的，它由某种特别的极微（原子）材料所组成。以无限的速度运行于身体内部，由一个感官居处至另一感官居处，随处建立起灵魂同外感官的联系。从而它可以譬之为某种假想的神经流，它作为中介物而联系思维的灵魂和生理性器官。"（舍尔巴茨基：《佛教逻辑》，第198页）

根(……)。我们把唯识哲学和生理学一比,可见净色根便是感觉神经(……),因为它们是色法(物质),能发识(生感觉),而别人看不见,又佛教说八个识生的时候都有四分(……)。现在单讲'前五识'的相分:前五识(即五种感觉)生时,依五净色根(即五种感觉神经),缘阿赖耶识相分界(即自然现象)为'本质'即'疏所缘缘',变'影像'为五识相分,即'亲所缘缘'(……)。此处五识相分即五识亲所缘缘,明明是指眼睛里网膜上的倒影,耳朵里毛细胞的震动回应等。因为是依五种感觉神经,托自然现象作本质,变起的影像,说得很明白的缘故。"① 将"净色根"相比为感觉神经系统,这种说法可以帮助我们理解,但是不完全贴切。因为感觉神经系统是一种现代科学的系统表述,而佛教唯识学对于"净色根"的认知和表述只能停留在日常经验的层面。现代科学的生物学体系与佛教唯识学对于人体肉身的认知之间还是存在巨大的差距。

　　第二个特点是前五识与第六识意识的关系,涉及意识在感知运动中的支配作用。具体说,唯识学把意识分为"独头意识"和"同时意识"。"独头意识"可以离开前五识而独立存在,"同时意

---

① 见周叔迦:《唯识研究》,第153—154页。杨维中教授说:"唯识宗认为五识所依之五根有二类:一者叫'扶尘根',即感觉器官;二者叫'净色根',依止'种子'而生,故名'净色'。《成唯识论》卷四在引用《观所缘论》的偈语'识上色功能,名五根应理。功能与境色,无始互为因'之后解释说:'彼颂意言,异熟识上能生眼等色识种子,名色功能,说为五根,无别眼等。种与色识常互为因,能熏与种递为因故。' 相对于'扶尘根',唯识宗更看重'净色根'的生起功能。此宗认为第八识上有能够产生眼等'色识'的种子,这种种子就叫'色功能'。此种'功能'即别分而为'五根'。由此'根'而产生五识与种子互为因而依存。"(杨维中:《中国唯识宗通史》下,第691页)

识"则是与前五识同时出现的。①在感知过程中,每个感觉器官在受到表象刺激,到形成感觉认知,现代科学有系统描述。而唯识学也认为,除了扶尘根和净色根发动功能之外,第六识意识也必须发挥作用。按照《瑜伽师地论》卷一的说法,每一识生起,意识必有"五心"伴随。周叔迦先生对此进行阐发说:"前五识既不能继续的了别,而要靠意识的力引发他。又前五识不能了别体上的种种不同的理事,所以每有一前五识生起时,必定有一意识同起。仔细的研究,凡是看见一种颜色或听见一种音声,要经过五种意识同前五识相互作用,方能完全了别的,这五种作用叫做'五心'。一、率尔心:这是前五识在刹那间忽然的了别。二、寻求心:这是意识因前五识生起而起寻求。三、决定心:这是意识因寻求而决定了别。四、染净心:这是意识由了别后生起好恶贪嗔的念。五、等流心:这是因意识的好恶而前五识与意识于相当时间中同等的流转,成就善或不善。"②杨维中教授说:"关于第六识'意识',唯识学认为,每一前五识生起时,并非单独起作用,必定有一相应意识显起,《瑜伽师地论》卷一将之命名为'五心'。其文曰:'由眼识生,三心可得,如其次第,谓率尔心、寻求心、决定心。初是眼识,二在意识。决定之后,方有染净。此后乃有等流眼识。'率尔心,五识第一刹那

---

① 太虚大师说:"至第六意识与普通心理学所谓意识略同,惟从意识全部之领域及分类而言,则法相唯识学之意识较普通心理学为广,若专从一部分现象而推究其细末,则普通心理学之所言,亦有独到之处也。此中意识,大致可分两种:一、独头意识。二、同时意识。独头意识,乃于离开眼、耳、鼻、舌、身五官感觉之后(眼不见色乃至身不领触),单独构成,略似心理学所云之想像。……同时意识乃依眼识耳识乃至身识等之五官感觉,与第六意识起同时作用。"(太虚:《法相唯识学》,第44、46页)

② 周叔迦:《唯识研究》,第11页。

接触某一事物之心；寻求心，即推寻追求之心；决定心，寻求之后起判断作用之心；染净心，指对于对象产生好恶等感受；等流心，即心识的持续状态。从这个角度，第六意识又分为'五俱意识'和'不俱意识'两种。与前五种同时俱起的意识称为'五俱意识'，不与前五识同时俱起而单独生起的意识称为'不俱意识'。前者用现代心理学术语言之近于'知觉'，后者则近于'想象'。"①

就是说，我们运用感觉器官及其功能时，意识具有很大的支配作用。所谓"五心"之说说明，第六识实质上在感觉认知过程中起综合和支配感觉、知觉和思维活动的功能。②

第三个特点是五识与阿赖耶识的关系，不仅涉及感知运动的总根源，也揭示了感知运动的伦理底蕴。唯识学认为，前五识与阿赖耶识的关系则是最根本的。《唯识三十颂》第十五颂曰：

---

① 杨维中：《中国唯识宗通史》下，第688页。舍尔巴茨基说："对于第六意根，小乘各派从未有过一致的意见。其中有的，例如说一切有部，认为它与理智是一回事。他们视纯粹意识、内感官、理智(或知性)为一体。但像上座部的其他派别设定了第六感管或内感官(hadaya-dhātu)是意识性的成分。"(舍尔巴茨基：《佛教逻辑》，第193页)

② 舍尔巴茨基认为："依据相依缘起的原则，早期佛教将认知活动解释为纯粹意识、对象与感官三种成份的共在(sannipātaḥ=compresence)。根、境、识三者和合(sparśaḥ能,=trayāṇam sannipātaḥ,根境识三者和合)便有了感觉活动。表象、概念活动(sanjñā想)或判断的产生因为概念成份的加入，但任何一种认知活动中总不会缺少纯粹意识的。它在诸法的系统中属于第六官能(意根)，但是世亲说，如果以其它五根为感官，则理智并非感官，其所以也称为感官，那是为了对称的缘故。因为眼根与眼色的关系类似于意根的纯意识与我们心智活动的对应关系。这些活动是意根的特有对象。然而对外部对象的感觉认识中，意根只有辅助作用。从而我们了解到，即与概念活动的界限仍然是存在的。"(舍尔巴茨基：《佛教逻辑》，第200—201页)

> 依止根本识，五识随缘现，或俱或不俱，如涛波依水。

《成唯识论》的解释如下：

> 根本识者，阿陀那识，染、净诸识生根本故。依止者，谓前六转识以根本识为共亲依。五识者，谓前五转识，种类相似，故总说之。随缘现言显非常起，缘谓作意、根、境等缘，谓五识身内依本识，外随作意、五根、境等众缘和合方得现前。由此或俱或不俱起，外缘合者有顿、渐故。如水涛波随缘多少，此等法喻广说如经。由五转识行相粗动，所藉众缘时多不具，故起时少，不起时多。第六意识虽亦粗动，而所藉缘无时不具，由违缘故，有时不起。第七、第八识行相微细，所藉众缘一切时有，故无缘碍令总不行。又五识身不能思虑，唯外门转，起藉多缘，故断时多，现行时少。第六意识自能思虑，内外门转，不藉多缘，唯除五位常能现起，故断时少，现起时多，由斯不说此随缘现。①

根本识指阿陀那识，阿陀那识是各种染识和净识的根本。"依止"是指前六识以本识为共同所依。"五识"就是前五转识，它们种类相似。"随缘现"说明前五识不是永恒生起，只有具备作意、根、境等条件时才能生起。前五识内依托阿赖耶识，外随从作意、五根、境等，各种条件的和合才能生起。因此，就像颂文所说，五识或同时生起，或不同时生起，因为外部条件的和合有顿、渐之分。

---

① 《成唯识论校释》，第467—468页。

就像水上波涛的生起要顺随条件的多少。这个比喻《解深密经》也有。由于前五识的行相粗动，所需要的条件多时不具备，故生起时少，不生起时多。第六识的行相虽然粗动，但所需要的条件无时不具备，只是由于违逆条件，有时候才不能生起。末那识和阿赖耶识的行相微细，所需要的条件永恒具有，故不能阻止它，使之不能现行。（末那识于无漏、灭定、违染一分不行。）而且，五识没有随念和计度，不能思考。只缘外境，生起时需要很多条件，所以间断的时候多，生起现行的时候少。第六识因有随念和计度，自己就能思虑，内缘理，外缘事，不需要很多条件，只除无想天等五位之外，意识经常生起，所以间断时少，生起时多，故不说第六识"随缘现"。

周贵华教授认为："就粗显的眼识、耳识、鼻识、舌识、身识、意识而言，因为皆有在一段时间内停转的可能，不能保证相似相续，这样，现象世界由相似相续造成的重复性、稳定性、统一性，必然不能诉诸眼识等六识，必有微细之心识存在，以支撑显在的相似相续。由此，唯识学安立显在现象之明面与潜在现象之暗面二分来统摄一切有为法。其中明面、暗面皆是刹那生灭而又相似相续的，可称为明流与暗流。显然，暗流是根本性的，而明流及其相似相续性，是暗流之表现。……明与暗的相互影响，被唯识学解释为相互为因。其中，暗面称种子，明面称现行。……种子作为发生因（亲因、直接因）在缘的配合下生起现行。而现行对种子的影响，被称为熏习……"[①]说到底，六识的行相或变现，还是受种子的支配和制约。而种子则是阿赖耶识所藏。

---

① 周贵华：《唯识通论——瑜伽行学义诠》上册，第51—52页。

由于五识与阿赖耶识的根本关系，前六识与善、恶也相关，直接表现在六识与三性的关系上：

> 《瑜伽》等说，藏识一时与转识相应三性俱起者，彼依多念，如说一心非一生灭，无相违故。有义六识三性容俱，率尔、等流眼等五识或多或少容俱起故。五识与意虽定俱生，而善性等不必同故，前所设难于此唐捐。故《瑜伽》说若遇声缘从定起者，与定相应意识俱转，余耳识生。非唯彼定相应意识能取此声，若不尔者，于此音声不领受故，不应出定。非取声时即使出定，领受声已，若有希望，后时方出。在定耳识率尔闻声，理应非善。未转依者率尔堕心定无记故，由此诚证五俱意识非定与五善等性同。①

三性指善、恶、无记(无善恶)。《瑜伽师地论》等说，一刹那间藏识与转识相应，三性同时生起。这是依据多念而说，如《瑜伽师地论》所说的"一心"并非一次生一次灭。所以此说与佛理不违背。护法认为，前六识可以三性并存，当率尔心和等流心时，眼等五识或多或少容许同时生起，前五识与第六识虽然肯定同时而生，但善、恶、无记肯定不相同。所以《瑜伽师地论》说一个人修定之时，听到一种声音，这时候就有与禅定相应的第六识同时发挥作用，耳识就生起了。并非只有与禅定相应的第六识意识才能听取这种声音。如果不是这样，耳识不领受这种声音，那么就不会听到这个声音而

---

① 《成唯识论校释》，第338—339页。

出定。如果没有听到声音，即使出定，也是意识希望出定才出定。这表明闻声的耳识是无记，出定的意识是善等流，因为在定的耳识是率尔间听声，当然不是善。在凡夫位的率尔等五心中，前三心(率尔心、寻求心、决定心)肯定是无记性。由此证明，五俱意识不一定要与前五识性质相同。耳识虽然是无记，而意识照样还是善性。

六识能够与三性并存，日常经验完全可以证明。由此可知唯识学认识论的独特性。

第四个特点是五识与"缘"的关系，涉及感知运动的外在条件。唯识学认为，感觉认知必须具有的诸多条件中，除了扶尘根、净色根以及第六识意识、阿赖耶识之外，五识产生还需要一些具体的条件，按照唯识学说法，就是"缘"。《成唯识论》解释第十五颂中"五识随缘现"说："'随缘现'言显非常起，缘谓作意、根、境等缘，谓五识身内依本识，外随作意、五根、境等众缘和合方得现前。"[①]意思是五识"随缘现"，说明五识不是永恒生起，只有具备作意、根、境等条件的时候才能生起。五识内依托阿赖耶识，外在生起的条件是作意、根、境等。作意属于心所法，根即感官系统，境则是认识对象。这些条件细说起来颇为复杂。

按照唯识学的描述，眼识依眼根并了别各种颜色和事物形状。眼识所缘的对象是色尘，需要九个条件：1.明，即光；2.空，即空间；3.作意，即动念；4.阿赖耶识；5.末那识；6.意识；7.眼根；8.色境；9.种子。耳识生起需要八个条件：1.空，2.作意，3.阿赖耶识，4.末那识，5.意识，6.耳根，7.声境，8.种子。鼻识缘香需要七个条件：1.作意，2.阿赖耶识，3.末那识，4.意识，5.鼻根，6.香境，

---

[①] 《成唯识论解释》，第467页。

7.种子。舌识、身识同样需要此七个条件,只是鼻根、香境换上舌根、味境和身根、触境。①可见,有情众生通过感官对对象世界产生认识,在唯识学看来是个极为复杂的过程。②

还要说明的是,五识所缘的外色,在根本上也是阿赖耶识种子的变现。阿赖耶识生起时,由其中储藏的种子变现,好像是眼等五根和色根等五境之相在显现。眼等五根是五识所依,色等五境是五识所缘。眼等净色根并不是现量所得,由于能够发挥识的作用,因此推论为有,但这仅仅是功能,并不是实有客观物质所造成的。如此这般的客观有色法不能成立,就应当是内识所变现。眼等五根发眼等五识,根是识的所依,眼等五根生眼等五识。眼等五识以外的外境是不存在的,是识所变现的,这就是所缘缘。识变现的色法之相好像是自己的识,小乘认为是识的所缘缘。所缘缘是四缘之一(余为因缘、等无间缘、增上缘),指一切认识对象。但唯识学认为,所缘缘一是能生,二是带相。故仅能生起识不是所缘缘。其余因缘、等无间缘、增上缘,也有能生识的条件,但都不是所缘缘。③

---

① 参见《成唯识论校释》,第469页注七。

② 舍尔巴茨基认为:"意识是这些事实(识——引者)的功能。如果给定注意刹那(称"作意"——译者)、境色(对象)和眼根(视感官),就有眼识(视觉意识)生起。这种相互依赖是明显的,因为这些因素中任何一个发生变化,结果也就随之变化,如果眼睛受到影响或者去掉,眼识也就改变或完全消失。"(舍尔巴茨基:《佛教逻辑》,第145页)

③ 《成唯识论》原文:"五识岂无所依缘色?虽非无色而是识变,谓识生时,内因缘力变似眼等色等相现,即以此相为所依缘。然眼等根非现量得,以能发识比知是有,此但功能,非外所造。外有对色理既不成,故应但是内识变现发眼等识名眼等根,此为所依生眼等识。此眼等识外所缘缘理非有故,决定应许自识所变为所缘缘。谓能引生似自识者,汝执彼是此所缘缘,非但能生,勿因缘等亦名此识所缘缘故。"(《成唯识论校释》,第42页)

## 第八章 感知运动：六识与境

这样，五识所缘是"和合相"，但和合相不是物质性的，包括极微。表面上，眼、耳、鼻、舌、身五识在了别声、色、香、味、触的时候，只缘和合相，好像是色等行相。其实，这并非说和合相不同于各种极微有真实的自体。如果对和合相进行分析时，即能看出能缘假和合相的识肯定不能生起五识。这种和合相既然不是真实的存在，故不能说和合相是五识所缘。因为不能说第二个月亮等虚假的事物能生起五识。各种极微聚合在一起不能成为前五识的所缘，这是因为五识上没有极微相的缘故。不能说各种极微有和合相，因为各种极微在没有和合时并无和合相。也不能说和合时的极微与不和合的极微体相不同，由此认为和合时与不和合时一样。总而言之，色等极微都不是五识所缘的境。① 这也彻底否定对象物质世界的实在性。

由上述可知，唯识学所论的六识与六根的关系，揭示了感性认识系统的生理基础；前五识与第六识的关系，描述了感官活动与意识密不可分的状况；前五识与阿赖耶识的关系，不仅展示出唯识学对于认知总根源的观念的坚守，也展示出唯识学的认识论与本体论、伦理学的交叉和模糊；最后，五识生起与缘的关系，则退守到常识的层面，基于日常经验又回归"万法唯识"的窠臼。唯识学在局部极其细致深入的论证之后，还是跳不出佛教的几个落脚点。

---

① 《成唯识论》原文："眼等五识了色等时但缘和合，似彼相故。非和合相异诸极微有实自体，分析彼时似彼相识定不生故。彼和合相既非实有，故不可说是五识缘，勿第二月等能生五识故。非诸极微共和合位可与五识各作所缘。此识上无极微相故。非诸极微有和合相，不合时无此相故。非和合位与不合时此诸极微体相有异，故和合位如不合时色等极微非五识境。"（《成唯识论校释》，第47页）

## 下部 了别境识的认识论论证

舍尔巴茨基在论及唯识学认识论时,指出了其中的一个根本点。他认为:"佛教的要点在于,存在着纯然的感觉活动或直观活动,其后才是感觉判断的追随(vikalpena-anugamyate,随顺分别)。对立的观点则认为存在着确定的以及混乱的现量。而前者包含有感觉判断。其间的差别似乎无足轻重,但实则是根本性的。它决定着整座佛教大厦的倾覆与否。它同佛教的刹那实在之本体论密切相关。在通常的感觉活动系列中,纯然感觉活动没有持续性,即是说,它仅仅保持一刹那,因而它在经验上是不可认识、不可言说的。不可说性就是它的特征。我们因此称之为认识中的先验成分。因为尽管它本身在经验上不可认识,不能为感觉表象所揭示,然而却是我们的经验认识活动,是所有真的知识的先决条件。"这是因为佛教认为,"真实的世界由纯的点刹那构成。它们在时间和空间上尚无确定位置也没有可感知的属性。它是最高的终极的真实(胜义有,paramārtha-sat)。另一种真实由对象化的表象构成,它借我们的理性而被赋予时空位置及种种可感知的抽象的属性。这是现象的经验的真实(世俗有,saṃvṛtti-sat)。""每一点刹那(point-in-stant)都可视为时间微粒、空间微粒或某一可感觉属性,其间的区分只是我们对待点刹那的思想态度的差异所致。而点刹那自身,即同所有想象活动绝缘的最终极实在,是无属性、无时间,而且不可分的。"因此,"佛教的存在指的是点的终极实在,对点的认知就是相应的纯感觉活动。某种非实在或者不在场的东西(absent things)是想像物,它不能引起直接的感觉活动(现量);但是那已经产生了现量活动的肯定的事物(positive things)却可以被理智解释为涉及了其存在遭受否定的另一物之非有(absence)。"①

简言之，唯识学把认知对象和认识结果，都建立在刹那间生灭的点之上，这是一种否定性的想像活动。这不仅造成全部认识活动的基础被釜底抽薪，更由此导致人生观的虚幻感。当然，这就是所有佛学的理论指向。

唯识学在论述六识时，与六根、六境一起，是出于它独特的认识论。而且，这个认识论与心理学的关系亦很纠缠。

## 第二节 "六识"与心所法

按照唯识学的理论，在感知过程中，八个识皆有自己的功能和作用，相互之间也有一定的交互作用。

> 是故八识一切有情心与末那二恒俱转，若起第六则三俱转，余随缘合起一至五则四俱转，乃至八俱，是谓略说识俱转义。……又心所性虽无差别，而类别者许多俱生，宁不许心异类俱起？又如浪、像依一起多，故依一心多识俱转。又若不许意与五俱，取彼所缘应不明了。如散意识缘久灭故。如何五俱唯一意识？于色等境取一或多，如眼等识各于自境取一或多，此亦何失？相、见俱有种种相故。何故诸识同类不俱？于自所缘若可了者一已能了，余无用故。若尔，五识已了自境，何用俱

---

① 舍尔巴茨基：《佛教逻辑》，第203—204、82、100、420页。

起意识了为？五俱意识助五令起，非专为了五识所缘。又于彼所缘能明了取，异于眼等识，故非无用。……经说八识如水、波等无差别故，定异应非因果性故，如幻事等无定性故。如前所说识差别相，依理世俗，非真胜义，真胜义中心言绝故。如伽他说："心、意、识八种，俗故相无别，真故相无别，相所相无故。"[①]

一切众生之中，阿赖耶识和末那识永远同时生起。如果第六识生起，那就与末那识、阿赖耶识一起，三个识一起同时生起。如果是前五识中任意一识生起，那一定与第六识意识、末那识、阿赖耶识一起，四个识一起同时生起。如果是前五识都生起了，那就八个识全部同时生起。还有，心所法体性虽然一样，而遍行、别境、善、烦恼、随烦恼、不定等分类还是各个不同。一个等无间缘既然能够引起后念许多心所法，那就不能阻止后念各种识同时发生。好像一个瀑流遇到大风生起很多波浪，又好像一面镜子照见了许多景物，因此，阿赖耶识遇见了许多的缘，因而就有许多识的生起。一个识可以和其他识同时生起。例如，眼识能取一种红色，也能够同时取青、黄、蓝、紫各种颜色。意识能够帮助前五识生起，也不只是为五识所缘(可以冥想)。各识不同境，所以各不相应(没有通感)。但是，八识各有自己的体相，是依据世俗道理说的，若是在真谛说，其相就没有差别。因为，前七识的能(功能)相，和第八识的所(本体)相皆无。

因为阿赖耶识中含有各种种子，因而可以熏染生成各种现实行

---

[①] 《成唯识论校释》，第482—483页。

为，成为一切心法、心所法、色法和心不相应行法生起的原因。心法八识对应的就是唯识学的八转识。可见六识与一切法皆有关系。因此，六识的性质和功能与"五位百法"具有深度交错的关系。"五位百法"是唯识宗用来描述有情众生当下生活世界的总纲，其实也是日常生活万事万物，包括精神生活的发生学。"五位"指心法、心所法、色法、心不相应行法和无为法。心法八种，心所法五十一种，色法十一种，心不相应行法二十四种，无为法六种，共一百种，即"百法"。周叔迦先生说："百法就是一百个名词的解释，是唯识哲学的提纲，是唯识论对于心理学简单的说明。"[①] 然而，"五位百法"的描述体系，远远超出心理学的范畴，不仅表明唯识学具有理论的兼容性，还展示了唯识学自身理论上的困境，即多种思想混杂出现的无序状况。这里限于篇幅，只是论述六识与心、心所法的关系。

由于六识的生起必然与末那识、阿赖耶识同时，而末那识妄执自我，必然对六识产生影响，因此，唯识学认识论与心理学的关联也是必然的。这个关联具体体现在六识与心所法的关系上。上节所述《成唯识论》在解释《唯识三十颂》"五识随缘现"时指出："谓五识身内依本识，外随作意、五根、境等众缘和合方得现前。"[②] "随缘现"说明前五识内依托阿赖耶识，外随从作意、五根、境等，各种条件的和合才能生起。这里的"作意"是遍行心所法之一。除了阿赖耶识和末那识之外，此处专论六识与心所法之关系。

所谓心所法，《成唯识论》说："恒依心起，与心相应，系属于

---

① 周叔迦：《唯识研究》，第3页。
② 《成唯识论校释》，第467页。

心,故名心所,如属我物立我所名。心于所缘唯取总相,心所于彼亦取别相,助成心事得心所名,如画师、资作模填彩。"①意思是,因为心所永远依心识而生起,与心相应,并系属于心,所以称为心所。就像属于我的东西就称为我所一样。心对于所缘的对象只取其总相,心所对于所缘的对象不仅取其总相,也取其别相。因为心所还要协助心完成它的缘境作用。就像画人物像的师资,现由师父做模范后由弟子填彩一样。心所就是协助心完成心所缘之境。

可见心所法近似于心理活动,也有协助完成认知功能的作用。心所法有六类五十一种,可以说包揽了人类所有的心理活动及情绪。②六识与何种心所法有关系?《唯识三十颂》从第九颂至第十六颂,全部内容都在说六识与心所法关系。可见六识与全部心所法相关之深。③这也说明,所有的心理活动和行为,都是建立在感知基础上。但另一方面,也看出人的具体感知活动,会受到心理和情绪的影响。从纯粹认识论的角度来看,与六识相关的主要是遍行心所法五种和别境心所法五种。这里先看看《成唯识论》的解释:

---

① 《成唯识论校释》,第341页。

② 六类五十一种心所法:遍行五种,别境五种,善十一种,烦恼六种,随烦恼二十种,不定四种。

③ 《唯识三十颂》:"此心所遍行、别境、善、烦恼、随烦恼、不定,三受共相应。初遍行触等,次别境谓欲、胜解、念、定、慧,所缘事不同。善谓信、惭、愧,无贪等三根,勤、安、不放逸、行舍及不害。烦恼谓贪、嗔、痴、慢、疑、恶见,随烦恼谓忿、恨、覆、恼、嫉、悭、诳、谄与害、侨,无惭及无愧,掉举与惛沉,不信并懈怠,放逸及失念、散乱、不正知。不定谓悔、眠、寻、伺,二各二。依止根本识,五识随缘现,或俱或不俱,如涛波依水。意识常现起,除生无想天,及无心二定,睡眠与闷绝。"(见《成唯识论校释》,第723—724页)

## 第八章 感知运动：六识与境

> 此六转识总与六位心所相应，谓遍行等。……故《瑜伽》说识能了别事之总相，作意了此所未了相，即诸心所所取别相。触能了此可意等相，受能了此摄受等相，想能了此言说因相，思能了此正因等相，故作意等名心所法。此表心所亦缘总相。余处复说欲亦能了可乐事相，胜解亦了决定事相，念亦能了串习事相，定、慧亦了得、失等相。①

意思是，六转识与六类遍行等五十一个心所法全部相应。所以《瑜伽师地论》说，识能够了别外在事物的总相，"作意"能了别心识所未能认知的个别之相，这就是各位心所所缘取的别相。"触"能了别一种外境的可意(舒适)或不可意等相，"受"能了别摄取等感受，"想"能了别作为言说之因的想法，"思"能了别产生正确或邪恶行为等的因相，故作意、触、受、想、思等因此称为心所法。这表明心所亦能缘取事物的总相。此外，认知不仅是感官的作用，其他心所法也起作用，如别境心所法欲、胜解、念、定、慧等。《辨中边论》又说："欲"亦能了别事物的可乐的事相，"胜解"亦能了别决定事物之相，"念"亦能了别自己曾经经历并已经熟悉的事物之相，"定"和"慧"亦能了别事物的得、失等相，一句话，这些心所法是在善恶是非上去观察、取舍。②

---

① 《成唯识论校释》，第341页。

② 《成唯识论》还论述其他心所法与六识关系："由此于境起善、染等，诸心所法皆于所缘兼取别相。虽诸心所名义无异，而有六位种类差别，谓遍行有五，别境亦五，善有十一，烦恼有六，随烦恼有二十，不定有四，如是六位合五十一。一切心中定可得故，缘别别境而得生故，唯善心中可的生故，性是根本烦恼摄故，唯是烦恼等(转下页)

《成唯识论》还具体论述了遍行心所法与六识生起的关系：

> 如契经言："眼、色为缘生于眼识，三和合触，与触俱生有受、想、思。"乃至广说，由斯触等四是遍行。又契经说："若根不坏，境界现前，作意正起，方能生识。"余经复言："若复于此作意即于此了别，若于此了别即于此作意，是故此二恒共和合。"乃至广说，由此作意亦是遍行。……理谓识起必有三和，彼定生触，必由触有，若无触者心、心所法应不和合触一境故。作意引心令趣自境，此若无者心应无故。受能领纳顺、违、中境，令心等起欢、慽、舍相，无心起时无随一故。想能安立自境分齐，若心起时无此想者，应不能取境分齐相。思令心取正因等相，造作善等，无心起位无此随一，故必有思。由此证知触等五法心起必有，故是遍行。①

如《起尽经》说："以眼根和色尘为条件产生眼识，由眼根、色尘（境）、眼识三位和合的缘故，又产生触，与触等同时生起的又有受、想、思。"由此可知，触、受、想、思四位心所是属于遍行心所法。《象迹喻经》说："如果眼根不被破坏，色尘外境出现在面前，并且

---

（接上页）流性故，于善、染等皆不定故。然《瑜伽论》合六为五，烦恼、随烦恼俱是染故。复以四一切辩五差别，谓一切性及地、时俱，五中遍行具四一切，别境唯有初二一切，善唯有一谓一切地，染四皆无，不定唯一，谓一切性，由此五位种类差别。此六转识易脱不定，故皆容与三受相应，皆领顺、违、非二相故。领顺境相适悦身心，说名乐受。领违境相逼迫身心，说名苦受。领中容境相于身于心非逼非悦，名不苦乐受。"（《成唯识论校释》，第341—342页）

① 《成唯识论校释》，第355—356页。

作意也正在生起，然后才能够产生眼识。"《起尽经》又说："若是在这件事上生起作意，那就在这件事上有了了别作用；那假如是在这件事上有了了别作用，就可以知道在这件事上一定有了作意。所以作意与了别永远是和合一起的。"因此，作意也是遍行心所法的一个。从道理上说，识的生起必须有根、境、识三法和合，才一定产生触。换句话说，必定要有触，然后才有识的生起。如果没有触，心法和心所法就不应当和合在一起共触一境。作意的功用，是它能够引起警心，使心所趣向自己所缘的外境上去。如果没有作意，心识则不应生起去取境。受的功用是能领纳顺心的境界、违心的境界以及中容的境界，使心生起乐、苦、舍相。心不动时，不会有三受中任何一受。想的功用是，能建立一个境界的模型，如大小、颜色、部分、整体等。当心动的时候，如果没有想，则不能缘取外境的模型。思使心成为产生行为的正因、邪因等相，由此形成善、恶、无记三性之业，在没有心动的地方，没有三性中的任何一思。所以，只要心识生起，肯定有思。可见，触等五位心所法，当心法生起的时候肯定是存在的，所以称为遍行。这一段所述展示了六识与五种遍行心所法的交互作用。

由此亦可见，心法、心所法及其与外境（即外在世界表象）的关系，在根本上受支配于六识，因为实质上是内识的变现：

> 故心、心所决定不用外色等法为所缘缘，缘用必依实有体故。现在彼聚心、心所法非此聚识亲所缘缘，如非所缘，他聚摄故。同聚心所亦非亲所缘，自体异故，如余非所取。由此应知实无外境，唯有内识似外境生。是故契经伽他中说：如愚所

分别，外境实皆无，习气扰浊心，故似彼而转。①

心、心所法肯定不能用外境色法(色、声、香、味、触)等，作为认识(眼识、耳识、鼻识、舌识、身识)发生的所缘缘，即不能把具体外在事物的影响和刺激作为形成认识的缘由。因为事物所发生的具体情境，必须依赖实有本体(即内识)。某识生起时，心、心所总是相聚在这个识上。现在，聚合在识上的心法、心所法，不是自身之识的直接所缘缘，就如同不是所缘的东西那样，是由其他的东西所摄取。就是说，聚合某一识(譬如眼识)之上的心法、心所法，不能作另一识(譬如耳识)之上心法、心所法的直接所缘缘。甚至属于同一识(譬如眼识)之上聚合的心法、心所法，也不是这一识(譬如眼识)的直接所缘。因为虽是同一聚合，然而每一法各有自己的体相用，如同每个人的眼、耳、鼻、舌、身等根，都有自己个人的感受，每个人都有不与别人普遍相同的所取之法。(西方谚云："口味无争辩。")由此可知外界事物实际上不存在，只有内识变现的相分，好像是呈现的外物(法)。故佛经说，如同愚者所谓的外境是不存在的，而是由于习气扰乱染污之心，看上去似乎是由外界而生。

除认识功能之外，唯识学还对于六识与心理、精神、情绪等相关功能作了琐细复杂的描述，例如："此六转识若与信等十一相应，是善性摄。与无惭等十法相应，不善性摄。俱不相应，无记性摄。"②

---

① 《成唯识论校释》，第90页。
② 同上书，第333—334页。

就是说，前六识如果与信等十一位善心所法相应，就属于善性；如果与无惭等十位心所法相应，就属于恶性。如果既不与信等相应，也不与无惭等相应，就属于非善非恶的无记性。这说明前六识可通于三性(善、恶、无记)，但具体则视外缘，即心法、心所法性质而定。此外，前五识境有悦意，不悦意，既不悦意又非不悦意三种。对此，意识可起贪、爱、嗔恨等。法相为外在现象，为相貌之相，是前五识对象。义相为意识所分别思维判断之相。因此，前五识于意识造恶业有增上作用。除此之外，还有其他心所法对于六识的影响，限于篇幅，此处暂略。

正是由于六识对于清净心的干扰，导致烦恼，所以，在灭尽定中首先就是六识寂灭。《唯识三十颂》第十六颂"及无心二定，睡眠与闷绝"，是描述六识不生起的状况。《成唯识论》解释说："及无心二定者，谓无想、灭尽定。俱无六识，故名无心。""无心睡眠与闷绝者，谓有极重睡眠、闷绝，令前六识皆不现行。疲极等缘所引身位违前六识，故名极重睡眠。……风、热等缘所引身位亦违六识，故名极重闷绝。或此俱是触处少分。"[①] 就是在无想天、无想定、灭尽定以及睡眠和闷绝两种无心位中，前六识都不能生起，不能发生功能作用。通常在极致的睡眠和窒息性闷绝的情况下，六识不能生起，这可能是由于极度疲劳等状况引起的。还有风、热、痰等因素，使身体窒息，也导致六识不能生起。但是，通过修习也可以达到无想位的睡眠和闷绝。当然，寂灭和涅槃成佛，这是唯识学的根本宗旨。

---

① 《成唯识论校释》，第474、482页。

吕澂先生认为:"唯识说阐明:一切客观现象都与人的经验联系着,不能脱离人的意识而独立存在。对于意识,他们描述得相当丰富,其中包括了很细微而经常不自觉地在活动着的保存一切经验的基本意识,这就是'藏识'(阿赖耶识)。同时还有一种处在不自觉状态中的自我意识,即'染污意'(末那识)。另外,又有反映由藏识中的经验重新显现出各种各样的现象的表面活动的一些意识,即前六识。这种活动又构成新的经验并继续保存于藏识,以后再显现而发生新的认识,这样就构成了因果关系——积累的经验就是'种子',经验所显现的现象就是'现行',这二者互为因果,联翩不断。这就是瑜伽行派唯心论的构图。这一构图,主要在表示现象之由来,同时也说明人们为什么会对这些现象产生颠倒分别,以及如何由这种不正确的认识转到正确的认识的。在他们看来,在实践上由染污的虚妄达到清净的真实,乃是一个根本转变过程。这一根本转变的依据就在于'藏识',所以也称'藏识'为'染净依',表明由染而净的转变是在'藏识'上实现的。转变的结果,乃是由以分别为主的意识活动转成为如实理解的无分别的智慧(无那种执着的分别)而构成为一类转依。这类转依的关键何在呢?这要自觉改变对于现象的看法,即改变那种平常分别执着的看法,而转过来按照事物本来的样子去理解。形容事物本来的样子的概念有'如性'、'真如'等,它们都是离开所谓'实我执'、'实法执'才显示出来。"① 归根结底,也是如舍尔巴茨基所说,对于佛教来说,"经验世界所以被看作实在的影子,是因为它给超越性的利他的德行

---

① 吕澂:《中国佛学源流略讲》,第188页。

(pāramitā，波罗蜜多)和普遍的爱(大慈悲，mahā-karuṇā)提供了实践的场所，而这又是达到绝对者(涅槃)的准备阶段。"①

但是，从以上论述也可以看出，唯识学描述的六识的性质和功能，只有很少一部分属于纯粹的哲学认识论。

## 第三节　境：作为识的表象

佛教学说有境、行、果三相结构模式，描述修行与外在世界的关系。吕澂先生解释说："佛学对象的中心范畴是'真实'(或称'真实性'、'真性')。它是就'所知'——'境'说起的，而'所知'又不仅是感性的，还是理性所缘的对象。因此，'真实'与'所知'之间的关系，必然包含思维对存在这一哲学问题，不过表现的方式不同而已。佛教讲的境、行、果三个范畴，都是互相联系的，其哲学思想主要表现在'境'这一范畴的说法上。质言之，就是它的真实性问题。可以说，佛学发展的各主要阶段，'真实'这一范畴的发展，就是佛学学说的发展。大乘到了瑜伽阶段，对此有过总结，即《辨中边论》的第三品《辨真实品》，它归纳历来的说法为十种，可以从中寻找这些学说的不同倾向和发展线索。第二，在佛学界对观察'真实'这一问题的方法，一开始就有两种根本对立的方法：一是'一切说'，用一种说法不加分析地贯彻于一切事物和一切方面，这纯粹是形而上学的观点；一是'分别说'，分别地对待各种具

---

① 舍尔巴茨基:《佛教逻辑》，第15页。

体的现象,这就有些接近辩证法的观点。"①

舍尔巴茨基说,"中观派将绝对真实的每一称述都归结为荒谬,从而将经验实在性归结为空幻,以证明绝对真实是'不可说'的"②。从唯识学认识论的角度说,根是认知的感觉器官,识既是种子自身,又是观念概念认识的结果,而境则是外在表象。③当然这个表象本质是假相,因为,唯识学的根本观念是"识有境无"。

《成唯识论》开篇就说,包括"我"在内所有的事物,呈现的外境都是识的转变:

> 世间、圣教说有我、法,但由假立,非实有性。……彼相皆依识所转变而假施设。"识"谓了别,此中识言亦摄心所,定相应故。"变"谓识体,转似二分,相、见俱依自证起故,依斯二分施设我、法,彼二离此无所依故。或复内识转似外境,我、法分别熏习力故,诸识生时变似我、法。此我、法相虽在内识,而由分别似外境现。诸有情类无始时来,缘此执为实我实法,如患、梦者,患、梦力故,心似种种外境相现,缘此执为实有外境。愚夫所计实我实法都无所有,但随妄情而施设,故说之为假,内识所变似我似法,虽有而非实我、法性,然似彼现,故说为假。外境随情而施设,故非有如识,内识必依因缘生故,非无如境,

---

① 吕澂:《印度佛学源流略讲》,第7页。
② 舍尔巴茨基:《佛教逻辑》,第22页。
③ 太虚大师解释"了境为性相"说:"'境',即六尘境界,(六尘即色声香味触法。)六识各有自分境界,亦各了别自分境界。(如眼识不能了声尘,耳识不能了香尘等。)"(太虚:《法相唯识学》,第114页)

## 第八章 感知运动：六识与境

由此便遮增、减二执。境依内识而假立，故唯世俗有，识是假境所依事故，亦胜义有。①

大意是，凡世间和佛教某些宗派认为法和我都是实有，唯识学认为这些只是假说，没有实有实相。这些都是由于识的变现的假设幻境。"识"本义是了别，这里包括心法及其相应俱起的心所法。"变"就是每个识从它自体转变生起，好像有二分境界呈现。

关于"识变"，有三种观点。第一是安慧，认为识体生时，转似相分、见分，因为相、见二分都依据自证分。依据相、见二分假说有我（见分）、法（相分）。但这种我、法离开相、见二分都不能存在。

第二是难陀等，认为由于内识转出似外而实内的客观境相，由于似我似法的熏习，各种内识生起的时候，就变现为似我、似法来，这些我、法之相都是识变现的，但由于内识的虚妄分别作用，它们被看作好像是外在的东西。普通大众妄执外在世界之物为实有，就像色盲或梦游者一样，把假象和梦境当做真实。

第三是护法等，认为愚蠢的人看作实有的我和法，都是不存在的。但随顺虚妄心情而虚假施设，所以说为假有。把内识变现好像是有我有物，其实是假有。只是似我、似法在显现。外境是假有，而识不同于外境，是实有。内识必须依仗内因和外缘才能生起，所以不像外境那样是无。由此排除了增、减二种错误主张。简言之，从俗谛来看，外境是有；从真谛来看，识是实有。

---

① 《成唯识论校释》，第1—2页。胜义：胜义谛、真谛，佛教圣人所说真理。这里指唯识宗教义。"胜义有"的意思是：从真谛来看为有。

唯识学的另一重要著作世亲的《摄大乘论》,在论证唯识成立的理由中,就提出了关于境的一些重要思想。首先提出"义即境"之说,就是说,心法的对象都是无体的,不实在的,因此心法中只有识而无境;其次,认为境是"见"与"相"在识中的统一。例如眼识属于"见",所见之色为"相",它们统一在眼识之中。心与境是以见、相关系统一在一种识里面;第三,识缘相生起,但所有的相都在识之内。前五识有确定对象,而第六识范围遍缘十八界,但仍属于相,在识之中。①

关于这个问题,不仅唯识学内部观点不同,瑜伽行派与正量部争论也集中在唯识无境之说上。唯识学"识有境无"的观念,从源头来说,来源于譬喻师。后来《解深密经》提出"由彼影像唯是识故。……识所缘唯识所现故。"②这个观点直接影响了唯识学,陈那、护法等人在此基础上提出"带相"的"唯识无境"说。就是说,心识不能直接取境,而是在心识上变出一个外境的相。他们认为,一种境界在心识上有其行相,正是内心作所缘缘的那部分(心内的境)。带相才可以为所缘缘(激发外在境相的原因),故识境在内不在外。③正量派认为,唯识无境之说在佛地讲不通。因为,带相说

---

① 《摄大乘论》把诸识总起来分十一类:1.身、2.身者、3.受者、4.应受、5.正受、6.世、7.数、8.处、9.言说、10.自他差别、11.善恶两道生死识。(参见吕澂:《印度佛学源流略讲》,第183页)

② 引自周贵华:《唯识通论——瑜伽行学义诠》上册,第12页。

③ 周贵华教授认为:"识之所缘境,一般指见分之所缘境,因为见分之所缘境是提供认知对象之基本场域。见分之所缘境是识转变而成的,相对于见分而言,虽是所缘,但非为外境,故称影像,或者相分。相分与见分体性相同,是依他起性。其中影像相分在生起时,即似外境显现,见分于中颠倒执为外境。此外体性绝无,是遍计(转下页)

## 第八章 感知运动：六识与境

心不能直接取境，需要在心上变出一个外境的相貌来。这在凡夫勉强可说，在佛境根本无分别智时，①是与境界的实体（本质）直接发生关系（亲证），决不会有变出来的行相。正因为如此，唯识学"带相"的"唯识无境"说只限于根本无分别智以外的部分。所以，正量部认为心外有实境，心对它的认识了解是直接发生关系的。后来，玄奘为了解决这个问题，提出"带"有挟带之意，在根本无分别智亲证时是挟带行相。相有相分和见分之别，唯识重见分，故相为无相之相。窥基《因明入正理论疏》认为，唯识的意义，就是境不离识，离开识，别无单独存在的境。唯识量的精神，就表现在这一点。①

因此，《成唯识论》坚持认为，"境"是识转变的假象：

> 是故一切有为、无为，若实若假，皆不离识。"唯"言为遮离识实物，非不离识心所法等。或转变者，谓诸内识，转似我、

---

（接上页）所执性。相分作为依他起性，而似遍计所执性显现。此所显现乃是见分执取之内容，可有种种差别。在《摄大乘论》中，在一切唯了别之意趣下，根据所显现之差别而对能显现之了别区分出九种：身身者受者了别（'识'）、彼所受了别（'识'）、彼能受了别（'识'）、自他差别了别（'识'）、数了别（'识'）、处了别（'识'）、言说了别（'识'）、自他差别了别（'识'）、善趣恶趣死生了别（'识'）等九种了别。此将一切法归为九种了别，即是识之所缘境的范围。此九种了别，体性皆是了别/识性，但由其所显现之不同而区分为九种。其中，身身者受者了别，意即显现为身身者受之了别；彼所受了别，即显现为彼所受之了别；乃至善趣恶趣死生了别，即显现为善趣恶趣死生之了别。此九了别事识之所缘境，为依他起性。……从前述将所缘境诠释为诸了别可知，识之所缘境是依他起性，而其所显现者即所谓的外境及其种种差别，是遍计所执性，亦即见分所执着者。"（周贵华：《唯识通论——瑜伽行学义诠》下册，第420—421页）

① 参见吕澂：《印度佛学源流略讲》，第216页。

> 法外境相现。此能转变即名分别,虚妄分别为自性故,谓即三界心及心所。此所执境名所分别,即所妄执实我法性。由此分别变似外境假我法相,彼所分别实我法性决定皆无……①

大意为,所以一切有为法(识所变)、无为法(识之体),不管是常住实法,还是不相应假法,都离不开识。"唯"字是为了否定离识之外的真实事物,并不否定不离识的心所法、见分、相分、真如等。或者说(难陀等),"转变"就是前三能变见分识,能转依他相分,似我、法外境之相显现。这种能转变就称为分别,因为以虚妄分别为其自性,此即为欲界、色界、无色界的心法和心所法。这种遍计所执的外境称为分别,就是虚妄所执的实我、实法之性。②

由"识有境无"的观念,自然要联系到唯识学的"五位百法"说。前文曾从心理学角度阐释过这个问题,这里再从认识论角度

---

① 《成唯识论校释》,第488—489页。

② 楼宇烈解释唯识学思想说:"你说这个现象世界是不真实的,是无常无我的,因此是空的,但是,这个现象世界是怎么来的?要解释清楚这个问题,这说到了瑜伽行派,它的重点就在于围绕这些现象,分析这些现象产生的根源。……唯识学核心的思想,概括来说就是两句话:'三界唯心所造,万法唯识所现'。也就是说,我们所见到的一切现象,三界也好,诸法也好,它们都是心识的产物,心识的显现。心和识就是一个东西,心就是总体上来讲,识是可以分别来讲,有眼、耳、鼻、舌、身、意六识。瑜伽行派在这六识之上,还增加了末那识和阿赖耶识作为第七识和第八识。第七识起一个中转作用,阿赖耶识是一个种子的所在,也就是主体的自我。末那识把阿赖耶识看成是自我,自我里面种种积累下来的种子通过末那识又传到前六识那里去,控制行动,就有万法的显现。眼对色,耳对声,鼻对嗅,舌对味,身对触。所以,万法的呈现都是人的识所分辨出来的。什么叫识?就是你的感官的认识功能。人有感官,眼耳鼻舌身意,叫做六根。六根都有认识外在世界的功能,这就叫做'识'。"(《禅宗到底有什么意义》,《禅》,2018年第6期,第62—63页)

## 第八章 感知运动：六识与境

来展开讨论。

部派佛教时期，上座部对于有情众生生活世界的分析，就扩大为"三科"（即五蕴、十二处、十八界）。《舍利佛毗昙》对于"三科"的看法，把"处"（旧译为"入"）放在第一（该书是五分法，初分是"问"，有十品，第一即"入"品）。十二处分内外两类：内六处即六根，外六处即六尘。这是根据人的认识来分的。感觉（五官）、思维（意根）是能认识的；色、声、香、味、触、法处，是所认识的对象（前五是五官对象，后一是思维对象）。法处有五十二种。有部《品类足论》把所有佛法归为"五事"：色法、心法、心所有法（相应行）、心不相应行法、无为法。小乘新有部把宇宙万法归结为五位、七十五法。唯识宗的"五位百法"是一个阶段性的总结。① 唯识学所谓的

---

① 周叔迦先生说："这百法是在唯识哲学发展以后，对于心理逐渐的分析而成立的。在佛经中并未详细的提到。佛经中所解释的只是'五蕴'。……这色蕴就是百法中的十一种色法。受蕴就是百法中的遍行心所中'受'。想蕴就是百法中遍行心所中的想。这二种可以单独成立为'蕴'，可以见此二种心所是最普遍而重要的。行蕴就是百法中的除受想以外的四十九心所以及二十四不相应行。识蕴就是百法的八种心法。"（周叔迦：《唯识研究》，第12页）杨维中教授说："人们都习惯于将玄奘所建立的佛教宗派称之为'法相唯识宗'。由于这一缘故，人们常常以'法相'和'唯识'来总结印度瑜伽行派的教义和方法。'法相'是指世间所有一切存在（包括精神层面的存在和物质层面的事物）的相状。'相'有'相貌'、'义相'、'体相'等三层含义。'相貌'是指人的感官以及意识能够分辨的各种存在的形状，'义相'是指人的意识能够分别、思维、判断的'相状'，'体相'是指诸法所具有的本质性的'相状'。印度瑜伽行派将一切法分为五位一百种，简称'五位百法'，玄奘接受了这一学说。""'五位百法'是唯识宗以宗教解脱为旨对世间之物质、精神现象以及出世境界所有'法'的概括和归类。唯识宗将'五位百法'大而分之为杂染的'有为法'和纯净的'无为法'，并且以第八识所蕴藏的有漏种子和无漏种子作为染、净二类法之所以生成的最终依据。这样，万法的生起和还灭，终生的迷和悟，都可以从'识'的转变上给以说明。这就是'法相'与唯识的（转下页）

境重要的是"处境",并以阿赖耶识所有观念种子的聚藏的理论,取代一般学说所证明的外部世界。唯识学认为,种子依四缘生长,四缘依十五处,立为十因。第一语依处,本书在第七章有过详述,此处暂略。第二,领受依处,观待能受和所受之性,就是衣领受依处立观待因,意即观待能受和所受之性,使各种事或生、或住、或成、或得,此为它们的观待因。第三,习气依处,有漏无漏种子在没有成熟的时候,就依习气依处牵引因,牵引远处自果。第四,有润种子依处,内外种子成熟时,就依有润种子依处立生起因,能够生起近处自果。第五,无间灭依处,就是心法、心所法的等无间缘。第六,境界依处,即心法、心所法的所缘缘。第七,根依处,即心法、心所法所依的眼、耳、鼻、舌、身、意六根。第八,作用依处,作业、作具、作用,即除内外种子生现行,种子生种子,现行生种子及亲助缘,其余一切法疏助缘皆是作用依处。第九,士用依处,于所作业、作具、作用,除种子以外,其余作现缘者皆士用依处。第十,

---

(接上页)真正联系所在。"(杨维中:《中国唯识宗通史》下,第671、672页)周贵华教授认为:"五位法之特点在于,首先将一切存在区分为有为法与无为法,其中无为法与有为法不相离,是在有为法之实性上安立的;再将差别性的有为法区分为有(实)体与无(假)体之法,有体法即心方面与物方面(色),无体之法即依有体法安立之种种假法(不相应行),如异生、时空等法,并将心方面遵循五蕴说的做法进一步区分为心与心所。……在部派佛教有部之毗婆沙中就已提出此五类法事,但与瑜伽行派所说之次序不同。前者之五位次序是色法、心法、心所法心不相应行法、无为法,即将色法放在心法之前。此次序清楚表明了在瑜伽行派之前的佛教普遍认为色法是心现象生起之最终基础。瑜伽行派持唯心之立场,当然反对色法居先于心法的观点,径将心法与心所法置于色法之前。而且不同于五蕴说中之心所先而识后之次序,将心法置于心所法之前。此是为了强调心在心现象中是居于主位,而心所伴随于它,是其附属之精细功能。……将心心所置于最先,是贯彻唯识之意趣,以心为一切法之根本所依。"(周贵华:《唯识通论——瑜伽行学义诠》上册,第197—198页)

真实见依处，真实见即无漏见。第十一，随顺依处，无记、善、染之三性之现行和种子，能够随顺自己同类的殊胜之法。第十二，差别功能依处，各有为法种子，不仅于自果有能生的差别势力，对无为法也有亦有能证的作用。第十三，和合依处，从第二至第十二，在事物的所生、住、成、得的结果中，有和合之力。第十四，障碍依处，在生住成得的过程中，能对事物起障碍作用。第十五，不障碍依处，在事物的生住成得过程中，不起障碍作用。"十因"为：第一随说因，随所见所闻等事物的名称引起人们的思想，并引起言说；第二观待因，有欲求者观察等待；第三牵引因，有漏、无漏内种在未成熟时，牵引可爱或不可爱的远果；第四生起因，内外种子至成熟时，能生现在的自果；第五摄受因，三界惑业系缚之法或不系缚之法，都为真实见所摄受；第六引发因，善、染、无记种子引发同类现行，现行引发种子，现行引发现行，种子引发种子，乃至引发无漏。第七定异因，三界系缚诸法及不系缚法，自性功能有差别，能产生不同的结果；第八同事因，上述七因除随说因外，其余六因协同办成某一事业；第九相违因，对事物的生、住、成、得起阻碍作用；第十不相违因，对事物的生、住、成、得不起阻碍作用。这十因与十五处交叉。①

---

① 《成唯识论》原文："如是四缘依十五处义差别故，立为十因。……一、语依处。谓法名想所起语性，即依此处立随说因，谓依此语随见闻等说诸义故，此即能说为所说因。有论（《阿毗达磨集论》——引者）说此是名、想、见，由如名字取相执着随起说故，若依彼说，便显此因是语依处。二、领受依处。谓所观待能所受性，即依此处立观待因。谓观待此，令彼诸事或生或住或成或得，此是彼观待因。三、习气依处。谓内外种未成熟位，即依此处立牵引因，谓能牵引远自果故。四、有润种子依处。谓内外种已成熟位，即依此处立生起因，谓能生起近自果故。五、无间灭依处。谓心、心所等无间缘。六、境界依处。谓心、心所所缘缘。七、根依处。谓心、心所所依六根。八、作用（转下页）

通过以上烦琐的叙述可知,唯识学所谓的"境",就是人类社会生活的全部场景,还包括事物从潜能到实现的各阶段,包括个人的心理、意识和精神活动及其过程。那么,这个全景式的"境"是如何进行分类?

一般认为,唯识学的境有三种,即性境、独影境、带质境。周贵华教授认为:"性境者,谓从各自之种子生,有实体实用之法。如前五识,五俱意识及第八识之相分,唯性境,有实体用,具体如色法,有质碍性,而有实体用。带质境者,谓以实本质作为疏所缘缘,仗之而起之亲所缘缘影像相分,即此影像相分称带质境。其非定为有实体与实用之法,分三种情况:或与见分同种,或与本质境同种,或自有种。其中,自有种者是有实体用之法。值得特别注意的是,第七末那识缘第八识,此第七之影像相分唯带质境,与见分同种,

(接上页)依处。谓于所作业、作具、作用,即除种子余助现缘。九、士用依处。谓于所作业、作者、作用,即除种子余作现缘。十、真实见依处。谓无漏见,除引自种于无漏法能助、引、证。总依此六立摄受因,谓摄受五办有漏法,具摄受六办无漏故。十一、随顺依处。谓无记、染、善现种诸行,能随顺同类胜品诸法,即依此处立引发因,谓能引起同类胜行及能引得无为法故。十二、差别功能依处。谓有为法各于自果有能起证差别势力,即依此处立定异因,谓各能生自界等果及各能得自乘果故。十三、和合依处。谓从领受乃至差别功能依处,于所生、住、成、得果中有和合力,即依此处立同事因,谓从观待乃至定异皆同生等一事业故。十四、障碍依处。谓于生、住、成、得事中能障碍法,即依此处立相违因,谓彼能违生等事故。十五、不障碍依处。谓于生、住、成、得事中不障碍法,即依此处立不相违因,谓彼不违生等事故。如是十因二因所摄:一能生,二方便。《菩萨地》说牵引种子生起种子名能生因,所余诸因方便因摄。此说牵引、生起、引发、定异、同事、不相违中诸因缘种未成熟位名牵引种,已成熟位名生起种,彼六因中诸因缘种皆摄在此二位中故。虽有现起是能生因,如四因中生自种者,而多间断,此略不说。或亲办果亦立种名,如说现行穀、麦等种。所余因谓初、二、五、九,及六因中非因缘法,皆是生熟因缘种余,故总说为方便因摄。"(《成唯识论校释》,第522—523页)

是有实体而无实用之法。独影境者,谓唯从见分所生者,有实体而无实用之法,种子与见分同。即此境没有本质,没有自种子,唯为影像相分,故称独影。此境唯在第六意识,由其虚妄分别之力转变而得,如龟毛、兔角、石女儿之境。"①

杨维中教授认为:"境"尽管有一部分是可能有"质碍"的,但其所依的"相分"仍然是第八识中所藏的种子。换言之,若无种子,此境便不能被识所证实其存在。当时印度佛学界对于见、相二分是同一种子还是不同种子所生发生争论。为了统一这些争论,玄奘将识之对象境分为三类:性境、独影境和带质境。性境指具有实体性的境界。其特征为:一,从自体各别的真实种子生起;二、有实体实用,不像虚构空花兔角;三、各守自性,不随从能缘心,而能缘心亦不改变性境的性质而仅仅取其自相而识别它。例如眼识等前五识及五俱意识的见分所缘取的色、声、香、味、触等五境,第八识的见分所缘取的种子、器界、根身,如此等等都是为性境所包含。相分、见分不同种的性境,虽然从真色而有,但真色仍需变现为相分才能被识所缘取。性者,体也。体性是实,名为性境。作为见分的心对此相分的影响力受到了一定的限制。独影境指有能缘心之强分别力变现而无客观实在性的境界。即由见分的妄分别变现出来的相分。带质境指主观能缘心所缘取的境界,虽然有可以依托的本质,但是变现出的相分却与此境的自相不符,有两个特征:一、客观对象的相分必定是本质存在;二、主观能缘的见分不得直观境之自相。八识各别自体变现出见分、相分、自证分、证自证分,而

---

① 周贵华:《唯识通论——瑜伽行学义诠》下册,第424页。

作为识变的最终成果和认识对象的相分,与主体见分又有三种不同的关系,即三类境。①

总而言之,所谓"境"是虚幻的。舍尔巴茨基说:"对于佛教认识理论说来,并无实在意义上的或拟意义的'把握捕捉',不过从相依缘起的因果联系观点来看,才存在感觉活动对对象的依赖。使用'把握捕捉'一词仅仅是为了区分认识活动的第一刹那同之后的关于被把握对象的表象构造。一个单一的刹那是独一无二的,并不包含与任何其他物体的相似性的东西。所以它是不可言表,不可再现的。终极实在就是不可言表,不可再现的。一个心象(representation)或名称总是与一综合的统一体相对应的,后者包含了某种时间、地点和属性。这个统一体是构造出来的,而使它构造出来的心灵的活动并不是消极被动的反映(射)活动。"②这是对唯识学认识论的本质概括。对于唯识学者来说,所谓真实性就是概念的实在性。感知的世界虽然有极为短暂(刹那)的境相,但最终是虚幻的。

---

① 见杨维中:《中国唯识宗通史》下,第701页。
② 舍尔巴茨基:《佛教逻辑》,第83—84页。

# 第九章　唯识学与现象学的六个理论分野

唯识学含藏佛教哲学中最精致的认识论思想，胡塞尔现象学作为20世纪影响力最广泛的欧洲大陆哲学流派，与流行于英美的分析哲学成为并立的双峰。这两个流派在哲学认识论方面的新锐探索，展示了20世纪西方哲学的崭新气象。近几十年来国际国内学界展开了关于唯识学与现象学的比较研究，不仅拓展和深化了佛教哲学尤其是唯识学哲学研究，也极大地丰富和推进了哲学现象学的研究。由于很多缘故，本章不打算全面具体评述学界对于唯识学和现象学比较研究的成败得失，只是从六个核心问题论证唯识学与现象学理论上的似是而非，即根本的理论差异，旨在推进学术的发展，并期待缁素两界硕学大德赐教。

## 第一节　"识"与"意识"

"识"是唯识学的核心概念。胡塞尔现象学的研究对象是意识。"识"是否完全等同于"意识"一词，是唯识学与现象学之间最基本也是最重大的问题。①本书"引论"对于"识"的意涵作了基本

---

①　有学者认为："胡塞尔现象学和玄奘唯识学都是对于意识或心识的卓越研究。耿宁(Iso Kern)通过对二者的比较得出了这样两个结论：意识一般之三分(转下页)

的清理和论证,此处不再重复。只是将结论简录如下。尽管还是重复,但为了叙述方便,别无他法。根据唯识学思想大致概括一下"识"的义域,至少有以下几个不同层面:

(1)识(vijñāna)原义为了别、识别、明辨,意思接近英文intellect。不过,识可以转换八识,英文intellect则不具这个义涵。

(2)识所转变的"了别境识"之"前五识",意指眼、耳、鼻、舌、身感官知觉认识,可相当于英文sensation或sense词义。

(3)识所转变的"了别境识"之第六识是意识(mano-vijñāna),意指与现代汉语意识一词几乎相同,与英文consciouseness重合度极高。但第六识意识亦有想象、推理、判断的认识功能。①

(4)识所转变的第七识"思量识"亦称"末那识"(manas-vijñāna),意指自我意识,也是"我"的本体,可大致与英文ego对应。

(5)第八识"异熟识"亦即阿赖耶识,则比较接近中国哲学"道""无"这类概念,或可用西文logos一词来对应。当然,阿赖耶识与道、无、logos之间亦有巨大差异。因为,阿赖耶识不仅具体转为前六识和第七识,可以转为遍计可执性、依他起性等缘起法,可以进入转世、轮回,最终还可以化为圆成实性,进入寂灭,断灭轮回,成为菩萨、佛。这些功能则是道、无、logos等概念所不具

---

(接上页)结构、过去之特殊现实性。但是他对玄奘唯识学中四分说的性质的理解可能不准确,这导致他依据三分说来质疑唯识三世说。"(赵精兵、王恒:《耿宁唯识学研究管窥》,《哲学分析》,2014年第5期,第25页)

① 参见任继愈主编:《宗教词典》,第1089页。

## 第九章 唯识学与现象学的六个理论分野

备的。①

由此可以大致概括唯识之"识"的诸多意指：第一，具有智力功能，即具有判断、明辨的思维认识功能；第二，具有构造功能，即可以转成"八识"，前五识是感觉功能，第六识是意识，第七识末那识是自我意识，即"我"的本体，而第八识阿赖耶识则是宇宙万有的总摄，并且具有永恒性；因此第三，唯识之"识"，即阿赖耶识，具有形上性。阿赖耶识的这种形而上性质，近似于西方哲学的logos和中国哲学的"道"、"无"。就"识"此义而言，任何其他文字是无法翻译的。

从这些分别看出，唯识学中的八个识意涵差异极大。从构词法来说，虽然"阿赖耶识"、"末那识"、"了别境识"等作为偏正结构词组的主词都是"识"，而仅仅拘泥于汉字"识"具有的判断、分别的含义来理解梵文vijñāna，很容易陷入误读。尤其是作为与道、无、logos相近的含义的阿赖耶识，如果将其中的vijñāna理解为"识"，不仅在语境体系中极为不准确，而且涉及对佛教唯识学的根本误解。而将全部八识中的vijñāna尤其是阿赖耶识之"识"翻译成英文consciousness，则更是一个可怕的错误。②

---

① 黄宝生认为："隋达摩笈多译《佛说药师如来本愿经》、唐玄奘译《药师琉璃光如来本愿功德经》和唐义净译《药师琉璃光七佛本愿功德经》中都将这个vijñāna（'识'）译为'神识'。这里可以顺便提及，在昙无谶译《佛所行赞》中，也将婆罗门教确认的轮回转生主体ātman（'自我'）一词译为'神识'。在一定程度上说明这两者之间暗含的相通之处。"（黄宝生：《梵汉对勘唯识论三种》，第3页注②）

② 周叔迦先生说："这唯识宗的名词，简略地可以使我们了解他对于宇宙同人生的解释。'唯'是单独的意思，'识'是分别的意思。这个名词的解释就是说：宇宙同人生，全是分别的现相。他说宇宙之间，空无所有，只是有一种能力存在。由这种能力运动的结果，便幻生出无尽的时分、方分，种种宇宙人生来了。这种能力便叫作'识'。"（周叔迦：《唯识研究》，第1页）

下部　了别境识的认识论论证

　　最后,除了八识之外,还有一个作为八识之源的"识"本身。八识皆由这个"识本身"转变而成。然而,在转变成八识之后,所有万事万物的根源,聚焦到由它转变的阿赖耶识,阿赖耶识也上升成为"本识",这个最本源的"识"却自然隐身消失。唯识学的这个理论表述令人感觉,这个作为八识之源的"识",只是一个逻辑前置,近似于"无"。当然,"无"的字面意思是"空白",而"识"却有了别、分别等明确的字面意思。但"识"本身这些字义对于作为逻辑前设的"识本身",似乎没有任何意义。①关于这个问题,此处就存而不论了。

　　胡塞尔在1901年出版的《逻辑研究》(*Logical Investigation*)第二卷中开始使用"现象学"这个词,以后便把自己的哲学称为"现象学",意即关于"现象"的哲学。早年胡塞尔在布伦塔诺(F. C. Brentano)的影响下,先是以描述心理学为起点,走上了与弗雷格(G. Frege)和罗素(B. Russell)不同方向的数学基础研究之路。自从英国经验论以来,在哲学基础上出现的又与哲学相互融合、相互渗透的心理学,被称为内省派的心理学。它与19世纪形成的科学主义实验心理学不同。实验心理学注重以自然科学的方法研究人的心理的行为表现,而内省心理学则重研究人的内在意识经验,强调知识、情感和意志等内在经验之间的关联和统一性。从洛克(J. Locke)到穆勒(J. S. Mill),英国经验主义哲学始终是内省派心理研究和逻辑心理主义的大本营,心理学被他们认为是比逻辑学更基本

---

① 这种思维方式反而颇类似中国哲学家王弼对于"大衍之数"的解释。参见本书"引论",第40页注。

的研究。这种观念自康德开始也对德国产生影响。胡塞尔的老师布伦塔诺就是当时著名的内省心理学派的哲学家，他认为应该在心理学之中来寻找哲学本体论和认识论的基础。因为科学公理和人的内在知觉判断的普遍正确的基础，就是人的内在经验的自明性。

经过十多年的探索，胡塞尔意识到这种描述心理学的方法不能真正解决数学和逻辑的思想基础问题。1900年胡塞尔发表《逻辑研究》第一卷，对心理主义展开了深刻、系统的批判。胡塞尔认为，经验心理学试图通过观察、实验和归纳，把心理活动当成时空中的生物现象，因而不能区分作为自然的心理过程的经验与真正的心理经验。经验心理学的对象是个别的与偶然的事实，所以这类经验性陈述不可能导出精确的科学法则。相反，真正的逻辑性陈述不包括具体事件，因此，其真值是必然的。这标志着胡塞尔对心理主义的超越，走上了现象学的本质探索之路。当然，这里胡塞尔批判的只是经验心理学的原则，并未反对理论心理学。胡塞尔正是通过描述和分析内在心理状态及其活动方式，展开了在意识与确定性之间的艰苦探索，创立了他的现象学。

在胡塞尔看来，所谓"现象"，就是作为认识对象的事物在意识中的"显现"。因此，现象就是意识，胡塞尔现象学就是关于意识的哲学。在认识过程中，意识与意识对象的关系、意义的发生及其构成，是胡塞尔关注的焦点。实质上这也是哲学上的一个老问题，即思维与存在的关系问题。但是，胡塞尔现象学所聚焦的意识，首先便排斥了心理学的内容。

此外，作为一种意识的哲学研究，胡塞尔现象学试图对人类意识提供描述的特殊形式，极力探求一种人类的纯粹意识状况。这种纯粹意识除了排斥上述的心理学内容,还要悬置日常生活经验,甚至知识和概念(这些问题本文在以下小节逐一展开)。可见,胡塞尔研究的意识(consciousness),与唯识学之"识"(vijñāna)之间,具有多么巨大的差异!如果对于唯识学的"识"与现象学对象"意识"缺乏清晰的辨析和认知,表明对唯识学和现象学的核心概念出现误读,这就不可避免造成现象学与唯识学比较研究基础的坍塌,因而建筑于其上的任何讨论皆无意义。

## 第二节 "二空"与"悬置"

唯识学主张"万法唯识",所有事物包括我都是空无,即"我、法二空",只有识是实在。可见"二空"说是一种形上学。现象学在讨论对象事物意义是如何呈现的问题时,首先要求意识处于纯粹意识的状态,因此要把意识中的经验内容以及知识和观念暂时排除出去。现象学采取的这个方法叫做"悬置"。可见现象学的"悬置"是方法论的,即对一切事物持怀疑论态度,假设万物皆"空"。很显然,"悬置"和"二空"之间只有表面的相似,而具有方法论与形上学之间的本质不同。

关于"二空,《成唯识论》开篇即由此展开:

> 今造此论,为于二空有迷谬者生正解故,生解为断二重障故。由我、法执,二障具生,若证二空,彼障随断。断障为得二胜果故:由断续生烦恼障,故证真解脱;由断碍解所知障,故得

大菩提。又为开示谬执我法迷唯识者,令达二空,于唯识理如实知故。复有迷谬唯识理者,或执外境如识非无,或执内识如境非有,或执诸识用别体同,或执离心无别心所。①

所谓"二空"即是法空、我空,也就是外在世界和"我"皆为空无。玄奘译注编撰《成唯识论》的目的,首要就是破拆人们对于"二空"的迷惑和误解。②这些迷谬就是"我执"和"法执"。"我执"就是主张起主宰作用的灵魂,即"我",存在。"法执"即主张客观物质事物是实体性存在。人们由于这些迷谬,而出现"二重障",即烦恼障碍和所知障碍。如果证悟法空、我空,这些障碍就会破除消失,人生就会获得胜果或大菩提,得大自在。引文中列举了几种与识相关的谬误。第一是小乘一切有部的观点,认为"外境如识非无",意思是外在世界实有,即我无但法有。第二是大乘空宗的"内识如境非有",意思是识和外在世界皆无,否认了识的实体性存在。第三是《楞伽经》"执诸识用别体同"的观点,意思是八识用途不同,本体是一,把本识阿赖耶识与其他七转识混为一体。第四是小乘经量部的看法,即"执离心无别心所",意思是除心之外没有心所法,即强调心是实在而否认识的实在。可以看出,《成唯识论》在这里既批评一切"有"的理论,也批评一切"无"的理论;既批评体用之识有别的观点,也批评离开心就没有心所法的看法。

与以上所有观点根本不同的是,在唯识宗看来,诸法和我皆空,

---

① 《成唯识论校释》,第1页。
② 玄奘此说糅合了安慧等人的观点。参见《成唯识论校释》,第3页注四。

但识是"有"不是"空",即"二空识有",唯有识为真实命根和根本实在。一切事物,无论物质的还是精神的,都是识变现的假设幻境。这是唯识学的一个根本观念。《唯识三十颂》第十七颂或可谓耳熟能详:

> 是诸识转变,分别、所分别。由此彼皆无,故一切唯识。①

《成唯识论》解释云:"所变相分名所分别,见所取故。由此正理,彼实我、法,离识所变皆定非有。离能、所取无别物故,非有实物离二相故。是故一切有为、无为,若实若假,皆不离识。"②可见外界事物和我,离开识都是非实体的存在。因为离开能取见分和所取相分以外,没有别的事物。所以一切有为法(识所变)、无为法(识之体),不管是常住实法,还是不相应假法,都离不开识。

纵观佛教思想理论发展理路,不难看出其核心问题还是"空"与"有"的论争。原始佛教阶段,佛祖所宣扬的四圣谛、八正道等观点,虽然万法为空,但是"我"仍是"有"。因为,佛祖的目的是帮助众生(每一个"我")解脱烦恼痛苦,实现涅槃。小乘说一切有部即提出诸法实有的理论,是这个思想的极致延伸。大乘般若学说用"性空幻有"解释世界,又站在"法空"的立场,但是却容易引导出"恶趣空"的观点。于是龙树的中观理论提出非有非无,不落

---

① 《成唯识论校释》,第488页。杨维中先生说:这一颂是"此论颂最核心的一颂,一般科判为'正辨唯识'。"(杨维中:《中国唯识宗通史》下,第518页)

② 这是护法的观点,难陀等人观点从略。中道:梵文Madhyamāpratipad,意谓脱离极端,不偏不倚,是最高真理。(参见《成唯识论校释》,第488—489页)

二边，入不二法门。这里唯识宗主张"万法唯识"，又回到"有"的立场。因此，从"空"和"有"的根本观念来说，唯识宗与一切有部都属于"有"宗。①当然，它们之间也有本质的区别。②从有、无、中道再到有(识)的形上学，是佛教内部思想发展的一条根本路线。

为此，《成唯识论》对于"法空识有"进行了细致解说。为了深入讨论这个问题，只能再引此段文字：

> 我法非有，空识非无，离有离无，故契中道。……谓依识变妄执实法，理不可得，说为法空。非无离言正智所证唯识性故，说为法空。此识若无便无俗谛，俗谛无故真谛亦无，真、俗

---

① 但唯识学有六种无为法(Asaṃskṛta，指非因缘和合形成无生灭变化的真实存在)：1.虚空无为，真如离诸障碍，犹如虚空；2.择灭无为，靠无漏智的简择作用，灭诸烦恼，证得真如；3.非择灭无为，不靠无漏智的简择力，本性清净的真如实体；4.不动无为，进入色界四禅后，不为苦、乐所动；5.想受灭无为，修灭尽定进入无想地，灭六识心想及苦、乐二受；6.真如无为，法性的真实如常之相。(见《成唯识论校释》第532页。)有学者认为："在唯识论思想中，'空'（"śūnyatā"或"śūnyam"）和'唯识'(vijñāna-mātra和 vijñāpti-mātra)这两个术语是密切相关的。"(《万法唯识——唯识论的哲学与教理分析》17页)"形容词'空'的意思是：(1)空无，无；(2)虚空；(3)非存在；(4)孤独、隔绝、荒芜；(5)彻底的匮乏或被剥夺；(6)稀少或赤裸。相应的主格是'śūnyam'或者'śūnyatā'，意思是：(1)真空、无、空白；(2)天空、空间、大气层；(3)非实体或绝对非存在。与此相关，发明数字零的印度数学家称零为'śūnyam'。""前述定义(所有这些定义的意思相互之间都有密切的联系)也适用于佛教经文所使用的'śūnya'、'śūnyam'、'śūnyatā'等术语。这些和'不在场'、'缺席'、'匮乏'、'不存在'等等相关的术语在佛教中都被赋予了宗教意义。"(托马斯·伍德：《万法唯识——唯识论的哲学与教理分析》，第13页)

② 舍尔巴茨基认为："说一切有部与唯识论的区别主要地在于：前者是多元论者，而后者将所有一切构成元素都转变成了唯一藏识(ālayavijñāna)的诸相。整个元素的结构体系并无太大变化而得以保留下来。"(舍尔巴茨基：《小乘佛学》，第121页)

相依而建立故。拨无二谛是恶取空，诸佛说为不可治者。应知诸法有空、不空，……故现量境是自相分识所变，故亦说为有。意识所执外实色等妄计有故，说彼为无。又色等境非色似色、非外似外，如梦所缘，不可执为是实、外色。若觉时色皆如梦境不离识者，如从梦境觉知彼唯心，何故觉时于自色境不知唯识？如梦未觉不能自知，要至觉时方能追觉，觉时境色应知亦尔，未真觉位不能自知，至真觉时亦能追觉。未得真觉恒处梦中，故佛说为生死长夜，由斯未了色境唯识。①

此段文字主要是说，按照唯识学，俗众所谓的我是无，只有真如和识是有。依照这个说法来说离有离无，就能契合唯识学的中道。从一方面说，依照识变的见分和相分来妄执万法为实有，这当然不能成立，因此说万法为空；另一方面，虽然说法有(非无)，而在离开妄执之后，证得正智和唯识性，自然也会认为万法为空。然而，如果认为识为无，那就没有俗谛了，俗谛没有也就没有真谛。真谛和俗谛相互依存，否认真俗二谛就是恶趣空。诸佛都说恶趣空为不可救药。由此可知，一切法都有空和不空两种。在现量境(即当下)，万事万物的呈现都是识变现为自己的相分，因此可以说为有。而相反的是，意识执着外界自然事物以为真实，这其实是虚妄计度产生的，故说为无。很显然，其他虚妄计度所执外法，看外在万事万物，其实犹如梦中之物，似是而非，都不是实在之物。做梦等到觉醒之时人们方才觉悟。而众生在没有觉悟的时候，正如长夜之

---

① 《成唯识论校释》，第492—493页。

梦中,不知万法唯识的道理。

概而言之,大千世界,气象万千,皆为假立虚幻之外境,而唯有识为实有。我、法之种种相状自性为空,皆为识之变现。从《成唯识论》这个辨析中就可看出,"空"与"有"的义域被伸展到更深的本体论层面。

胡塞尔现象学要把所讨论的对象的一切,以直接展示和直接指示的方式加以描述。为了实现这个目标,现象学必须寻求它的起点。胡塞尔认为,现象学必须严格地清除一切对实存的设定。他把一种内在的(immanent)客观性,看作必须是、而且只能是观念的。在他看来,笛卡尔的怀疑性考察"我思故我在",虽然提供了一个思维的绝对内在的明证性,但他又用"我思"来证明"我在",企图由思维的明证性来确定经验自我的明证性,则不能成立,因而是无效的。"思维存在的明证性"与"我的思维是存在的"、"我思维地存在着"的明证性是有区别的。前者是绝对被给予性的,后者是自然科学和心理学中的客体。从胡塞尔现象学的角度来说,这个客体当然不是绝对被给予性的。

胡塞尔认为,由于思维是一种绝对的被给予性,所以思维的直观认识(不是经验认识)是内在的。内在的,就是明证的。这个内在的之所以是确定无疑的,是"因为它没有表述其它什么,没有'超越自身去意指什么',因为这里所意指的是完全相应的自身被给予的东西"。[①]因此,思维的直观,可以获得认识的明晰性。这种明晰

---

① 胡塞尔:《现象学的观念》,倪梁康译,上海译文出版社,1986年,第10页。

性是任何科学和经验的认识所无法达到的。比如,"一个想看见东西的盲人不会通过科学论证来使自己看到什么;物理学和生理学的颜色理论不会产生像一个明眼人所具有的那种对颜色意义的直观明晰性",因此,"直观是无法论证的"。① 与现象学相比,所有科学知识对于这种直观来说仅仅是科学现象,因此,这些科学的成果和知识相对于这种直观来说都是不可靠的。

相对而言,胡塞尔把日常经验的思维看作为"超越的"。"超越的"意即指向思维之外的事物。认识要说明超出思维内在的外界事物,就必须说明思维与外界事物的统一性,即要论证思维与存在的关系,因此必然会陷入认识如何可能的困境中。思维的内在直观认识则不具有这个问题,它意指的就是本身被给予的东西。要达到认识的明晰性,必须从科学的认识返回到思维的直观认识,从超越的认识返回到内在的认识,这就是胡塞尔所要求的"现象学还原"(phenomenological reduction)。

现象学还原又称"先验还原"(transcendental reduction),目的是把认识活动中的主体还原到纯粹的思维内在性上去。胡塞尔说:

> 现象学的还原就是说:所有超越之物(没有内在地给予我的东西)都必须给以无效的标志,即:它们的存在,它们的有效性不能作为存在和有效性本身,至多只能作为有效性现象。②

---

① 胡塞尔:《现象学的观念》,第10页。
② 同上书,第11页。

## 第九章 唯识学与现象学的六个理论分野

后来胡塞尔用了一个希腊文词"ἔποχη"(中译"悬置")来表示这种超越之物的无效性,意即把所有超越之物"悬置"起来。"悬置"并非是清除,而是存而不论,即将那些超越之物用括弧括起来,就像数学里括弧中的东西一样,也像一种被切断电路的电线一样存在在那里。胡塞尔这种"悬置"的含义,第一是把我们从日常生活、科学知识和宗教信仰等方面接受的理论或意见都放到括弧里,置于一边存而不论;第二是把一切存在,甚至是具有绝对自明性的存在(譬如我自己的存在)也要放到括弧里,置于一边。在我们的知识、经验、信仰、趣味甚至我们自身存在都被"悬置"以后,在先验还原的终端就出现了意识的"现象学剩余"(residue),即一个绝对的、必然的、纯粹的自我意识的区域。

实际上,胡塞尔这里"悬置"的不是物,"而是对物的一切荒谬解释"。于是,"一个当下可见的事实是,这里排除的是包括我们的意识在内的全部实在,而那种剩余物被称为'纯粹的'或'先验的意识'。"[①] 这个纯粹意识为了自己的存在不需要任何实在的东西。这是一个绝对的存在域,一个绝对的或超出经验的主观性的领域。意识的绝对被给予性保证着它的绝对存在。正因为如此,胡塞尔说:

> 现象学的还原这个概念便获得了更切近、更深入的规定和更明白的意义:不是排除实在的超越之物,而是排除作为一种

---

① 德布尔:《胡塞尔思想的发展》,李河译,三联书店,1995年,第325、317、326页。

仅仅是附加存在的超越之物,即:所有那些不是在真正意义上的明证被给予性,不是纯粹直观的绝对被给予性的东西。[①]

这就是现象学进行还原的真正目的。就像数学将具体对象存而不论,只研究纯数量关系而不改变和影响具体对象的存在一样,现象学还原将具体对象存而不论,只研究纯粹的意识结构,同样是有效的。经过现象学还原即"悬置"后,我们主体中剩余下的纯粹意识,具有内在的自身被给予性,是明晰的。

从上述比较可知,唯识学"我、法二空"理论,将主体和客体的先在性消解了,这与现象学的"悬置"在认识过程中的意义相近。但是,"二空"之余剩下的是"识"。"识"又分三阶段变现为八识,第一变为阿赖耶识,类似道或logos,第二变为"我",第三变为"六识"。而现象学的"悬置"之后,剩余只是纯粹意识。而在具体认知过程中,唯识学"二空"思想的认知主体,是个"实有的"普通肉身,"我"及我所具备全部经验、知识、信仰等是先在的,包括一切先在的观念、思想,并且自然发挥作用,认知主体的纯粹意识是不可能实现的。但是,现象学经过先验还原(即"悬置")后的认知主体,实现了肉体、心理、知识和经验意义上的"空",只存留纯粹意识。

另一方面,唯识学认为,作为认识对象的"现象",是识变现的结果。而现象学对于作为认知对象的"现象"之来源和实在性则存

---

① 胡塞尔:《现象学的观念》,第14页。

而不论。当然，现象学不否定感觉的真实性，更不推论事物本身存在的虚无性，只是"悬置"对象事物。这是唯识学与现象学的又一个本体论之别。

可见，混淆了唯识学的"二空"说与现象学"悬置"说，也是对于唯识学与现象学在认识世界上的根本观念和思维方式上的严重误读。

## 第三节 "二分"与"显现"

在唯识学看来，无论是外在世界万事万物，还是作为主体的"我"，都是"识""变"或者"转变"而来的。这个"转变"呈现出来就是"见分"和"相分"。见分指由识生起的对对象事物的看法，相分指识转变为对象事物呈现出来的形相，或者是由内识转变出的客观境相。现象学认为，现象就是作为认识对象的事物在意识中的"显现"。可见唯识学的"二分"说与现象学的"显现"说，二者表面有相似之处。但是，二者在实质上具有根本的不同。

关于"二分"，《成唯识论》有充分和明确的表述："彼相皆依识所转变而假施设。'识'谓了别，此中识言亦摄心所，定相应故。'变'谓识体，转似二分，相、见俱依自证起故，依斯二分施设我、法，彼二离此无所依故。"[①]就是说，万事万物都是"识"的转变。"识"本义了别，这里包括心法及其相应俱起的心所法。"变"就是

---

① 《成唯识论校释》，第2页。

每个识从它自体转变生起,有二分境界呈现。因为所有万事万物都是"幻有",故《成唯识论》在"二分"前用了"似"作界定。《成唯识论》还介绍了安慧、难陀、护法等三家关于识转变与"二分"的具体观点。①

简言之,在唯识学看来,无论是外在世界万事万物,还是作为主体的"我",可以概括为"见分"和"相分",即主观的认知和外在的世界。②显然,外在世界似外而实内。用唯识学语言说,相分是识所缘的对象,见分则为识之能缘。③而且,如周叔迦先生所说:"宇宙既是这阿赖耶识的相分,所以换一句话说,便是宇宙充满在这阿赖耶识之中,不过宇宙在这阿赖耶识中,并不是如同我们人所见的形况。"④

周贵华教授进一步解释说:"相分是见分之所缘内境,亦是见分生起之所依,所以称为见分生起之缘,即作为所缘(ālambana)之缘(pratyaya)。所谓所缘缘(ālambana-pratyaya)。但对见分而言,其所缘之相分不仅有自识所转变而成者,还有余识所转变而成者。这样,作为见分所缘缘的相分,可分为两种:一者为见分之直接所

---

① 参见本书第382页。

② 见分、相分来自识的转变的说法,除了佛教自身的理论传承之外,还具有印度悠久理论遗产。这里所涉及的"分"和"分识"来自印度古老的思想。金克木先生对此专门做了精深的探究,他发现:"'有分'即存在的一部分;作为术语,称为'有分识',指意识方面(现代的,不是佛教哲学术语的'意识'),类似(只是类似)我们现在所说的潜意识或下意识;这是后来发展成为著名的所谓'阿赖耶识'(ālaya-vijñāna)的源泉。"(金克木:《梵佛探》,第108页)

③ 《成唯识论》云:"似所缘相说名相分,似能缘相说名见分。"(《成唯识论校释》,第134页)

④ 周叔迦:《唯识研究》,第25页。

缘缘，称亲所缘缘，即为自识所变之相分；二者为见分之间接所缘缘，称疏所缘缘，即为余识所变之相分。"①所谓亲所缘缘，就是每个人亲证（用六识亲自验证）的事物，而疏所缘缘，则是每个个体间接验证的事物。②

从哲学思维的角度说，广延性物体呈现的具体表象，最终来源于概念思维。就具体的认知过程来说，相分作为识之所缘对象，可以被认为是客观的。见分作为识之能缘，相对说来可以被认为是主观的。从这里看出，所谓相分，具有某种"呈现"或"显现"的意思。作出这样的推断还基于对唯识学"识变"概念的考辨。

唯识学使用"变"（包括"转变"）一词，在《唯识三十颂》中共出现5次，即第一颂"彼依识所变，此能变唯三"，第八颂"次第三能变"，第十七颂"彼诸识转变"，以及第十八颂"如是如是变"五处，这五处"变"的梵文都是priṇāma。可见《成唯识论》所用的

---

① 周贵华：《唯识通论——瑜伽行学义诠》下册，第421页。他还认为："识之亲所缘缘有二：一者为自识转变而成之影像相分，此是有分别之识与智所缘；二者为圆成实性真如，为无分别根本智所缘。""影像相分者，谓当识生起时，由识转变而成之外境显现者，与见分相待俱时而起，从逻辑上看，是由作为识体之见分带现而起，故是见分之直接所缘境。此中，'带'谓见分为识体领而俱起，'现'谓在见分前现起为影像境。但同时，见分又要以相分为所缘缘才能生起。如《成唯识论》卷一：'自识所变似色等相为所缘缘，见托彼生，带彼相故。'""圆成实性真如是识之离言实性，当识生起时，与识不一异而俱，方便说为为识所挟带而有，且由于其无相，不能变相而缘，只能无分别地亲证，即冥契，故亦是直接所缘境。"（同上，第421—422页）

② 周贵华说："识之疏所缘缘，亦是见分所缘之境，但非是见分相待而起之自影像相分，而是余识转变而成者。""疏所缘缘之例，如：众生自八识聚中余识所转变而成之相分；他众生之识所转变而成之相分。"（周贵华：《唯识通论——瑜伽行学义诠》下册，第422、423页）

"转变"(priṇāma)一词自然含有"显现"(pritibhāsa)之意。①因此,唯识学所谓识变为见分、相分之意,确定含有现象"显现"、"呈现"之思想。而且,这种"显现"也展示了事物的某种本质。《成唯识论》曰:"虽诸有情所变各别,而相相似,处所无异,如众灯明,各遍似一。"②尽管在唯识学看来,法、我皆空,一切事物为幻有,但这个"幻有"也具有暂时可感知的实有性质。

胡塞尔现象学始终关注的就是"现象"。现象,希腊文φαινόμενον,胡塞尔认为该词具有两个涵义:

> (1)一方面是指客观性在现象中显现出来,(2)另一方面是指客观性,这个客观性仅仅是在现象中显现出来的,并且是"先验地"在排除了一切经验前提的情况下显现出来的客观性。③

胡塞尔还认为,在现象学认识论中,现象首先被用来表示显现本身:"根据显现和显现物之间本质的相互关系,现象一词有双重意义。φαινόμενον(现象)实际上叫作显现物,但首先被用来表示

---

① 关于《唯识三十颂》和《成唯识论》中"转变"一词的含义,参见本书第七章第二节。

② 《成唯识论校释》,第140页。有学者认为:"我们应当注意,在梵文中实体x的本质(svabhāva,自性)亦即它的抽象属性,用后缀-tā加在所指实体x后面表示。例如,青色的本质(nīla-svabhāva)亦即青相(blueness nīlatā,或者nīlatva)。"(托马斯·伍德:《万法唯识——唯识论的哲学与教理分析》,第46页)

③ 胡塞尔:《现象学的观念》,第4页。

显现本身,表示主观现象。"① 显现,从另一角度说,也是对象事物在意识中的呈现,是一种主观现象。因此,确切地说,在显现中的那些事物不是对象本身。对象事物呈现为某种"现象",实质上也是一种意义的构造。这个"被给予的"意义并非完全属于对象事物本身的。胡塞尔说:"如果在这里为了使被称为'被给予性'的东西得以出现而需要这种形成和构造的现象,那么这些现象就在其变化的和非常奇特的结构中,在某种意义上为自我创造对象。"② 尽管在现象学还原之后,对象也是只有在认识中才是被给予的。因为,人的认识活动或能力不是一个无所不包、无所不能、到处都同样适应的空洞的形式,像一个空口袋,在里面可以随意装进东西。内在的被给予性并不像它最初所显示的那样简单地在意识之中,就像在一个盒子中一样。相反,内在的被给予性开始只在"现象"中显示自己。

对象只有在认识中才是被给予的,这一情况表明对象在意识中自我构造的性质。思维对象这种自我构造的性质,正揭示了思维的对象性质。胡塞尔说:

> 任何思维现象都有其对象性关系,并且任何思维现象都具有其作为诸因素的总和的实在内容,这些因素在实在的意义上构成这思维现象;另一方面,它具有其意向对象,这对象根据其本质形成的不同被意指为是这样或那样被构造的对象。③

---

① 胡塞尔:《现象学的观念》,第18页。
② 同上书,第60页。
③ 同上书,第13页。

对象是在思维意向的意义上构造自身，显示出被给予性。因此，认识过程中，思维必定具有意向。"认识体验具有一种意向，这属于认识体验的本质，它们意指某物，它们以这种或那种方式与对象有关"。① 当然，胡塞尔认为这种思维的意向并非直接指向外在实体，而仅仅是思维对象自身构造的一种活动特征，即一种指向意义的意向。认识与对象在本质上的这种相互联系，显示出目的论的相互依存性。"而只有在这种联系中，客观科学的对象，首先是实体的时空现实的对象才构造自身"，成为思维把握的对象。② 因此，对象只是一种意向的东西，它在认识中构造着自身，同时也就构造着认识。

思维的这种意向性，不仅是认识思维的本质，也是认识活动的本质。在日常生活中，实际上我们意识中任何被给予的事物不仅是只以一种方式显示出来，而是不断以新的方面或新的外观来显示给我们。同一种颜色在绵延的时间中表现为浓淡不断更新的色彩，同一个形态也表现为不断变化的外观。一个物体在每个人所看到的印象中并不必然是绝对相同的。某人看到某物体，只是意味着他自己当下的意识内容被有规则地置入。他之所以能以这样的方式看到"这一物"，是与他的意识活动的意向性密切相关的。③ "一般对象本身只存在于它与可能认识的相互关系中"。④ 因

---

① 胡塞尔：《现象学的观念》，第12页。

② 同上书，第64页。

③ 就像朱光潜先生说的，一个画家，一个植物学家，与一个商人看到同一棵古松的形象是不同的。(见《给青年的十二封信》，《朱光潜全集》，安徽教育出版社，1987年，第2卷，第8页)

④ 胡塞尔：《现象学的观念》，第64页。

此，胡塞尔说，解决了这一问题，实质上就是"阐明认识的本质和认识与认识对象之间的相互关系的意义的大问题"。①

可见，胡塞尔现象学关注的"现象"就是"显现"，也就是意识。这里的"显现"与唯识学的"二分"含义十分接近。但是，"二分"说与现象学的"显现"理论之间仍存在重大或本质的不同。

还是回到《成唯识论》对于《唯识三十颂》第十七颂"是诸识转变，分别、所分别。由此彼皆无，故一切唯识"的解释："是诸识者，谓前所说三能变识及彼心所，皆能变似见、相二分，立转变名。所变见分说名分别，能取相故。所变相分名所分别，见所取故。由此正理，彼实我、法，离识所变皆定非有。离能、所取无别物故，非有实物离二相故。"②按照护法等的说法，颂文"是诸识"是前文所说三能变的"八识"及其心所法，都能变现为相似性的见分、相分。所变中以所变见分叫做分别。因为见分能取于所变的相分，生起种种分别。识所变相分叫所分别，因为它是见分所取之相。人们所主张的一切实我、实法，离开识的所变，都是肯定不存在的，因为离开能取见分和所取相分以外，没有任何别的事物。没有真实事物能够离开能取、所取二相。

由此推论，宇宙万物都是由八个识转变出能分别的见分，和所分别的相分。首先，关于第八识阿赖耶识的见分和相分，《成唯识论》在解释《唯识三十颂》第一颂"不可知执受、处、了"时说：

---

① 胡塞尔：《现象学的观念》，第64页。
② 《成唯识论校释》，第488—489页。

## 下部　了别境识的认识论论证

此中了者，谓异熟识于自所缘有了别用，此了别用见分所摄。然有漏识自体生时，皆似所缘、能缘相见，彼相应法应知亦尔，似所缘相说名相分，似能缘相说名见分。若心、心所无所缘相，应不能缘自所缘境。……若心、心所无能缘相，应不能缘，如虚空等，或虚空等亦是能缘。故心、心所必有二相。①

大意是，这里所说的"了"，意指异熟识在自己的所缘事物上有明了分别的作用，这种明了分别的作用由见分所摄。②然而，当有漏识自体（就是凡夫具有的阿赖耶识）生起的时候，都好像有所缘的相和能缘的见这两种相状显现出来。那么，第八识的心、心所亦是这样。好像有所缘的相状称为相分，好像有能缘的相状称为见分。"故识行相即是了别，了别即是识之见分。"③如果心法、心所法没有所缘之相状，那见分就不能缘自己的境界。如果心法和心所法没有能缘之相，应当是不起能缘作用，如虚空等一样，或者说虚空等也是能缘。所以心法、心所法必有能缘、所缘二相。也就是说，异熟识或阿赖耶识（即每个现实生存的普通个体）对于所有所缘事物的明了分别，都与心、心所相关。可见这里的见分、相分之"境"，

---

① 《成唯识论校释》，第134页。

② 分别：梵文 vibhājya，思量识别各种事物之理，对各种事物起分别认识作用，是心法和心所法的异名。参见《成唯识论校释》，第461页注二〇。有漏心即分别，是五法中的分别。《成唯识论》说："然第八识总有二位：一、有漏位，无记性摄，唯与触等五法相应，但缘前说执受处境；二、无漏位，唯善性摄，与二十一心所相应，谓遍行、别境各五，善十一。"（见《成唯识论校释》，第191页）关于阿赖耶识无漏位的性状，这里就不讨论了。

③ 《成唯识论校释》，第135页。

绝不仅仅是意识对象。

按照唯识学理论，在一个普通有情众生的八识之中，阿赖耶识为根本，余七识依存于阿赖耶识。周贵华教授认为："诸转识或诸法之显现本于阿赖耶识，在每一刹那形成一幅图景，且随着阿赖耶识相似相续地流变，而有幅幅相似之图景相续地展现。简言之，宇宙的形形色色的现象，皆可归为八识，最终根于阿赖耶识，而联系为一体。"在认识活动中也是这样。"不仅八识之聚呈现一图景，而且每一识皆是图景识，……而且此八小图景识各各之显现独特，不可取代，互相补充，聚为一大图景识。此中，各小图景识是相应于各自所缘境而成立的。八识聚之图景识为诸识和合而成，故可称和合图景识。……八识之小图景识和合为和合图景识。起关键作用者为意识与阿赖耶识。"①

此外，唯识学把外境作为识的相分，依他起性所摄。但这里的识不只是一个识聚。因此，所有见分、相分或者说呈现在普通个体之前的显现对象，都与八个识及其心、心所相关，而且每一普通众生皆有自境界中之三界图景呈现。由此可知"二分"绝不是纯粹的意识活动。《成唯识论》对于这些方面有很多相关表述。例如：

"识"言总显一切有情各有八识，六位心所，所变相、见，分位差别，及彼空理所显真如，识自相故，识相应故，二所变故，三分位故，四实性故，如是诸法皆不离识，总立识名。②

---

① 周贵华：《唯识通论——瑜伽行学义诠》下册，第425—426页。
② 《成唯识论校释》，第493页。

下部　了别境识的认识论论证

　　"识"从总的方面说明一切众生各有八识，各有遍行、别境、善、烦恼、不定六位心所法，说明各各自体分及此所变相、见二分，及色、心分位与二十四不相应等，以及二无我空道理所显现的真如。因为心法是识的自相，心所法是识的相应法，色法是心、心所二种所变的相分，二十四种不相应行法是心法、心所法和色法的分位，无为法是识的实性，即心法、心所法、色法、不相应行法的实性。这些"色法"之"色"有变坏、质碍、示现等义。有质碍就是说事物由基本粒子构成，因而有广延。如是这样的五法都不能离开识。而所有外界事物名称亦为假立。

　　具体的认知活动也是这样：

　　　　极成眼等识五随一故，如余，不亲缘离自色等。余识识故，如眼识等，亦不亲缘离自诸法。此亲所缘定非离此，二随一故，如彼能缘。所缘法故，如相应法，决定不离心及心所。①

　　大小乘都共同承认的识为"极成"的识。眼等五识极成识，以及五识中任何一种，和其余四识一样，不能直接缘取离开眼识之外的色等。因为其余的识也是识，和眼识一样，亦不能直接缘取离开自识的各种事物。这种直接所缘(相分)肯定离不开识。因此，相分、见分只随一摄取，不能分别摄取，如同能缘见分离不开识体一样。因为是所缘法，就如心、心所相等法一样，肯定离不开心法和心所法。不离开心法、心所法的意思，就是经验所感知的东西不是

---

①《成唯识论校释》，第492页。

纯粹的，感知活动实际上与心理、精神活动一体同时进行。例如杜甫"感时花溅泪，恨别鸟惊心"也是一种观感，但是有强烈的心理内容，不是纯粹的知觉活动。

大略来说，见分、相分属于识的内在结构，摄为一识（摄心所）。而八识的相分各不相同，前五识的相分相当于我们所说的感觉对象，包括色、声、香、味、触五尘。第六识意识的相分是六尘，除前五尘之外再加法尘（色、声、香、味、触、法）。第七识末那识的相分是阿赖耶识的见分。阿赖耶识的相分是根身、器界、种子，实际上是宇宙万有。每人有八识，摄为一识聚。或者说每人有识聚，含摄八识。对八识而言，其自所缘境各不相同，意识除外，意识不仅缘自所缘境，亦可缘其余诸识之所缘境，乃至一切法。而前五识之境皆为有漏法。

由此可见，首先，"二分"同时具有本体论、存在论和认识论的意义。从本体论角度说，整个现象世界是六识的相分，就是说现象世界的本质是前六识。所变识相，就是一切我相和法相都离不开三能变识相，证明一切所变识相都表现为能变的见分和相分，一切诸法都是头脑所思和所得而成，这个说法体现了万法唯识是哲学上的观念论（idealism，或称唯心论）。因此，二分说首先是本体论，是全部外在世界构成原理。

从存在论的角度说，第七识末那识取第八识之见分为内自我，是阿赖耶识的相分。这是末那识的特点，即无间断"恒审思量"，妄执自我。"我"，或者说当下的具体生存个体（相当于海德格尔的"此在"），是末那识的幻相。这是末那识的相分，也是阿赖耶识的见分。

### 下部 了别境识的认识论论证

从认识论角度说,前六识是末那识的相分,而感知的现象世界是六识的相分。现象或表象的构成,属于认识论,与具体的个别的当下的认识活动相关。可见只有在具体的认知过程中,"二分"法才属于认识论。前六识见分与相分又属于一体,表明认识对象与认识主体其实合二为一。唯识学认识论的这种情况,与很多西方哲学家理论有相似之处。例如黑格尔的理念论是本体论,具体的认知则是作为认识主体的个体与认知对象发生的相互作用。当然,理念也在根本上支配认识,认识也是对于理念的把握。

此外,就认识论而言,"二分"不仅仅关涉感知的意识活动,也与心理活动相关。因此,"见分"也不能等同于意识意向性,其中有心理、情绪、观念等内容,当然也有甚或意识的意向性。

太虚大师认为:"今以法相唯识连称,则示一切法(五法三相等)皆唯识所现,唯,不离义。识,即百法中之八识及五十一心所。其余四十一法亦皆不能离识而存在,以一切法多分受识之影响而变化故。现有二义:一、变现义,如色法等。二、显现义,如真如等。法相示唯识之所现,而唯识所现即一切法相,唯识立法相之所宗,故法相必宗唯识。"[①]至于二分涉及"真如"的问题,将在第六节详述。

胡塞尔现象学的"显现"说,意在描述对象事物在意识中的呈现过程中,具有意义意向性特点。而唯识学"二分"说,则是万事万物在个体面前的展示,不仅仅是一种意识活动,还包括情感、心理等等因素,因此也不仅仅是认识意义上的,还有本体论、存在论意义上的。由此可以看出,唯识学的"二分",与胡塞尔现象学的

---

① 太虚:《法相唯识学》,第29—30页。

"显现"之说，具有多么遥远的距离！

## 第四节 "自证分"与"意向性结构"

见分、相分、自证分、证自证分，是唯识学"识变"（即识之转变各种事物）过程中的重要概念。见分、相分是识内在结构，摄为一识（摄心所）。相分和见分所依的自体是自证分。自证分是二分构成的明证。而意向性结构是胡塞尔现象学所论证的意识的内在结构，是对象事物"意义"呈现的根据，对于认识活动具有根本的意义。自证分与意向性结构这两个概念之间也具有根本性质的不同。①

唯识学关于四分理论，应该首见于难陀提出见、相二分学说。后来陈那认为，除见分、相分，还有自证分。自证是证明自体的作用。当见分发生作用时，自证分便给以证明。安慧继承了难陀和陈那的思想，虽然也承认三分说，但认为识法分别只是"虚妄分

---

① 以耿宁教授为代表的一些学者将这四分与现象学的相关概念进行比较研究。"耿宁利用胡塞尔现象学术语，对陈那和玄奘唯识学提供的意识结构（分别是三分说和四分说）加以说明，认为自身意识的意识（证自证分）只是对自身意识（自证分）的意识，倾向于将第四分归入第三分，进而指出这两种意识学说的一致性，即它们都认为意识具有自身意识、客体化行为和客体现象的基本结构。"（见赵精兵、王恒：《耿宁唯识学研究管窥》，《哲学分析》，2014年第5期，第28页）所谓自证分，就是相分和见分所依赖的自体是自证分。所谓证自证分，就是证明存在自证分的是证自证分。而胡塞尔论证意向性结构是思维和意识的本质特征，表明思维和意识都是指向性的。下文将详述二者之间的本质不同。

别",在此分别上的见、相二分即"二取"(见分属于能取,相分属于所取)是遍计所执性,都是不实在的。只有自证是实在的,属于依他起性。因此,从心分来说,见分、相分、自证分三分实际就是一分,即自证分。后来护法又提出四分说,即见分,相分,自证分,证自证分。①《成唯识论》主要体现了护法的思想。因此,我们由《成唯识论》入手。

关于见分、相分、自证分以及证自证分的含义及其相互关系,《成唯识论》有集中论述,为了完整理解唯识学自证分的思想,故对这段较长的文字全文录引:

> 达无离识所缘境者,则说相分是所缘,见分名行相,相、见所依自体名事,即自证分。此若无者,应不自忆心、心所法,如不曾更境,必不能忆故。心与心所同所依根,所缘相似,行相各别,了别、领纳等作用各异故。事虽数等,而相各异,识、受等体有差别故。然心、心所一一生时,以理推征各有三分,所量、能量、量果别故,相、见必有所依体故。如《集量论》伽他中说:"似境相所量,能取相自证,即能量及果,此三体无别。"又心、心所若细分别应有四分,三分如前,复有第四证自证分。此若无者,谁证第三?心分既同,应皆证故。又自证分应无有果,诸能量者必有果故。不应见分是第三果,见分或时非量摄故,由此见分不证第三,证自体者必现量故。此四分中前二是

---

① 参见吕澂:《印度佛学源流略讲》,第183—188页;《成唯识论校释》,第136页注三。

第九章　唯识学与现象学的六个理论分野

外,后二是内。初唯所缘,后三通二,谓第二分但缘第一,或量非量,或现或比,第三能缘第二第四,证自证分唯缘第三,非第二者,以无用故,第三第四皆现量摄。故心、心所四分合成,具所、能缘无无穷过,非即非离唯识理成。是故契经伽他中说:"众生心二性,内、外一切分,所取、能取缠,见种种差别。"此颂意说众生心性二分合成,若内若外,皆有所取、能取缠缚,见有种种,或量非量,或现或比,多分差别,此中见者是见分故。如是四分或摄为三,第四摄入自证分故。或摄为二,后三俱是能缘性故,皆见分摄,此言见者是能缘义。或摄为一,体无别故。如《入楞伽》伽他中说:"由自心执著,心似外境转,彼所见非有,是故说唯心。"[1]

全文大意为:达到领悟离识之外就没有客观外境的人们,则说相分是所缘的境界,见分属于行相。而相分和见分所依止的自体则称为"事"(梵文artha,为因缘和合产生的有为法),这个"事"即自证分。如果没有自证分这个自体,心法和心所法就不能回忆从前所作之事,就像未曾发生的事情一样必然不能回忆。虽然心法、

---

[1] 此前文字为"执有离识所缘境者,彼说外境是所缘,相分名行相,见分名事,是心、心所自体相故。心与心所同所依缘,行相相似,事虽数等,而相各异,识、受、想等相各别故。"说小乘(除正量部外)主张离识之外,有一种实在的所缘境界。他们认为,外境是所缘的对象,相分是行相,而见分叫做"事",因为见分是心法、心所法的自体之相,相分是心、心所的行相。心法和心所法都同所依一根,同所缘一根,俱缘一境,因此它们的行相相似。"事"虽然是多种,其行相各不相同,因为识的行相是了别,受的行相是领纳,想的行相是计度名言,行的行相是行为造作,所以心、心所的行相各有区别。(《成唯识论校释》,第135页)

心所法所依之根相同，所缘之相相似，但行相各有不同。因为识的行相是了别，"受"的行相是领纳，"想"的行相是计度名言，"行"的行相是行为造作，所以心、心所的行相各有区别各不相同。"事"虽然是多种，其相各不相同，因为识、受、想、行等的自体有差别。然而每一个心法、心所法产生的时候，在道理上推论，则每个心法、心所法都有三分的区别：第一是能量，第二是所量，第三是量果。所量是相分，能量是见分，相分和见分一定要有所依的本体，那就是自证分。如《集量论》说："外在的似境之相分是所量，能取相的见分是能量，自证分就是量果。能量、所量、量果的本体是一，故三种本体没有区别。"如果对心法、心所法再仔细分别，应当有四分，即前三分加证自证分。没有证自证分就不能证明自证分的存在。既然自证分与证自证分都是一种内心之分，应当是都能证知的。假设自证分缘见分时，见分是所量，自证分是能量，如果没有证自证分，自证分就没有量果了。因为，凡有能量就必有果量。不应把见分称之为自证分的量果，因为见分通三量，有时候是非量，是错量，是不可靠的。因此，见分不能证知自证分，证知自体一定要依靠现量。这样，每个心、心所都有四分，四分之中，相分、见分属于外在之缘，自证分和证自证分属于内缘内。另外，相分只属于所缘之境，而见分、自证分和证自证分不仅通所缘，还通能缘。就是说，见分只能缘相分，有时候是正量，有时候是错量，而现量和比量都有。自证分不但能缘见分，而且能缘证自证分。而证自证分只能缘自证分，不能缘见分。因为见分缘自证分，没有缘证自证分之用。自证分和证自证分都属于现量，所以可以互量，又可以互证。由于这些道理，无论心法、心所法，都由相分、见分、自证分、证自证分合成，具有所缘和能缘。既然自证分可以反证证自证分，就不用四分之后第五、第六……证明，因此没有无穷演绎的过错。四分不是一个，也不可以分离，非相即亦非相离，唯识道理由此成立。《厚严经》说："众生之心有二性，内里二分为一性，外面二分为一性；所取是相分，能取是见分，被此二分所缠绕，所以见到种种差别和不同。"意思是众生之心由内、外二性合成，都有所取、能取的缠缚，见分有种种差别，或者是非量，或者是现量，或者是比量。颂中"见"指见分。上面这种四分，也可以合为三分，就是将第四分证自证分合入自证分。或者将四分合为二种，一分为相分是所缘，后三分见分、自证分和证自证分都是能缘，属于见分所摄。此处所说之"见"，不单指第二分，凡有能缘的功用，都属于见分。或者四分合为一种，因为它们本体无区别。如《入楞伽经》说："由于自己内心的执着作用，虽然有心转变的境界，也认为有实在外境的产生。其实人们所见的客观外境是不存在的，所以说唯心。"

此段文字虽然烦琐，但有几个要点：

第一，自证分是相分和见分依止的本体，也称作"事"。

第二，如果没有自证分，心法和心所法自身就不能有忆念功能，就像没有发生过的事情不会回忆一样。

第三，外境之相分是所量，内识见分是能量，自证分是量果。能量、所量、量果的本体是一，故三种本体没有区别。（量：人的认识如同以尺子量布，故喻之为量。）

第四，如果对心法、心所法再仔细分别，应当有四分，前三分加证自证分。没有证自证分就不能证明自证分的存在。既然同是心的分有，应当是都能证知的。没有证自证分，自证分就没有量果。

不应当把见分称为自证分的量果,因为见分通达三量,有时候为错量有时为正量。因此,见分不能证知自证分,证知自体一定要依靠现量。关于现量,下一节详述。

第五,四分之中,相分、见分是外缘外,自证分和证自证分是内缘内。自证分能缘见分和证自证分,证自证分只能缘自证分,不能缘分见分。

第六,心法、心所法由相分、见分、自证分、证自证分合成,没有无穷演绎的过错,具有所缘和能缘,非相即亦非相离,唯识道理由此成立。

深入理解关于"自证分"的这六个要点,必须要了解唯识学四分和自证思想的历史渊源,及其具体内涵。按照吕澂先生说法,四分思想源于小乘经量部。经部对于大乘的影响,第一是心法缘境的"带相"说。经部认为,心之缘境不是直接的,心缘之境非境本身,而是以境为依据,由心变现出来的形象(变相)。换言之,心法缘境都是间接以影像为凭的,心所知的是心自身的变相。这一观点与因果异时论有关,因为第一刹那是根境,第二刹那识生时已经没有实物了。后来陈那将经部这个思想引导入瑜伽学说之内。第二就是"自证"理论。自证有两种意思:一是心自己了解自变之相。但经部原说的不是这个意思,而是第二种意思,即心在了解对象时,同时还对本身有反省作用。譬如灯既照亮了物,也照明了自身。就像眼见青草之时,同时也了解自己"见"了,后来自己的回忆也知道"见"了青草,这就是证明。① 由此可见"自证"和"回忆"之说基本含义。

---

① 参见吕澂:《印度佛学源流略讲》,第143页。

首创二分说的难陀，主要是立足于世亲在《摄大乘论》中提出唯识成立的三点理由：第一是唯识无义。"义"即境。意思是心法中只有识而无境；第二是有见、相二。意思是虽无实境，但幻境亦有来源，来源就是识。心与境是以"见""相"关系统一在识中；第三，种种相生起。意思是六识生起的种种相，仍在识的范围内。由此三点推论而成立唯识。此外，难陀同时又与种子说相联系而创种子新熏说。"在他看来，见相分之转变、显现，是由于种子的功能，种子则由熏习而起。"这里也可以看出，见、相二分永远不能离开识。后来陈那认为，相分引起见分，见分所得与相分一模一样。因此，相分(所缘)也就是内境。这样，第一，相分是有实体的，实在的。第二，见分也有其行相。这被称为"有相唯识学"。在此基础上，陈那提出自证分概念。他认为，"见相交涉的结果，就是见了解相，这种了解，是亲切的自知，所以叫它'自证'(证指触证，如手亲自摸到而无间隔)。自证是用来作为心的自体的，同时用来证明自体的作用。换句话说，当见分发生作用时，自证分便给以证知。"①由此可知，自证分含有亲历、亲证的意思。

很多大德和专家对于自证分的解释，基本上大同小异。太虚大师说："识有三分：一自体分，二见分，三相分。见分为能知，相分为所知，识即知识，显得知识即是能知。……浑然不觉的觉心为自体分，自体分分能所知则有见相二分，见分为识体一种觉知之用。相分为见分所知之相。体，见，相，合称三分也。八识各有各之相分见分自体分，其各心所亦然也。复次，唯二分能知为心，三

---

① 吕澂：《印度佛学源流略讲》，第183、186、185页。

分皆所知为境,自体分为浑然不分之心觉,亦可成所知境。能缘即能知,所缘即所知,能知二分,指自体及见分而言。浑然不分之自体分,略同罗素非心非物之中立一元,然一分别则成见分相分,见分即能了知相分,而见相分皆依浑然一体之自体分,此自体分一名自证分,以有同时又了知于了知之见分故。换言之,不惟了知知识何种,并了知何种知识,皆自证分之义也,自体分见分相分皆所知境称所缘三分。自体分见分为能知心称能缘二分。"①

杨维中教授认为:"唯识宗又把心的能缘、所缘作用分作能量、所量、量果三量。'量'意为量度,心识能量度境相的作用叫作能量,被心识所量度的境相叫作所量,而果量是量度已成后的效果。唯识宗以三量配合'四分'以说明认识的过程:第一,见分缘取相分。唯识宗认为,人们的认识直接所面对的并不是客观的对象,而是识体上变现出来的相、见二分。认识过程进行之时,以相分为所量,见分为能量,自证分为量果。而除五识所缘的'相分'之外,其余诸识之相分均不排除主体的执持变现作用。第二,自证分缘取见分。这是认识主体对认识能力及其所为做的第一层次的反思审定。当其进行时,以见分为所量,自证分为能量,证自证分为量果。第三,证自证分缘取自证分。这是认识主体自身的自我反省,当其进行时,以自证分为所量,证自证分为能量,复以所量自证分为量果。第四,自证分缘取证自证分。这是认识主体反过来对主体的反思系统进行的反省审定,当其进行时,以证自证分为所量,自证分为能量,复以所量证自证分为量果。将此四个阶段联系起来可

---

① 太虚:《法相唯识学》,第52页。

以看出，唯识宗不将其关注重点放在认识主体如何形成对客观事物的正确反映上，而是深入细致地探究认识主体的心理过程。"①

之后护法虽然提出四分说，理由是"'见''相'二分是一重关系，对于心的全体来说，这是比较外围的一部分。到了'自证'，就属于核心部分，属于内缘，而内缘复有能所。能，就是'证自证'，所，就是'自证'。这又是一重关系。由这两重关系就构成了四分说。"②但是，证明存在自证分的是证自证分，证自证分是否需要被证明？周贵华教授说："在自证分被证自证分认知之后，证自证分亦必须有能认知者。那是否还需要再区分出一个证证自证分？由此乃至有无穷个证证……证自证分？这样的无穷后退没有终结，但事实上认知过程是有个终结的，因此，护法认为，证知证自证分者必须落实在已有的相分、见分与自证分中。相分、见分不能是认知内在认知元素者，此在前已述。但自证分作为内在认知元素，完全可以承担认知内在认知元素之任，因此，认知证自证分者，即是自证分。这样，自证分与证自证分二者间构成一个认证之循环，从而终结了识之整个认知过程。换言之，证自证分认证自证分，自证分认证证自证分，二者互证构成循环，避免了认证之无穷后退，将识之整个认知过程予以终结。"③可见，所谓证自证分的设立，其实是四分说一种逻辑意义上完整的需要。

对于证自证分以及四分的关系，周叔迦先生比喻说："这自证分譬镜子，这见分便是镜子的光明，这相分便是镜子里的影像，这

---

① 杨维中：《中国唯识宗通史》下，第700页。
② 吕澂：《印度佛学源流略讲》，第188页。
③ 周贵华：《唯识通论——瑜伽行学义诠》下册，第415页。

证自证分便是镜子的他,有了他,然后这镜子才能东西南北随意所照。证自证分的作用是对自证分的,自证分的作用是对见分的,见分的作用是对相分的"。① "因为识有四分,却是因为先有相分,才有见分,但是相分又是因为先有色法。所以就见分说:相分是见分的亲所缘缘,色法是见分的疏所缘缘。就自证分说:见分是自证分的亲所缘缘,相分是自证分的疏所缘缘。就见自证分说:自证分是证自证分的亲所缘缘,见分是证自证分的疏所缘缘。"② 韩廷杰先生也比喻:"相分如镜中像,见分如镜子的明净,自证分如镜体,证自证分如旋转镜体的把。"③

可见,所谓自证分,就是相分和见分所依赖的自体。自证分的大致特点:第一是识体本身的功能;第二是有亲证性,例如通过回忆来证明发生的亲力亲为事件;第三具有自明的性质,像光照一样自明自证。但是,自证分概念不具有现代内省心理学的含义,完全停留在日常经验范围之内的描述性上,当然也不是自我与世界表象存在的证明。④

---

① 周叔迦:《唯识研究》,第19页。
② 同上书,第33页。
③ 《成唯识论校释·序言》,《成唯识论校释》,第18页。
④ 舍尔巴茨基认为自证分是内省:"瑜伽行派佛教:存在着表象。存在着内省(自证分)。'如果我们竟不能意识到见到了蓝色,则我们绝不能认识它。世界将会是一片漆黑,它什么也不会被认识。'因而根本没有外部的对象,为什么我们要将知识的客观方面弄成双重的呢?"(《佛教逻辑》,第628页)"早期的观念论者,无著和世亲在否认外部世界真实性时,将整个认识活动转换成了对我们心智的活动的观察过程。他们不承认外部世界而假定了'藏识'。……他们在佛教逻辑体系中建立了两种完全异类的成分:非构想的纯感知及构造性的或概念的综合。这种理论连同内省自证论、表象论一道成为了佛教认识论的基本内容(指自证分与带相说)。"(《佛教逻辑》,第201页)这也是一种误读。

## 第九章 唯识学与现象学的六个理论分野

意向性(intentionality)一词来自拉丁文"intendere",这个概念出自中世纪哲学。胡塞尔从布伦塔诺那里接受了这一概念,并由此建构了他学说的核心理论。有人说:"胡塞尔是一个有体系的思想家,他把认识论、本体论、逻辑和现象学联系起来,并作为一种方法论,发展了这些学说。几乎所有这些工作的基础,是他的意向性理论。"①胡塞尔自己也说:现象学,不论作为意识的哲学理论,还是作为对人类意识提供描述的特殊形式,简单说就是意向性的理论。意向性"表现了意识的基本性质,全部现象学的问题……是分别地来源于此"。②

胡塞尔首先采用了布伦塔诺关于所有意识都指向对象或是意向的见解,但胡塞尔不是根据意识所指向的(direct toward)真实对象,或是伴随意识指向动作的实际精神观念来说明意识的意向性,而是根据意识所指经的(direct through)抽象的内涵结构(语言意义的模拟)来说明意识的意向性。如果说,布伦塔诺的意向性是一种心理的意向性,那么,胡塞尔的意向性则是一种意义的意向性。从本质上说,胡塞尔使用的"意向"一词,与通常含义"意图"无关。胡塞尔意向性学说的目的是描绘意识的性质,在日常语言表达方式中挖掘底层的意义或观念性结构,从意识的先验结构中寻找逻辑的基础。由此亦可见,胡塞尔现象学的主要研究对象不是心理

---

① David Woodruff Smith and Ronald McIntyre: *Husserl and Intentionality*, D. Reidel Publishing Company, 1982, p. 14.

② Edmund Husserl, *Ideas Pertaining to a Pure Phenomenology and to a Phenemenological Philosophy*, Martinus Nijhoff Publishers, 1982, p. 349. 参见胡塞尔:《纯粹现象学通论》,李幼蒸译,商务印书馆,1992年,第350页。

## 下部　了别境识的认识论论证

而是意识。意向性，在这里涉及一个根本性的认识论问题。

胡塞尔认为，日常的意识活动的对象不是一种精神的或"内在的"(immanent)实体，而是一个"外在的"、"超越的"实体，或者说是一个物理对象。某人看到一棵树，他的知觉对象不是一个意义资料(sense-datum)，或其他什么意向的对象，而就是自然界中的物理的个别体一棵树。只有内省的意识活动是指向主体的状态或是主体自己的意识流中的过程。正是由于存在这两种不同的意识活动，所以，在认识活动中，指向对象的意识活动或经验，与意识活动意指(intend)的对象是有区别的。例如在观察一棵树或一朵花时的意识活动，与我们的意识在活动时所指向的某一对象不是一回事。而胡塞尔则不关注意向经验的对象(object)，因为对象是独立存在的，它不能造成这个意识活动的意向性，"意向关系"明显地独立存在于它们的对象之外。能够造成意识活动的意向性的是意识活动的"内容"(content)。意识活动的内容和对象不同，内容是关于意识活动所指向对象的东西。胡塞尔说："我们从不说一个意向的内容意味着一个意向的对象。"[1]正是在关于意识内容的探究中，胡塞尔提出了他的意向性理论中最重要的概念：

---

[1]　Edmund Husserl, *Logical Investigation*, Humanities Press, New York, 1970. 布伦塔诺的另一个学生卡西姆·特沃德乌斯基(Kasimir Twardowski)在《论描述的对象和内容》(On the content and object of presentations)一文中说：把意识活动与画画比较，内容是画(Picture)，对象是主观的在画布上的素材(matter)，比如风景。对于画家来说，画是手段，通过它描绘了风景，描绘真实的或仅仅是想象的风景。人在描绘对象时，他也给自己同时描绘了一个与这对象相关的内容。他认为，内容是思想，对象是通过内容被呈示出来的，在描绘中呈现出来的是它的内容，通过呈现展现出来的是它的对象。(*Husserl and Intentionality*, p. 110)这对于胡塞尔关于意识内容和对象的区分也是一个很好的说明。

"noesis"和"noema"。①

在《逻辑研究》中,胡塞尔把意识活动区分为性质(quality)和材料(matter)两个部分,把意识的内容分为"实在的"(real)和"意向的"(intentional)或"观念的"(ideal)两种。意识活动的性质是区分一个意识活动是判断、愿望、希望、爱、恨等不同种类意识活动的东西。比如,某人A看到桌上的猫,某人B看到白金汉宫里的英国首相,他们尽管看到的对象不同,但在意识活动上有同样性质。而某人C判断民主党的候选人将被选为总统,某人D希望民主党的候选人将被选为总统,尽管他们指向的对象相同,但在意识活动内容上具有不同性质。任何意识活动的内容必须包括某种性质。但是,相同性质的意识活动也许会有根本不同的意向所指。不同性质的意识活动在意向性上也有相似之处。意识活动内容的成分就是"材料"。在一个意识活动中,意指与对象所达成的关系,并非它意指哪个对象,而是这对象怎样被意识活动知觉。因此,尽管意识活动具有同样的主体和同样的对象,如果人们在意指共同对象时的"方法"(ways)不同,他们的意向性也不同。譬如说,想到毛泽东夫人江青的意识活动,和想到"四人帮"之一江青的意识活动,尽管所指是同一个对象,但材料不同,内容也不同。

在胡塞尔看来,意识活动的"实在的"内容,不是在时空的意义上适合于物理的对象,而是某些"真实的"实体在当下意义上适合于意识构成的东西。它是一种抽象的具体,类似于书本上描写

---

① 这两个词都是希腊文。noesis 的原义是"智慧"、"理解";noema 的原义是"认知"、"思"。学界一般认为:胡塞尔的 noesis 是意向行为或作用,noema 是意向对象或客体。但这种解释不太精确。

的事物。譬如鲁迅《阿Q正传》对于阿Q的描写是非常具体生动的，但是《阿Q正传》中的阿Q只是通过文字让我们联想出来的一个人物，毕竟不是我们肉眼所见的现实生活中的某一人，没有血肉之躯，不具有时空中的物理的性质。阿Q这样一种人物形象，就是胡塞尔说的意识的"实在的"内容中的东西。

与"实在的"内容相对照，意识活动的"意向的"内容是一个"理念的"或抽象的实体，是"理念的经验种类"(ideal species of experiencing)，它是意识活动的"意向的本质"(intentional essence)。这种本质或种类，类似于在广泛的柏拉图主义意义上的可分有的"理念"，可以作为一个独立存在的永恒的普遍性或"型式"(types)。这种"理念的经验种类"能够具体化在特殊的、短暂的或时空意义上的个别事物之中。我们可以把它看作为某种类似于形式的东西，或者一个概念的实体。例如，阿Q身上的"精神胜利法"可以成为对阿Q的一种本质概括。这种"精神胜利法"的理念即类似于胡塞尔所说的意识活动中的"意向的"内容。当然，胡塞尔描述的是一种意识活动，鲁迅写作《阿Q正传》是一种把思想外化的艺术创作活动，两者迥异。

胡塞尔认为，一个意识活动的"实在的"内容，在每一个意识活动的境况中把一个"理念的"或抽象的东西具体化。因此，一个意识活动的"实在的"内容是这个意识活动字面上体现的部分，是一个具体的实例。就像鲁迅通过阿Q这样一个人物，来体现某种"精神胜利法"的理念一样。而一个意识活动的"理念的"内容，是一个概念的实体，一个我们理解语言时所掌握的同样种类的意义。因此，我们可以认作一个意识活动的"意向的"内容为意识活动的

第九章 唯识学与现象学的六个理论分野

"含义"(meaning)或"意义"(sense)。通过它的效能,意识活动指向它的对象,并作为一个表达的意义,关联到它的所指。意识活动中的"意向的"内容不是直接地在意识活动中。作为一个理念的实体,它的存在独立于这个意识活动之外,不是这个意识活动的"实在的"(real)成分,但它具体化于意识活动的"实在的"内容中。①

后来在《观念1》中,胡塞尔改变了他把"意向的"内容和"实在的"内容与意向的关系作为实体范畴的作法。他不再把"意向的"内容作为本质或型式,而是作为一个理念实体的特殊的范畴,它与"实在的"内容的相互关系存在于适当的不同的方式中。在《观念1》第三章中,胡塞尔正式提出了后期意向性理论中的核心概念:noesis和noema。这两个概念与胡塞尔关于意识的内容和对象的理论密切相关。noesis是关于一个意识活动的"实在的"内容的成熟概念。noema是关于一个意识活动的"意向的"或"理念的"内容的成熟概念。我们一直强调的是,作为意识的实在的和意向的内容,它们都不是在意识活动中被意指的外在实体,即不是客观外在的物理世界的事实。noesis与以前的"实在的"内容相比有两个重要的变化。一是在《逻辑研究》中,"实在的"内容被允许是从经验的、自然科学的观点来作纯粹描述分析。在《观念1》中的noesis,仅仅是在"纯粹现象学的"或"先验的"状态中被研究的,它被置于把意识看作产生于自然世界的经验的心理的观点之外。第二,

---

① 弗雷格在《论意义和所指》(On Sense and Reference)一书中,从"描述"(presentation)中区分了"意义"(sense)。在弗雷格看来,一个描述或观念,是主观的,局限于某人的意识。但一个意义是对象的存在,它包括"描述的范式"(the mode of presentation)。胡塞尔区分实在的和意向的内容非常近似于弗雷格区分描述和意义。

在《逻辑研究》中,"实在的"内容是一个意识活动的意向本质的简单具体化。但 noesis 不是简单地具象"意向的"内容,而是扮着复杂的任务的角色,即通过它在一个意识活动中的出现,作为对一个经验的"意义的给予"(giving of sense),提供这个意识活动的意向。这个"意义的给予"是这个意识活动的"意向的"内容的主要构成。

noema 是除了在一种特殊反思活动中外我们不能意识到的实体。一个意识活动的对象是当我们"perform"(经历)或"live through"(体验)那个意识活动自身时呈现出来的东西。在那个过程中,我们经历(undergo)指向那个对象的经验。但一个意识活动的 noema 不是我们经历或体验那个意识活动时我们所能意识到的东西。我们不能在一个先验的 noema 背后发现某个最终实在对象的心理学的意义,它就是存在自身。只有采取"现象学的态度",反省我们正式体验的经验,才能使 noema 苏醒。只有在现象学的还原中,才能过滤出 noesis 和 noema。

由此可见,胡塞尔现象学中 noesis 的基本成分,是经验的"意义给予"部分。这个被给予的"意义"是 noema 的基础成分。通过 noesis 在一个意识活动的出现,提供这个意识活动的意向,作为对一个思维活动的"意义的给予"。这个"意义的给予"是这个意识活动的意向内容的主要构成,它使 noema 中的"意义"出现。实质上,在意识活动中的 noema 中的"意义"(Sinn),是主体的对在意识活动中关注对象的"意思"(sense)或"感知",是主体对意识活动本身的一种意识。意义出现,表明对象的意思算是(as)被意识活动的主体所接受(conceived)。这样,作为一个主体的对象的"意思",

## 第九章 唯识学与现象学的六个理论分野

"意义"按照意识活动中所意指的描述了这个对象,并把主体的这些特质或"判断"(determination)归因于这个对象。胡塞尔描述的这个在意识活动中很迅疾亦很复杂的整个行为,就是一个完整的意识活动过程。①

在一个意识活动中,这些意义给予和表达的活动的基本结构,就是意向性。也就是说,一个意义的表达不仅仅是表达了一个意义,而且总是指向一个对象。因而意义本身也总是指向某一个对象。因此,意义也是对象的现实的表现方式。意义决定特殊的意向关系,它是意向性理论的关于内容的关键概念。意义虽然在字面上不是意识活动的一部分,但它是这个意识活动的理念结构。可是,意义作为理念的内容,它本身在含义上必须是内在的。从noesis 和 noema 的全部内涵可以看出,胡塞尔在他的理论中竭力排斥意向性的对象接近(object-approach)。尽管现象是意向性的,任何现象的意义都是由其所处的意向性结构来决定的,但是,如果我们理解一个意义对于对象关系的意向,那么,意向性在这个意义上是一个"语义的"关系。很明显,即使对象不具有物理性的存在,意义还是存在的。

所以,在胡塞尔看来,毋宁说意义是具体化于意识中,而不是说在对象中。胡塞尔说:

> 作为自然中的物,树本身与如是被知觉的树是不同的。后

---

① 以上所述请参阅: David Woodruff Smith and Ronald McIntyre: *Husserl and Intentionality,* pp. 110–130.

者是知觉的意义，不可分割地从属于知觉。树本身可以燃烧，可以被分解为化学成分等等，但意义——这一知觉的意义，它是某种必然属于其本质的东西——不能燃烧，它不具有化学成分，没有力，没有实在的属性。①

我们在这里的关注点，必须从自然经验的对象转移到传达这些经验的意义上来。因此，当胡塞尔谈到意义时，总是指意义的对象性（即对象的表现方式）和符号所意指的事件。当他说具体地通过现象学的方法去接近事物本身时，指的是直接去接近那事物本身的现实给定性，即能为人们直觉的意义形式，以及构造它的意识行为，即赋予符号以意义的那种意识行为。胡塞尔在这里提出的对象构造的思想，是先验现象学的核心内容之一。无论从理论还是从逻辑上来说，意向性学说是牵动胡塞尔全部现象学的核心理论。

胡塞尔的意向性理论，在现代哲学和心理学的基础上，对人类思维的内在结构和机制，作了极为精深细密的考察和研究，由此开辟了哲学史上关于思维与存在关系探讨的新篇章。回到本节主题，简而言之，现象学所谓的意向性结构，指出了思维和意识的本质特征，表明思维和意识都是指向性的。而唯识学所谓的自证分就是八识自体。自证分是体，二分是用，体用一如。这种体用一如的思想与魏晋玄学体用一如思想基本相同，对于意义生成来说没有直

---

① 胡塞尔：《现象学的观念》，第64页。

第九章　唯识学与现象学的六个理论分野

接关系。①因此，唯识学自证分与现象学"意向性结构"两个概念的意指之间基本不能对应，也基本没有交集，属于两套哲学话语体系。

## 第五节　"现量"与"本质直观"

佛教概念中的"量"，从认识论角度说，具有准绳、标准的意思，类似于衡量、度量之义。"现量"是佛学理论中提出的一种认知方式，与"比量"相对。现量是直接、亲自在场的认知；比量是由推理而得出的认知结论。此外，佛学还用"正量"表示为正确的认知，用"非量"表示虚妄错误的认知。②胡塞尔现象学提出"本质直观"

---

① 周贵华教授认为："瑜伽行派否定一切法具有自性(我)，因此，八识只是在缘起法之意义上成立，而不能具有不变之自体。在此意义上，八识皆以其相为体，换言之，以其功能作用为体。识以了别为其自相，其中了别是对境的了了分明的呈现。由了别相，可知识即以了别为自性(体)。……总之，心/识以了别为自性/相(svabhāva, svalakṣaṇa)，亦以了别为行相(ākāra)，即功能作用相。"(周贵华:《唯识通论——瑜伽行学义诠》上册，第205页)也是说明"识"体用一如的特征。而且，他认为"八识皆似外境显现，所以《辨中边论》称其为虚妄分别(abhūta-parikalpa)，是错乱性(bhrānti)。作为虚妄分别之八识，能'变似义，有情、我及了'，即能显现，而且能执著。由此可知诸识之显现，亦即了别，皆有法执。但我执并非遍于八识，唯在意识与末那识。"(同上，第208页)恰恰说明前六识特别是第六识意识没有意向性结构。

② 周贵华教授认为："正确之认知，称为量(pramāṇa)。而量，不仅指对所缘境/所知境之认知，而且意味正确之认知，因此，可称正量。这样，佛教之认知问题，就变成了如何获得量/正量之问题。"(周贵华:《唯识通论——瑜伽行学义诠》上册，第81页)在中国古代，也有用"量"来表示获得结果的多少和程度。陶渊明诗云："虽未量岁功，即事多所欣。"

的理论，也是强调一种纯粹的认识活动和方法。但是，"现量"与"本质直观"二者之间只具有表面的相似性，实质上也是差异巨大，不异天壤之别。

　　唯识学的现量思想主要源于陈那。他的《集量论》首先将量的种类分为六种，即现量、比量、声量、喻量、义准量、随生量。现量是当场感性所知。比量是推理所得。声量是语言的量，指各派的圣教教义，例如有"圣教量""圣言量"等。喻量就是类推。义准量为举例一个便准知另一个。随生量是指一个事实跟随一个事实的推断，如进房无人便知主人不在家。后三个都是属于直接推理的。因此，陈那认为，六类中只有现量、比量才具有独立的意义。其次，陈那认为，离开概念为现量，运用概念为比量。但是，"概念都不是从正面表示意义，而是通过否定一方承认另一方的方法，所谓'遮诠'构成的。例如，青色的'青'这一概念是怎样构成的呢？就是表示'青'为'非青'。由否定一方（遮）来表示另一方（诠）。这种遮诠说，也是陈那量论的一个特点。"① 可见，唯识学所谓的现量，基本意思与佛教传统说法无异，大意为亲历现场、在场、当下认知的意思。

　　《成唯识论》提到现量有几处，很多是与四分说在一起：

---

① 吕澂：《印度佛学源流略讲》，第191页。周贵华教授认为："诸识见分（摄自证分、证自证分）取境，按妄实、正误分，有三差别，即现量、比量、非量。现量是直接、亲切之认知；比量是由推理比知者；而非量则是非现非比之虚妄错误之认知。若能量所量二俱现前，而能量于所量亲去无谬，是为现量。若所缘境不现前，或现前而不明了，由能缘心，借助余缘，以推度比知余理余事，是为比量。若由能缘心于所缘境，不能现前证知，妄生执见，或比度差谬，是为非量。"（《唯识通论——瑜伽行学义诠》下册，第418页）

此四分中前二是外，后二是内。初唯所缘，后三通二，谓第二分但缘第一，或量非量，或现或比，第三能缘第二第四，证自证分唯缘第三，非第二者，以无用故，第三第四皆现量摄。故心、心所四分合成，具所、能缘无无穷过，非即非离唯识理成。①

此段文字上节曾引用过。大意是，四分之中，相分、见分属于外在之缘，自证分和证自证分属于内缘内。另外，相分只属于所缘之境，而见分、自证分和证自证分不仅作所缘，还能作能缘。就是说，见分只能缘相分，有时候是正量，有时候是错量，而现量和比量都有。自证分不但能缘见分，而且能缘证自证分。而证自证分只能缘自证分，不能缘见分。因为见分缘自证分，没有缘证自证分之用。自证分和证自证分都属于现量，所以可以互量，又可以互证。由于这些道理，无论心法、心所法，都由相分、见分、自证分、证自证分合成，具有所缘和能缘。既然自证分可以反证证自证分，就不用四分之后第五、第六……证明，故没有无穷演绎的错误。四分不是一个，也不可以分离，非相即亦非相离，唯识道理由此成立。

这里的意思是，众生之心由内、外二性合成，都有所取、能取的缠缚。见分有种种差别，或者是正量，即正确的认识，或者是非量，即错误的认识。见分是现量和比量都有，自证分、证自证分都是现量。从认识主体来说，唯识学认为前六识核心是"心"。但是，唯识学的认知活动其实就是万事万物的生成活动，即识变现为万事

---

① 《成唯识论校释》，第135页。

万物的活动,不是纯粹的意识和感性知性与认知对象的活动。因此,对事物的认知即是事物的生成。诸识种子生成之相,也就是所认知之果。而重点在于,这个过程与心法、心所法不能分离。在论述心法、心所法所依存的原理中,《成唯识论》提出三种所依:

> 诸心、心所皆有所依,然彼所依总有三种:一、因缘依。谓自种子,诸有为法皆托此依,离自因缘必不生故。二、增上缘依。谓内六处,诸心、心所皆托此依,离俱有根必不转故。三、等无间缘依。谓前灭意,诸心、心所皆托此依,离开导根必不起故。①

所依,即事物生起所依靠的条件。②这里指出因缘依、增上缘

---

① 《成唯识论校释》,第259页。

② 除此三缘外还有"所缘缘",共四缘。关于四缘,周叔迦先生曾通俗易懂进行描述:"这因缘是说'两法相生成缘'。如由种子生成树,这树又生种子";"这等无间缘是'两法相让成缘'。如两人相随行走,必定要前人向前走一步,那后边才能向前补上他的位置";"这所缘缘是'两法相待成缘'。譬如人有夫的名称,是因为他有妻";"这增上缘便是'两法相助成缘'。譬如由种生芽是因缘,但是单独的种子不能生芽,必须埋在土里,用水灌溉"。他认为,"一切色法的生起只须两缘,便是因缘和增上缘。因为色法的生起是杂乱的,所以不须等无间缘和所缘缘。"而"一切心法的生起是要具足四缘,便是前眼识灭,后眼识才能生,前眼识是后眼识的等无间缘……这眼识了别色,耳识了别声,都是所缘缘。因为识有四分,却是因为先有相分,才有见分,但是相分又是因为先有色法。所以就见分说:相分是见分的亲所缘缘,色法是见分的疏所缘缘。就自证分说:见分是自证分的亲所缘缘,相分是自证分的疏所缘缘。就证自证分说:自证分是证自证分的亲所缘缘,见分是证自证分的疏所缘缘。"(周叔迦:《唯识研究》,第31—33页)舍尔巴茨基解释四缘:1.对象之缘(所缘缘):它包含一切存在物。一切法都可以成认识对象,所以都属于所缘缘。2.仅处于前的类别相同的缘(等无间缘):它代表思想之流(指心相续)中的在前的刹那并因而被用来代替胜论的神我及内在因。(转下页)

依、等无间缘依三种,即是事物生成的三种条件。因缘依即种子依。"诸有为法皆托此依,离自因缘必不生故",意即没有自己的因缘,事物本身肯定不能发生,表明种子自身即含因缘,一切生成事物必须以此为依赖。增上缘依,即指眼、耳、鼻、舌、身、意六根,各种心法、心所法都依靠此依,因为没有六根,心法、心所法无从生起。等无间缘依,指前面的意念灭除,后面的心理和认识活动才能产生。因为没有引导的意念,一切不会发生。但是,增上缘依仍然局限在六根(即认知感官)范围内。等无间缘依是意识活动的一种惯性,而且由于前面的意念对于后面意念的引导作用,等无间缘依与意识意向性有点相关。就认知活动的范围而言,种子缘依仍然是最广泛的。关于种子依的具体解释,《成唯识论》说:

> ……种自类因果不俱,种、现相生决定俱有,故《瑜伽》说无常法与他性为因,亦与后念自性为因,是因缘义。自性言显种子自类前为后因,他性言显种与现行互为因义。《摄大乘论》

---

(接上页)起初等无间缘只指心理的因果联系,以后归于偶然因(causa repens)。便取代了物质因或一般的内在因。3.有效的、决定作用的或"制约"的因缘。顾名思义,结果的性质取决于它,如视感官之于视觉活动。4.协作条件,增上缘,如光之对眼的帮助。连同因缘,它们包括了一切存在物,因为一切法都或多或少是相依的。……由此,果也分为四种,或是"自动的"(等流果),或是"拟人的"(士用果),或是"赋特征的"(增上果)和"最终解脱的"(离系果)。前两种前已说明,第三种符合我们通常的果之观念,如视觉之于眼睛。最后一种即涅槃,一切生命的最终结果。(舍尔巴茨基:《佛教逻辑》,第162、164页)周贵华教授把唯识学的缘起论概括为七个特点:第一,缘起与空之相应性;第二,缘起之有为性与显现性;第三,缘起之因果平等性;第四,缘起之唯心性;第五,缘起之心因性(心种子性);第六,缘起之俱时性;第七,缘起之整体性。(参见周贵华:《唯识通论——瑜伽行学义诠》,第三编第四章第二节)

亦作是说，藏识染法互为因缘，犹如束芦俱时而有，又说种子与果必俱，故种子依定非前后。①

种子自类相续，前念种灭后念种生，像这样的因果关系不能同时俱有，但种子生现行，现行生种子，肯定同时俱有。所以《瑜伽师地论》说非永恒的事情以他性为因，亦以后起的念的自性为因，这就是因缘。自性是说种子本身前后为因，即种子生种子。"他性"是说种子与现行互相为因。《摄大乘论》说，阿赖耶识与污染事物互为因缘，正如捆在一起的芦苇相互支撑不倒一样。就像烟火和蜡烛不可分离相互为因一样，种子与结果同时具有。因此，种子依一定是不分前后。可见，所有的感知活动，作为万事万物之因的种子，与现行之果同时发生，互为因缘，这样的感知内容和认知空间是难以计量的。

很显然，种子与心、心所法都有关联。在心、心所法生起的时候，相关的"识"是八个，不仅仅是前五识和第六识意识，还有末那识和阿赖耶识，而阿赖耶识则是本体。关于八识之间及所缘关系，《成唯识论》曰：

> 本识中种容作三缘，生现分别，除等无间，谓各亲种是彼因缘，为所缘缘于能缘者，若种于彼，有能助力或不障碍，是增上缘。生净现行应知亦尔。现起分别展转相望容作三缘，无

---

① 《成唯识论校释》，第260页。《摄大乘论》说："阿赖耶识与杂染法互为因缘，如柱与焰，展转生烧。"(见《成唯识论校释》，第116页)

因缘故。谓有情类自他展转容作二缘,除等无间。自八识聚展转相望,定有增上缘,必无等无间,所缘缘义或无或有,八于七有,七于八无,余七非八所仗质故,第七于六五无一有,余六于彼一切皆无,第六于五无,余五于彼有,五识唯托第八相故。自类前后第六容三,余除所缘,取现境故,许五后见缘前相者,五七前后亦有三缘,前七于八所缘容有,能熏成彼相、见种故。同聚异体展转相望,唯有增上。诸相应法所仗质同,不相缘故。或依见分说不相缘,依相分说有相缘义。谓诸相分互为质起,如识中种为触等相质。不尔,无色彼应无境故,设许变色亦定缘种,勿见分境不同质故。同体相分为见二缘,见分于彼但有增上,见与自证相望亦尔。余二展转俱作二缘,此中不依种相分说,但说现起互为缘故。净八识聚自他展转皆有所缘,能遍缘故。唯除见分非相所缘,相分理无能缘用故。既现分别缘种现生,种亦理应缘现种起,现种于种能作几缘?种必不由中二缘起,待心、心所立彼二故。现于亲种具作二缘,与非亲种但为增上,种望亲种亦具二缘,于非亲种亦但增上。依斯内识互为缘起,分别因果理教皆成。①

大意为,阿赖耶识种子可作因缘、所缘缘、增上缘三缘,而变生现行为分别的各种事物形式。这里所说的分别,是就心、心所法而言。因缘就是直接的因果关系和条件,所缘缘就是相互关系和条件,增上缘是相互有利和帮助的条件和关系,等无间缘是补位递进

---

① 《成唯识论校释》,第535页。

的条件和关系。种子唯独不能作等无间缘，因为是等无间缘就心、心所法而说，有间隙。具体说，种子三缘，其因缘就是八识各有亲生种子，这就是八识的因缘，如善恶种生善恶的现行；所缘缘就是能缘心法和心所法的种子；增上缘就是，如果有的种子对于现行法的生起能够给予助力，或不起障碍作用。杂染和清净种子生现行都是如此。现起的分别，或自他，或自类，八识前后各种现行分别展转关联关注(相望)，容许有所缘缘、增上缘、等无间缘，但没有因缘，因为不是亲历的缘故。有其他三缘，例如现起的眼识，关注、联想耳、鼻等现起识，就是增上缘。如果第六识意识能缘前五识等，或第七识末那识能缘阿赖耶识，这些就是所缘缘。对于一个有情众生来说，来自自己或他人的分别，它们之间展转关联关注，就有所缘缘、增上缘，没有等无间缘和因缘，等无间缘唯有自识有。

假如一人自己八识聚合现起，它们之间辗转关联关注，那就一定有增上缘，因为此缘通于一切。一定没有等无间缘。关联后八识的现起，各自对于它的自类识具有开导力，就是等无间缘。因为不是自识前后关联关注。所缘缘或有或无。无是因为阿赖耶识对于其余七识有所缘缘的意思，即阿赖耶识相分为前五识作所缘缘。阿赖耶识四分为第六识意识作所缘缘。阿赖耶识见分为末那识作所缘缘。总而言之，阿赖耶识的四分本质，即为前七识的见分变为相分缘，所以阿赖耶识对于末那识有所缘缘之义。然而，前七识关联关注于阿赖耶识没有所缘缘的意思，因为阿赖耶识不缘前七识，不依前七识而生，只缘自己的三境。

末那识望于第六识意识和前五识，没有所缘缘的意思。由于第六识意识通于一切法，前五识望于第六识意识有所缘缘的意思。

## 第九章 唯识学与现象学的六个理论分野

其余六识望于末那识,一切都没有末那识所缘缘之义,因为,末那识只缘阿赖耶识见分,不缘于前六识。第六识意识关联关注于前五识,没有这种所缘缘之义。因为前五识只托阿赖耶识所变现为境相,不待第六识意识所变色等为自境的缘故。然而,前五识关联关注于第六识意识,则有此所缘缘之义,因为第六识意识能缘前五识。

自身八识,它们之间——自类前后相关联关注,第六识意识可以有等无间缘、所缘缘、增上缘三缘,其余七识只有二缘,即等无间缘和增上缘,因为它们只缘现境。陈那《观所缘缘论》中,说允许五识后念见分缘前念相分,末那识亦如此,因而前五识和末那识,前与后自类相关联关注亦有三缘,即因缘、等无间缘、增上缘。若以自身八识之间相关联关注而言,前七识关联关注于阿赖耶识,可以有所缘缘,因为前七识都能熏成阿赖耶识的相分、见分种子。

相关于同聚异体问题,同聚,指约心与心所和合似一;异体,指约心、心所法相用各别。同聚异体之识,如诸识俱时心、心所各自分别相关联关注,虽是同聚,而是别体。对此有两种意见。一种认为只有增上缘,没有因缘、等无间缘和所缘缘。另一种认为,或依见分同聚,心、心所说不相缘,因为没有能缘俱时见分的。若依相分来说,有相缘之义,因为一切相分都是互为本质而得生起,故同聚心所的相分必然依仗心的相分为本质而起,就如本识中诸法种子同时为触等五种遍行心所法的相分本质。若非如此,无色界中既然无色,那么五种心所应没有它们的所缘之境。假设允许无色界第八识也能变现下界的色等,然而触等五种心所法如本识一样,仍是决定缘种,因此不能说第八识心所六个见分的境不同于一个本质。从诸相分容许互为本质来说,所以有相缘之义。

443

相关于同体相分问题，同体是说诸心心所，虽各有四分，但都是一识所变，故名为同体。于四分中相分关联关注于见分，能为其所缘、增上缘二缘。可是见分关联关注于相分，就没有所缘缘，只有增上缘。因为相分在道理上是没有能缘用的。见分与自证分展转相关联关注，如见分关联关注于相分，亦是这样。唯有增上缘，而没有所缘缘。因为见分通非量，不能内缘，所以没有所缘。其余的自证分与证自证分之间辗转相关联关注，俱作为所缘缘和增上缘。因为彼此互相为缘，假定以此内向的二分相望于外向的见分和相分，就唯有增上缘而没有所缘缘之义了。然而，我们还要知道，此中如前所说的相分与见分为二缘，不是依于种子为相分的说法，而是但就现行互相为缘之说。

净八识聚自类和他类之间展转相望，都有所缘，因为一一都能遍缘一切法，不过在同体的四分中，一定要除去见分望于相分的非所缘缘，因为一切相分从道理上说，肯定没有能缘的作用。既然现起分别缘其种子和现行而生，则其种子从道理上来讲应当亦应当缘其现行和种子而生起，现行和种子对于种子来说能作几种呢？种子肯定不能由中间二缘（等无间缘、所缘缘）生起，因为这二缘待心法、心所法为果才能成立。今依因位现行望自亲所熏种能为二缘：因缘、增上缘，与非亲种不辨体故，除自种外只有增上缘。于一切位，种子望自亲种亦具二缘：因缘、增上缘，于异性非亲种亦只有增上缘。依这内识若种若现互为缘起，一切分别若因若果，能生所生，从理从教皆能成立。

以上极为烦琐的叙述，实际上展示了一个数学上的组合问题：四缘与八识各有两种可能，八识之间各有两种可能，再加上每个识有四分，又与前面四缘构成组合关系，合起来约有数百种组合。由此可知，唯识学的八识在具体的认知过程中，不仅彼此相互关联关注缠绕，还与认知对象（即外境）的各种条件互为关联关注缠绕，因而绝不是单纯的意识和感性、知性的知觉活动。唯识学曾用"百法"概括宇宙万物，包括精神、物质一切现象。周叔迦先生说："这百法是包罗万象的总纲，八识又是百法的主脑。"① 可见仅仅在具体的认知过程中，对于八识运动的描述也是难以尽言的。②

---

① 周叔迦：《唯识研究》，第14页。百法：心法八种、心所法五十一种、色法十一种、心不相应行法二十四种、无为法六种。

② 周贵华教授根据自己的研究，比较简略地概括了八识在认知过程中的功能、作用及其相互关系。他认为："八识皆以了别(vijñapti)为通相。""八识/心皆有心所相配合，每一心与其所摄心所构成一心心所聚，而成八心心所聚，简称八心聚。"前七识有间断，所以称转识。例如睡觉眼识关闭。昏厥和入无想定时前六识不生起。入灭尽定时前七识不生起。前六识于色等六境转起，于苦乐不苦不乐有改转，于善恶无记三性有转变。阿赖耶识相续无转变、无间断，无覆无记，刹那前灭后生相续相似。八识皆有自己不共的所缘之境，意识可以缘一切存在认知对象。前五识所缘境局限在各自的物理性上。意识与前五识俱起同缘境时，称五俱意识。"八识皆由因缘和合而生起，因是其种子，缘是根、境等。眼识等前五识生起，各以自种子为因，而且必须有缘配合，即：需色等（境，即所缘缘）与各自色根眼根等（俱有依）相合；以前念自类识为开导（开导依，即等无间缘），因为在前已灭的自类识，对后自类识之生起是有助力的；以俱时的第六意识（分别依）、第七末那识（染净依）、第八阿赖耶识（根本依），及心所作意等为所依与助导，其中第七、第八识作为微细、潜隐、稳定之流，是粗显的前五识（以及第六意识）生起的内在之所依，第六意识分别力最胜，分别力弱的前五识必以其为俱时之引导才能生起而缘境，而心所作意具有警心引心趣向境界之功能，因此对一切心之生起皆有助力。五识中，眼识生起还需加上空间、光明二缘。意识生起之因、缘合需要有六，谓意识种子（因），前念自识（等无间缘），第八识（所缘缘、俱有依、根本依），作意。"在凡夫位，第八识作为一切现行法的根本所依，是刹那生灭前灭后生相似相续的，前七识虽然依于阿赖耶识，但是可以中断的。末那识与阿赖耶识互为俱有依，除了在灭尽定中断除。而且，"八识缘境之过程一般可归为五心次第，所谓率尔心、寻求心、决定心、染净心、(转下页)

## 下部　了别境识的认识论论证

在所有这些活动中，八识见分都有现量，尤其是前五识。可见现量中，各种识、心、心所及其所缘的可能性是个巨大的量。甚至在禅修灭尽定过程中，六转识与心法、心所法仍然不离身。① 然

---

(接上页)等流心。率尔心，又作率尔堕心，谓心识初对所缘境时，于一刹那卒然任运而起之心；此心率尔所起，因此尚未有善恶之分别。寻求心，谓所缘境明了现前已，推寻求觅而分别之心。决定心，谓分别所缘境已，即能审知善恶而得决定。染净心，谓于善恶之境成染净已，心即成染净之分。等流心，谓于善恶之境成染净已，心即各随其类而相似相续，念念不断。在五心中，率尔心多为一念，其余四心一般是多念相续。"此外，"前六识具足五心。"(周贵华：《唯识通论——瑜伽行学义诠》上册，第205、207、208页)周叔迦先生说："仔细的研究，凡是看见一种颜色或听见一种音声，要经过五种意识同前五识相互作用，方能完全了别的，这五种作用叫做'五心'。一、率尔心：这是前五识在刹那间忽然的了别。二、寻求心：这是意识因前五识生起而起寻求。三、决定心：这是意识因寻求而决定了别。四、染净心：这是意识由了别后生起好恶贪嗔的念。五、等流心：这是因意识的好恶而前五识与意识于相当时间中同等的流转，成就善或不善。"(周叔迦：《唯识研究》，第11页)而从本质上说，佛教把一切事物都看作刹那生灭的，舍尔巴茨基认为："佛教认为对象只是刹那而有的，是一系列的事件；它又将感性与理性截然分为两种根本不同的认识工具。感觉领悟，而理智构造。第一刹那是感觉刹那，它的功效在于激发那依自身法则产生诸刹那综合的理性活动。外部世界中并没有与此综合完全吻合的具体共相。如果一个对象由被感知，第一瞬间的了别总追随有一生动的表象。如果对象由对象的表征而被推知，后者也产生第一刹那的了别，此了别之后追随有那表征的表象以及始终与它伴随的对象的模糊的表象。但在这两种情况下，都只是第一瞬间的了知构成了真正的知识来源，无矛盾冲突的经验来源。"(《佛教逻辑》，第76页)由此足以看出，在认识过程中，唯识学关于八识运行的烦琐、复杂，几乎不可尽述。

① 《成唯识论》曰："契经说，意法为缘生于意识，三和合触，与触俱起有受、想、思。若此定中有意识者，三和合必应有触，触既定与受、想、思俱，如何有识而无心所？若谓余时三和有力成触生触，能起受等。……无心所心亦应无。如是推征，眼等转识于灭定位非不离身。"(《成唯识论校释》，第245—246页)大意为：《十问经》说，意法为条件，产生意识。根、境、识三和合生"触"，与"触"共同生起的有受、想和思。如果在修灭尽定的过程中，有意识存在，根、境、识三和合，肯定有触产生，还能生起受等。既然触肯定与受、想、思同时俱起，怎能说有意识而无心所呢？如果像经量部的一派论师所说，根、境、识三和合，其力成"触"，或如另一派论师所说，三和合产生"触"。触能生"受"等。如果没有心所法，心法也应当没有。由此推论，眼等六转识于灭尽定位，并非不离身。

## 第九章　唯识学与现象学的六个理论分野

而，除此之外还有一个根本问题，即唯识学认为，现量境不能证明对象实有：

> 色等外境分明现证，现量所得宁拨为无？现量证时不执为外，后意分别妄生外想。故现量境是自相分识所变，故亦说为有。意识所执外实色等妄计有故，说彼为无。又色等境非色似色、非外似外，如梦所缘，不可执为是实、外色。若觉时色皆如梦境不离识者，如从梦觉知彼唯心……①

问：色、声、香、味、触五种外境，分明由五识现证，是现量所得，怎么说为无？答曰：现量证时不能认为是外法，当以后第六识进行虚妄分别的时候，才能称为外法。所以现量境是识变现为自己的相分，这样才可以说为有。而相反的是，意识执着外界色法以为真实，这是虚妄计度产生的，故说为无。很显然，其他虚妄计度所执外法，看外在事物，其实犹如梦中之物，似是而非，都不是实在之物。这种梦中之物等到觉醒之时方才觉悟。

由此可以看出，唯识学一方面以真觉作为推论证据，以觉悟中道作为认知结果，实际上是消解了一般哲学和科学意义上的认知是否正确的问题；另一方面，唯识学认为，如果认识不到法空、我空和万法唯识的原理，即使我们所见事物历历在目，亦皆为虚妄认知，即错误认知。由此可见，唯识学所谓的现量，还具有另外一层的含义：一是所见认知正确与否；二是对于普通人来说，所有正确

---

① 《成唯识论校释》，第493页。

认识都是非量。

因此，周贵华教授认为，现量有两种含义："现量分世俗与胜义两种。前者为凡夫在散位与定位感官等之经验；后者为圣者之亲证。"在他看来："八识作为虚妄分别，其缘境之认知皆是错误性质的，因而皆非是正量。只有圣者本于无分别智之认知，方是正确性质，可为正量，所谓无分别现量，与有分别现量，由与根本无分别智与后得无分别智相应故。"基于此，周贵华教授阐发了自己的见解："具有平等、直接与相称三相之正量，可称现量。因而，三种正量皆是现量。……由此三种现量分别可称为根本现量、无分别现量，与有分别现量，或者说后得无分别现量。唯现量是正量，因而唯有现量才是正确之认知。此现量与陈那、法称学派之现量定义不同。陈那以离分别为现量之相，而法称在'离分别'外，又补充'不错乱'。这样的现量包括前五识之根现量、五俱意识现量、自证分现量、瑜伽现量等。离分别指不以名言亦不以种类、体相差别之区分方式去把握所对境，而是直接缘现前自相境而认知；不错乱是指在离分别之认知中排除如眼翳见二月之眼识认知这样的直缘但错乱之认知。……显然，陈那、法称学派之现量定义包括凡夫之认识在内，一般不适合为量，因为凡夫之一切认识皆有执着在内，不是作为正确之认知的量。其中只有属于圣者认知之一分符合正量之定义，可以为量。""在构成正量之证知结构中，心是能量，境是所量，能量对所量予以证知之果量，即是正量。""总之，正量作为现量，是对诸法实相之正确认知。诸法实相包括诸法实性，即离言自性，或者说圆成实性真如，这是无分别现量针对之所量；还包括诸法缘起性，即依他起性法，这是有分别现量针对之所量。说

第九章　唯识学与现象学的六个理论分野

为'现',强调了正量是对当前实境之直接证知。"因此,"凡夫在经验意义上对所缘境之直接、不错乱的认知,如眼识对色,乃至身识对触之直接认知,可称相似现量(Pratyakṣa-pramāṇa-ābhāsa),简称似量(pramāṇa-ābhāsa),或者称世俗现量(saṃvṛtti-pratyakṣa-pramāṇa)。世俗现量在凡夫之前五识、第六识及第八识可得,在第七识不可得。"①

比量的另一含义也同样如此。周贵华教授说:"比量亦分为世

---

① 周贵华:《唯识通论——瑜伽行学义诠》,第418、209、82、83、209页。佛教中还有"现观",意谓智慧现观谛理,于见道十六心位观上下八谛之理,此称圣谛现观。小乘说一切有部以十六心见道,为渐现观。大乘法相立一心真见道,为顿现观。心离各种烦恼的系缚,称之为自在,就可以获得通感。《瑜伽师地论》卷六十九,五神通。眼通,天眼通,色界四大所造清净色根,能观欲界、色界万物,不管多远多近,多粗多细。耳通,能听闻欲界、色界一切声音。"神"谓不可思议的力量。"通"谓自由自在,毫无阻挡。还有他心通,能洞察其他人的心理活动。宿命通,知道自己来世的一切。如意通,或称神境通、神足通,自由飞行,石壁不能阻挡,能变石头为金,变火为水。(见《成唯识论校释》,第369—370页注一二)例如观世音,就可以"观"到世上的声音。这种现观也是现量。"观"与禅还有另一个含义。觉贤译《修行道地禅经》(又称《达摩多罗禅经》)讲了禅法的五种法门。慧远序认为"禅法的五种法门都是末象(形迹)上讲对治的,完成根本的转变,即由此下手。……开始时将方便、胜进二道,开不净观、念息二甘露门,通达退、住、升进、决定四义(……),这样就可以从迷途中启示归途,领会要旨。"慧远还对不净观的特点作了介绍。不净观主要是观察尸体。印度人旧俗,死了人就将尸体丢在树林中任其腐烂,于是鸟兽虫蚁相继唼蛆,最后只剩下白骨。不净观就是顺序观察这些过程,得"不净"认识。然后由不净转净,从白骨上产生幻觉,出现青、黄、赤、白四种光彩,使人的心地清净。所以说"开四色为分界"。在观其中每一色的时候,都是内外遍缘,到处见着同一类色,所以叫"一色无量缘"。这样,他们把禅法之所宗,着重归于五门中的"不净观"门,以之为中心,所以说"宗归部律"。从而最初要理解的事物也就得到真实了。其他以清净为归趣的事都视为不净观为转移,故比之为朝阳。(参见吕澂:《中国佛学源流略讲》,第77—79页)

俗与胜义者。胜义比量谓圣者依据圣教量及正理比知抉择者。余者，即为世俗比量。"因此，这里也有一个关于"非量"的辩证关系，"如果依世俗现量与比量判为非量者，此非量亦可能为胜义现量、比量。因为世俗者，根本上讲是由虚妄分别熏习力而生起者。如无分别智缘真如，为胜义现量，而世俗之人不许可。只有圣者依自内亲证而判为非量者，才真是非量。"总而言之，"就世俗现量与比量而言，在八识中，五识及第八识唯是现量，第七末那唯是非量，第六意识遍通三量。就胜义现量与比量而言，严格讲，唯有与根本无分别智、后得无分别智相对应才可得名，即唯限于净心中所显现与比知者。但其中于世俗心中随顺此二智而显现或比知者，亦可方便称为胜义。"①

---

① 周贵华：《唯识通论——瑜伽行学义诠》下册，第418—419页。舍尔巴茨基认为："梵文的现量一词较感性知觉的范围要广得多"，因此对唯识学的现量概念作了分类，提出"意现量"（mānasa-Pratyakṣa）、"瑜伽现量"（yogi-Pratyakṣa）和"自证现量"（内省 introspection=sva-saṃvedana）三种，认为"意现量""意指直接知识与直觉，与间接知识和概念知识相对。感性知识仅仅是直观的一种，另外存在着'理性的直观'，一般人并不具备这种天赋能力。只有修习瑜伽者才有这种神力。这种理智直观的刹那被认为是追随于纯感知之后的第二刹那，它存在于每一觉中。显然这只是继外来刺激影响感官的刹那之后的第二瞬间的主义阶段。""瑜伽现量"是一种"理智直观"，"它局限于鲜明与生动的实在之刹那，之后便是试图以模糊而一般的表象概念对它加以解释的知性（活动）。""自证现量"说明，"'一切意识都是自证的（自我明了的）'，这是瑜伽行派——经量部的基本命题。对于外部对象的每一认识同时也就是对那认识的认识。一方面每一种感受与意志都与某个对象相联系，而另一方面，它又是自证的（自我明了的）。从而我们才具有'对自己认知的了解'。知识是自我显明的（svayam-prakāṣa）。正如灯照显事物时亦照显灯自身，不需要另外的光源照显灯自己。同理，认识亦是自我显明的，因为它无需别的意识之光的来源才使自己被意识到。""经量——瑜伽行派主张说，如果我们竟然不知道我们看见了一块青布，那么我们就决不会认识它的。（转下页）

## 第九章 唯识学与现象学的六个理论分野

由以上论述可知，唯识学关于现量的理论极为丰富，所论现量的内涵也具有多种层次，十分繁复。即使在日常经验的意义上，也难以对其作出简单的界定。

胡塞尔现象学认为，仅仅依赖于先验还原，现象学还不能达到它的目的。因为先验还原只能还原到纯粹内在的意识上去，只能把超越的东西悬置起来。现象学倘若止步于此，终止与个别的被给予性，它就不能解决认识论中的根本问题，即不能实现对思维内在与外在事物之间关系本质的揭示，不能解决任何关于人类认识的问题。所以，现象学必须由对于思维内在领域的描述，到达外在的超越之物。而对内在与超越之物的根本区分，则是通过"本质直观"(intuition of essence)来实现的。

"本质直观"就是"本质还原"(eidetic reduction)。胡塞尔通过先验还原发现了纯粹思维的明证性，但这种思维只是个别的被给予性。这里的问题还是在于，这种思维内在的、个别的东西，与外在世界的、一般的事物之间是否具有一种内在的、本质的关系？在对思维的考察中，胡塞尔发现，事物的一般性也并不缺少这种绝对的被给予性。例如，对桌上一张吸墨纸的红进行直观，就会由纸

---

（接上页）'无论是精神现象（心所法）还是意识（心法）都是自觉的（自我明了的自知的——译者），'法称这样宣布。即是说，简单的心识(citta 心 = vijñānam 识 = manas 意)，即仅对我们感知范围内某物的了知，以及所有构造的、复杂的精神现象(caitta =citta-samprayukta-samskāra 心相应行)亦即表象、观念连同意志、感受、简而言之，一切意识现象都是自我明了的。"（舍尔巴茨基：《佛教逻辑》，第187—190页）这里除了对于唯识学的现量概念有重大误解之外，将之等同于一种直观，还实际上混淆了现量和自证分。

上的红而发现一种红的颜色,即红的一般之物。这时候,吸墨纸不再是我们的注意中心,这种红已经不再依附于吸墨纸而伸展为一种普遍的颜色。在这种情况下,"个别性本身不再被意指,被意指的不再是这个红或那个红,而是一般的红"。①胡塞尔把这种直观叫做"本质直观",亦就是"本质还原"。

在本质直观中,一般性即一种普遍的本质,也是绝对被给予的。本质还原后留存下来的就是对象事物的本质或本质一般性。在本质直观中,意识必须不去触及那些作为出发点的个体对象的具体存在,而仅仅朝向一般本质的存在。因此,本质直观对对象本身的存在不感兴趣,而只对把握到的对象的本质的存在感兴趣。比如说,在本质直观中,我们对那张吸墨纸本身不感兴趣,而只是对那张吸墨纸的红颜色感兴趣。这也是对个体对象存在设定的扬弃。但是,胡塞尔仍然认为,本质直观获得的一般性,在实在的意义上仍然是超越的。就是说,这种一般性仍然不能达到思维内在的绝对的明证性。

胡塞尔认为,认识论上的一般错误是对内在的超越。就是说,一般认识论超越了思维的内在绝对的明证性,而企图去说明外在事物的本质。因为,思维在这里与外在事物之间的关系,并不具有思维内在认识的绝对明证性。但是,本质直观中的一般也是对内在的超越。为了避免陷入这种认识上常见的陷阱,胡塞尔区分了两种意义上的内在。第一种是实在的(reell,与intentional相对)内在,即意识的实在内容,指个别的意识活动和感觉材料。在这个内

---

① 胡塞尔:《现象学的观念》,第50页。

在的意义上,一般是一种超越;第二种内在是指绝对的、明晰的被给予性,也是绝对意义上的自身被给予性。它不仅包括第一种内在,而且还包括实在的超越之物,即一般内在。这种一般内在是指被意指对象本身的一种绝对直接的直观和把握,它构成明证性的确切概念,即被理解为直接的明证性。本质直观所达到的就是这种明证性。就是说,本质直观所达到的明证性虽然不是属于思维实在的内在,但是,这种明证性却达到了一般内在。胡塞尔说:

> 如果直观、对自身被给予之物的把握是在最严格意义上的真实的直观和真实的自身被给予性,而不是另一种实际上是指一个非给予之物的被给予性,那么直观和自身被给予之物的把握就是最后的根据,这是绝对的自明性。[①]

这样,本质直观就使现象学的领域突破了实在内在的藩篱,扩展到绝对被给予性的领域,即从思维的个别的内在活动,达到思维与存在的广阔的认识活动领域,现象学因此而实现了它的真正目标。可见,本质直观作为一种手段,是现象学必不可少的方法。它不仅解救了现象学方法的困境,而且把现象学的研究领域从思维内在伸展到外在事物,从个别扩展到一般。

本质直观就是直观事物。在本质直观中,事物简单地存在于此,并且存在于意识的真正明证的直观中。胡塞尔认为,在本质直观中,纯粹意识中给定的现象就是对象的本质,现象的本质或本相

---

① 胡塞尔:《现象学的观念》,第45页。

就是呈现于纯粹意识中的东西:

> 如果我们在完全的明晰性、成为完全的被给予性中直观到"颜色"是什么,那么被给予之物便是一个"本质",并且,如果我们在对一个一个的感知进行观察时,在被给予性中纯粹地直观到"感知"自身是什么,那么我们也就直观地把握住了感知的本质。①

通过本质直观,我们可以实现由事物的外在存在到本质的认识上的转变。比如,由一个个别的红纸、红布,转变到红这种本质,由此时此地的个别事物转变到一种本质。在本质直观中达到对个体对象的物理性存在的扬弃,即本质还原。而且,胡塞尔还认为:自身被给予性"伸展得有多远,我们现象学的领域,即绝对明晰性的领域,真正意义上的内在领域也就'伸展'得有多远"。②在本质还原中,对象的物理性在意识中的位置被忽略,而对象不变的、普遍的特点则被揭示出来。

如果说,在先验还原中,朴素意识中被给予的东西变成了纯粹意识中的先验现象,它把握的是对象;那么,在本质还原中,现象变成了纯粹意识中的本质,它把握的是对象的本质。本质还原的依据是直观的明证性。明证性也就是明晰、无疑的直观本身。胡塞尔说过:"如果认识批判从一开始就不能接受任何知识,那么它

---

① 见倪梁康:《现象学及其效应——胡塞尔与当代德国哲学》,三联书店,1994年,第79页。

② 胡塞尔:《现象学的观念》,第14页。

## 第九章 唯识学与现象学的六个理论分野

开始时可以给自己以认识,并且自然,它不论证和逻辑推导这些认识,……相反,它直接指出这些认识"。① 直接指出认识就是纯粹直观。"这种明证的直观本身就是最确切意义上的认识"。② 在胡塞尔看来,明证性之所以能成为依据,就是因为它是不需要论证和推理。如果用已有的知识作为前提来推论和论证,得出结论的东西必然不是最根本的知识。最根本的东西是无法论证和演绎的。因此,现象学的本质直观"证明了一个基本的命题:认识论从来不能并且永远不能建立在任何一种自然科学的基础上"。③

特别应该强调的是,这种直观的明证性并不是感觉上的清楚明白。胡塞尔认为,感觉论的明证性是心理主义的范畴,与他的现象学的明证性具有根本不同的性质。胡塞尔现象学极力避免思维和意识的自然化,即思维的日常化。现象学的本质直观是纯粹意识中显现的本质,这种明证性是绝对的被给予性。而感觉论的明证性则不具备这些内涵。同时,感觉论的明证性注重的是事物物理性质的客观存在和外在印象,而现象学的本质直观却忽略事物本身物理性质的具体存在,仅仅直观一种普遍的本质。

在本质还原中,作为一种纯粹的直观和把握的对象,事物的本质是绝对的被给予性的。这样,本质还原不仅使现象学的本质研究成为可能,而且把意识对象引进了现象学的研究领域。本质直观中的这个被给予性,胡塞尔认为,也是对象构造着自身的存在方式。

---

① 胡塞尔:《现象学的观念》,第11页。
② 同上书,第63页。
③ 同上书,第35页。

因此，被给予性问题，"就是在认识中任何一种对象的构造问题"。①胡塞尔说，如果我们进一步观察这种被给予性，就会发现"在对一种声音的体验中，即使在现象学还原之后，显现和显现物竟是如此地相互对置着"。②用这样的观点来看，我们就会有"两个绝对的被给予性：显现的被给予性和对象的被给予性"。③实际上，这种认识现象和认识客体之间奇特的相互关系，可以说到处都能表现出来。

从上述比较可以看出，很显然，唯识学的"现量"概念，是指认知活动中认知主体亲身在场、当下感知。而且，作为认识主体的"心"，基本上与八识、三性、百法交接，绝不是纯粹意识。而从佛教的角度说，现量在所得智下所观照的，也不是物理现实的对象世界。即使就世俗的意思来说，所谓四分也不仅仅是意识的活动，还有心理的活动。第六识意识的活动，与心理活动交错进行，也绝不是纯粹意识。在"现量"这个亲力亲为的感知过程中，不仅认知主体所有的认知功能(感性、知性、理性、直觉、想像等)被刺激活跃起来，而且所有的心理(欲望、禁忌、偏爱等)和精神(悲观、乐观、怀疑主义等)功能也被刺激起来，并同时与认知活动混合一体，获得主体当下的认知结果。这个认知结果对于那个具体的认知主体来说，可能是最真实的感知。但是，这个认知基本上是个性化的、独特的认知结果，不具有普遍性。现象学"本质直观"概念，是指认知主

---

① 胡塞尔：《现象学的观念》，第8页。
② 同上书，第15页。
③ 同上。

体经过"悬置"之后的纯粹意识,对于对象事物所进行的观照活动。在这个观照过程中,一定要排除对象的物理性存在,只关注事物普遍性的"本质"。因此,"本质直观"的结果被认为一定是具有普遍性的,而绝非个性化的、独特的认知结果。由此也可见,在唯识学的"现量"概念与胡塞尔现象学的"本质直观"概念之间,几乎很难找到相同之点。

## 第六节 "真如"与"事物本身"

唯识学作为佛教一个宗派的教义,其指向无疑是宗教的目的,认识的最高目标是证得真如,方法是修行。胡塞尔现象学的根本目标是解决认识中"意义"的确定性问题,回到"事物本身",基本是哲学认识论。二者的分野一目了然。

唯识学同样有普遍真理的追求。但是从根本上说,佛教的认识主体没有实在性(无我)。佛教最初提出的"四圣谛"(意即四种真理),又把万事万物的发生发展归纳为十二缘起和刹那灭,其根本思想是"空",并试图通过涅槃解决烦恼问题。大乘佛学否认任何世俗的永恒原理,与哲学相关的认识论只限于经验,所追求的是获得根本智,认识佛家真理。所谓般若根本智声称是照事物原样去认识事物,事物原来无知无相,所以也应以无知无相来观察它。后来的佛教学者,将般若自照的性质说成"无分别",但又不同于木石之无知和执心之无记等等。对般若(智慧)还区分"根本智"和"后得智",前者观察事物之"共相",后者照事物之"自相"。

"共相"是空性,"自相"则以空性为基础。最后还在"根本""后得"之中分了若干层次。到了获得般若的成熟阶段,不用着意可以任运自在。这个阶段相当于十地修习中的第八地,小乘佛教修道达到的阿罗汉果位。而唯识学实现这一目标的手段有清净心、如来藏、圆成实性等。这也是唯识学不同于佛教其他宗派的一个特征。

佛家认为,获得真理的主要障碍是人生之惑,总共包括十二有支(因缘),即从无明乃至老死。① 这些惑的断除也是通过见道和修道。见道有两种,一是真见道,即证得我、法二空所显真理,断除烦恼、所知二障的分别随眠。二是相见道,也分两种,即观非安立谛和缘安立谛。由此进入真如法界如来住地。

瑜伽行派在修道实践上不同于其他宗派所常讲的解脱、涅槃,而是讲"转依"。"依"即依赖、依仗之意。"所知依"指有情众生根据一般知识作为人生行为的依仗和依赖,是染,是迷,"转依"就

---

① 《成唯识论》曰:十二因缘带来人生痛苦。"此惑、业、苦应知总摄十二有支,谓从无明乃至老死,如论广释。然十二支略摄为四:一、能引支。谓无明、行,能引识等五果种故。……二、所引支。谓本识内亲生当来异熟果,摄识等五种,是前二支所引发故。……三、能生支。谓爱、取、有,近生当来生、老死故。……四、所生支。谓生、老死,是爱、取、有近所生故。谓从中有至本有中未衰变来皆生支摄,诸衰变位总名为老,身坏命终乃名为死。……胎、卵、湿生者,六处未满,定有名色故。又名色支亦是遍有,有色化生初受生位虽具五根,而未有用,尔时未名六处支故。初生无色虽定有意根,而不明了,未名意处故,由斯论说十二有支一切一分上二界有。……此十二支十因二果定不同世,因中前七与爱、取、有或异或同,若二、三、七各定同世。如是十二一重因果足显轮转及离断常,施设两重实为无用,或应过此便致无穷。"(《成唯识论校释》,第545—548页)

## 第九章　唯识学与现象学的六个理论分野

是要"转识成智",转变为对于佛教真谛的认知领悟,是净,是悟。①唯识学因此提出"转识成智",由三性达到三无性,成佛解脱。《唯识三十颂》第二十五颂云:"此诸法胜义,亦即是真如。常如其性故,即唯识实性。"这里所说的"诸法"指"三无性",三无性也是智。唯识宗将修道途径落实到圆成实性的修炼。由此进入真如。步入唯识修炼的阶段和方法是"五位",即资粮位、加行位、通达位、修习位、究竟位。前四位是过程,第五位为结果。

《成唯识论》对于各位的修行状况和果位进行了细致的描述。关于资粮位,《唯识三十颂》第二十六颂曰:"乃至未起识,求住唯识性。于二取随眠,犹未能伏灭。"意即资粮位是通过福德二业和智慧所达到修行的阶段。各位菩萨对于识的外相和体性,在资粮位能够深刻信仰和理解。但在资粮位不能认识能取、所取二空,是有漏位,处于有所知障、烦恼障阶段。②

---

① 周贵华:"'瑜伽'/'相应'在瑜伽行学中更多是在胜义层面上界定的,而用于称谓对真理的亲证。亲证是对真理的直接把握,是与真理的冥契。具体而言,首先是在修行过程中的加行道终端跨入见道的刹那,真实智慧生起而证入真如,即此方可称为相应。在因位的圣者难以一直或者虽然能够一直但不能圆满地处于相应状态,只有在果位之佛才能一直且圆满地处于相应状态。这是'相应'在瑜伽学中的最根本意义……"前文对瑜伽行之名进行了一番辨析,目的在于强调瑜伽行学之根本核心是修相应,以生起并圆满实证真理之智慧。"(周贵华:《唯识通论——瑜伽行学义诠》上册,第2、3页)

② 《成唯识论》曰:"此位未证唯识真如,依胜解力修诸胜行,应知亦是解行地摄。所修胜行其相云何？略有二种,谓福及智,诸胜行中慧为性者皆名为智,余名为福。"(《成唯识论校释》,第612页)"十重障者:一、异生性障,谓二障中分别起者,依彼种立异生性故。……二、邪行障,谓所知障中俱生一分及彼所起误犯三业。……三、暗钝障,谓所知障中俱生一分,令所闻、思、修法忘失。……四、微细烦恼现行障,谓所知障中俱生一分,第六识俱身见等摄,最下品故,不作意缘故,远随现行故,说名微(转下页)

459

关于加行位,《唯识三十颂》第二十七颂曰:"现前立少物,谓是唯识性。以有所得故,非实住唯识。"①在此位要通过四加行,即暖、顶(意思是极顶,顶位所修的寻思叫"上寻思")、忍、世第一,修"四寻思",获得四种如实智,达到二无我认识,获得无漏智。"四寻思"第一为名寻思观。即一般人认为事物的名称表示与此物相应的实物,因此而有喜怒哀乐之情。唯识学认为这都是假名,是信识上的假立;第二为事寻思观。即万事万物都是识的相分,虚幻不实;第三为自性寻思观。唯识学认为事物自性皆非实有,是识的变现;第四为差别寻思观。唯识学认为事物的大小、长短等差别之相都是假有,离识不可得。认识到人们观察寻思事物的名、义、自性、差别都是假有,由此为因,有相应"四如实智"。①在加行位能够渐次制服铲除所取和能取,引生对最高实在的认识。

关于通达位,《唯识三十颂》第二十八颂曰:"若时于所缘,智

---

(接上页)细。……五、于下乘般涅槃障,谓所知障中俱生一分,令厌生死乐趣涅槃,同下二乘厌苦欣灭。……六、粗相现行障,谓所知障中俱生一分,执有染净粗相现行。……七、细相现行障,谓所知障中俱生一分,执有生灭细相现行。……八、无相中作加行障,谓所知障中俱生一分,令无相观不任运起。……九、利他中不欲行障,谓所知障中俱生一分,令于利乐有情事中不欲勤行,乐修己利。……十、于诸法中未得自在障,谓所知障中俱生一分,令于诸法不得自在。……故《集论》说得菩提时,顿断烦恼及所知障,成阿罗汉及成如来,证大涅槃大菩提故。"(《成唯识论校释》,第660—664页)

① 参见周叔迦:《唯识研究》,第55页。《成唯识论》曰:"四中寻、伺定是假有,思、慧合成,圣所说故。悔、眠有义亦是假有,《瑜伽》说为世俗有故。……四皆不与第七、八俱,义如前说。悔、眠唯与第六识俱,非五法故。……由此五识定无寻、伺。……此四皆通善等三性,于无记业亦追悔故。……应说离心有别自性,以心胜故说唯识等,心所依心势力生,故说似彼现,非彼即心。又识心言亦摄心所,恒相应故。唯识等言及现似彼皆无有失,此依世俗。若依胜义,心所与心非离非即,诸识相望应知亦然,是谓大乘真俗妙理。"(《成唯识论校释》,第456—458页)

都无所得。尔时住唯识，离二取相故。"①在通达位，以无漏现行二智（根本智、后得智）证悟实相，通过八识成就"四智"：1.大圆镜智相应心品，像大圆镜那样显现诸处、境、识影像。2.平等性智相应心品，平等观察一切事物和自我。3.妙观察智相应心品，观察各种事物的自相和共相，断除一切疑惑。4.成所作智相应心品，在身口意三业实现自己的誓愿，成就一切应当做的事情。四智心品永离恼害，故名安乐。清净识是无分别的，或者与根本无分别智相应，或者与后得无分别智相应。前者是对空性真如之证知，后者是对一切相之如实显现。而佛位圆满清净识，即无垢识，完全无分别任运显现，与四智相应。此中四智，谓阿赖耶识所转之大圆镜智，末那识所转平等性智，意识所转之妙观察智，前五识所转之成所作智。四智相应即是无上正等正觉。简言之，通达位可以见道，体会真如，认到真理，把握到瑜伽行的中观思想。②

再进步到修习位，《唯识三十颂》第二十九颂曰："无得不思议，是出世间智。舍二粗重故，便证得转依。"在修习位，按照所认识的道理，反复修行，伏除烦恼，断除余智障。③再进一步修根本智，

---

① 《成唯识论》说："若时菩萨于所缘境无分别智都无所得，不取种种戏论相故。尔时乃名实住唯识真胜义性，即证真如，智与真如平等平等俱离能取、所取相故，能、所取相俱是分别，有所得心戏论现故。……故应许此有见无相。加行无间此智生时体会真如，名通达位。"（《成唯识论校释》，第623—624页）

② 参见《成唯识论校释》，第708页。

③ 《成唯识论》云："……由数修习无分别智断本识中二障粗重，故能转灭依如生死及能转证依如涅槃，此即真如离杂染性。如虽性净而相杂染，故离染时假说新净，即此新净说为转依，修习位中断障证得。虽于此位亦得菩提，而非此中颂意所显，颂意但显转唯识性，二乘满位名解脱身，在大牟尼名法身故。"（《成唯识论校释》，第636页）牟尼：梵文Muni，意思是寂、寂寞、寂静，静止身、口、意三业之学道者的尊号，又译为仙人、贤人或佛。

便可达究竟位。

至究竟位,《唯识三十颂》最后一颂曰:"此即无漏界,不思议、善、常。安乐、解脱身,大牟尼名法。"在此位全出二障,功德智慧无不周备,不同小圣,所以称为圆。能至无尽未来,教化有情众生,使他们也悟入唯识的相和性。究竟位获得无上果位。①

一个人如果这样认识唯识问题,就不会颠倒错误,善备福、智二资粮,这样就能很快进入法空,证得无上觉,从生死轮回中拯救拔除出来。违背教理恶趣空者不能成就这样福、智,肯定应当相信一切唯识之理,获得十波罗蜜,证得十真如:

十真如者:一、遍行真如,谓此真如二空所显,无有一法而不在故。二、最胜真如,谓此真如具无边德,于一切法最为胜故。三、胜流真如,谓此真如所流教法于余教法极为胜故。四、无摄受真如,谓此真如无所系属,非我执等所依取故。五、类无别真如,谓此真如类无差别,非如眼等类有异故。六、无染净真如,谓此真如本性无染,亦不可说后方净故。七、法无别真如,谓此真如虽多教法,种种安立而无异故。八、不增减真如,谓此真如离增减执,不随净染有增减故,即此亦名相土自在所依真如,谓若证得此真如,已现相现土俱自在故。九、智自在所依真如,谓若证得此真如已,于无碍解得自在故。十、业自

---

① 《成唯识论》曰:"前修习位所得转依,应知即是究竟位相。此谓此前二转依果,即是究竟无漏界摄。诸漏永尽,非漏随增,性净圆明,故名无漏。界是藏义,此中含容无边希有大功德故。或是因义,能生五乘世出世间利乐事故。"(《成唯识论校释》,第701页)

## 第九章　唯识学与现象学的六个理论分野

在等所依真如,谓若证得此真如已,普于一切神通、作业、总持、定门皆自在故。虽真如性实无差别,而随胜德假立十种。①

但真如也是"识之实性"。"或相分等皆识为性,由熏习力似多分生,真如亦是识之实性,故除识性无别有法。此中识言亦说心所,心与心所定相应故。"②因此,总而言之,统而言之:

> 谓诸菩萨于识相性资粮位中能深信解,在加行位能渐伏除所取、能取引发真见,在通达位如实通达,修习位中如所见理

---

① 《成唯识论校释》,第678—679页。《大乘起信论》曰:"真如自体相者,一切凡夫、声闻、缘觉、菩萨、诸佛,无有增减。非前际生,非后际灭,毕竟常恒。从本以来,性自满足一切功德。所谓自体有大智慧光明义故,遍照法界义故。真实识知义故,自性清净心义故,常乐我净义故,清凉不变自在义故,具足如是过于恒沙,不离、不断、不异、不思议佛法,乃至满足无有所少义故,名为如来藏,亦名如来法身。"(《大乘起信论校释》,第101页)杨维中说:"就起体性而言,'涅槃'与'真如'并无分别,都是诸法的真实体相。二者的不同方面则主要有二:其一,从言教的角度,真如是诸法的真实本性,而涅槃则是诸佛自内(心体)转依所悟得的心理境界;其二,转依后诸佛总揽的一切法唯是无漏功德,唯是菩提大用,因而诸佛依此所得'四智'住于生死救度众生,这也就是唯识宗'四种涅槃'义中之最高者——'无住处涅槃'。"(杨维中:《中国唯识宗通史》下,第737页)

② 《成唯识论校释》,第714页。周贵华教授说:"在圣者境界,其清净识之所缘境,除依他起性所摄诸了别外,还有圆成实性真如。此时,依他起性虽似外境显现,但清净识/后得智不颠倒执着其为外境,而是如实分别。而对圆成实性真如,则清净识/根本智则是无相/无分别地显现/证知。如《摄大乘论》云:'此识若为无分别智火所烧时,于此识中所有真实圆成实自性显现,所有虚妄遍计所执性不显现。'此中意为,与无分别智相应之清净识生起时,能无分别、无颠倒、无遮蔽地显现圆成实性。圆成实性真如作为所缘境,并非是识转变而成的,而是作为识之实性被证知的。"(周贵华:《唯识通论——瑜伽行学义诠》下册,第421页)

数数修习伏断余障,至究竟位出障圆明,能尽未来化有情类复令悟入唯识相性。

若如是知唯识教意,便能无倒,善备资粮速入法空,证无上觉,救拔含识生死轮回(Saṃsāra),非全拨无恶取空者,违背教理,能成是事,故定应信一切唯识。①

这是唯识学所有论证的最后指向。②

胡塞尔现象学主要任务是认识本身的批判,即解决认识如何可能的问题。实质上这也是哲学上的一个老问题,即思维与存在

---

① 《成唯识论校释》,第599、493—494页。周贵华:"在圣者境界,其清净识之所缘境,除依他起性所摄诸了别外,还有圆成实性真如。此时,依他起性虽似外境显现,但清净识/后得智不颠倒执着其为外境,而是如实分别。而对圆成实性真如,则清净识/根本智则是无相/无分别地显现/证知。如《摄大乘论》云:'此识若为无分别智火所烧时,于此识中所有真实圆成实自性显现,所有虚妄遍计所执性不显现。'此中意为,与无分别智相应之清净识生起时,能无分别、无颠倒、无遮蔽地显现圆成实性。圆成实性真如作为所缘境,并非是识转变而成的,而是作为识之实性被证知的。"(周贵华:《唯识通论——瑜伽行学义诠》下册,第421页)

② 杨维中先生说:"'瑜伽'的基本字义是'连结',可引申为'将心连结于一境'的修行。这本来是共通于印度宗教界的修行方法之一,然弥勒、无著等论师赋予其独特含义,因而成为佛教的修行方法。关于'瑜伽'的具体内容,最胜子所造《瑜伽师地论释》有文字说:'一切乘境、行、果等所有诸法,皆名瑜伽,一切并有方便善巧相应义故。'此中的'相应'即指'法随法行',……菩萨'法随法行'是'止观'之行,也就是'瑜伽行'。""总之,唯识相、性,依他圆成,无非是说明依他如幻,使修唯识行者,断妄染执障,证到圆成真理,而成三身万德的佛果。然佛果功德,殊妙无边,非少修行可能证圆,必须经历'资粮'、'加行'、'通达'、'修习'、'究竟'五位,十住、十行、十回向、十地、妙觉四十一阶,历经三大阿僧祇劫,方能至三身万德之佛地。"(杨维中:《中国唯识宗通史》下,第488—489、520页)

## 第九章 唯识学与现象学的六个理论分野

的关系问题。在胡塞尔看来,"生活和科学中自然的思维对认识可能性的问题是漠不关心的。"①在日常的自然生活中,人们显然不会去思考"我们的认识是否可靠"这样一类问题,而自然科学也只能告诉我们某物"如何",而不能告诉我们某物"是什么"。科学关注的是认识的结果,从未关注认识本身。正因为如此,尽管人类的科学和技术正在飞速发展,科学技术的成果灿烂辉煌,但是,这些都不能回答"认识是否可能"这样的问题。在这个意义上说,科学知识还不能等同于真理,科学自身还没有获得这种明晰的最终真理性的证明。因此,就哲学而言,人们还是处于这样的困境中,即我们如何能够确信我们的认识是与自在的事物一致的?我们的认识如何能够"切中"这些事物?自在事物同我们的思维活动以及那些给它们以规则的逻辑规律是一种什么关系?同时,科学本身是精神的一种产物,因而我们还不能用以自然为对象的那种科学来考察科学本身。这些问题未解决,科学在实际上就不能得到可靠性的明证。而现象学的任务,就是要解决这些问题。只有这些问题解决了,科学才能成为知识。因此,现象学的目标也可以说是为一切科学寻求一个确定的基础。由于这个目标,现象学号称自己的方法就是"回到事物本身"这一原则。

就现象而言,布伦塔诺认为,全部世界现象分为两大类:物理

---

① 胡塞尔:《现象学的观念》,第7页。后期胡塞尔还认为,科学不仅不是唯一的真理,而且还把我们的实际的世界变成一种单一的理念的世界:"早在**伽利略**那里就以数学的方式构成的理念存有的世界开始偷偷摸摸地取代了作为唯一实在的,通过知觉实际地被给予的、被经验到并能被经验到的世界,即我们的日常生活世界。""正是这件理念的衣服使得我们把只是**一种方法**的东西当作**真正的存有**。"(胡塞尔:《欧洲科学危机和超验现象学》,张庆熊译,上海译文出版社,1988年,第58、62页)

现象和心理现象。物理事物是有颜色、有声音、有广延性的,等等。然而,各种观察和感觉,特别是物理学理论向我们表明,外界对象并没有这些性质,代替它们的是另外一些性质,例如光波和空气的振动等。但是,这类性质也不存在于心理的主体之中。在这里只存在着有关的活动,或更确切地说,存在着的是这种活动的承担者。因此,严格说来,没有什么颜色和声音,而只有看颜色者和听声音者。只有心理现象是内知觉的现象,也是自明性知觉的现象。因此,只有心理现象才有真正的存在。从逻辑上说,物理世界不能有"真的"或"非真的"这类谓词,例如石头或树林,不可能是真的或假的,只能是实在的或非实在的。因此,真理既不存在于客观世界,也不存在于先验的主观世界,而是存在于心理现象中,即具有明证性的直接经验中。普遍正确性乃是内经验界自明性的自然结果。因此,在布伦塔诺看来,哲学研究因此必然归属为心理研究。

心理现象的总特征就是"意向性"(Intentionalität),即意向对某物的关系。我们看到,人们不会说"我感觉"、"我想象"、"我判断"、"我高兴"等,总是说"我感觉到某物"、"我想象某物"、"我对某物下判断"、"我对某物高兴"等,这表明,每一种意识实质上都是关于对象的意识。胡塞尔在布伦塔诺心理主义基础上,进行了现象学的艰难探索。胡塞尔现象学理论的根本意图,不是把对象当作哲学思维的对象,不是把具有意义的语言符号当成研究对象,也不是孤立地把意义本身当成研究对象,而是把对象的表现方式归结为意义,将意识的给定方式,即赋予符号以意义之活动本身当作研究对象。胡塞尔的这种意义意向性学说,从根本上打破了根据外在因果律来说明事物的观念。它把人们的认知活动重心,从外在存在的物理世界的物的结构，转移到主体的意识的结构中。人们不再只是从外在的客观世界中去寻找认识事物的最终根据，而是从意识活动本身来寻求认识活动中意义的构成。胡塞尔是把意向性的构成物或构成中的被给予物，当成是最终的存在。认识现象学因此也成为关于现象、显示、意识行为的认识科学。让现象作为显现者，以自己显现的方式被人们意识，这就是"回到事物本身"的原则和意指。胡塞尔现象学这个认识论的转换，不仅揭示了一直被哲学和科学遮蔽的人们认识活动过程中的一些本质现象，而且也暴露了我们知识构成的一种本质结构，从而开启了20世纪哲学发展的一个崭新起点。我们传统观念所认定的知识的确定性也因此动摇。因为，与我们意识相关的某物的意义，无论如何不是某物全部的、最终的意义。很显然，这里"事物本身"的指向就是意义的确定性。

可见"真如"与"事物本身"的区别不仅是认识论的，还是宗教与哲学的。

## 小 结

兴盛于5世纪的佛教唯识学，和成书于7世纪末叶的《成唯识论》，与诞生于20世纪初的胡塞尔现象学之间，相差一千三百余年。这个巨大的历史长度基本上可以展示这两种哲学思想存在的深深鸿沟。

唯识学描述的"现象",即大千世界,都是识的"转变"。万事万物都是由识生成、构造出来的,此即"万法唯识"意指。胡塞尔现象学认为,"现象"就是显现,也就是意识中呈现的对象事物。因此,在本质上说,现象也是意识。可见,唯识学的"识变"说与胡塞尔的"显现"说有类似的地方,即都把现象看作是主观的外化。其次,唯识学宣称"法、我二空",除了外在世界在本质上是空,"我"在本质上也是空,是"无我论"。胡塞尔现象学在论证"意义"确定性的时候,首先也是"悬置"一切事物,包括"我"。在这一点上,唯识学与现象学也有类似。但是,在"现象"构造和呈现的具体描述中,以及关于对象世界的认知过程中,唯识学与现象学存在巨大差异,具有根本不同质的意指。

首先,就哲学而言,唯识学"万法唯识"思想中包含形上学的命题,因为唯识学否认任何物理性事物的实在性,包括"我"的实在性。而现象学主要讨论哲学认识论问题,只是"悬置"万事万物,对外在世界存而不论,没有否认物理性世界的实在性,不具有形上学含义。

其次,唯识学论证的逻辑是"法、我二空",即外在世界和"我"都是虚幻存在,由此证明"唯识实有"。而现象学的指向是论证对象世界呈现出来的确定的"意义",但是,这个"意义"与"识"完全不同。因为,唯识学之"识"可转变为八识,每个识都有其种子,因此,"识"也包罗万象。而现象学只是讨论意识,不关注心理现象和精神活动,也不关注世界的物理构成。

第三,就时代性来说,唯识学的知识背景是公元7世纪人们的生活经验常识,而现象学的知识背景则是以量子力学为代表的现代科学。因此,唯识学从纯粹感觉出发把握对象,以经验和体验为依据,很少展现概念构造和抽象逻辑演绎的力量。而现象学则是属于20世纪的学术体系,具有严密的概念系统和逻辑力量。这是唯识学与现象学在理论品质上的根本分歧。

最后一点,唯识学归根结底是宗教理论,指向宗教,引导信众由三性到三无性,成佛涅槃。而现象学作为哲学,由解决认识中意义的确定性问题,进而解决科学合法性问题。因此唯识学与胡塞尔现象学的对象世界也具有不同的逻辑时空:唯识学构造的时空是三界,包含过去、现在、未来,具有立体圆形时空性质。虽然其中的论证有认识论成分,但是在很多问题上已经超出哲学的领域。而现象学的时空仅仅是现实世界,展示了平面线性时间,宗旨是回答人类如何认识世界的问题。

# 结语 关于唯识学研究的几个难点和古今学术文化转型的一点思考

舍尔巴茨基在完成了他的代表作《佛教逻辑》后,对于自己的作品作出了这样的定位:"对于哲学家来说,本书理应引起他对于一种尚不熟悉的逻辑体系的重视。它是逻辑,但不是亚里士多德的逻辑;是认识论,但又不是康德的认识论。"[1]他对佛学的这一论

---

[1] 舍尔巴茨基:《佛教逻辑》,第3页。舍尔巴茨基给《唯识三十颂》勾勒了一个哲学体系:"所有观念种子的聚藏的理论意在用来取代外部世界(《唯识三十颂》第15颂)。我们生命中现象事件的连续流动是不断的,它的根据就在这种藏识中,其中诸种观念在生命的力(vāsanā,习气)的影响下依次显现。每一识都追随藏识中的而非外部世界中的'等无间缘'而起。诸观念从藏识中显现又复归于藏识。从下列表格中可以见到诸元素(诸法)体系的变化:

| 六种感受官能(六根) | 观念的客观方面(六境) | 观念的种类(八识) |
|---|---|---|
| 1.视感觉 | 7.色 | 13.视意识 |
| 2.听感觉 | 8.声 | 14.听意识 |
| 3.嗅感觉 | 9.香 | 15.嗅意识 |
| 4.味感觉 | 10.味 | 16.味意识 |
| 5.触感觉 | 11.触(物质) | 17.触意识 |
| 6.意(烦恼 意) | 12.诸法 | 18.非感觉意识(理智的) |
|  |  | 19.无意识的藏识 |
|  |  | 20.绝对之识 |

第19与第20两项是对小乘佛教原始系统的补充:十个物质成分(即1—5项的五根,第7—11项的五境)被转成了相对的五种识,意根转成了经验之自我(转下页)

结语 关于唯识学研究的几个难点和古今学术文化转型的一点思考

断,里面包含的信息量和意义是巨大的。

经过烦琐冗长的阐述和论证,我对于《成唯识论》的哲学认识,与舍尔巴茨基的这个看法基本相通。就哲学而言,唯识学的形上学主要是由阿赖耶识及其种子说展开的,存在论主要是由末那识展开的,认识论主要是由前六识(即"了别境识")展开的。但是,由于阿赖耶识及其种子是一切事物的根源,所以从根本上说,唯识学形上学、存在论、认识论是一体的。甚至可以说,唯识学的形上学、存在论、认识论可以互换替代:它的形上学就是存在论、认识论,存在论也是形上学、认识论,认识论又可以是形上学和存在论。因此,本书用形上学、存在论、认识论三个部分进行论证和阐述,原本就十分勉强,在某种程度上甚至是对唯识哲学的一种阉割。但是,不如此划分开来,唯识哲学的论证又无法展开叙述。可见这是个两难之境。好在佛家也有"方便"之说,本书如此展示的论证方式,也是无法选择的权宜"方便"之计。从这种无奈之中,就已经

---

(接上页)(kliṣṭa-manas,烦恼意),因为它原先的意义(citta-mātram,随心量)现在转到第20项上去了。每一识显现之前的刹那则包含在第19项藏识中;而一切诸法的最终统一性则包含于第20项,即'如'的观念(tathatā,真如际)或绝对观念(citta-mātram,唯自心)中。演化论的简略描述是为了解释绝对观念的转变(pariṇama),起先在藏识中,然后分裂为主客两方,变现出经验自我和所有自我所认识的观念(诸识)。世亲接着列举了包含于第12项中的原先包含着一切非感觉的各项的法(《唯识三十颂》第9—14颂)。世亲在他的《论》一开始,将世界的转变过程描述为从一绝对观念向多样性的假想的世界的下降。在他论著的末尾又从多样化向统一性上升复归,这一上升过程取决于泯除主客分别(《唯识三十颂》第26颂)这便是出现在该派别中的修订了的诸法存在理论,依据他们的信条,这一派的观念称作唯识说(vijñāpti-mātratā)。这种理论的形式与佛教逻辑派别的兴起是同时的。它也就是后者的最终理论形式,此后,便是该派的消亡。"(舍尔巴茨基:《佛教逻辑》,第614—616页)

### 结语　关于唯识学研究的几个难点和古今学术文化转型的一点思考

显示出唯识哲学研究艰辛繁难的冰山一角。

因此，在本书最后的叙述中，说说唯识哲学研究的难点，实际上也就展示了佛教哲学几个特征，作为唯识哲学研究之路上后来者的参考。

第一个难点是唯识哲学与宗教的关系。

唯识学自身之中有哲学的体系性思考，这是学界的共识。周叔迦先生曾有十分简明扼要的概括："佛教唯一的目的，就是彻底解决人生的苦痛。但是认识宇宙的一部分，所以要解决人生的苦痛，必须要先研究宇宙之所以成立，与人生之所以存在，再进而求人生与宇宙的关系，如是方可以得到彻底解决人生苦痛的方法。""这唯识宗的名词，简略地可以使我们了解他对于宇宙同人生的解释。'唯'是单独的意思，'识'是分别的意思。这个名词的解释就是说：宇宙同人生，全是分别的现相。他说宇宙之间，空无所有，只是有一种能力存在。由这种能力运动的结果，便幻生出无尽的时分、方分，种种宇宙人生来了。这种能力便叫作'识'。"[①]周叔迦先生的概括是一种抽象的划分，十分清晰。按照他的说法，唯识学几乎可以当做一种纯粹的哲学研究来看待。

但是，从唯识学的具体理论中划分出哲学与宗教的界限，却十分困难。不仅唯识学如此，似乎整个印度哲学都存在这个情况。汤用彤先生说："宇宙与人我之关系，为哲学之一大问题，而在印土诸宗，咸以解脱人生为目的，故其研究尤亟。吠檀多谓大梵即神我，梵我以外，一切空幻，梵我永存，无名无著，智者如此，即是解脱。

---

[①] 周叔迦：《唯识研究》，第1页。

僧佉以自性神我对立，神我独存，无缚无脱，常人多感，误认自性，灭苦之方，先在欲知。至若瑜伽外道重修行法，正理宗派重因明法，而要其旨不出使神我得超越苦海，静寂独存，达最正果也。"故"印度哲理之起源，当首推此四因，(一)因《吠陀》神之式微，而有宇宙本体论之讨论；(二)因婆罗门之德重形式，失精神，而有苦行绝世之反动；(三)因灵魂之研究，而有神我人生诸说；(四)因业报轮回出，而可有真我无我之辩。凡此四者亦皆互为因果，各宗于中选择损益，成一家言"。① 孙晶教授说："相对应于西方的 philosophy，印度称呼哲学的一词为 darśana('见')。Darśana 是由动词 dṛś 派生出来的，含义有：'看见之事'、'洞察'、'看法'等。印度人用这个词来称呼 philosophy，例如古代称呼正理派哲学为 Nyāya-darśana，再如称呼佛教哲学为 Buddha-darśana。而六派哲学即为：ṣaḍ-darśana。""在印度哲学中，哲学与宗教之间是很难划出一条界线来的。各派哲学都认可轮回(saṃsāra)和业(羯磨 karma)，其哲学的最终目的是要获得解脱而渡到彼岸。……印度六派哲学的主要命题是全知全能的神(Brahman)与不灭的灵魂(阿特曼，Ātman)的存在，因果报应的问题，宗教圣典的妥当性根据的问题，等等。……在印度思想中，不是去如何区分宗教与哲学的问题，而是如何去发现它们之间的互补关系的问题。近代印度著名哲学家辨喜曾说，没有哲学的宗教会陷入迷信，而没有宗教的哲学则是枯燥无味的无神论。"② 这种看法实质上宣告了纯粹的唯识哲学研究的不可能。而

---

① 汤用彤：《印度哲学之起源》，见孙尚扬、郭兰芳编：《国故新知论——学衡派文化论著辑要》，中国广播电视出版社，1995年，第358、361页。

② 孙晶：《印度六派哲学》，第24—25页。

### 结语　关于唯识学研究的几个难点和古今学术文化转型的一点思考

且,即使是从研究者的立场来说,宗教的立场与哲学的立场虽然可以对话,但是,在核心问题上则几乎不可相交。[①]而这种内在的矛盾和纠缠,其实就隐含在唯识学之中。

然而,哲学与宗教最终是有界限的,正如基督教哲学与神学之间具有界限一样。无论是有意还是无意,模糊这个界限,则基本上无法进行哲学研究,只能退回到佛学研究的范畴之中。因此,我的方法还是努力把哲学与宗教切分开来,虽然是不纯粹而且十分有限的切分,但是,尝试基本的切分还是具有可行性的。首先,佛教把所有生命活动的空间分为欲界、色界、无色界三界。有情众生基本上生活在欲界和色界,此二界与人们常识中的现实生活世界基本重合,因此,唯识学哲学讨论的对象必须基本限于欲界、色界,无色界只能悬置。其次,涉及佛教修炼的具体方法,以及与此相关的十地、果位等等,也必须从唯识哲学的讨论中切割出去。第三,除了有部之外,佛教否认这个现实世界的真实存在。唯识学虽然也承认有时空和物质(极微),但认为都是人类的幻相。在这里,第一是要"悬置"佛家"空"的立场,第二还要进行一个"幻"与"实"

---

[①] 周贵华教授认为:"作为世学之唯心论,强调心作为绝对存在这个前提之自明性、逻辑在先性或者说先验性,并相信自身作为言说系统之终极真理性。这样的唯心论在佛教看来仍是戏论范畴,与唯识学作为修行指南之性质绝然相异。因为唯识学并不认为自己作为言说体系具有终极的真理性,而强调真理本身的离言说性质,以及心识等的假名安立性。大乘佛教共同承许真理不可言说与不可思议,因此断定任何将自己视为真理或者视为能够直接把握真理的唯一方式之言说理论皆是自欺欺人的。在此意义上,佛教唯识学与世学唯心论间之差异是不可逾越的。简言之,世学之唯心论本质上皆是说明性的哲学系统,而唯识学仅是用于对治习气、破除妄见以引发智慧之方便言说,非为用于直接说明的思想构造。"(周贵华:《唯识通论——瑜伽行学义诠》上册,第4—5页)

## 结语 关于唯识学研究的几个难点和古今学术文化转型的一点思考

的颠倒,将"幻相"作为认识的真正对象进行哲学讨论,唯识学的认识论研究才能进行。

第二个难点是唯识学与西方哲学范式的关系。

这个关系也分两个方面。第一是理论的悖论。作为哲学的唯识学的终极论证是"万法唯识",即宇宙万事万物,从物质到精神,皆为识的变现。虽然这与西方哲学的观念论(idealism)极为相似,但是,与西方哲学根本区别在于,唯识学又把从物质到精神的世界看作虚幻的。因此,识与世界的关系,在根本上不是观念与现实、思维与存在、抽象与具体、一与多的关系。正如舍尔巴茨基所说:"将任何些微的想像从最终真实的王国内排除,又将最终真实归结为刹那之点,此后,佛教逻辑家们便遇到了任何企图建立关于外部世界两种知识来源的体系难免要面临的困难。一方面是诸感官的消极感受性,另一方面是想象力的自发创造性。我们已经知道,在终极真实中并无持续与广延,无属性与运动,无共相一般,亦无具体个别等。另外,在想像力活动的经验世界中,有假象的时间,臆构的空间,有多样化的想象属性、运动、共相一般、个别等等。两个世界——先验的非想像之实在与假想的或经验的世界——是绝不相似的。"[1]可见,从哲学的表述和方法上来说,唯识学理论在根本上就是一个悖论。此其一。

第二是逻辑问题。虽然逻辑不能证明存在(有)和非存在(无),也不能证明究竟实在是什么的问题。但是,逻辑有其自身的力量,逻辑的推演有其真值,所以逻辑上的自洽是理论完善的必要条件。

---

[1] 舍尔巴茨基:《佛教逻辑》,第204页。

### 结语 关于唯识学研究的几个难点和古今学术文化转型的一点思考

就逻辑本身而言，佛教有自己的逻辑学即因明理论。但是，在《成唯识论》中运用的逻辑方法，主要是宗、因、喻，再加上圣言(佛祖和佛经中的言论)。"宗"是结论，"因"是原因，"喻"是例证。这种逻辑方法在论证个别问题时，具有一定的说服力。但是，很显然，宗、因、喻不能对等于亚里士多德的三段论。这里实质上只有"宗""因"的因果两极，"喻"则是经验事实佐证，不属于逻辑的推演。因此，论辩原则基本上是因果关系加副证经验事实，或者加上圣言。①

---

① 舍尔巴茨基说："通过欧洲的，主要是希腊的逻辑体系与印度的主要是佛教的体系的比较总结，我们可以看出：1)人类思维有一个构成其本质的基本程序，希腊人与印度人都致力于追求这一本质。希望对其实质与形式加以明确的分别。这一程序便是比量或三段论。比量过程与一般的思想对于佛教说来是一回事，因为知识的来源只有现量与比量两者，它们同感觉与知性是相当的。2)无论在欧洲还是印度，这种探索都受到一般的哲学立场的限制。希腊哲学家们眼中的世界是现实化了的概念的有序体系，诸概念间的全体或部分的联系与非联系都由三段论来规定。印度哲学家将世界视为点刹那的迁流，其中有的点被凝固化的概念加以说明并由造作的人类在其预期性的行动中把握。3)希腊的逻辑科学将演绎式规定为三个命题的系列，其中有三项；并随各项在三个命题中的位置变化而产生十九个式(moods)的可靠论断。而印度逻辑则将比量规定为一种认识和把握真实的方法。这种方法不如现量那么直接，但却经过两概念的必然联系这样的表层结构而间接认识实在。4)事实上，欧洲逻辑学并非不了解三段论包含了推理性认识的内心过程。不过对于那些以主谓词位置可互换的三命题充分传达的东西说来，这一过程被认为是不完善不完全的形式。相反，印度的逻辑中比量式是服从内心的推理过程的，它是一种在命题中规定三项之间相互关系的方法，因而三项在相应命题中各有固定位置。5)尽管对于亚里士多德，三段论还是归纳法和演绎法的一般形式。但他的后学将三段论严格限于演绎性质的。而随着现代归纳法的抬头，严格的演绎三段论的地位便动摇了。它被许多哲学家指责为无用的经院哲学形式，对知识过程说来毫无作用。在印度逻辑中，演绎与归纳不可分离，相互包容，互相证明。演绎之先不可没有归纳，即令是纯演绎科学也有归纳的基础。另一面，如果归纳不进而与特殊事例结合应用，也是无意义的。6)因而，佛教的比量式中只有归纳与(转下页)

结语　关于唯识学研究的几个难点和古今学术文化转型的一点思考

　　同时，在唯识学论证的问题之中，也出现几个层面的混乱。第一个层面是将哲学问题与宗教问题缠绕，著名的命题"转识成智"即是如此。其实，这个命题是逻辑上无论如何也不能解决的难题，唯识学最终还是通过修炼这类非逻辑的方法来对这个命题进行解套。第二个层面是分类混乱。唯识学将佛教对于全部世界现象的解释缠绕一起，例如八识的性、相、位与"五位百法"交接，造成分类层次混乱，问题之间互有重叠，界限模糊。其中使用繁琐的名相术语也很少有精确的界定，大多只有经验推论而没有逻辑论证，因此缺少概念的体系。这就造成哲学问题与其他学科的问题，例如

---

（接上页）演绎两部分，二者相当于思想的基础和应用过程。7）佛教逻辑体系中包含了因果性推理式（果比量），对欧洲体系言，因果比量式起先是混合消失在分析性三段论中的，以后又被排除在三段论范围之外。8）佛教逻辑体系主张我们的一切论证及其语言表达（即三段论式、比量式）都依靠平列并处的因果性与同一性（共同内在性）的根本原则。9）这两个原则在形式上的统一可表述为充足理由律，或者印度人所说的三相因的规律。（欧洲的逻辑理论中，分析性的与因果性的联系规律，充足理由以及分析与综合判断的结合问题都不在三段论理论中讨论，而在印度逻辑中，它们是一个整体。理智（intellect）只是理由（reason，因）的别名，而理由本身不过是充足理由或者代表了同一与因果两大原则的形式统一体的原理。一般的理由与具有三项规定的三段论的理由之间并没有什么区别。）10）三项规则的后二相相当于混合假言三段论的肯定前件及否定后件两个方式。因此只有两种真正的三段论的格——断定形式的及其换质位形式的。一切比量式的基本原则便是混合假言三段论的原则，即是"理由之为必然的结果追随且必然结果的否定必由因之否定所追随。" 11）充足理由律，既可以用因三相的规则表达，也可以用混合假言三段论的等值的原理表达或者以断定形式及其换质位的形式来表达。三者都是逻辑必然性的规律。混合假言判断在西方逻辑中主演被视为辅助的，其次的，并不是真正的演绎三段论式。但是在佛教逻辑中，它是基本原理。(舍尔巴茨基：《佛教逻辑》，第365—366页)

## 结语 关于唯识学研究的几个难点和古今学术文化转型的一点思考

心理学、医学、物理学等问题混淆，消解了问题的哲学性。①

此外，佛教中各派辩论有诡辩性质，还因为修行和佛法无法用经验验证，逻辑对此不能证明，所以难以有理论上的共识。从其对外道和佛教各宗派进行的驳论中看出，《成唯识论》也有诡辩的风格，经常转换立场，自己最后不知不觉又回到对方的立场，陷入自我否定的循环中。

第三个难点是唯识学与现代学术体系的异质性特征。这个问题实质上与第二个问题相关，也是一个关于学术古今之辩的大问题。

《成唯识论》作为公元七世纪的唯识学经典，也是佛学最高形态的理论结晶。其所达到的思想高度和对于外在世界认识程度，不仅是佛学的最高代表，也是七世纪全人类学术思想的代表之一。但是，在一千三百多年后的今天来看，作为哲学理论的《成唯识论》，其重大缺陷是与现代知识体系的异质性特征。这种特征不仅仅是一种知识的缺乏，更重要的是与现代学术观念和方法的隔膜。这种情况对于作为佛教的宗教信仰，以及作为佛学思想史研究的对象来说，或许不是一个审视的焦点。然而，从哲学研究的角度说，这则是一个必须要阐明的问题。因为这种与现代知识体系的异质性，突显出古代思想与现代学术体系是否能够兼容，这就不仅仅是

---

① 但是，正如舍尔巴茨基所说："认为整个印度哲学体系只是七拼八凑的东西，其中包含了可以随时抽出来与某个著名思想家类比的内容。真相则正好是相反的。其各部分如此完美地同一个严密的总体框架契合无间的哲学体系中，也许这是唯一可以归结为一个单一的并且极单纯的观念体系。这观念说，我们的知识有两个不同的性质的来源——感性和知性。前者直接地反映实在，后者创造作为间接反映实在的概念。"（舍尔巴茨基：《佛教逻辑》，第637页）因此，切不可简单否定或肯定唯识哲学的一些论断。

个简单的"古今问题",即历史的问题,而是一个具有"价值资源"的问题,即对于当下社会生活的再生意义问题。

主导当代世界历史进程的现代人类知识体系,是西方文明为主体的学术文化。当然,现代人类知识体系之中也有中国、印度、阿拉伯等文明的元素(例如数学上的"0"就是来源于阿拉伯,实际是印度),是东西方文明交汇融合的辉煌成果。但是,现代知识体系的内核,主要是希腊、罗马学术文化的衍生、发展。关于希腊、罗马文化的本质特征,宗白华先生曾有精深的思考和研究,认为其哲学及宇宙观,在本质上是一种几何学数学的形态:

> Ptolemy(托勒密)著《天学大成》,将同心球层、偏心周圆及外重圆各说,用几何方法,细论天球旋转及日月经天之现象,成立希腊天文学之完密系统,堪与欧氏几何学比美。希腊后期之天文学视宇宙如一大机器,其各部结构,可用数学描写之,群星运行之轨道,及来往出没之速度,可用数学计算之,无异视上帝为一几何学家,其所造之宇宙皆按一定几何之理以表现,且其几何学亦即希腊人所构造之几何学,其天文体系亦不脱其科学理想及逻辑形式,总想由一公认的最高原理出发(即有限空间天界圆满之),以演绎其结论。他们的理想是一美丽和谐,组织完满,体系精密,有如欧氏几何学,或如一希腊建筑或雕像。①

---

① 《宗白华全集》第1卷,安徽教育出版社,1996年,第607—608页。这里所引文字原是宗白华先生关于《形上学》的笔记和提纲,所以稍欠流畅,但基本意义和思想明确,故一般不作变动,括号和着重号为原文所有。

### 结语　关于唯识学研究的几个难点和古今学术文化转型的一点思考

可见古希腊人的 Cosmos(宇宙)是一个理数的秩序世界。宗白华还认为，这种天文学思想一直影响着西方学说。后来的伽利略、牛顿、爱因斯坦都是这样，运用数学或几何学的方法来描述宇宙与天体的结构和运行规律。宇宙、天体和万事万物的结构和运动都可以用数学公式表现出来。在这里天文学、物理学与数学都是一体的。古希腊哲学与数学、物理学等科学也是浑然一体的。哲学所走的是一条纯逻辑、纯数理、纯科学化的道路。哲学上的 Logos(逻各斯)就是理性、道理和规律。因此，古代希腊哲学首先是与古代宗教对立，哲学试图以理智、精神摧毁或代替宗教，以纯理性代替多元的人格化的神祇，以逻辑论证代神的启示。古代希腊哲学家常为小国立法以代替神权，例如柏拉图哲学终归于立法。而且，希腊诸神也为哲学家的道德标准所轻视，因为他们与人类极其相似，具有人类的普遍的弱点和毛病，比如好色、嫉妒、争权夺利等。希腊哲学由于立足于宗教与哲学的对立，导致哲学与宗教趋于两个极端，苏格拉底的死因主要是他对于纯粹哲学精神的追求。① 因

---

① 在宗白华看来，西方哲学与宗教的对立状况至斯宾诺莎才有所改变，把一种"纯理境"崇尚为神。此后，莱布尼茨试图沟通哲学与宗教两方，而笛卡尔又欲以批判和怀疑的方法建立一个理性的根基，这个根基又遭到休谟的怀疑、摧毁，信仰、情感获得与理性同等之地位。"然两方终未能和谐。康德以理性检讨理性，成立批评哲学，亦欲打开实践道德之地位，及信仰之地位，叔本华发现'盲目的生存意志'，而无视生命本身条理与意义及价值(生生而条理)。黑格尔，使'理性'流动了，发展了，生动了。而乃为欲以逻辑精神控制及网罗生命。"康德的理性和道德最终没有沟通，叔本华把宇宙万物看作意志的表象，自然本身的生命运动都被抹杀了，黑格尔用理性网罗一切，这些哲学家仍然把理性与信仰、情感割裂开来，哲学与宗教没有实现内在的连接。不过，宗白华认为："至今怀特海之哲学乃显以一'全体性的生机哲学'，调和'价值界'与'数理界'。"(《宗白华全集》第1卷，第585—586页)

此,西方的哲学形上学实质上是一种科学。科学需用逻辑、几何、数学来进行证明,是一种先验的知识,具有某种必然的性质,是人类必须遵循、服从的东西。反过来说,科学在西方也可以说是一种形上学,因此,宇宙——世界——科学——形上学,在西方成了一个不可分的整体。①

由此可见,欧式几何的原理,应该是古希腊思想给予人类最重要的遗产,也是现代学术文化的骨骼。正如宗白华先生所说:"希腊人之研究几何学,并非为实用,而是为理性的满足,在证明由感觉的图形,可以推出普遍的真理。"②欧式几何原理之精要,在于其演绎论证体系,其中主要元素为公理、定义、命题,推理证明手段是逻辑。利用公理和定义,运用逻辑推导命题,形成演绎体系。这是任何思想理论公理化方法的经典范式。有了这个范式,概念体系得以可能成立,思想理论的摩天楼才能够建成。以欧式几何原理为骨骼的西方学说文化,从形上学到实用理论,展示了内在的一体性。例如古希腊哲学与物理学,中世纪基督教神学的神性概念与哲学的实体概念,近代以牛顿理学为代表的科学与康德为代表的古典哲学,都具有内在的一体性。同样,现代哲学与以量子力学

---

① 宗白华说:西方这种数学和几何学的形上学所描绘的宇宙和世界,是一种机械的、理性化的宇宙和世界。比如笛卡尔的哲学形上学,只是为物质的运动立范型。这种形上学所揭示的世界运动规律,是独立于人类之外的,也就是我们常说的,是一种不以人的意志为转移的客观规律。伦理学与它是分开、并列的,而不是有机统一的。西方近代以来,科学使人"无情无表现,纯理数之机器漠然,惟有利害应用之关系,以致人为机器之奴。更进而人生生活机械化,为卓别林之《摩登时代》讥刺之对象!"(《宗白华全集》第1卷,第592页)

② 《宗白华全集》第1卷,第619—620页。

## 结语 关于唯识学研究的几个难点和古今学术文化转型的一点思考

为代表的现代科学理论也具有一体性。这种一体性就是一种理论自洽的内在体系性。这个一体性的内核就是欧式几何原理骨骼。很显然,由于具备这个骨骼,即使是古代西方的哲学、科学,也与现代人类文明展示了内在的统一性。

当然,尽管西方文化具有强大的历史延续性,但是,文化发展中的转型、变异,作为延续性主旋律的变奏,也始终伴随着历史进程。其中比较重大的事件,是宗教文化的转型。基督教发源于中东,原本与古希腊、罗马文明不属于一个系统。后来经过教父哲学家和经院哲学家,用柏拉图、亚里士多德哲学对基督教义进行重新阐发,使其融入西方文明的大河。但是,在西方中世纪,基督教教义将人类视为上帝所造万类中之一类,个体在世的生存价值只有赎罪,以获得来世进入天堂。很显然,这是对古希腊、罗马自由思想的束缚,也阻碍了当时社会的历史进步。因此,近代以来,马丁·路德的宗教改革,提出人类每个个体直接面对上帝,把基督徒从教会烦琐的禁锢中解脱出来。宗教改革适应了近代西方资本主义社会的发展,每个基督徒的在世生活价值和意义获得肯定和尊重。西方社会这种每个个体的自我意识觉醒,导致启蒙思潮席卷欧洲,遍及全球,人权概念由此而来。基督教文明成功实现了现代转型。

与此不同的是,作为古代、中古和近代的文明体系,东方(中国、印度、阿拉伯等)的学术文化,与西方的学术文化相比较,则缺乏完整系统的欧式几何原理的演绎思想,及其概念体系的论证范式,展示出一种显著的异质性特征,因而与现代学术文化不具有内在一体性。从印度学术的特点来说,印度古代的思想理论对于人自身的精神活动以及感知器官和功能的分析颇为精深,是一种反思的思想理论。但是对于人类的对象世界,即外在自然世界的观察、分析和描述,基本停留在日常经验的直观层面。虽然印度古代就有"0"的思想,但由于缺乏欧式几何的演绎思想,只停留在基础计算即算术阶段,也没有诞生近代数学以及近代科学思想。宗教和哲学一直难分难解,由于缺乏概念体系的论证科学,各学术宗派之间的论辩,最终以非经验的体验、修炼取代论证。现代的学术文化始终不能也不可能由此生长出来。

从这个角度来看,唯识学作为印度7世纪最智慧的学术思想体系,就人类思维的深度来说,其精邃幽微与当时的西方哲学在伯仲之间,但是,由于没有欧式几何原理的演绎思想和概念体系的论证范式的依托,仅凭直观的日常经验和假想构造理论大厦,自然不能与现代学术体系实现顺畅的沟通和衔接。唯识学认识论的成果,基本上停留在日常经验的认知,与当时的西方哲学认识论的指向和义域只有表面的交叉,也远非哲学上纯粹的认识论考察。尤其是在现代科学的视野下,唯识学认识论对于日常经验的解释也十分乏力,导致很多重大的命题终以修行、涅槃、成佛消解了推理论证,与理论的深闳意旨脱节,最后流于玄学。

值得人们思考的是,今日尽管佛教在当下的世界依然具有巨大的影响力,但是,唯识学之后,佛学的理论创造在一千多年来基本停滞。虽然从历史发展来说有很多原因,包括伊斯兰的入侵等。但是,理论自身的内在逻辑也是一个重要原因。唯识学企图证明"万法唯识",原本是一个非常类似观念论(idealism)的哲学命题,例如黑格尔哲学论证理念(idea)是宇宙生成发展的根源那样,然而,由于没有演绎和概念体系的论证,无法从哲学上说明"识变"

## 结语　关于唯识学研究的几个难点和古今学术文化转型的一点思考

的概念内涵及其意义演绎过程,因此不能实现其哲学意义上的目标。而在"万法唯识"这个哲学命题的牵引下,唯识学运用大量的日常经验,进行类比、比喻,试图用"家常说理"的方法来实现这个目的。从《成唯识论》即可看出,唯识学大师们的"家常说理"可谓登峰造极,其庞杂烦琐的学术话语,让一般人望而生畏,不敢入其门径。而实质上则缺失逻辑演绎的力量,不能达到理论论证的目的。另一方面,唯识学的终极目标还是宗教的指向,即"转识成智",达到成佛涅槃,其实质是用哲学的方式论证宗教的意旨。因此,无论唯识师们是精深探索,还是烦琐说理,却直接展示了哲学与宗教之间不可逾越的界限和冲突。这些理论上不可逾越的矛盾和冲突,应该是导致唯识学这个宗派最后自然灭绝的内在原因。而此后佛教诸宗派式微,唯有奉行"砍柴担水无非妙道"、"无念为宗",任运自然,以"顿悟"修行的禅宗一枝独秀,也是这个逻辑发展的另一面。因为唯识学通过烦琐论说,其实最后等于什么也没有说,常识就是真理。故禅宗得其要旨,应运而生。

　　从历史的角度说,学术文化与社会发展也具有一体性。佛学从印度消亡后,主要在亚洲其他地区流传衍生,尤其是中国西藏地区的文化和社会发展,深受佛教密宗浸染。从佛教所深刻影响的地区来看,不仅没有出现超越唯识学的真正学术理论发展,也没有出现向现代学术文化的质变和飞跃,更没有现代知识体系和生产力的诞生。因此,从实践的维度看,社会历史的发展亦展示出,作为佛学理论典范的唯识学与现代学术体系的异质性特征。

　　这里也顺便说一下中国古代学术特征。先秦诸子中,虽然《论语》有"吾日三省吾身"之说(曾参语),孟子主"慎独"、"养气",荀

## 结语 关于唯识学研究的几个难点和古今学术文化转型的一点思考

子说"虚壹而静",这都是强调个人修养。同时,"子不语怪力乱神",孟子善辩,荀子擅长理性分析,老子尤精思维辩证法,庄子、墨学和名家的逻辑推论,可谓所向披靡,可见先秦诸子皆为理性主义。两汉虽然谶纬流行,但这是占星学——阴阳五行说的变种,其中象数思想有天文学和历算数学支持,其精神是科学理性。魏晋时期,王弼、何晏的玄学与亚里士多德形上学具有同构性。这表明,魏晋以前的中国学术体系,具有鲜明的理性主义特征,其理论内核与欧式几何原理相似相近。但是,隋唐以后,受佛教影响,宋明理学、心学中,虽然承袭早期儒道思想的理性主义,却融汇了印度佛学思想和方法,其中"心性"之说与佛家诸宗派,包括唯识宗等,难分难解。道学家们倡导格物致知,以及"静观"说、功夫论等等,极具佛家参禅体验顿悟修炼色彩。理学、心学中这些与现代学术体系的异质性特征,明显来自印度佛教。可见理学、心学虽然汲取先秦两汉魏晋学术资源,亦删去烦琐争辩,(中国人思维简洁,)但仍然不具备与现代学术体系的内在一致性。直至西学东渐,中国人敞开心扉向西方学习,标志着中国学术文化由古代向现代的转型。五四运动"打倒孔家店"的口号,其锋芒实质上指向"以理杀人"的封建礼教,主要是程朱理学。从内在的学术脉络来说,如果说日本明治维新是"脱亚入欧",那么,中国的新文化运动实质是"脱印入欧",是由向印度学习转为向西方学习的重大转折。这也是现代学术代替古代学术之必然。

我们也可以发现,五四时期一代学者所进行的从古代学术向现代学术体系转型的工作中,先秦至魏晋学术的转型比较顺畅。例如胡适对于先秦名学即逻辑学的整理,汤用彤对于魏晋玄学的哲学论证,沈有鼎对于墨家逻辑学的阐发等等,即是成功的例证。

而与印度佛教相关的学术部分，转型则尤为艰难。从汤用彤对于佛学的处理范式，就可知其仍然是古代的学术范式，属于佛学范畴，具有历史的价值。这里亦展示出佛教文化的一个根本性质。无论如何，实现中国传统学术向现代学术体系的转型，是五四一代学人的目标，也是一个不可抗拒的历史发展潮流。而20世纪"海外新儒家"的学术活动，其实是对于宋明心性之学的回溯，实质上也是反刍印度佛学的东西，虽然充满了抗争西方甚至中国的古典理性主义的精神，但本质上属于对现代学术体系的反向回应，尽管意义无疑也是当下的。不过，这些涉及现代学术和思想的话题都属于"宏大叙事"，至少是一本书的内容。这里暂且打住，不再展开。

总体上大略说，古代印度学术文化偏重心性和信仰，西方学术文化偏重实用和理性，中国古代学术文化则位于二者之间，居于中道。虽然中国古代学术文化在心性、信仰方面不及印度倚重，但儒家遵天命，倡导知行合一尽忠报国、舍生取义杀身成仁；虽然中国古代学术文化在科学理性方面不及西方倚重，但诸子百家皆有理性，讲逻辑，而且应用技术（治水、医学、农学、历算、四大发明等）发达。可见中国古代学术文化有自身独特的贡献和价值，还具有兼合前二者更加广阔的空间和视域。

以现代学术体系为参照，对于研究非西方的（中国、印度、阿拉伯等）古代学术思想理论，是极为重要的。因为，现代学术体系是当下人类历史前进的灯塔，它所指引的是人类历史前进的必由之路。没有这个立场和视角的学术研究，则不具备现代学术体系的意义和价值，即不具备"再生价值资源"，只能是作为历史史料的价值而存在，对于人类当下的生存和发展难以发挥积极的作用。

# 参考文献

## 一、佛学参考书目

慈航:《成唯识论讲话》,崇文书局,2018年。

慈航:《唯识史观及其哲学》,崇文书局,2018年。

稻津纪三:《世亲唯识学的根本性研究》,杨金萍、肖平译,宗教文化出版社,2013年。

丁福保:《佛学精要辞典》,宗教文化出版社,1999年。

多罗那它:《印度佛教史》,张建木译,贵州大学出版社,2015年。

废名:《阿赖耶识论》,辽宁教育出版社,2000年。

郭鹏、廖自力、张新鹰:《中国近代佛学思想史稿》,巴蜀书社,1989年。

韩镜清:《成唯识论疏翼》,(台湾)弥勒讲堂,2002年。

韩清净:《韩清净唯识论著集》,崇文书局,2019年。

韩廷杰:《梵文佛典研究》,宗教文化出版社,2012年。

韩廷杰:《唯识宗简史简论》,佛学书局,1999年。

弘学居士:《唯识学概论》,巴蜀书社,2009年。

黄宝生译注:《梵汉对勘唯识论三种》,中国社会科学出版社,2017年。

黄忏华:《佛教各宗大义》,福建莆田广化寺印。

## 参考文献

季羡林：《佛教十五题》，中华书局，2007年。

济群：《认识与存在——〈唯识三十论〉解析》，上海古籍出版社，2006年。

金克木：《梵竺庐集》三卷，江西教育出版社，1999年。

金克木：《比较文化论集》，三联书店，1984年。

李建欣：《印度古典瑜伽哲学思想研究》，北京大学出版社，2000年。

林光明：《梵藏心经自学》，(台湾)嘉丰出版社，2001年。

楼宇烈：《中国佛教与人文精神》，宗教文化出版社，2003年。

吕澂：《印度佛学源流略讲》，上海人民出版社，2005年。

吕澂：《中国佛学源流略讲》，中华书局，1979年。

梅光羲：《梅光羲唯识论著集》，崇文书局，2019年。

欧阳竟无编：《藏要》，上海书店出版社，2015年。

欧阳竟无：《欧阳竟无内外学》，商务印书馆，2015年。

平川彰：《印度佛教史》，显如法师、李凤媚、庄昆木译，贵州大学出版社，2013年。

任继愈：《汉唐佛教思想论集》，人民出版社，1994年。

任继愈主编：《宗教词典》，上海辞书出版社，1981年。

沙尔玛：《印度教》，张志强译，上海古籍出版社，2008年。

上田义文：《唯识思想入门》，慧观等译，宗教文化出版社，2017年。

舍尔巴茨基：《佛教逻辑》，宋立道、舒晓炜译，商务印书馆，1997年。

舍尔巴茨基：《大乘佛学——佛教的涅槃概念》，立人译，中国社会科学出版社，1994年。

舍尔巴茨基:《小乘佛学——佛教的中心概念和法的意义》,立人译,中国社会科学出版社,1994年。

沈剑英:《因明学研究》,东方出版中心,1985年。

沈庭:《从'非本体'到'心性本体'——唯识学种子说在中国佛学中的转向》,武汉大学出版社,2016年。

石峻、楼宇烈、方立天、许抗生、乐寿明编:《中国佛教资料选编》,第一至四卷,中华书局,1983年。

释昭慧:《初期唯识思想——瑜伽行派形成之脉络》,宗教文化出版社,2008年。

孙晶:《印度六派哲学》,中国社会科学出版社,2015年。

太虚:《法相唯识学》,商务印书馆,2011年。

太虚、欧阳竟无、唐大圆:《唯识义理论争集》,崇文书局,2020年。

汤用彤:《隋唐佛教史稿》,北京大学出版社,2010年。

王赐川:《成唯识论讲要》,四川人民出版社,2016年。

王夫之、废名、缪凤林:《诸家论唯识》,崇文书局,2020年。

王恩洋:《王恩洋唯识论著集》,崇文书局,2019年。

渥德尔:《印度佛教史》,王世安译,商务印书馆,1987年。

托马斯·伍德:《万法唯识——唯识论的哲学与教理分析》,晏可佳、罗琤、黄海波译,上海古籍出版社,2015年。

星云:《释迦牟尼佛传》,吉林人民出版社,1993年。

玄奘译,韩廷杰校释:《成唯识论校释》,中华书局,1998年。

杨维中:《中国唯识宗通史》,凤凰出版社,2008年。

姚卫群:《佛教般若思想发展源流》,北京大学出版社,1996年。

姚卫群:《佛教思想与印度文化》,北京大学出版社,2018年。

姚卫群编译:《古印度六派哲学经典》,商务印书馆,2003年。

印顺:《印度佛教思想史》,中华书局,2010年。

印顺:《印度佛教论集》,中华书局,2010年。

印顺:《唯识学探源》,中华书局,2011年。

张利文:《〈成唯识论〉识变问题研究》,宗教文化出版社,2013年。

真谛译,高振农校释:《大乘起信论校释》,中华书局,1996年。

周贵华:《唯识与了别——根本唯识思想研究》,中国社会科学出版社,2004年。

周贵华:《唯识、心性与如来藏》,宗教文化出版社,2006年。

周贵华:《唯识通论——瑜伽行学义诠》上下册,中国社会科学出版社,2009年。

周贵华:《唯识明论》,宗教文化出版社,2011年。

周叔迦:《唯识研究》,崇文书局,2018年。

## 二、哲学参考书目

北京大学哲学系外国哲学史教研室编译:《西方哲学原著选读》,商务印书馆,1981年。

德布尔:《胡塞尔思想的发展》,李河译,三联书店,1995年。

黑格尔:《美学》,朱光潜译,商务印书馆,1997年。

胡塞尔:《现象学的观念》,倪梁康译,上海译文出版社,1986年。

胡塞尔:《欧洲科学危机和超验现象学》,张庆熊译,上海译文出版社,1988年。

耿宁:《心的现象——耿宁心性现象学研究文集》,倪梁康编,商务印书馆,2012年。

W. D. 罗斯:《亚里士多德》,王路译,张家龙校,商务印书馆,1997年。

罗素:《西方哲学史》上卷,何兆武、李约瑟译,商务印书馆,1963年。

倪梁康:《心性现象学》,商务印书馆,2021年。

孙尚扬、郭兰芳编:《国故新知论——学衡派文化论著辑要》,中国广播电视出版社,1995年。

梯利:《西方哲学史》,伍德增补,葛力译,商务印书馆,1999年。

文德尔班:《哲学史教程》,罗达仁译,商务印书馆,1989年。

王中江编:《守望智慧的记忆》,商务印书馆,2012年。

亚里士多德:《形而上学》,吴寿彭译,商务印书馆,1996年。

章太炎:《国学概论》,上海世纪出版集团,2008年。

宗白华:《宗白华全集》,安徽教育出版社,1996年。

周启迪主编:《世界上古史》,北京师范大学出版社,2009年。

Martin Heidegger, *Being and Time*, translated by John Macquarrie and Edward Robinson, Oxford: Basil Blackwell, 1985.

Martin Heidegger, *Peotry, Language, Thought*, edited by Albert Hofstadter, Harper & Row, 1971.

David Woodruff Smith and Ronald McIntyre: *Husserl and Intentionality*, D. Reidel Publishing Company, 1982.

## 三、论文

陈伟:《心识变现与意识构造——基于〈成唯识论〉与胡塞尔现象学文献的比较研究》,《肇庆学院学报》,2020年第1期。

陈鑫:《唯识学的世界观——从生存论的角度看》,《法音》,2017年2月。

陈鑫:《出世与超越——唯识学与现象学的世界观》,《西部学刊》,2017年第5期。

陈鑫:《唯识学中的语言学与语言哲学问题》,《西部学刊》,2015年第1期。

陈鑫:《唯识无境与现象学还原——佛教唯识学与胡塞尔现象学的一个比较》,《科学经济社会》,2013年第3期。

成建华:《关于"唯识"一词翻译问题的再思考》,《法音》,2014年第3期。

成建华:《关于"唯识"一词再思考》,《哲学研究》,2013年第6期。

傅新毅:《错觉的唯识学解释与现象学分析》,《南京大学学报》,2019年第6期。

傅新毅:《感性与知性之划界:一个唯识学的视角》,《河北学刊》,2019年第6期。

黄夏年:《百年的唯识学研究》,《社会科学动态》,2000年第1期。

黄夏年:《百年玄奘研究综述》,《广东佛教》,2001年第1期。

黄心川:《玄奘及唯识学研究的回顾与展望》,《西南民族大学学报》,2007年第2期。

胡晓光:《略论唯识学与黑格尔哲学——以哲学基本问题与基本方法的角度考量》,《法音》,2013年第5期。

胡晓光:《从唯识学角度看世间"知识"与"逻辑"的本质规定性——瑜伽行派的超越实践基础之考量》,《法音》,2011年第1期。

陆沉:《论唯识学之第七识及自我或无我》,《宗教学研究》,2013年第6期。

丹·鲁索斯:《20世纪西方唯识学研究回顾》,《中国哲学史》,2002年第4期。

倪梁康:《何谓意识?——东西方意识哲学传统中的视角与理解》,《南京大学学报》,2020年第1期。

倪梁康:《关于事物感知与价值感受的奠基关系的再思考——以及对佛教"心–心所"说的再解释》,《哲学研究》,2018年第2期。

倪梁康:《观·物:唯识学与现象学的视角》,《中国高校社会科学》,2018年第4期。

倪梁康:《东西方意识哲学中的"意向性"与"元意向性"问题》,《文史哲》,2015年第5期。

倪梁康:《心性现象学的研究领域与研究方法》,《华东师范大学学报》,2011年第1期。

倪梁康:《意识哲学的基本问题》,《河南大学学报》,2011年第1期。

倪梁康:《赖耶缘起与意识发生——唯识学与现象学在纵–横意向性研究方面的比较与互补》,《世界哲学》,2009年第4期。

# 参考文献

倪梁康:《唯识学中"自证分"的基本意蕴》,《学术研究》,2008年第1期。

倪梁康:《最终意识与阿赖耶识——对现象学与唯识学所理解的深层心识结构的比较研究》,《汉语佛学评论》(第二辑),上海古籍出版社,2011年。

孙劲松:《唯识学本体论问题辨析》,《哲学研究》,2015年第5期。

王静磊:《近十年国内唯识学研究综述》,《五台山研究》,2009年第6期。

袁宏禹:《二十世纪上半叶中国唯识学发展史述略》,《法音》,2020年第1期。

杨维中:《名言及其意义的生成与消解——唯识学的语言哲学论析》,《江苏行政学院学报》,2017年第3期。

张志强:《唯识思想与晚明唯识学研究》,博士论文。

赵精兵、王恒:《耿宁唯识学研究管窥》,《哲学分析》,2014年第5期。

周贵华:《中国20世纪唯识学研究略析》,《佛学研究》,2012年第6期。

周贵华:《再论"唯识"与"唯了别"》,《上海大学学报》,2007年第4期。

周贵华:《唯识与唯了别——"唯识学"的一个基本问题的再诠释》,《哲学研究》,2004年第2期。

# 后记

真正完成一部《成唯识论》哲学研究的学术著作，可能是一个做唯识学哲学研究专家一辈子的事业。而如我之辈者，四十多年来在中西美学、哲学解释学、魏晋玄学、秦汉思想史、《庄子》文本与哲学等领域摸爬滚打，"打一枪换个地方"，居然还要写这样一本书，是何等的自不量力！而明知自不量力却奋不顾身蹚这个浑水，美其名曰"知其不可而为之"，看似执着和迂腐，其实更是一种悲壮。或许我们这一代人，随性而散漫，粗糙不精致，但是在锁定人生目标后，常常有种狠劲、韧劲或者说傻劲，不计后果。本性如此，也是一种宿命。虽然佛学在当下中国也是显学，但佛教哲学研究在汉语学界依然十分稀缺。这个现象实质上也是中国社会状况的某种折射。当下中国的拜佛者大多是祈福消灾，希望佛祖保佑自己，甚至无论做什么都不受惩罚。这种强大的社会意识，引导来自官方和民间的资金、人力等各种支持，对于热络的佛学研究产生了潜在而切实的影响。其实这个目标实在无关于佛教的宏旨，有违佛祖的初心。我因此更加敬仰当年杨文会、欧阳竟无、太虚等人，把唯识学当作哲学和科学来看待，由此而追求真理。没有追求真理的学术包括宗教，人类文明则难以为继。因此，此时此刻即便要冒天下之大不韪，我仍然坦诚：写作此书的动因正是出于一个人生目标，一种使命感。因此，在书稿付梓之时，我也有一种自我挑战

## 后记

和战胜自我的快慰。

佛教讲缘分。与唯识学交接不能没有缘分。说来我与佛教的缘分不浅。首要的缘分是选择入楼师宇烈先生之门问学。先生为佛学所做大功大德，无需我来赘言，这里只说我的佛缘。当年先生开设了四门课程：中国哲学史史料学，中国哲学研究方法论，佛典概论，佛典选读。这些课程我准备全选，但"佛典选读"却除外。不料楼师平和而又坚定说到，此课务必修，否则将来自己入门很困难。这句话真是我的"金句"。这门课选读了《四谛经》、《缘起经》、《维摩诘经》、《胜鬘经》（胜鬘夫人品）、《金刚经》、《异部宗轮论》（部分）、《中论》、《成唯识论》（卷一）等八部佛典。课上先由同学逐字逐句讲解文本，然后楼师更正、阐释。每周一个下午，历时两年。这门课加上"佛典概论"课，是我对于佛学从零到略知门径的飞跃，也是今日唯识哲学研究之果的最初因。读博期间，甚至还曾考虑作佛学的博士论文，只是询问金克木先生，说要读十年全藏，于是才打消了这个念头。

1999年完成博士论文答辩之后，红尘滚滚，俗事缠身，佛学又被我"悬置"起来。直到2017年夏，继完成《庄子》的哲学论证之后，我有了一个对于儒、佛两家代表作品进行哲学论证的计划，《成唯识论》的哲学论证进入议题之中。于是，这才又穿越到二十年前的课程之中，重读了当年选修的八部佛典，其中恰好包括《成唯识论》卷一。同时，我还结合印度和中国佛教史，精读了一批唯识学相关佛经和史料，尤其对民国以来大德们关于唯识学的论述进行恶补。更有缘分的是，2018年下半年，我有幸在北大外语学院南亚系叶少勇教授课上学习了一学期梵文，2019年上半年我还旁听了段晴教授主持的《现观庄严论》梵、藏、汉文对刊校释讨论班课程。讨论班由年轻喇嘛关迪博士主讲，另一个年轻喇嘛朱竟旻博士助讲，段晴教授、叶少勇教授和其他专家不时更正、讨论。我混迹其中，其状正如刚刚发蒙的小学生，去听专家讲解《尚书》的校勘训识，懵懂而新奇；又像一个徒手之人被抛入荒莽的原始丛林之中，感觉惊悚胆怯而又刺激。常常在三小时梵文轰炸的语境中，于佛学认识忽然有醍醐灌顶的启示。梵文佛典相比于汉语佛典，完全又是一个世界。能够窥见这一世界，是我此前从未有过、哪怕刹那也未曾有过的奢望。由于金克木先生的缘故，当年我还存有一丝学拉丁文的念头，但却从未想过今生今世能学梵文，并进入梵文佛经的世界。冥冥之中又觉得这一经历并非偶然：因为婉拒了系领导的再三挽留，选择了及时退休，让我提前两年从世俗的繁忙走向冷清，才有了一份闲心和清虚，而且更无任何退路和借口，倒逼我硬着头皮学习梵文。

我的佛缘自然也与金克木先生有关联。相关话题在拙文《散记金克木》中已经有过叙述。此次写作中常常忆起当年与老先生的对谈，觉得他的很多话当时并未听懂。在重读金先生的文字之中，我又获取了一些非常宝贵的启迪，拙著中也引用了很多金先生的著述。同时，在读到金先生另一些文字时，我又略知一些先生的心迹和遗憾。先生写道："由今天理解昨天，结果是可以望见明天。这不是为古而古，也不是取来利用，是寻找对事实的解说。历史允许不同解说。如何将文献、文物、活人和死人打通，而且从文，从物，到人，再到人的行为和语言，再到深入解析指导人的行动的思想，这个问题，我想到21世纪当有进展。……我之所以还把这些文

## 后记

章结集出版,也是由于我无法'传薪火',姑且留此'雪泥鸿爪'以待后人了。"(《梵佛探·自序》)尤其是《梵竺庐集》扉页自题诗:"春花秋月忆当年,禅院孤灯诵简编。人世蹉跎馀太息,难将爝火照琴弦。"捧读之时,十分怅然。但我相信,先生的精深思考和探索终究是会延续下去,不会永久埋没。

2017年夏,我的学生贾红雨教授邀请我去长安大学讲学,课余一行四人去终南山游历。一路看了香积寺、观音禅寺等,最后一站是兴教寺。那时我还未退休,杂事甚多,之前没有做终南山的旅游攻略,竟然不知道兴教寺里有玄奘、窥基和圆测的舍利塔(关于玄奘真身葬于何处,现在还是悬案。但这是另外一个问题)。忽然在此见到圣者舍利塔,我不禁喜出望外,激动不已,当即躬身行礼致敬,并立下誓言立即做唯识哲学研究。记得当时眺望苍茫神秘的终南山,近观清净肃穆的兴教寺,徘徊于三座古朴、脱俗的舍利塔旁,我有点奇幻的感觉。后来想起觉得这也是一个缘分。2020年11月的一个下午,写作之余看着窗外的北京金秋,意境华丽高远。我突然发出一个奇想:或许是有佛祖和玄奘圣者的加持和牵引,助我接上了这些佛缘。否则如何有这么多的巧合!但应该特别强调,我不是佛教徒,也不是任何宗教的信徒。我秉持的内在信仰与追求真理相关。宗教中的救世情怀和无畏精神,使我对于生命的意义有着更深的认知和体验。这种信仰也常常给予人一种绝对的洪荒之力。正因为对于所有真正的宗教都保持同样的敬畏,我没有对于某一宗教的单一认同和归属。

几十年的佛缘说来轻松自然而又偶然神奇。然而,从2019年开始,我的唯识哲学写作事件,则是十分惨淡的。这几年来地球人类正在经历着过山车似的历险。当我在佛学哲学世界苦苦探索之时，身边的现实世界却正坠入佛家所谓的地狱。庚子年除夕前夜听到1200万人口的大武汉被封城的消息，我的震撼和惊诧，差不多是山崩地裂。这绝对是人类史册上划时代的记录。央视的这条电讯，瞬间将恐惧的气氛笼罩全国。大年初一清晨，我们一家三口匆忙从厦门乘G356次高铁到达合肥时，正值晚八点，街上空无一人，鬼兮兮阴冷愁惨，春节貌似鬼节。次日我们乘G324次高铁到北京也是晚八点，情境同样如此。新冠病毒不仅无情糟蹋、粉碎了中国传统春节的祥和，还很快蹂躏了繁华似锦的巴黎、伦敦、罗马、柏林、纽约、东京等国际大都市，以及美丽的非洲城市。这是人类历史上前所未有的全球大疫，也是空前的人类大灾大难。当然，对这场猝不及防的人类大灾难，思想者的心灵和灵魂受到冲击和拷问的，不仅是人类与病毒的世纪大战，更是人类自身善与恶的残酷搏斗。

2021年我的岁月更加蹉跎。继4、5月表兄、舅母等亲属去世不久，7月18日母亲又溘然长逝。虽然对于九十四岁高龄母亲的离世，我早已有心理准备，却仍然感到锥心的疼痛。直面残忍的现实世界，唯一的解脱只有虚渺和神秘的寄托。失去父母的世界是褪色的。真不知道褪掉的色彩在将来的日子能否恢复。

大事变中的纯粹学术写作，既是一种煎熬，也是一种躲避。埋头在键盘上敲击这些费神烧脑的文字，感觉自己成了《十日谈》中的讲故事的人。书成之后，去年清明回乡祭祖扫墓期间，由于一年来的脑力透支，一天早晨突然头疼不能看书，高烧达摄氏38.7°，一昼夜昏睡二十小时。这之后两个月竟然不能读学术书。好在家作

## 后记

为最后的港湾是安全的。写作期间经常与困在家中做博士论文的女儿对话,戏言曰"高峰论坛",也是苦中作乐。其中获得很多的支持和力量,这种力量来自理性和本能的混合。

此时此刻,大地回春,万物生机蓬勃。壬寅春节前迁入西山脚下的新宅,坐在人生第一次拥有的自己书房里,南窗可近观颐和园万寿山顶壮丽的藏传佛教建筑群智慧海,以及西边的玉泉山宝塔。两山与绵延的西山连成一体,有奔涌之势。疏密有间的树林掩映中,静静的清河就在南窗前向东流去。无论阴晴雨雪、旦暮晨昏,水光山色都有绝佳而不同的景致,令人心动神怡。我不由得经常联想历代在此游春消夏赏秋踏雪的帝王们,尤其是常住此处的慈禧。似乎诗人元稹所发"宫花寂寞红"的感慨,就在眼前和耳畔……

本书"绪论"以《佛学、哲学与中国哲学史——从〈成唯识论〉哲学联想的几个问题》为题刊发在《北京大学学报》,结语以《东、西方学术文化与演绎体系》为题刊发于《中华读书报》,第九章《唯识学与现象学的六个理论分野》刊发于《云南大学学报》,但各有不同程度的改动。特别感谢以上报刊编辑和朋友的支持!尤其是五万三千多字的《唯识学与现象学的六个理论分野》,竟然一字不删全文刊出,展示出该刊同仁张瑞臣先生和主编先生的学术见识和魄力,令我非常感动。全部书稿完成后,先交商务印书馆的李学梅博士,后转由冷雪涵博士编辑。雪涵博士为拙稿校编投入了很大的心力,她仔细校对全部引文,勘定错乱的引文和外文,并提出很好的建议。商务印书馆陈小文博士、王希勇博士、李霞博士、李

# 后记

婷婷博士等，对于作者给予了一贯支持。特此向他们致以深深的谢意和敬意！

  庚子腊月二十九，公历2021年2月10日草成于魏公村退园
  壬寅二月十三，公历2022年3月15日改定于京西郊野见山堂

  2022年3月26日清晨，忽闻段晴教授去世噩耗，十分震惊。本来拙作面世后，准备奉赠并请她指教。不料却成遗憾。当年讨论课堂情景历历在目，我从课上所受教益良多，难以细说。感激之情只能告慰她在天之灵。

2022年8月16日补识